U0906837

〔宋〕曾慥 輯
陸三强 校點
張萍 輯評

樂府雅詞校正

陝西新華出版傳媒集團
三秦出版社

圖書在版編目（CIP）數據

《樂府雅詞》校正 / 陸三强，張萍校點、輯評. —
西安：三秦出版社，2020.12
ISBN 978-7-5518-2334-0

Ⅰ. ①樂… Ⅱ. ①陸… ②張… Ⅲ. ①宋詞—選集
Ⅳ. ①I222.844

中國版本圖書館CIP數據核字（2020）第270043號

《樂府雅詞》校正

陸三强　張　萍　校點 輯評

出版發行　陝西新華出版傳媒集團　三秦出版社
社　　址　西安市雁塔區曲江新區登高路1388號
電　　話　（029）81205236
郵政編碼　710061
印　　刷　西安五星印刷有限公司
開　　本　880 mm×1230 mm　1/32
印　　張　24.5
插　　頁　4
字　　數　590千字
版　　次　2020年12月第1版
　　　　　2020年12月第1次印刷
印　　數　1－1000
標準書號　ISBN 978-7-5518-2334-0
定　　價　138.00圓

網　　址　http://www.sqcbs.cn

前　言

宋朝三百年，除産生了大量詩篇外，還出現了許多優秀的詞人和杰出的詞作。單就唐圭璋先生的《全宋詞》來説，就收了一千三百三十多位詞人，二萬多首詞作。當然這還衹能説是宋代全部詞作的一部分，還有許多恐怕隨着時間的推移以及戰亂水火等而毁失了。這些詞人和他們的作品能够保存下來，并且流傳到今天，除了詞人别集保存外，一個重要的來源就是《樂府雅詞》這類的宋人輯詞選。能比較完整地保持原貌流傳至今的輯詞選衹《樂府雅詞》《草堂詩餘》《花庵詞選》《絶妙好詞》等寥寥數種。其中《樂府雅詞》成書較早，故爲世所重，今人唐圭璋輯《全宋詞》，《樂府雅詞》乃其重要依據之一。

一、曾慥與《樂府雅詞》

（一）曾慥的生平事履

《樂府雅詞》爲南宋初人曾慥所輯。曾慥其人，不但《宋史》未爲立傳，即今存宋人總集别集中也不見其傳狀碑志，其生平衹能從著述及其他文獻略知一二。（詳參附録二《曾慥三考》）

曾慥字端伯，號至游居士，亦號至游子，泉州晉江（今福建晉江）人，生年不詳，卒於紹興二十五年（一一五五）。北宋名相曾公亮曾孫。

曾慥一生，在朝做過倉部、户部員外郎，任太府卿等職，做過江西、貴州等地方官，知虔州、廬州、荆南。在理財方面頗有建樹，任江西轉運判官，京西路轉運判官兼宣撫司隨軍轉運。李彌遜《曾慥湖北兼京西路運副》制稱「非通敏忠厚之吏不以輕付也。爾蚤以材猷見推士類，久司計漕，績用有聞，其進官聯兼荆襄轉運輸之任」（李彌遜《筠谿集》卷四）。曾慥任總領官一職，據《建炎以來系年要録》卷一四〇載：紹興十一年五月辛丑，「曾慥爲太府卿，總領湖廣江西財賦京湖軍馬錢糧，各專一報發御前軍馬文字，諸軍并聽節制。蓋使之與聞軍事，不獨職餉云。總領官正名自此始」。檢《宋史》卷二九，《高宗本紀》曰：「（紹興十一年）五月辛丑，置兩淮、江東西、湖廣京西路三道總領軍馬錢糧官，仍掌報發御前軍馬文字。」《宋會要·職官》亦有載。可見曾慥任總領官，爲南宋設此官之始，可資研治宋官制者注意。紹興二十五年二月甲申，以右文殿修撰卒。

曾慥詩、詞、書皆通，一生著述頗豐。今存或可考知的著作有《類説》六十卷、《樂府雅詞》三卷、《拾遺》二卷、《高齋漫録》一卷、《高齋詩話》（卷不詳）、《百家詩選》五十餘卷、《集仙傳》一卷、《道樞》四十二卷、《至游子》二卷、《八段錦》（卷不詳）、《真誥篇》一卷等十多部。清厲鶚《宋詩紀事》存其詩三首，《全宋詞》收其詞七首。明都穆《鐵網珊瑚》稱蘇養直詞翰帖跋有温陵曾慥書，可知曾慥又通書法。因此，趙與時《賓退録》卷六稱他「矜多玄博，欲示其書無所不讀，於學無所不能」，《朱子語類》

亦謂其「詩詞文章字畫，無不會」。

（二）關於選詞及雅詞

《樂府雅詞》三卷，所選作品分爲轉踏、大曲、雅詞。收轉踏五套四十九首，大曲一套十首；選詞人自歐陽修、周邦彦迄李清照，共三十四家，收詞七百一十三首；《拾遺》兩卷，輯「平日膾炙人口，咸不知姓名」者一百七十一首，是曾慥其時廣爲傳誦的當代詞作。《四庫全書總目》卷一九九稱「命曰雅詞，具有風旨，非靡靡之音可比，至於《道宫薄媚》西子詞，排遍之後有入破、虚催、衮遍、催拍、歇拍、煞衮諸名，皆他本所罕載，猶見宋人舊法。不獨《九張機》詞僅見於此，是又足資詞家之考證」。對這部詞選作了極高的評價。

張炎《詞源》稱「詞欲雅而正之」，柳永詞因「曲俗」，一直遭致譏評。万俟詠的詞集初分「雅詞」與「側艷」兩體，稱《勝萱麗藻》，「後召試入宫，以側艷體無賴太甚，削去之，再纏成集」，由周邦彦題名爲《大晟集》（王灼《碧雞漫志》卷二）。可見社會上對雅詞的重視。曾慥選輯《樂府雅詞》，凡「艷曲」及「諧虐」之詞，悉予删除，題名「樂府」，爲協律，可合歌入樂。沈曾植《全拙庵温故録》曰：「宋人所稱『雅詞』，亦有二義。此《典雅詞》，義取大雅，若張叔夏（炎）所謂『雅詞協音一字不放過』者，則以協大晟音律爲雅也。曾端伯蓋取二義。」先《樂府雅詞》四年編成的《復雅歌詞》也有崇奉「雅詞」、高言「復雅」，「述往事，思來者」之意。它們皆鑒於前代歌詞日趨淫靡之失，便以「復雅」爲號召，促進雅詞的發展。

所選的詞人中，歐陽修被曾慥譽爲「一代儒宗」，其所填詞中正平和，優游不迫，獨具一種「和婉」的美感，且多合樂入歌，極富雅詞風範。周邦彦更是「雅詞」代表作家，其詞不乏「深長之味」，雅俗共賞，「貴人學士，市儇妓女，知美成詞爲可愛」（陳郁《藏一話腴外編》）。他不僅是北宋雅詞的主力，博采衆長，自成一家，而且爲南宋姜夔、吴文英等雅詞派所從出，成爲兩宋詞風轉變的關鍵人物。「婉約」詞經過周邦彦「富艷精工」「縝密典麗」的努力之後，「醇雅」多了，周邦彦實爲南宋「雅詞」派的開山鼻祖。李清照不但創作雅詞，而且作《詞論》宣導雅詞，提出「詞别是一家」，「詞須協律」，「詞須典雅，有情致」。趙明誠爲李清照小像所題「清麗其詞，端莊其品」，也相當準確地概括出了李清照的詞品。

北宋文人雅詞派由周邦彦在創作上集其大成，李清照《詞論》在理論上加以總結。從内容格調上看，既没有正統詩文的言志載道，也没有「詞語塵下」（《詞論》語）的浮俗艷情，而是蕴含着一種純情之美，李清照對「鄭衛之聲日熾，流靡之變日頓」的五代「花間」之作，「亡國之音哀以思」的後主詞皆不滿。她的《醉花陰》（薄霧濃雲愁永晝）及「知否？知否？應是緑肥紅瘦」的《如夢令》等詞，不狹隘言志，也不庸俗浮艷；不是五代觀賞式的體態描摹，也不是宋初諸人的戲笑，它們情深摯而意藴藉，給人以純情淡雅之美。周邦彦《瑞龍吟》（章臺路）寫戀情而不浮艷，《蘭陵王·柳》抒離愁而不輕俗。淡雅之中藴藉着深摯的純情，是《樂府雅詞》所選諸詞的共同基調。

實際上雅俗也不是截然對立的，雅詞派詞人也并非超塵脱俗，不食人間烟火，他們也與「俗艷」有着千絲萬縷的聯繫。被曾慥列爲「雅詞之冠」的歐陽修，在創作「温純雅正」風格的雅詞同時，也從俗填了大量艷詞。如《醉蓬萊》（見羞容斂翠），寫一對男女私會於花園，後又商量如何用計騙過女方的母親，待到夜闌之後重會於庭花影下。曾慥不但視而不見，而且還在序中爲歐陽修辯解，「當時小人，或作艷曲，謬爲公詞，今悉删除」。蔡絛《西清詩話》，羅泌跋《歐陽文忠公近體樂府》亦稱「多謂劉煇僞作，故削之」。他們所删削的艷曲或淺近者，皆存于《醉翁琴趣外編》（六卷），未必爲劉煇僞作（詳參陳振孫《直齋書録解題》卷十七《劉狀元東歸集》）。既作雅詞，又長艷曲，這不獨「一代儒宗、風流自命」的歐陽修所爲，兩宋名公巨卿，很多人都是這樣。反映了兩宋詞人的雙重人格，公私生活的兩個側面。

（三）詞可合樂入歌

詞從産生之初，就與音樂聯繫在一起，唐五代時稱爲「曲子」或「曲子詞」。《苕溪漁隱叢話》曰：「唐初歌舞辭，多是五言詩或七言詩，初無長短句。自中葉以後至五代，漸變成長短句，及本朝則盡爲此體。」曾慥編輯北宋及同時人詞選，定名「樂府」即爲可以入樂傳唱的。《樂府雅詞》上卷首列《調笑》，序云「九重傳出」，此乃大晟樂之遺音，爲當時大晟樂府所製曲詞。所選周邦彦、晁端禮等人詞作，很多是用大晟曲作詞的。這些詞人努力按律填詞，以爲合樂入歌，并且還有大量專爲歌妓演唱而寫的歌詞。歐陽修高唱「好妓好歌喉，不醉難休」（《浪淘沙·今日北池游》），明確宣布，所作歌詞，有的就專門是爲了應歌，「寫新聲之調，敢陳薄妓，聊佐清歡」（《采桑子·序》）。同時，有大量文獻記載，這些詞人的作品在兩宋時被廣爲傳唱。陳師道《後山叢談》載：「文元賈公，居守北都。歐陽永叔北還。公豫戒官妓，辦詞以勸酒。妓唯唯。復使都廳召而喻之，妓亦唯唯。公怪之，以爲山野。既燕，妓奉觴，歌以爲壽。永叔把盞側聽，每爲引滿。公復怪之，召問，所歌皆其詞也。」歐陽修所以開懷暢飲，因爲歌妓所唱，皆歐公所作之詞。蔡絛《鐵圍山叢談》載：「宣和初，燕樂初成，八音告備。因作徵招、角招。有曲名《黄河清慢》者，音調極韶美。晁次膺作此詞，天下無問遐爾大小，雖偉男髫女，皆争唱之。」此外，從《樂府雅詞》編排轉踏、大曲、雅詞的順序看，輯者曾慥把雅詞與大曲等而視之。是與轉踏、大曲一樣，皆可以入樂而歌的，無非是體制不同，雅詞爲散曲單唱，不配以舞蹈而已。從《樂府雅詞》可以看出宋詞的合樂入歌特點，也説明南宋初入樂歌詞仍然蔚爲風行。

詞是語言與音樂結合的藝術形式，要求語言與音樂相諧，但從《樂府雅詞》所選也可看出，有些作者單純爲了應歌，也産生了一些無聊的娱戲作品，如《拾遺》上《永遇樂》《聲聲慢·木犀》，僅以「悦耳」，注重音律，而忽視文詞。諸如「入城幹事，恰似王保長。我咱後」，「此花大即不大」，或平白如話，或詞句不通，正如沈義父《樂府指迷》所言「只緣音律不差，故多唱之。求其下語用字，全不可讀」。歌詞以協律不協律，可歌不可歌定優劣，爲合樂入歌而不顧文詞，則會失去合樂可歌的藝術效果。從藝術創作的觀點看，入樂歌詞，首先必須是合格的文學作品。

（四）《樂府雅詞》的價值

《樂府雅詞》「引」云，成書于高宗紹興十六年（一一四六），除北宋詞人之作外，亦收有當時社會上廣爲流傳的詞作，這些都客觀地反映了北宋到南宋初年的詞壇狀況，是瞭解詞曲發展、詞學觀念、社會生活、宫廷與民間樂舞情况的重要視窗。特别是《樂府雅詞》中往往有不見於其他詞集的詞作，尤其是一些名不見經傳的詞家之作，多依賴其得以留傳至今，可以使我們看到宋代當時一般文人創作情况。《樂府雅詞》收李清照詞二十三首，李清照有《漱玉集》，今不傳。現今各種李清照集的輯本，就是以曾慥所録作爲重輯的基礎。另外，曾慥距所選詞人時間較近，這樣他就有可能看到和利用大量的原始材料，所選詞較接近原作，所選詞主較爲準確。通過這部成書較早的選集，可以校訂後人傳鈔中出現的種種訛誤。僅今人唐圭璋先生《宋詞互見考》中利用《樂府雅詞》考訂作者相訛者就有二十餘例。其他文字、語詞可資校訂者則更多。

《樂府雅詞》不僅有重要的文學史、校堪、輯佚價值，還具有極高的文化史價值。收輯有鄭僅、晁無咎及無名氏《調笑》《九張機》等轉踏曲詞，董穎《道宫薄媚》等大曲，爲研究宋大曲、樂舞及詞體保存了重要的資料，并且是其他文獻所無，而爲《樂府雅詞》所獨有的特殊貢獻。近人王國維先生作《唐宋大曲考》，多利用其所存資料。清人朱彝尊《樂府雅詞跋》稱「卷首冠以《調笑》絶句，云是九重傳出，此大晟樂之遺音矣。轉踏之義，《碧雞漫志》所未詳。《九張機》詞僅見於此，而《高麗史·樂志》：『文宗二十七年十一月教坊女弟子楚英奏新傳《九張機》，用弟子十人。』則其節度猶具，所謂禮失而求諸野也。《道宫薄媚》西子詞排遍之後有入破、虚催、衮遍、催拍、歇拍、煞衮，其音義不傳。得是編，《草堂詩餘》可廢矣。」高度評價了《樂府雅詞》的價值。轉踏是發軔于唐、成熟于宋的一種歌舞藝術形式。轉，指歌唱；踏，指應歌起舞。任半塘《唐戲弄》稱：「以女伎若干，結隊歌舞，其歌辭作叙述體。」其中「歌辭」就是用詞來寫就的。轉踏的體式一般是前有勾隊詞及口號，後有放隊詞作結，中間夾以一詩一詞相間的重頭聯章，每節咏一主題。放隊、勾隊之「隊」爲多人組成的舞蹈队列，配合主體吟唱的内容進行舞蹈表演。大曲是唐宋時期的大型歌舞曲，由同一宫調的一組曲子構成。宋代大曲以演奏和舞蹈爲主，配有唱詞的歌曲是其中的一部分。因《樂府雅詞》我們得以窺視宋曲狀况，與唐大曲往往長至幾十段，如三十六段的《霓裳羽衣曲》相比較，宋大曲短小得多，精煉得多。如董穎《道宫薄媚・西子詞》自排遍第八至煞衮，只十餘段，内容前後相續，演繹春秋時期吴越相争，西施助越王復仇故事。同时，宋大曲開金、元套曲之先河。這種形式對諸宫調和雜劇的發展以及説唱文學，都具有重要的影響，成爲戲曲的濫觴，應引起重視。

二、《樂府雅詞》版本述略

《樂府雅詞》在宋元官私書目中多不見著録，最早見著于尤袤《遂初堂書目》樂曲類，不言卷數。惟陳振孫《直齋書録解題》卷二一記爲「《樂府雅詞》三卷、《拾遺》二卷」。然宋人筆記小説中却間有記載，趙與時《賓退録》卷六云曾慥「矜多玄博」，「觀詩，有《百家詩選》；觀詞，有《樂府雅詞》；稗官小説，則有《類説》；至於神仙之學，亦有《道樞》十鉅編」。亦足見《樂府雅詞》於南宋已有刊布，且流傳較廣。此後自元迄清嘉慶時秦恩復重新校刻此書外，再未有刻本問世。

所以，到了明代中葉以後，《樂府雅詞》就已湮没無聞、世所稀見了。惟萬曆時，陳第《世善堂藏書目録》雖有著録「《樂府雅詞》十四卷，曾慥編」，却與《直齋書録解題》所載及今通行秦刻本卷帙大爲不合。據其《世善堂書録題詞》云：

> 自少至老，足迹遍天下，遇書輒買，若惟恐失，故不擇善本，亦不争價值。又在金陵焦太史、宣州沈刺史家，得未曾見書，鈔而讀之。

又據清初朱彝尊鈔《樂府雅詞》跋語云：

> 吴興陳伯玉《書録解題》載：「曾端伯所編《樂府雅詞》十二卷，《拾遺》二卷。」予從藏書家遍訪之，未獲也。既而鈔自上元焦氏，則僅上、中、下三卷及拾遺二卷而已。其自序稱三十有四家，合三卷。詞人止有此數，信爲足本無疑。

可知此兩本均由萬曆時著名學者和藏書家焦竑家鈔出。另據清末曹元忠校跋云：「鶴廬假我士禮居舊藏明鈔《樂府雅詞》八册，卷端有弱侯及子晋汲古主人諸印，知焦、毛二家故物也。」又云「去年見讀有用書齋所藏竹垞傳鈔本，今歲又從鶴廬借得士禮居舊藏明鈔本，爲焦弱侯、毛子晋故物。先後互校，始恍然於兩本同是每半葉八行，每行十六字，必出宋槧」。則焦氏所藏亦爲鈔本。

由此可知三點：

其一，《樂府雅詞》於明中葉以來，僅以傳鈔本的形式流傳。

其二，明鈔本當由宋刻本出。

其三，此後各本無不源出於明鈔本。

至於《世善堂藏書目録》所著「十四卷」者，如非著録有誤，即當鈔寫時對其卷帙重新進行了分合。又朱彝尊跋語所謂「十二卷」者，蓋間接録自《文獻通考》，實非直據陳振孫原書。其時《直齋書録解題》尚未從《永樂大典》中輯出，朱氏乃清初人，自不能見及爾。案《文獻通考》卷七三著録「《樂府雅詞》十二卷、《拾遺》二卷」，并云「陳氏曰：『曾慥編。』」然據前引《直齋書録解題》明云「三卷」，此云「十二卷」者，似《通考》過録所誤。朱氏未察，亦據而爲誤。

民國時期，商務印書館影印《四部叢刊》，其中有《樂府雅詞》。據《涵芬樓原存善本草目》集部載：「《樂府雅詞》舊鈔本，鮑以文校，古香樓藏印。」知原本爲清人鮑廷博所校者，近代藏于涵芬樓。今檢《涵芬樓燼餘書録》已不載，當毁於「一·二八」日寇轟炸。幸《四部叢刊》曾影印，以使今人得見這一鈔本。此本有多方印章，時代較早的爲「古香樓」「休寧汪季青家藏書籍」等。「古香樓」主人爲汪文柏，字季青，清康熙前期人。又此本卷中徐俯《鷓鴣天》（七澤三湘碧草連）詞後集録有張志和等人《漁父詞》，并云「山谷（黄庭堅）晚年，亦悔前作之未工，因表弟李如篪言，《漁父詞》以《鷓鴣天》歌之甚協律，恨語少聲多耳。因以憲宗畫像求元真子文章，及元真之兄松齡勸歸之意，足前後數句云：『西塞山前白鷺飛，桃花流水鱖魚肥。朝庭尚覓元真子，何處如今更有詩。青箬笠，緑簑衣，斜風細雨不須歸』。」案宋本《山谷琴趣外編》所載黄庭堅此詞，「元真子」俱作「玄真子」，顯爲避康熙皇帝之諱而改「玄」爲「元」。綜上兩點可知，此鈔本爲清初康熙時所鈔無疑。再用此鈔本與曹元忠校跋本相互校讀，發現明鈔本與《四部叢刊》影鈔本于作者名下皆無案語。且卷上《集句調笑》致語「助今日之餘歡」，兩本皆作「助今日之清歡」。《巫山》中「江天一望楚天長」，兩本皆作「江邊一望楚天長」。《九張機》中「尊前忽有斷腸人」，兩本皆作「尊前恐有斷腸人」。歐陽修《玉樓春》「畫堂花月新聲别」，兩本與此皆同。張先《天仙子》「三月柳枝柔似縷」，兩本皆與此同。「落葉倦飛還戀樹」，兩本皆作「落絮倦飛還戀樹」。卷中周邦彦《風流子》「佳音密耗」，兩本皆作「嘉音密耗」。《花犯》詞調，兩本皆作《尾犯》。卷下陳去非《虞美人》題「大光祖席」，兩本皆作「大老祖席」。又《虞美人》「冰壺圍坐此間無」，兩本皆作「冰盤圍坐此間無」。細心檢詳，可從其顛倒錯誤之處，足以發現古香樓藏鈔本《樂府雅詞》亦從明鈔本出。

現今所見明清鈔刻各本大致同源，惟經後人傳鈔校勘而有個别出入。

清嘉慶二十一年，秦恩復刊刻《詞學叢書》，首列《樂府雅詞》，是以此書又得以再次校刻問世。此本在下卷末、《拾遺》前，有朱彝尊跋文，則秦氏校刻本當以朱氏鈔本或轉鈔本爲底本進行刊刻的。秦氏校刻跋語曰：「即藏書家亦罕著録，傳寫既久，舛謬滋甚。原本書字不書名，略爲注明，以資尋覽。」今觀此本，多有雙行小注，乃用别集、總集對作者、文字所作的校勘記，且有少許補缺。秦氏家住南京，曾大量刻書，書版都存於揚州，雖經太平天國之役却幸而未毁。後來這些書版大都由承啓堂修補重印。其中，《樂府雅詞》就由承啓堂在光緒六年重修刊印。此次修版，改動不大，僅數處，如卷上李元膺《驀山溪》（送蔡元長）「更忍把一杯重勸」「腸共危弦斷」「應醉戀」，修補本分别改作「更恐把一杯重勸」「揚共危弦斷」「庭醉戀」，皆誤改。張先《千秋歲》「幾聲鶗鴂」詞中「莫把幺弦撥」，修補本作「奥把幺弦撥」，亦修版時誤刊。卷中王履道《酒仙歌》詞調，修補本改作《洞仙歌》，此處似爲初印本誤而修補本加以改正。據此，足知此本并非爲曹元忠所言「經光緒六年重修，舛訛極多」。

咸豐三年，伍崇曜刊刻《粤雅堂叢書》，據秦刻《詞學叢書》初印本翻刻《樂府雅詞》六卷、《拾遺》二卷。所謂「六卷」，即伍氏將秦刻本每卷一分爲二，由此而出現了六卷本。以後《叢書集成》又據粤雅堂本《樂府雅詞》排印刊世。

《增訂四庫簡明目録標注》著録曰：「秦氏刻《詞學叢書》本；舊鈔三卷本，有朱竹垞跋；鮑以文校鈔本；　皕宋樓藏舊鈔本；　粤雅堂刊本；　光緒重修本；　《四部叢刊》本。」看似有多種版本，實則僅三種，且都源出明鈔本。所謂「舊鈔三卷本，有朱竹垞跋」者，亦即「皕宋樓舊鈔本」。按《皕宋樓藏書志》卷一二〇：「《樂府雅詞》三卷，《拾遺》二卷，舊鈔本，朱竹垞舊藏」，且鈔録了朱氏跋語。所謂「鮑以文校鈔本」者，即「古香樓」藏本，而《四部叢刊》亦即據此影印。所謂「粵雅堂刊本」，即由「秦氏刻《詞學叢書》本」翻刻而出。所謂「光緒重修本」，即據秦刻初印改版修補而行。這些就是今天所能見到的《樂府雅詞》版本。其中，以秦刻本、《粵雅堂叢書》本、《四部叢刊》影鈔本較爲通行。

《樂府雅詞》通行各本，均未爲精善。精善之本，當首推清季曹元忠所校跋者。民國三年（一九一四）曹元忠用明鈔本、朱彝尊鈔本校在承啓堂本上，又加上自己的批註，作了許多考訂。從藏書家輾轉收藏及各本行款、顛倒錯誤之處，得出明鈔及朱鈔均從宋槧出，而秦刻本又從這兩本出。曹氏對詞的作者及寫作時間做了許多有益的考證，卷上《調笑轉踏》批曰：「《山谷先生年譜》載，先生有送鄭彦能宣德知福昌縣詩真迹跋，在元祐元年壬寅。又云彦能名僅。」又卷下李蕭遠批曰：「《花庵詞選》云李蕭遠名祁，少有詩名，官至尚書郎。宣和間責監漢陽酒稅。」李蕭遠《宋史》無傳。對李蕭遠《醉桃源》（春風碧水滿郎湖）、《西江月》（拾翠亭前水滿）詞，曹氏批曰：「《能改齋漫録》云：漢陽郎官湖春日四絶句，其一『兩山收雨暗平沙，遮斷溪梅隔水花。留得烟林作圖畫，依稀松際有人家』。其二『空山玉蕊照瓊瑰，到處尋花共往回。欲識春風最奇處，試來同看雨中梅』。其三『朦朧花影月黄昏，著意春風入酒痕。知是江梅喜佳客，倒垂花蕊照清樽』。其四『十日春陰到水亭，水亭楊柳一時青。梅花過盡桃花惡，乞取山樊入净瓶』。尚書郎李祁蕭遠謫漢陽酒稅時所作也。此《醉桃源》《西江月》之作，當與同時。」通過比勘，還糾正了秦刻錯誤，卷上王安石《甘露歌》，曹批曰：「此半山集句詩也，端伯誤作樂府。然明鈔本於此詩并不分段，尚是《臨川集》舊本款式，至《欽定詞》并所據本已作三段，非復曾選之舊矣。於此知明鈔本之善。竹垞傳鈔本自云鈔自上元焦氏，知即從明鈔本出，故於此詩亦不分段。」而秦刻誤分作三段。卷下向子諲《滿庭芳》題注：「木犀詞，約去非、希箕、養真同賦。」曹批曰：「謂陳去非、朱希真、蘇養直也。明鈔本作希箕、養真，而秦承其誤，幸《雅詞》并存去非、希真、養直《清平樂》詞可證。」此外，對秦刻「頗易次第，非復舊樣」現象多有批注。以上説明明鈔本較其他各本更接近宋槧，惜已不復存世，故曹元忠校跋本即爲《樂府雅詞》現存之最精善本。曹元忠批校原本據劉知漸《曹君直、朱彊村批校本〈樂府雅詞〉讀後記》（《重慶師院學報》哲学社会科学版一九八六年第一期），知今藏重慶圖書館善本室。而曹元忠校本又有朱祖謀和徐乃昌兩個過録本。據黄永年先生講，朱本曾藏龍榆生先生處，「文革」前曾在龍先生家過目，後已迷失。徐本歸黄永年先生收藏。徐乃昌將曹元忠校跋語分「明鈔」「竹垞傳鈔」，用藍、紅色過録在光緒重印本上，忠實保存了曹元忠校本的原貌。

三、《樂府雅詞》整理情況

《樂府雅詞》成書于高宗紹興十六年（一一四六），除北宋詞外，還收有當時廣爲流傳的詞作，真實地反映了北宋到南宋初的詞壇狀況，是瞭解詞曲發展、詞學觀念轉變、社會生活、宮庭與民間樂舞情況的重要資料，具有极高的文学及文化史价值。但由於元明間流傳不廣，版本極少，特別是精善版本稀見，多年來未有一個整理本行世，給詞學研究者帶來許多不便，也使詞學愛好者無從賞閲。

本次整理，彙及了目前所能見到的版本，即清嘉慶二十一年秦恩復刊刻《詞學叢書》初印本，清光緒六年承啓堂依秦刻初印本修版重印本、《四部叢刊》影印鮑廷博批校清鈔本、《四庫全書》所收的江南采進本及曹元忠批校本。

以清嘉慶秦刻初印本爲底本，根據黄永年先生所藏徐乃昌過録曹元忠校跋本對勘，迻録曹元忠據明鈔本和朱彝尊藏鈔本寫出的校語及曹氏本人批註。曹氏在秦刻空白處寫有多則題記，附在書後。這個世不經見的曹元忠校跋本得以公世，諒必會受到詞學研究者和廣大讀者的歡迎。此外，整理者還用承啓堂本、《四部叢刊》、《四庫全書》本通校，彙集各本之長，忠實反映各本原貌。

古人刻書鈔書，或因手民之誤，或因書寫习慣，導致傳本用字多有出入，同一句中相同的兩字也會寫成不同字形。校勘中的异文，包括俗字、假借字、异體字等，儘量辨識，但不做考證，最大限度地保存不同版本的特色。作爲語言文學文獻的詞集，俗字、假借字、异體字，不僅僅是用字習慣的問題，也是形成不同版本整體面貌的重要構成部分。爲了使讀者和研究者一册在握，便可知各本的文字出入與不同，了解其間的遞承關繫，故遵循「原文存真」的原則，保持了各本用字原貌，對其异同，儘量出校，并未作統一改正。

采用傳統韵文的標點方法，即句用逗號，逗用頓號，押韵處用句號。不用問號、嘆號等。因爲詞的標點不僅是文辭的斷句，還關乎已失傳的詞的樂句格式。

一般不改動底本原文，底本顯誤或缺漏而據他本改補者，則在校勘記中一一説明。

底本中的作者小傳仍置於原處，原注則移入校勘記。底本無總目，每卷編有簡目，今彙總編成詳細的全目置於卷首，以便檢尋觀覽。各本目録的不同詳見校勘記。

整理者盡行搜采網羅、萃輯、揀擇宋、元、明、清及個别近代前賢對詞人和作品的評語，供研究者和讀者參考；評語分兩種，一種針對某一闋詞或某句、某字的，列在具體作品之後；另一種是針對該作家的總體評語論斷，列在該作家所有作品之前。評語排列依所選文獻出處的時代先後爲序。

《樂府雅詞》的整理工作開始於二十世紀八十年代中期，我們在黄永年先生的指導下學習從事古籍整理研究，試圖整理出一《樂府雅詞》通行善本，以供研治樂律并研究文化史、古典文學者之需。本稿曾由遼寧教育出版社收入《新世紀萬有文庫》之「傳統文化書系」出版（一九九七年三月），由於受叢書策劃和編輯體例、規模和定價的限制，簡體横排，没能再現善本特色、體現版本價值，一直引爲憾事。此次修訂，幸承三秦出版社慨允出版，改爲繁體直排，完整地保存了曹元忠批校和各本的特色；增加了輯評和附録，使之更加完善。

由於整理者才疏學淺，書中各種疏漏錯謬之處，尚祈讀者朋友們不吝賜教指正。

例言

一、本書爲《樂府雅詞》標點、校勘、輯評本。

一、本書以清嘉慶秦刻初印本爲底本，根據黄永年先生藏徐乃昌過録曹元忠批校本對勘，迻録曹元忠據明鈔本和朱彝尊藏鈔本寫出的校語及曹氏本人批註。再用承啓堂本、《四部叢刊》影印鮑廷博批校清鈔本和《四庫全書》本通校，力求彙集各本之長。

「清嘉慶二十一年秦恩復刊刻《詞學叢書》初印本」簡稱「秦刻本」

「清光緒六年承啓堂修版重印本」简称「承啓堂本」

「曹元忠批校的明鈔本」簡稱「明鈔本」

「曹元忠批校的朱彝尊（竹垞）傳鈔本」簡稱「竹垞傳鈔本」

曹元忠批語，簡稱「曹批」

「《四部叢刊》影印鮑廷博批校清鈔本」簡稱「叢刊本」，鮑廷博批校簡稱「鮑批、鮑校」

「《四庫全書》本」簡稱「四庫本」

一、本書標點采用傳統詞曲標點法，即：句用逗號，逗用頓號，叶韵處用句號。

一、原則上不改動底本原文，底本中顯誤和脱、衍、倒者，據他本校補的，均在校勘記中一一説明。底本及各校本中，异體字如「遊」「卻」「觧」「跡」等，及因新舊筆形而形成的异體字，如「爭」「髩」「絕」等等，未作規範和改正，儘量辨識出校。會有些不統一，特此説明。

一、校勘中的异文，包括鈔本中使用的俗字、异體字等，还有些属于字形或书写习惯的，一一列出，看似繁琐，实则必要。不做考證，亦不作統一，力求保持各本原貌。

一、底本中的作者小傳仍列於原處，原注則移入校勘記。

一、揀擇前賢著作，萃輯詞人總評、詞作評語；評語排列依時代先後爲序。詞人總評附在每位作者小傳之後，詞的評語附在被評詞之後。前人摘引詞句，多依凭記忆，还有版本傳刻手民之誤，往往字詞有出入且有异体字，并不一一指出。讀者自会明白。

一、底本各卷有分目，但書前無總目。今合各卷分目，略加校正，編爲詳細的總目，列於書前，以便讀者檢閲。其校正之處，亦出校記。

一、附録收相關书目所見《樂府雅詞》提要以及整理者的相關研究論文。

《樂府雅詞》目録〔一〕

【校記】

〔一〕四庫本無目。秦刻本無總目，各卷前單列子目，署作者和調數。拾遺卷前衹列調名，無作者，每行三調。今悉彙集於前，編成總目。　曹批「明鈔本此上尚有全目，題『《樂府雅詞》目録』。次低一格題卷上，另行題《轉踏》，再低一格題《集句調笑》等畢，另行題《大曲》，再低一格題《道宮薄媚》。後另行題《雅詞》，再低一格題『歐陽永叔』等五家，每家若干首，畢後另行題『卷中』，再低一格題『周美成』等十家，每家若干首，畢後另行題『卷下』，再低一格題『陳去非』等十六家，每家若干首，畢後另行題『拾遺上』，再低一格題『勝勝慢』，至『侍香金童』六行，每行兩調。自『侍香金童』後，跳行題『蹋莎行令』，至『謁金門』四十三行，亦每行兩調，畢後另行題『拾遺下』，再低一格題『寶鼎現』，至『南歌子』二十五行，皆每行兩調，爲全目。此則子目也，列於每卷之上。」

〔二〕卷：明鈔本、叢刊本无。　〔三〕曹批「或云宣和中九重传出。」　〔四〕秦刻本注「案彦能名僅」，明鈔本、叢刊本無。

〔五〕各本正文中無「道宮」二字。

《樂府雅詞》卷中（一）

賀方回（四十六首）……二〇〇

舒信道（四十八首）……二三四

趙德麟（二十三首）〔二二〕……三〇一

王履道（十九首）〔三〕

【校記】

〔一〕卷：明鈔本、叢刊本無。〔二〕叢刊本目録作二十二首，卷中缺《好事近》「急雨漲谿渾」一闋。〔三〕九：秦刻本作「八」。卷中實收十九首。〔四〕三：秦刻本作「四」。卷中實收十三首。

蘇養直（二十三首）……三六八

毛澤民（十二首）

曾公衮（九首）

朱希眞（十九首）……四五二

【校記】

〔一〕卷：明鈔本、叢刊本無。

【校記】

〔一〕明鈔本作「勝勝慢」，曹批「竹垞傳鈔本作『聲聲慢』」。秦刻本原目調下有「二首」，明鈔本、叢刊本無「二首」。〔二〕秦刻本原目調下有「五首」，曹批「據明鈔本全目，《南歌子》下注『五首』，而子目無之。」叢刊本無。〔三〕曹批「明鈔本亦每行三調，惟《侍香金童》後空數行，另行書《踏莎行令》」。〔四〕荷：叢刊本作「花」。〔五〕憶：明鈔本、竹垞傳鈔本作「逢」。曹批「竹垞傳鈔本每行二調，而於《瀟湘逢故人慢》及《洞仙歌》下皆注『闕』字」。〔六〕曹批「明鈔本《滿庭芳》下作『又』字，無『二首』」。〔七〕宴：明鈔本、叢刊本作「燕」。竹垞傳鈔本、叢刊本同。〔八〕曹批「明鈔本《西江月》下作『又』字，竹垞傳鈔本同」。叢刊本另題「西江月」。〔九〕曹批「竹垞傳鈔本《婆羅門引》下脱『聲聲慢』三字。」〔一〇〕曹批「明鈔本《浣溪沙》下作『又』字，竹垞傳鈔本同」，叢刊本亦同。〔一一〕曹批「明鈔本《殢人嬌》下作『又』字，竹垞傳鈔本同」，叢刊本亦同。〔一二〕秦刻本原目調下有「三首」，明鈔本、叢刊本無。此卷子目最後曹批「竹垞傳鈔本作『《樂府雅詞》拾遺上目録終』」。

《樂府雅詞》拾遺下〔一〕

【校記】

〔一〕曹批「竹垞傳鈔本作『《樂府雅詞》拾遺下目録』」。　〔二〕曹批「竹垞傳鈔本《漢宫春》下無『三首』二字」，又《點絳脣》《浣溪沙》《卜算子》《減字木蘭花》下無「二首」二字。　〔三〕明鈔本、叢刊本鮑補。　〔四〕曹批「竹垞傳鈔本《清平樂》下接《點絳脣》《阮郎歸》《青門引》。又《夜遊宫》下接《攤破浣溪沙》《楊柳枝》，與卷中次第不合」。　〔五〕明鈔本作《瑞鷓鴣》。　目末明鈔本曹批「《樂府雅詞》拾遺下」。

曹元忠題記

附録一

附録二

《樂府雅詞》引〔一〕

余所藏名公長短句〔二〕，裒合成篇。或後或先，非有詮次；多是一家，難分優劣。涉諧謔則去之，名曰《樂府雅詞》。〔三〕「九重傳出」，以冠于篇首〔四〕；諸公《轉踏》次之。歐公一代儒宗，風流自命，詞章幼眇，世所矜式；當時小人，或作艷曲，謬爲公詞〔五〕，今悉删除。凡三十有四家〔六〕，雖女流亦不廢。此外又有百餘闋，平日膾炙人口，咸不知姓名，則類于卷末〔七〕，以俟詢訪，標目《拾遺》云。紹興丙寅上元日，温陵曾慥引。

【校記】

〔一〕「引」爲整理者加。四庫本作「樂府雅詞原序」。

〔二〕余：竹垞傳鈔本、四庫本作「予」。

〔三〕曹批「明鈔本無此兩行，竹垞傳鈔本有之。」

〔四〕于：竹垞傳鈔本、四庫本作「於」。

〔五〕謬：竹垞傳鈔本、四庫本作「繆」。

〔六〕四：明鈔本作「□」。

〔七〕于：竹垞傳鈔本、四庫本作「於」。

《樂府雅詞》卷上〔一〕

【校記】

〔一〕卷：明鈔本、叢刊本無。四庫本下署「宋曾慥編」。曹批「竹垞傳鈔本《集句調笑》至《道宮薄媚》，每家各自爲卷，不相求承接，惟《九張機》寫連。」

調笑集句

葢聞行樂須及良辰，鍾情正在吾輩。飛觴舉白，目斷巫山之暮雲；綴玉聯珠，韻勝池塘之春草。集古人之妙句，助今日之餘歡〔一〕。珠流璧合暗連文。月入千江體不分。此曲只應天上有，歌聲豈合世間聞。

【校記】

〔一〕餘：明鈔本、四庫本作「清」，曹批「竹垞傳鈔本亦作『清』」。叢刊本作「清」，鮑校作「餘」。

巫山

巫山高高十二峰〔一〕。雲想衣裳花想容。欲往從之不憚遠〔二〕，丹峰碧障深重重〔三〕。樓閣玲瓏五雲起。美人娟娟隔秋水。江天一望楚天長〔四〕，滿懷明月人千里。明月人千里。楚江水。明月樓高愁獨倚〔五〕。井梧宮殿生秋意。望斷巫山十二。雪肌花貌參差是。朱閣五雲仙子。

【校記】

〔一〕峰：四庫本、叢刊本作「峯」。〔二〕憚：叢刊本作「憚」。〔三〕峰：四庫本作「峯」。〔四〕天：竹垞傳鈔本、四庫本、叢刊本前「天」作「邊」，曹批「明鈔本亦作『邊』」。〔五〕樓高：叢刊本作「高樓」，改作「樓高」。

桃源

漁舟容易入春山。別有天地非人間。玉顏亭亭花下立，鬢亂釵橫特地寒〔一〕。留君不住君須去。不知此地歸何處〔二〕。春來偏是桃花水，流水落花空相誤〔三〕。

相誤〔四〕。桃源路。萬里蒼蒼烟水暮〔五〕。留君不住君須去。秋月春風閒度〔六〕。桃花零亂如紅雨〔七〕。人面不知何處。

【校記】

〔一〕鬢：叢刊本作「鬓」。亂：叢刊本作「乱」。〔二〕曹批「竹垞傳鈔本脱『不知』十四字」。四庫本脱并未空字，叢刊本亦脱但空十四字，鮑補并批「王本亦脱，此從《詞綜》補」。〔三〕〔四〕誤：四庫本作「憶」，叢刊本作「誤」。〔五〕烟：叢刊本作「煙」。〔六〕閒：明鈔本作「閑」，曹批「竹垞傳鈔本亦作『閑』」。〔七〕桃：叢刊本作「兆」。

洛浦

豔陽灼灼河洛神〔一〕。態濃意遠淑且眞〔二〕。入眼平生未曾有，緩步徉羞行玉塵。凌波不過横塘路。風吹仙袂飄飄舉。來如春夢不多時，天非花豔輕非霧。

非霧。花無語。還似朝雲何處去。凌波不過横塘路。燕燕鶯鶯飛舞〔三〕。風吹仙袂飄飄舉。擬倩遊絲惹住〔四〕。

【校記】

〔一〕豔：四庫本、叢刊本作「艷」。后同。〔二〕眞：四庫本、叢刊本作「真」。〔三〕燕燕鶯鶯：四庫本、叢刊本作「鶯鶯燕燕」。〔四〕遊：四庫本、叢刊本作「遊」。

明妃

明妃初出漢宮時。青春纁服正相宜〔一〕。無端又被東風誤〔二〕，故著尋常淡薄衣〔三〕。上馬卽知無返日。寒山一帶傷心碧。人生憔悴生理難，好在氊城莫相憶〔四〕。相憶。無消息。目斷遙天雲自白。寒山一帶傷心碧。風土蕭疎胡國〔五〕。長安不見浮雲隔。縱使君來爭得。

【校記】

〔一〕纁：四庫本作「綉」。〔二〕誤：叢刊本作「誤」。〔三〕著：叢刊本作「着」。〔四〕氊：四庫本作「邊」。〔五〕胡：四庫本作「他」。

班女

九重春色醉仙桃〔一〕。春嬌滿眼睡紅綃。同輦隨君侍君側〔二〕，雲鬟花顏金步搖〔三〕。一霎秋風驚畫扇。庭院蒼苔紅葉遍。蘂珠宮裏舊承恩，回首何時復來見〔四〕。來見。蘂宮殿。記得隨班迎鳳輦〔五〕。餘花落盡蒼苔院。斜掩金鋪一片〔六〕。千金買笑無方便。和淚盈盈嬌眼。

【校記】

〔一〕醉：叢刊本作「醉」。〔二〕輦：叢刊本作「葷」，鮑校作「輦」。〔三〕鬟：叢刊本作「髩」。〔四〕回：四庫本作「囘」。〔五〕隨：叢刊本作「随」。〔六〕片：明鈔本作「扇」。

文君

錦城絲管日紛紛。金釵半醉坐添春。相如正應居客右，當軒下馬入錦裀〔一〕。斜倚綠窗鴛鑑女〔二〕。琴彈秋思明心素。心有靈犀一點通，感君綢繆逐君去。

君去。逐鴛侶。斜倚緑窗鴛鑑女〔三〕。琴彈秋思明心素。一寸還成千縷。錦城春色知何許。那似遠山眉嫵〔四〕。

【校記】

〔一〕裀：四庫本作「絪」，叢刊本作「茵」。〔二〕〔三〕緑：叢刊本作「綠」。窗：四庫本作「窻」。叢刊本作「窓」。斜：後「斜」叢刊本作「斜」，鮑校作「斜」。〔四〕曹批「竹坨傳鈔本『錦城春』下脱十字」，四庫本注「缺文」，叢刊本鮑補。

吴孃〔一〕

素枝瓊樹一枝春。丹青難寫是精神。偷啼自揾殘粧粉，不忍重看舊寫眞〔二〕。珮玉鳴鑾罷歌舞。錦瑟華年誰與度。暮雨瀟瀟郎不歸〔三〕，含情欲說獨無處。無處。難輕訴。錦瑟華年誰與度。黄昏更下瀟瀟雨。况是青春將暮。花雖無語鶯能語。來道曾逢郎否。

【校記】

〔一〕吴孃：四庫本注「缺」，叢刊本鮑補。〔二〕眞：四庫本、叢刊本作「真」。〔三〕歸：叢刊本作「帰」。

琵琶

十三學得琵琶成。翡翠簾開雲母屏。暮雨朝來顏色故〔一〕，夜半月高弦索鳴。江水江花豈終極。上下花間聲轉急。此恨綿綿無絶期，江州司馬青衫濕。衫濕。情何極。上下花間聲轉急。滿船明月蘆花白。秋水長天一色。芳年未老時難得。目斷遠空凝碧。

【校記】

〔一〕雨：竹垞傳鈔本、四庫本、叢刊本作「去」。

放隊

玉爐夜起沉香烟〔一〕。喚起佳人舞繡筵。去似朝雲無處覓，游童陌上拾花鈿〔二〕。

【校記】

〔一〕烟：叢刊本作「煙」。　〔二〕游：四庫本、叢刊本作「遊」。

調笑轉踏

鄭彦能〔一〕

良辰易失，信四者之難并；佳客相逢，實一時之盛事〔二〕。用陳妙曲，上助清歡，女伴相將，調笑入隊。

【校記】

〔一〕曹批「《山谷先生年譜》載，先生有送鄭彦能《宣德知福昌縣》詩真蹟跋，在元祐元年壬寅。又云彦能名僅」。叢刊本鮑補「僅」字。　〔二〕實：叢刊本作「寔」。事：明鈔本作「會」。

秦樓有女字羅敷。二十未滿十五餘。金鐶約腕攜籠去〔一〕，攀枝折葉城南隅〔二〕。使君春思如飛絮。五馬徘徊芳草路。東風吹鬢不可親〔三〕，日晚蠶饑欲歸去〔四〕。

歸去。攜籠女〔五〕。南陌柔桑三月暮。使君春思如飛絮。五馬徘徊頻駐。蠶饑日晚空留顧〔六〕。笑指秦樓歸去。

【校記】

〔一〕〔五〕攜：四庫本、叢刊本作「携」。　〔二〕折：竹垞傳鈔本、四庫本、叢刊本作「摘」，

〔三〕鬟：叢刊本作「鬟」。〔四〕饑：明鈔本作「飢」。曹批「明鈔本亦作『摘』」。

〔六〕蠶：叢刊本作「蚕」。饑：明鈔本作「飢」。

石城女子名莫愁。家住石城西渡頭。拾翠每尋芳草路，採蓮時過綠蘋洲〔一〕。五陵豪客青樓上。醉倒金壺待清唱。風高江濶白浪飛，急催艇子操雙槳。雙槳。小舟蕩。喚取莫愁迎疊浪〔二〕。五陵豪客青樓上。不道風高江廣。千金難買傾城樣。那聽繞梁清唱〔三〕。

【校記】

〔一〕綠：叢刊本作「緑」。〔二〕取：叢刊本作「起」，鮑校作「耴」。〔三〕繞：竹垞傳鈔本、四庫本、叢刊本作「遶」。

繡戶朱簾翠幕張〔一〕。主人置酒宴華堂。相如年少多才調，消得文君暗斷腸。斷腸初認琴心挑。么絃暗寫相思調〔二〕。從來萬曲不關心〔三〕，此度傷心何草草〔四〕。

草草。最年少。繡戶銀屏人窈窕。瑤琴暗寫相思調。一曲關心多少〔五〕。臨邛客舍成都道。苦恨相逢不早。

【校記】

〔一〕繡：四庫本作「綉」。〔二〕紘：四庫本、叢刊本缺末筆。下同。〔三〕〔五〕關：叢刊本作「関」。〔四〕傷心：明鈔本作「相逢」。

湲湲流水武陵溪〔一〕。洞裏春長日月遲。紅英滿地無人掃〔二〕，此度劉郎去後迷〔三〕。行行漸入清流淺。香風引到神仙館〔四〕。瓊漿一飲覺身輕，玉砌雲房瑞烟暖。烟暖。武陵晚。洞裏春長花爛熳〔五〕。紅英滿地溪流淺。漸聽雲中鷄犬。劉郎迷路香風遠。誤到蓬萊仙館〔六〕。

【校記】

〔一〕湲湲：明鈔本作「潺潺」。〔二〕掃：四庫本作「埽」。〔三〕劉：四庫本作「對」。〔四〕香：叢刊本作「春」，鮑校作「香」。〔五〕裏：四庫本作「裡」。熳：四庫本作「漫」。〔六〕誤：四庫本、叢刊本作「悞」。

少年錦帶佩吳鈎。鐵馬迎風塞草秋〔一〕。憑仗匣中三尺劍〔二〕，掃平驕虜取封侯〔三〕。紅顏少婦桃花臉〔四〕。笑倚銀屏施寶靨。明眸妙齒起相迎〔五〕，青樓獨占陽春豔。春豔。桃花臉。笑倚銀屏施寶靨。良人少有平戎膽〔六〕。歸路光生弓劍〔七〕。青樓春永香幃掩。獨把韶華都占。

【校記】

〔一〕迎：竹垞傳鈔本、四庫本、叢刊本作「追」，曹批「明鈔本亦作『追』」。〔二〕〔七〕劍：四庫本、叢刊本作「劍」。〔三〕掃平驕虜：四庫本作「廓清寰宇」。侯：叢刊本作「矦」。〔四〕少：明鈔本作「小」。〔五〕妙：明鈔本作「皓」。〔六〕戎：四庫本作「羌」。

翠蓋銀鞍馮子都。尋芳調笑酒家徒〔一〕。吴姬十五夭桃色，巧笑春風當酒壚〔二〕。玉壺絲絡臨朱戶。結就羅裙表情素。紅裙不惜裂香羅，區區私愛徒相慕。相慕。酒家女。巧笑明眸年十五。當壚春永尋芳去〔三〕。門外落花飛絮。銀鞍白馬金吾子。多謝結裙情素〔四〕。

【校記】

〔一〕徒：叢刊本鮑校作「胡」。〔二〕壚：竹垞傳鈔本、四庫本作「鑪」。〔三〕壚：四庫本作「鑪」。〔四〕結：叢刊本作「紅」，鮑校作「結」。

樓上青帘映綠楊〔一〕。江波千里對微茫。潮平越賈催船發，酒熟吳姬喚客嘗。吳姬綽約開金盞。的的嬌波流美盼。秋風一曲采菱歌〔二〕，行雲不度人腸斷。腸斷。浙江岸。樓上青帘新酒軟。吳姬綽約開金盞。的的嬌波流盼。採菱歌罷行雲散。望斷儂家心眼。

【校記】

〔一〕綠：叢刊本作「緑」。〔二〕采：明鈔本作「採」。

花陰轉午漏頻移。寶鴨飄簾繡幕垂〔一〕。眉山斂黛雲堆髻〔二〕，醉倚春風不自持。偷眼劉郎年最少。雲情雨態知多少。花前月下惱人腸，不獨錢塘有蘇小〔三〕。蘇小。最嬌妙。幾度樽前曾調笑。雲情雨態知多少。悔恨相逢不早。劉郎襟韻正年少〔四〕。風月今宵偏好。

【校記】

〔一〕繡：四庫本作「綉」。〔二〕眉：四庫本作「睂」。斂：四庫本作「歛」。〔三〕蘇：

叢刊本作「蘸」。〔四〕韻：四庫本作「韵」。

金翹斜嚲淡梳粧。綽約天葩自在芳。幾番欲奏陽關曲〔一〕，淚濕春風眼尾長。落花飛絮青門道。濃愁不散連芳草。孤鸞乘鶴上蓬萊〔二〕，應笑行雲空夢悄。夢悄。翠屏曉〔三〕。帳裏薰爐殘蠟照〔四〕。賞心樂事能多少。忍聽陽關聲調〔五〕。明朝門外長安道。悵望王孫芳草。

【校記】

〔一〕〔五〕關：叢刊本作「関」。〔二〕孤：明鈔本、四庫本、叢刊本作「驂」，曹批「竹垞傳鈔本亦作『驂』」。〔三〕屏：四庫本作「屛」。〔四〕裏：四庫本作「裡」。

綽約妍姿號太眞〔一〕。肌膚冰雪怯輕塵。霞衣乍舉紅搖影，按出霓裳曲最新。舞釵斜嚲烏雲髮〔二〕。一點春心幽恨切。蓬萊雖說浪風輕〔三〕，翻恨明皇此時節。時節。白銀闕〔四〕。洞裏春情百和爇〔五〕。蘭心底事多悲切。消盡一團冰雪〔六〕。明皇恩愛雲山絕。誰道蓬萊安悅。

【校記】

〔一〕太：叢刊本作「素」，鮑校作「太」。　眞：四庫本、叢刊本作「真」。　〔二〕釵斜：竹垞傳鈔本、四庫本作「斜釵」。　髮：叢刊本作「鬟」，鮑校作「髮」。　〔三〕雖：竹垞傳鈔本作「難」。　〔四〕銀：竹垞傳鈔本作「雲」。曹批「明鈔本『雲』作『銀』」。　〔五〕裏：四庫本作「裡」。　情：叢刊本作「晴」，鮑校作「情」；四庫本作「晴」。　〔六〕冰：明鈔本、四庫本作「明」，曹批「『明』當因下『明皇』而誤」。竹垞傳鈔本亦作「明」。叢刊本作「明」，鮑校作「冰」。

江上新晴暮靄飛。碧蘆紅寥夕陽微〔一〕。富貴不牽漁父目，塵勞難染釣人衣。白鳥孤飛烟柳杪。採蓮越女清歌妙。腕呈金釧棹鳴榔〔二〕，驚起鴛鴦歸調笑〔三〕。

調笑。楚江渺、粉面修眉花鬬好〔四〕。擎荷折柳争相調。驚起鴛鴦多少。漁歌齊唱催殘照。一葉歸舟輕小。

【校記】

〔一〕寥：四庫本、叢刊本作「蓼」。　〔二〕腕：四庫本作「脱」。　棹：叢刊本作「掉」。　榔：四庫本作「桹」。　〔三〕鴦：叢刊本作「央」。　〔四〕修：四庫本作「脩」。　眉：

四庫本作「畣」。 鬭：叢刊本作「閗」。

千里潮平小渡邊。帘歌白紵絮飛天。蘇蘇不怕梅風遠〔一〕，空遣春心著意憐〔二〕。燕釵玉股横青髪。怨託琵琶恨難說〔三〕。擬將幽恨訴新愁，新愁未盡絲聲切。聲切。恨難說。千里潮平春浪闊。梅風不解相思結〔四〕。忍送落花飛雪。多才一去芳音絶。更對珠簾新月。

【校記】

〔一〕遠：明鈔本、四庫本、叢刊本作「軟」，曹批「竹垞傳鈔本亦作『軟』」。〔二〕著：四庫本、叢刊本作「着」。〔三〕託：四庫本作「説」，叢刊本作「説」，鮑校作「託」。〔四〕解：叢刊本作「觧」。

放隊

新詞宛轉遞相傳〔一〕。振袖傾鬟風露前。月落烏啼雲雨散，游童陌上拾花鈿〔二〕。

【校記】

〔一〕遞：四庫本、叢刊本作「遆」。　〔二〕游：叢刊本作「游」。

調笑

晁無咎

蓋聞民俗殊方〔一〕，聲音異好，洞庭九奏，謂踊躍于魚龍〔二〕；子夜四時，亦欣愉于兒女〔三〕，欲識風謠之變，請觀調笑之傳。上佐清歡，深慙薄伎。

【校記】

〔一〕蓋：叢刊本作「盖」。　〔二〕〔三〕于：明鈔本、四庫本作「於」。

西子

西子江頭自浣紗〔一〕。見人不語入荷花。天然玉貌非朱粉，消得人看隘若耶。游冶誰家少年伴〔二〕。三三五五垂楊岸。紫騮飛入亂紅深，見此踟躕但腸斷。

腸斷。越江岸〔三〕。越女江頭紗自浣〔四〕。天然玉貌鉛紅淺。自弄芙蓉日晚。紫騮嘶去猶回盼〔五〕。笑入荷花不見。

【校記】

〔一〕紗：叢刊本作「沙」。〔二〕游：叢刊本作「游」。〔三〕岸：叢刊本作「岍」。

〔四〕紗：四庫本作「沙」，叢刊本鮑校作「沙」。〔五〕回：四庫本作「回」，叢刊本作「囬」。

宋玉

楚人宋玉多微詞。出游白馬黄金羈〔一〕。殷勤扣戶主人女，上客日高無乃飢〔二〕。琴彈秋思明心素。女爲客歌客無語。冠纓定掛翡翠釵，心亂誰知歲將暮。將暮。亂心素。上客風流名重楚。臨街下馬當窗戶〔三〕。飯煮彫胡留住。瑤琴促軫傳深語〔四〕。萬曲梁塵不顧。

【校記】

〔一〕游：四庫本、叢刊本作「游」。〔二〕飢：四庫本作「饑」。〔三〕窗：四庫本作「窻」，叢刊本作「窓」。〔四〕琴：四庫本作「瑟」。深語：曹批「竹垞傳鈔本作『語深』」。

大隄〔一〕

妾家朱戶在横塘。青雲作髻月爲璫。常伴大隄諸女士〔二〕，誰令花豔獨驚郎。踏隄共唱襄陽樂〔三〕。軻峩大艑帆初落。宜城酒熟持勸郎。郎今欲渡風波惡。波惡。倚江閣。大艑軻峩帆夜落。横塘朱戶多行樂。大隄花容綽約〔四〕。宜城春酒郎同酌。醉倒銀缸羅幕。

【校記】

〔一〕〔二〕〔三〕〔四〕隄：四庫本、叢刊本作「堤」。

解珮〔一〕

當年二女出江濱。容止光輝非世人。明璫戲解贈行客〔二〕，意比驂鸞天漢津。恍如夢覺空江暮。雲雨無蹤珮何處〔三〕。君非玉斧望歸來，流水桃花定相誤。相誤。空凝竚〔四〕。鄭子江頭逢二女。霞衣曳玉非塵土。笑解明璫輕付〔五〕。月從雲墮勞相慕。自有驂鸞仙侶〔六〕。

【校記】

〔一〕解珮：叢刊本作「觧佩」。四庫本「珮」作「佩」。〔二〕解：叢刊本作「觧」。

〔三〕珮：四庫本作「佩」。〔四〕竚：四庫本作「佇」。〔五〕解：叢刊本作「觧」。

〔六〕鸞：叢刊本作「鵉」。

回紋〔一〕

賨家少婦美朱顔。藁砧何在山復山。多才况是天機巧，象牀玉手亂紅間〔二〕。織成錦字縱横説。萬語千言皆怨别。一絲一縷幾縈回〔三〕，似妾思君腸寸結。腸寸結。肝腸切。織錦機邊音韻咽〔四〕。玉琴塵暗薰爐歇。望盡牀頭秋月〔五〕。刀裁錦斷詩可滅。恨似連環難絶。

【校記】

〔一〕紋：叢刊本改作「文」。〔二〕〔五〕牀：叢刊本作「床」。〔三〕回：四庫本作「囘」，叢刊本作「𡆦」。〔四〕韻：四庫本作「韵」。

唐兒〔一〕

頭玉磽磽翠刷眉。杜郎生得好男兒。惟有東家嬌女識，骨重神寒天妙姿〔二〕。銀鸞照衫馬絲尾〔三〕。折花正値門前戲。儂笑書空意爲誰，分明唐字深心記。心記。好心事。玉刻容顔眉刷翠〔四〕。杜郎生得眞男子〔五〕。况是東家妖麗〔六〕。

眉尖春恨難憑寄〔七〕。笑作空中唐字。

【校記】

〔一〕唐兒：四庫本、叢刊本作「唐歌兒」。　〔二〕妙：竹垞傳鈔本、四庫本作「廟」，曹批「明鈔本亦作『廟』」。叢刊本鮑校作「廟」。　〔三〕鸞：叢刊本作「鳶」。　〔四〕〔七〕眉：四庫本作「眉」。　〔五〕眞：四庫本、叢刊本作「真」。　〔六〕是：明鈔本作「有」。

春草

劉郎初見小樊時。花面丫頭年未笄〔一〕。千金欲置名春草，圖得身行步步隨〔二〕。郎去蘇臺雲水國〔三〕。青青滿地成輕擲。聞君車馬向江南，爲傳春草遥相憶〔四〕。相憶。頓輕擲。春草佳名慙贈璧。長洲茂苑吴王國。自有芊綿碧色。根生土長銅駝陌。縱欲隨君爭得〔五〕。

【校記】

〔一〕面：叢刊本作「靣」。　〔二〕〔五〕隨：叢刊本作「随」。　〔三〕蘇：叢刊本作「蘓」。　〔四〕爲傳：四庫本作「應爲」，叢刊本作「爲」，上空一字。

臺：叢刊本作「臺」。

九張機

醉留客者，樂府之舊名〔一〕；九張機者，才子之新調〔二〕。憑戛玉之清歌，寫擲梭之春怨。章章寄恨〔三〕，句句言情。恭對華筵，敢陳口號。

一擲梭心一縷絲，連連織就九張機。從來巧思知多少，苦恨春風久不歸〔四〕。

【校記】

〔一〕名：明鈔本作「曲」。〔二〕子：明鈔本作「士」。〔三〕恨：明鈔本作「□」。

〔四〕春風：明鈔本作「風流」。

一張機。織梭光景去如飛〔一〕。蘭房夜永愁無寐。嘔嘔軋軋，織成春恨，留着待郎歸。

兩張機。月明人靜漏聲稀。千絲萬縷相縈繫。織成一段，迴紋錦字。將去寄呈伊。

三張機。中心有朶耍花兒。嬌紅嫩綠春明媚〔二〕。君須早折，一枝濃豔，莫待過芳菲。

四張機。鴛鴦織就欲雙飛〔三〕。可憐未老頭先白，春波碧草，曉寒深處〔四〕，相對浴紅衣。

五張機。芳心密與巧心期。合歡樹上枝連理〔五〕。雙頭花下〔六〕，兩同心處，一對化生兒。

六張機。雕花鋪錦半離披。蘭房別有留春計。爐添小篆，日長一線，相對繡工遲。

七張機。春蠶吐盡一生絲。莫教容易裁羅綺。無端翦破〔七〕，仙鸞彩鳳〔八〕，分作兩般衣〔九〕。

八張機。纖纖玉手住無時。蜀江濯盡春波媚〔一〇〕，香遺囊麝，花房繡被，歸去意遲遲。

九張機。一心長在百花枝。百花共作紅堆被，都將春色，藏頭裏面，不怕睡多時。

輕絲。象牀玉手出新奇〔一一〕。千花萬草光凝碧。裁縫衣著〔一二〕，春天歌舞，飛蝶語黃鸝。

春衣。素絲染就已堪悲。塵世昏汙無顏色〔一三〕。應同秋扇，從茲永棄。無復奉君時。

歌聲飛落畫梁塵〔一四〕。舞罷香風捲繡茵。更欲縷成機上恨〔一五〕，尊前忽有斷腸人〔一六〕。斂袂而歸，相將好去〔一七〕。

【校記】

〔一〕去如：叢刊本作「如去」，改作「去如」。〔二〕綠：叢刊本作「緑」。〔三〕〔六〕雙：叢刊本作「隻」。〔四〕曉：叢刊本作「晚」，鮑校作「曉」。〔五〕枝連理：曹批「明鈔本作『連理枝』」，似非，此句當叶側韵。竹垞傳鈔本亦作『連理枝』」。四庫本、叢刊本作「連理枝」。〔七〕翦：四庫本、叢刊本作「剪」。〔八〕鸞：叢刊本作「鵉」。〔九〕般：叢刊本鮑校作「邊」。〔一〇〕媚：四庫本作「媢」。〔一一〕牀：叢刊本作「床」。手出：叢刊本作「出手」，改作「手出」。〔一二〕著：四庫本作「着」。〔一三〕塵世昏汙：竹垞傳鈔本、四庫本作「塵昏汙汙」，曹批「明鈔本亦作『塵昏汙汙』」。叢刊本作「塵世昏汙汙」。〔一四〕畫：叢刊本作「盡」，改作「畫」。〔一五〕成：明鈔本、四庫本作「陳」，曹批「竹垞傳鈔本亦作『陳』」。〔一六〕忽：明鈔本、叢刊本作「恐」。〔一七〕四庫本無最後八字。

【輯評】

王弈清等《歷代詞話》卷九：元女子有詠《九張機》者，中一首云：「四張機……此與王秋澗之

平湖樂、邵清溪之凭闌人，不便與詞并傳者，而女子之黠慧可想矣。（案詞見《樂府雅詞》，非元人詞）

陳廷焯《白雨齋詞話》卷五：《九張機》全是寄怨之作。其緣起云：「醉留客者，樂府之舊名。九張機者，才子之新調。憑戛玉之清歌，寫擲梭之春怨。章章寄恨，句句言情。」詩云：「一擲梭心一縷絲，連連織就九張機。從來巧思知多少，苦恨春風久不歸。」可知其寄意矣。詞至《九張機》，高處不減風騷，次亦子夜怨歌之匹，千年絶調也。皐文《詞選》獨遺之，亦不可解。

同前

一張機。採桑陌上試春衣。風晴日暖慵無力。桃花枝上，啼鶯言語，不肯放人歸。

兩張機。行人立馬意遲遲。深心未忍輕分付，回頭一笑〔一〕，花間歸去，只恐被花知。

三張機。吳蠶已老燕雛飛〔二〕。東風宴罷長洲苑，輕綃催趁〔三〕，館娃宮女，要換舞時衣。

四張機。咿啞聲裏暗顰眉〔四〕。回梭織朶垂蓮子〔五〕，盤花易綰，愁心難整，脉脉亂如絲。

五張機。橫紋織就沈郎詩。中心一句無人會，不言愁恨，不言憔悴，只恁寄相思。

六張機。行行都是耍花兒。花間更有雙蝴蝶〔六〕，停梭一晌〔七〕，閒窗影裏〔八〕，獨自看多時〔九〕。

七張機。鴛鴦織就又遲疑。只恐被人輕裁剪，分飛兩處，一場離恨，何計再相隨〔一〇〕。

八張機。回紋知是阿誰詩〔一一〕。織成一片凄凉意。行行讀遍〔一二〕，厭厭無語，不忍更尋思。

九張機。雙花雙葉又雙枝〔一三〕。薄情自古多離別，從頭到底，將心縈繫，穿過一條絲。

【校記】

〔一〕〔五〕〔一一〕回：四庫本作「囘」，叢刊本作「囬」。　〔二〕蠶：叢刊本作「蚕」。

〔三〕趁：四庫本、叢刊本作「趂」。　〔四〕眉：四庫本作「眉」。　〔六〕〔一三〕雙：叢刊本作「雙」。　〔七〕晌：四庫本作「向」，叢刊本作「餉」。　〔八〕閒：明鈔本作「閑」。

窗：四庫本作「窻」，叢刊本作「窓」。〔九〕自：叢刊本作「是」，鮑校作「自」。〔一〇〕隨：叢刊本作「随」。〔一一〕遍：四庫本作「徧」。

【輯評】

陳廷焯《白雨齋詞話》卷五：宋無名氏《九張機》，自是逐臣棄婦之詞。凄婉綿麗，絶妙古樂府也。《詞綜》刪存七首。余大雅集中，就《樂府雅調》兩篇，摘録十一首。精粹已盡，不啻窺全豹矣。如……「雙花」七字，何等親切。從頭三句更慎重，可以觀，可以怨。又云：「輕絲。象牀玉手出新奇。千花萬草光凝碧。裁縫衣著，春天歌舞，飛蝶語黄鸝。」歡樂語中含凄感。又云：「春衣。素絲染就已堪悲。塵昏汗污無顔色，應同秋扇，從兹永棄，無復奉君時。」此章最沉痛，似爲貶節者言之，觀次句可見。以下言何況，又加以塵污也。凄凉怨慕，千古孤臣孽子勞人思婦讀之，皆當一齊淚下。《九張機》純自《小雅》《離騷》變出。詞至是，已臻絶頂。雖美成、白石亦不能爲。

薄媚〔一〕　西子詞　　董穎〔二〕

【校記】

〔一〕薄媚：秦刻本總目作「道宫薄媚」。四庫本作「道宫薄媚」。〔二〕曹批「《夷堅乙志》云：饒州德興縣士人董穎，字仲達，平生作詩成癖，每属思時，寢食盡廢，嘗有警語云：『雲蟄釀成千嶂雨，風蘋吹老一汀秋。』蒙韓子蒼激賞。徐師川爲改『汀』字爲『川』，汪彦章曰：『此一字大有利害。』目其文曰《霜傑集》，且製敘以表出之。然其窮至骨，他日入郡，爲人作秦丞相生日詩，窮思過當，遂得狂疾。走出，欲投江水，或爲遣人呼其子，買舟載以歸，歸數日而死。』宗人董应夢者，家開書肆，爲刻《霜傑集》傳于世，即《直齋書録解題》：『《霜傑集》三十卷。德興董穎仲達撰，紹興初人。從汪彦章、徐師川游，彦章爲作序。』是也。」

排遍第八

怒潮卷雪，巍岫布雲，越襟吳帶如斯。有客經游，月伴風隨〔一〕。値盛世。觀此江山美。合放懷、何事却興悲。不爲回頭〔二〕，舊谷天涯。爲想前君事。越王嫁禍獻西施。吳卽中深機。闔廬死。有遺誓。勾踐必誅夷。吳未干戈出境，倉卒越兵，投怒夫差。鼎沸鯨鯢，越遭勁敵〔三〕，可憐無計脫重圍。歸路茫然〔四〕，城郭邱墟〔五〕，飄泊稽山裏。旅魂暗逐戰塵飛。天日慘無輝。

【校記】

〔一〕隨：叢刊本作「随」。〔二〕回：四庫本作「回」，叢刊本作「囬」。〔三〕勁：四庫本、叢刊本作「勍」。〔四〕歸：叢刊本作「帰」。〔五〕邱：四庫本、叢刊本作「丘」。

排遍第九

自笑平生〔一〕，英氣淩雲，凛然萬里宣威。那知此際，熊虎塗窮，來伴麋鹿卑棲〔二〕。既甘臣妾，猶不許，何爲計。爭若都燔寶器。盡誅吾妻子。徑將死戰決雄雌〔三〕。天意恐憐之。偶聞太宰，正擅權，貪賂市恩私。因將寶玩獻誠，雖脱霜戈，石室囚繫。憂嗟又經時。恨不如巢燕自由歸〔四〕。殘月朦朧，寒雨瀟瀟〔五〕，有血都成淚〔六〕。備嘗嶮厄返邦畿〔七〕。冤憤刻肝脾。

【校記】

〔一〕笑：竹垞傳鈔本、四庫本、叢刊本作「念」。　〔二〕來：叢刊本作「来」。　〔三〕雄雌：曹批「明鈔本作『雌雄』，『雌』是韵，竹垞傳鈔本亦作『雌雄』」，四庫本作「雌雄」。叢刊本原作「雌雄」，改作「雄雌」。　〔四〕歸：叢刊本作「帰」。　〔五〕瀟瀟：四庫本、叢刊本作「蕭蕭」。　〔六〕淚：叢刊本作「泪」。　〔七〕備：叢刊本作「偹」。嶮：竹垞傳鈔本、四庫本作「險」。

第十攧

種陳謀，謂吳兵正熾。越勇難施。破吳策，惟妖姬。有傾城妙麗，名稱西子〔一〕。歲方笄。算夫差惑此〔二〕，須致顛危。范蠡微行，珠貝爲香餌。苧蘿不釣釣深閨。吞餌果殊姿〔三〕。素肌纖弱，不勝羅綺。鸞鏡畔、粉面淡匀，梨花一朵瓊壺裏。嫣然意態嬌春，寸眸剪水，斜鬟鬆翠。人無雙、宜名動君王〔四〕，繡履容易〔五〕。來登玉陛〔六〕。

【校記】

〔一〕名：竹坨傳鈔本作「多」，曹批「明鈔本『多』作『名』」。稱：秦刻本注「一作『字』」。

〔二〕算：四庫本、叢刊本作「筭」。〔三〕姿：叢刊本作「資」。四庫本从「果」字分段，叢刊本未分段。〔四〕雙：叢刊本作「隻」。〔五〕繡：四庫本作「綉」。〔六〕來：叢刊本作「来」。

入破第一

窣湘裙〔一〕，搖漢珮〔二〕。步步香風起。斂雙蛾，論時事。蘭心巧會君意。殊珍異寶，猶自朝臣未與〔三〕。妾何人，被此隆恩，雖令効死。奉嚴旨。隱約龍姿忻悅〔四〕。重把甘言說。辭俊雅，質娉婷，天教汝、衆美兼備〔五〕。聞吳重色，憑汝和親，應爲靖邊陲。將別金門，俄揮粉淚〔六〕。靚粧洗。

【校記】

〔一〕裙：叢刊本作「裠」。〔二〕珮：四庫本作「佩」。〔三〕自：竹垞傳鈔本作「是」。

〔四〕忻：竹垞傳鈔本、四庫本作「欣」，叢刊本作「忺」。〔五〕備：叢刊本作「偹」。

〔六〕淚：四庫本作「泪」。

第二虚催

飛雲駛。香車故國難回睇〔一〕。芳心漸搖，迤邐吳都繁麗。忠臣子胥，預知道爲邦祟。諫言先啟。願勿容其至。周亡褒姒。商傾妲己。吳王却嫌胥逆耳，纔經眼、便深恩愛〔二〕。東風暗綻嬌蘂。綵鸞翻妬伊。得取次、于飛共戲。金屋看承，他宮盡廢〔三〕。

【校記】

〔一〕回：四庫本作「回」。〔二〕纔：叢刊本無。〔三〕他：四庫本作「它」。

第三袞徧〔一〕

華宴夕，燈搖醉。粉菡萏，籠蟾桂。揚翠袖，含風舞，輕妙處，驚鴻態。分明是。瑤臺瓊榭〔二〕，閬苑蓬壺，景盡移此地。花繞仙步，鶯隨管吹〔三〕。寶帳煖留春，百和馥郁融鴛被。銀漏永，楚雲濃，三竿日、猶褪霞衣。宿酲輕腕，嗅宮花，雙帶繫〔四〕。合同心時〔五〕。波下比目，深憐到底〔六〕。

【校記】

〔一〕徧：四庫本、叢刊本作「遍」。〔二〕臺：叢刊本作「臺」。〔三〕隨：叢刊本作「隨」，叢刊本接下文未分段。〔四〕雙：叢刊本作「雙」。〔五〕同：曹批「明鈔本無『同』字」。〔六〕底：四庫本作「㡳」，叢刊本作「任」。

第四催拍

耳盈絲竹，眼遙珠翠〔一〕。迷樂事。宮闈內。爭知。漸國勢陵夷。姦臣獻佞，轉恣奢淫〔二〕，天譴歲屢饑。從此萬姓離心解體〔三〕。越遣使。陰窺虛實〔四〕，蚤夜營邊備〔五〕。兵未動，子胥存，雖堪伐、尚畏忠義。斯人既戮，又且嚴兵卷土，赴黄池觀釁，種蠡方云可矣。

【校記】

〔一〕遙：明鈔本、四庫本、叢刊本作「搖」，曹批「竹垞傳鈔本亦作『搖』」。〔二〕恣：叢刊本作「姿」，鮑校作「恣」。〔三〕解：叢刊本作「鮮」。〔四〕虚：叢刊本作「虗」。淫：四庫本、叢刊本作「滛」。〔五〕備：叢刊本作「俻」。實：叢刊本作「寔」。

第五衮徧〔一〕

機有神，征鼙一皷〔二〕，萬馬襟喉地〔三〕。庭喋血，誅留守，憐屈服，斂兵還，危如此。當除禍本，重結人心，争奈竟荒迷。戰骨方埋，靈旗又指。勢連敗。柔荑攜泣〔四〕。不忍相抛棄〔五〕。身在兮，心先死。宵奔兮，兵已前圍。謀窮計盡，唳鶴啼猿，聞處分外悲。丹穴縱近，誰容再歸。

【校記】

〔一〕徧：四庫本、叢刊本作「遍」。〔二〕皷：叢刊本作「鼓」。〔三〕喉：四庫本作「禁」，叢刊本作「噤」。〔四〕攜：四庫本、叢刊本作「携」。〔五〕抛：曹批「明鈔本『拋』作『拖』誤，竹垞傳鈔本亦作『拖』」，叢刊本作「拖」。

第六歇拍

哀誠屢吐，甬東分賜。垂暮日，置荒隅，心知愧。寶鍔紅委。鸞存鳳去〔一〕，辜負恩憐，情不似虞姬。尚望論功，榮還故里〔二〕。降令曰，吴亡赦汝，越與吴何異。吴正怨，越方疑。從公論〔三〕，合去妖類。蛾眉宛轉〔四〕，竟殞鮫綃，香骨委塵泥。渺渺姑蘇，荒蕪鹿戲〔五〕。

【校記】

〔一〕鸞：叢刊本作「鵉」。〔二〕還：竹垞傳鈔本作「歸」，曹批「明鈔本『歸』作『還』」。〔三〕從：四庫本、叢刊本作「縱」。〔四〕眉：四庫本作「睂」。〔五〕荒蕪：竹垞傳鈔本、四庫本、叢刊本作「蕪荒」，曹批「明鈔本亦作『蕪荒』」。

第七煞衮

王公子。青春更才美。風流慕連理。耶溪一日，悠悠回首凝思〔一〕。雲鬟烟鬢〔二〕，玉珮霞裾，依約露妍姿。送目驚喜。俄迂玉趾〔三〕。同仙騎。洞府歸去，簾櫳窈窕戲魚水。正一點犀通，遽別恨何已。媚魄千載〔四〕，教人屬意。況當時。金殿裏。

【校記】

〔一〕回：四庫本作「囘」，叢刊本作「田」。〔二〕鬢：叢刊本作「鬓」。〔三〕迂：四庫本作「延」。〔四〕媚：四庫本作「嫱」。魄：叢刊本作「鬼」。

【輯評】

況周頤《蕙風詞話》卷四，一〇：比閲董仲达（颖）《薄媚》西子詞，其第六歇拍云……此詞亦謂吴亡，越殺西施，其曰「鮫綃香骨委塵泥」。又曰「渺渺姑蘇」，似亦含有沈之於江之意。與升庵所引《墨子》及《吴越春秋》逸篇之言政合。仲達宋人，如此云云，必有所本。則爲西子辨誣，又益一證。

歐陽永叔〔一〕

歐陽修，字永叔，號六一居士，廬陵人。有《文忠集》一百五十八卷，《六一詞》一卷。

【校記】

〔一〕四庫本作者名署在第一首詞詞牌下方，以下均同。

【輯評】

楊繪《時賢本事曲子集》：歐陽文忠公，文章之宗師也。其于小詞，尤膾炙人口。

陳振孫《直齋書録解題》卷二一《歌詞類》：期間多有與《花間》《陽春》相混者，亦有鄙褻之語一二厠其中，當是仇人無名子所爲也。

王灼《碧雞漫志》卷第二：歐陽文忠公，風流藴藉，一時莫及，而温潤秀潔，亦無其比。歐陽永叔所集歌詞，自作者三分之一耳。其間他人數章，群小因指爲永叔，起曖昧之謗。

羅大經《鶴林玉露》：歐陽公雖游戲作小詞，亦無愧唐人《花間集》。

吴師道《吴禮部詞話》：歐公小詞間見諸詞集，陳氏《書録》云一卷。期間多有與《陽春》《花間》相雜者，亦有鄙褻之語一二厠其中，當是仇人無名子所爲。近有《醉翁琴趣外篇》凡六卷二百餘首，所謂鄙褻之語，往往皆是，不止一二也。前題東坡居士序，近八九語，所云散落尊酒間，盛爲人所愛，尚猶小技，其上有取焉者，詞氣卑陋，不類坡作。益可以證詞之僞。

王世貞《藝苑巵言》：永叔、介甫俱文勝詞，詞勝詩，詩勝書。

沈雄《古今詞話·詞評》上卷引《樂府紀聞》：歐陽永叔中歲居潁日，自以集古一千卷，藏書一萬卷，琴一張，棋一局，酒一壺，公以一翁老於五物間，稱六一居士，有《六一詞》。引《西清詩話》：歐陽詞之淺近者，謂劉煇僞作。又云：元豐中，崔公度跋馮正中《陽春録》，其間有入六一詞者。今柳三變詞，亦有雜入《平山堂集》者，則浮艷者皆非公作也。

周濟《介存齋論詞雜著》：永叔詞只如無意，而沈著在和平中見。

馮煦《宋六十家詞選》例言：宋初大臣之爲詞者，寇萊公、晏元獻、宋景文、范蜀公與歐陽文忠，并有聲藝林。然數公或一時興到之作，未爲專詣。獨文忠與元獻，學之既至，爲之亦勤，翔雙鵠於交衢，馭二龍於天路。且文忠家廬陵而元獻家臨川，詞家遂有西江一派。其詞與元獻同出南唐，而深致則過之。宋至文忠，文始復古，天下翕然師尊之，風尚爲之一變。即以詞言，亦疏雋開子瞻，深婉開少游。

沈曾植《菌閣瑣談》：歐樂府羅泌跋云「公性至剛，而與物有情，吟詠之餘，溢爲歌詞，有《平山集》盛行于世，曾慥《雅詞》不盡收也」。按今之六卷《琴趣外編》，疑即《平山集》之類。《歐集》校語，於《平山》《琴趣》，略無徵引，不知何故。《醉翁琴趣》頗多通俗俚語，故往往與《樂章》相混。山谷俚語，歐公先之矣。《琴趣》中若《醉蓬萊》《看花迴》《蝶戀花》《詠枕兒》《惜芳時》《阮郎歸》《愁春郎》《滴滴金》《卜算子》第一首、《好女兒令》《鹽角兒》《憶秦娥》《玉樓春》《夜行船》，皆摹寫刻摯，不避褻猥。與山谷詞之《望遠行》《千秋歲》《江城子》《兩同心》諸作不異。所用俗字，如《漁家傲》之「今朝斗覺凋零㬠」「花氣酒香相廝釀」，《宴桃源》之「都爲風流㬠」，《減字木蘭花》之「撥頭惚利」，《玉樓春》之「艷冶風情天與措」，《迎春樂》之「人前愛把眼兒劄」，《宴瑶池》之「戀眼噥心」，《漁家傲》之「低難奔」，亦與山谷之用𨈆㞘俗字不殊。殆所謂小人謬作，托爲公詞，所謂淺近之詞，劉煇僞作者，厠期間歟。《名臣録》謂劉煇作《醉蓬萊》《望江南》以誣修，今故在《琴趣》中，集中盡去此等詞，是也。《琴趣》中於山谷諢詞皆汰不録，而醉翁僞作一無所汰，爲不可解耳。歐公詞好用廝字，《漁家傲》之「花氣酒香相廝釀」「蓮子與人長廝類」「誰廝惹」，皆是也。《醉翁琴趣》《玉樓春》印眉詞，細膩曲折，紀實而有風味，此情狀他詞罕見，惟《樂章集》《洞仙歌》「愛印了雙眉，索人重畫」，足相印耳。

劉熙載《藝概·詞概》：馮延巳詞，晏同叔得其俊，歐陽永叔德其深。

陳廷焯《詞壇叢話》：歐陽公詞，飛卿之流亞也。其香艷之作，大率皆年少時筆墨，亦非盡後人僞作也。但家數近小，未盡脱五代風氣。

陳廷焯《白雨齋詞話》：晏、歐詞雅近正中，然貌合神離，所失甚遠。蓋正中意餘於詞，體用兼備，不當作艷詞讀。若晏、歐不過極力爲艷詞耳，尚安足重。

胡薇元《歲寒居詞話》：歐陽永叔《六一詞》，工絶。今集中多淺近之詞，則公知貢舉時，不取怪異之文，下第舉子劉煇等忌之，作《醉蓬萊》《望江南》詞，雜刊集中以謗之。然而淺俗語、污蠛佻薄之詞，故可一望而知也。他日刊公集者，吾願爲之湔洗，以還舊觀。

王國維《人間詞話》二二：梅聖俞《蘇幕遮》詞：「落盡梨花春事了，滿地斜陽，翠色和煙老。」

劉融齋謂「少游一生似專學此種」。余謂馮正中《玉樓春》詞「芳菲次第長相續，自是情多無處足。尊前百計得春歸，莫爲傷春眉黛促。」永叔一生似專學此種。三二：詞之雅鄭，在神不在貌。永叔、少游雖作豔語，終有品格。

蝶戀花

面旋落花風蕩漾。柳重烟深，雪絮飛來往〔一〕。雨後輕寒猶未放。春愁酒病成惆悵。

枕畔屏山圍碧浪。翠袂華燈〔二〕，夜夜空相向。寂寞起來褰繡幌〔三〕。月明正在梨花上。

【校記】

〔一〕來：叢刊本作「来」。往：叢刊本作「徃」。〔二〕袂：秦刻本注「一作『被』」。叢刊本作「袟」。〔三〕褰：竹垞傳鈔本作「搴」。

【輯評】

王國維《人間詞話》附録二三：歐公《蝶戀花》「面旋落花」云云，字字沈響，殊不可及。

又

永日環隄乘綵舫〔一〕。烟草蕭疎，恰似晴江上。水浸碧天風皺浪。菱花荇蔓隨雙槳〔二〕。紅粉佳人翻麗唱。驚起鴛鴦〔三〕，兩兩飛相向。且把金樽傾美釀。休思往事成惆悵〔四〕。

【校記】

〔一〕隄：四庫本、叢刊本作「堤」。〔二〕隨：叢刊本作「随」。雙：叢刊本作「㕠」。

〔三〕鴦：叢刊本作央。〔四〕往：四庫本、叢刊本作「徃」。

又

簾幕東風寒料峭。雪裏梅花〔一〕，先報春來早〔二〕。紅蠟枝頭雙燕小〔三〕。金刀剪綵呈纖巧〔四〕。旋暖金爐薫蕙藻。酒入横波，困不禁煩惱。繡被五更春睡好〔五〕。羅幃不覺紗窗曉〔六〕。

【校記】

〔一〕花：秦刻本注「一作『香』」，叢刊本鮑校作「香」，竹垞傳鈔本、四庫本「梅花」作「香

〔二〕來：叢刊本作「来」。〔三〕雙：叢刊本作「雙」。〔四〕綵：四庫本、叢刊本作「彩」。〔五〕繡：四庫本作「綉」。〔六〕窗：四庫本作「窻」，叢刊本作「窓」。

梅」，曹批「明鈔本亦作『香梅』」。

又

臘雪初銷梅蕊綻〔一〕。梅雪相和，喜鵲穿花轉。睡起夕陽迷醉眼。新愁長向東風亂。瘦覺玉肌羅帶緩。紅杏梢頭，二月春猶淺。望極不來鄉信斷〔二〕。音書縱有爭如見。

【校記】

〔一〕蠟：四庫本、叢刊本作「臈」。蕊：四庫本作「蘂」。〔二〕鄉：秦刻本注「一作『芳』，又作『音』」，明鈔本作「音」，叢刊本鮑校作「芳」。

又

海燕雙來歸畫棟〔一〕。簾影無風，花影頻移動。半醉騰騰春睡重。綠鬟堆枕香雲擁〔二〕。翠被雙盤金縷鳳〔三〕。憶得前春，有个人人共。花裏黃鶯時一弄。日斜驚起相思夢〔四〕。

【校記】

〔一〕雙：叢刊本作「隻」。來：叢刊本作「来」。畫：叢刊本作「画」。〔二〕綠：叢刊本作「緑」。〔三〕雙：叢刊本作「隻」。〔四〕夢：叢刊本作「夢」。

又

簾幙風輕雙語燕〔一〕。午後醒來，柳絮飛撩亂。心事一春猶未見。紅英落盡青苔院。　百尺朱樓閒倚遍〔二〕。薄雨濃雲，抵死遮人面。羌管不須吹別怨。無腸更爲新聲斷。

【校記】

〔一〕幙：四庫本、叢刊本作「幕」。雙：叢刊本作「隻」。〔二〕閒：明鈔本作「閑」，曹批「竹垞傳鈔本亦作『閑』」。

又

南雁依稀回側陣〔一〕。雪霽牆陰，遍覺蘭芽嫩。中夜夢餘消酒困〔二〕。爐香卷急景流年都一瞬。往事前懽〔四〕，未免成方寸〔五〕。臘後花穗燈生暈〔三〕。

期知漸近。東風已作寒梅信。

【校記】

〔一〕雁：叢刊本作「鴈」。回：四庫本作「囘」，叢刊本作「囬」。〔二〕夢：叢刊本作「夢」。〔三〕爐：明鈔本、四庫本作「鑪」，曹批「竹垞傳鈔本亦作『鑪』」，叢刊本作「鑪」。

〔四〕往：叢刊本作「徃」。懽：四庫本作「歡」。〔五〕免：竹垞傳鈔本作「□」。成：秦刻本注「一作『縈』」，四庫本作「縈」，叢刊本鮑校作「縈」。

又〔一〕

遥夜亭臯閒信步〔二〕。乍過清明，漸覺傷春暮。數點雨聲風約住。朦朧淡月雲來去〔三〕。　桃李依稀香暗度。誰上鞦韆〔四〕，笑裏輕輕語〔五〕。一寸相思千萬緒〔六〕。人間沒箇安排處〔七〕。

【校記】

〔一〕唐圭璋稱：此詞《尊前集》作李煜詞，而《後山詩話》引王安石語、《南唐二主詞》引楊繪《本事曲》并以爲李冠作，或較是。别又誤作歐陽修詞，見《近體樂府》卷二。别又誤作李魁詞，見《古今别腸詞選》卷三。〔二〕閒：明鈔本、叢刊本作「閑」，曹批「竹垞傳鈔本亦作『閑』」。〔三〕曹批「竹垞傳鈔本『朦朧』作『朦朦』」。〔四〕韆：叢刊本作「靸」。〔五〕裏：叢刊本作「裡」。〔六〕緒：竹垞傳鈔本作「縷」，曹批「明鈔本『縷』作『緒』」。〔七〕箇：四庫本、叢刊本作「个」。

【輯評】

王又華《古今詞論》引張祖望詞論：詞雖小道，第一要辨雅俗，結構天成。而中有艷語、雋語、奇語、豪語、苦語、癡語、没要緊語，如巧匠運斤，毫無痕跡，方爲妙手。古詞中如……『一寸相思千萬結』『人間没箇安排處』，没要緊語也。

張德瀛《詞徵》卷一：「一寸相思千萬緒，人間没個安排處」，情語也。

又

庭院深深知幾許〔一〕。楊柳堆烟，簾幙無重數。玉勒雕鞍遊冶處〔二〕。樓高不見章臺路〔三〕。　雨橫風狂三月暮。門掩黄昏，無計留春住〔四〕。淚眼問花花不語。亂紅飛過鞦韆去〔五〕。

【校記】

〔一〕知：秦刻本注「一作『深』」，叢刊本作「深」。〔二〕雕：四庫本、叢刊本作「彫」。〔三〕高：叢刊本作「高」。臺：叢刊本作「臺」。〔四〕留：叢刊本作「畱」。〔五〕韆：叢刊本作「韆」。

〔一〕遊：四庫本、叢刊本作「遊」。

【輯評】

李清照《臨江仙并序》：歐陽公作《蝶戀花》有「庭院深深深幾許」之句，予酷愛之。用其語作「庭院深深」數闋，其聲即舊《臨江仙》也。

王又華《古今詞論》引毛稚黄詞論：詞家意欲層深，語欲渾成。詞作者大抵意層深者，語便刻畫，語渾成者，意便膚淺，兩難兼也。或欲舉其似，偶拈永叔詞云：「淚眼問花花不語，亂紅飛過鞦韆去。」此可謂層深而渾成。何也？因花而有淚，此一層意也；因淚而問花，此一層意也；花竟不語，此一層意也；不但不語，且又亂落，飛過鞦韆，此一層意也。人愈傷心，花愈惱人，語愈淺而意愈入，又絶無刻畫費力之迹，謂非層深而渾成耶。

王弈清等《歷代詞話》卷四引楊升庵：一句中連三字者，如「夜夜夜深聞子規」，又「日日日斜空醉歸」，又「更更更漏月明中」，又「樹樹樹梢啼曉鶯」，皆善用疊字也。

張惠言《張惠言論詞》：「庭院深深」，閨中既以邃遠也。「樓高不見」，哲王又不寤也。「章臺」「游冶」，小人之徑。「雨横風狂」，政令暴急也。「亂紅飛去」，斥逐者非一人而已，殆爲韓、范作乎。

此詞亦見馮延巳集中。李易安詞序云：「欧陽公作《蝶戀花》，有『庭院深深深幾許』之句，余酷愛之，用其語作『庭院深深』數闋，其聲即舊《臨江仙》也。」易安去歐公未遠，其言必非無據。

周濟《宋四家詞選》眉批：數詞纏綿忠篤，其文甚明，非歐公不能作。

孫麟趾《詞逕》：作詞十六字訣：清、輕、新、雅、靈、脆、婉、轉、留、托、澹、空、皺、韻、超、渾……何謂渾，如「淚眼問花花不語。亂紅飛過鞦韆去」「江上柳如煙。雁飛殘月天」「西風殘照，漢家陵闕」，皆以渾厚見長者也。詞至渾，功候十分矣。

黃蘇《蓼園詞評》引沈際飛：詩中有一句連三字者，劉篤「樹樹樹梢啼曉鶯」「夜夜夜深聞子規」。復有一句疊三字者，吴融「一聲南燕已先紅」「槭槭凄凄葉葉同」。歐公「深深深」字，方駕劉吴。首闋因楊柳烟多，若簾幕之重重者，庭院之深以此。即下句章臺不見亦以此。總以見柳絮之迷人。加之雨横風狂，即擬閉門，而春已去矣。不見亂紅之盡飛乎，語意如此。通首抵斥，看來必有所指。第詞旨濃麗，即不明所指，自是一首好詞。

李佳《左庵詞話》卷上：「庭院深深」，宫闕邃深也。「樓高不見」，哲王不寤也。「章臺」「游冶」，小人之徑。「雨横風狂」，政令暴急。「亂紅」飛去，斥逐者多也。即詩之比興體。

王國维《人間詞話》三：有有我之境，有無我之境。「淚眼問花花不語，亂紅飛過鞦韆去」……有我之境也……有我之境，以我观物，故物皆著我之色彩。

又

六曲闌干偎碧樹。楊柳風輕，展盡黃金縷。誰把鈿箏移玉柱。穿簾海燕雙飛去〔一〕。　滿眼遊絲兼落絮〔二〕。紅杏開時，一霎清明雨。濃睡覺來鶯亂語〔三〕。驚殘好夢無尋處〔四〕。

【校記】

〔一〕雙：叢刊本作「隻」。　〔二〕遊：四庫本、叢刊本作「遊」。　〔三〕睡：秦刻本注「一作『醉』」，明鈔本作「醉」，曹批「竹垞傳鈔本作『濃醉』，秦刻據他本改。當云原作『醉』」，四庫本作「醉」。　〔四〕夢：叢刊本作「夢」。

又

越女採蓮秋水畔。窄袖輕羅，暗露雙金釧〔一〕。照影摘花花似面。芳心只共絲爭亂〔二〕。　鸂鶒灘頭風浪晚〔三〕。露重烟輕〔四〕，不見來時伴。隱隱歌聲歸棹遠。輕愁引着江南岸〔五〕。

【校記】

〔一〕雙：叢刊本作「隻」。〔二〕亂：叢刊本作「乱」。〔三〕鸂：四庫本作「鸂」，叢刊本作「鶒」。〔四〕露重烟輕：竹垞傳鈔本作「霧重輕煙」，曹批「明鈔本亦作『霧』」。四庫本、叢刊本「露」作「霧」。〔五〕輕：秦刻本注「一作『離』」，明鈔本、叢刊本作「離」。岸：叢刊本作「岍」。

【輯評】

陳廷焯《白雨齋詞話》卷五：閑情之作，雖屬詞中下乘，然亦不易工。蓋摹色繪聲，礙難著筆。第言姚冶，易近纖佻。兼寫幽貞，又病迂腐，然則何爲而可，曰：「根柢於風騷，涵泳于温、韋，以之作正聲也可，以之作艷體亦無不可。」古人詞如……歐陽公之「照影摘花花似面。芳心只共絲爭亂」……似此則婉轉纏綿，情深一往，麗而有則，耐人玩味。

又

水浸秋天風皺浪〔一〕。縹緲仙舟，只似秋天上。和露採蓮愁一餉。看花却是啼粧樣。折得蓮莖絲未放。蓮斷絲牽，特地成惆悵。歸棹莫隨花蕩漾〔二〕。江頭有箇人相望〔三〕。

【校記】

〔一〕皺：明鈔本作「簸」。　〔二〕歸：叢刊本作「帰」。　隨：叢刊本作「随」。　〔三〕箇：四庫本、叢刊本作「个」。

漁家傲

一派潺湲流碧漲〔一〕。新亭四面山相向。翠竹嶺頭明月上。迷俯仰。月輪正在泉中漾。　更待高秋天氣爽〔二〕。菊花香裏開新釀〔三〕。酒美賓嘉眞勝賞〔四〕。紅粉唱。山深分外歌聲響。

【校記】

〔一〕派：四庫本、叢刊本作「泒」。　〔二〕高：叢刊本作「髙」。　〔三〕裏：四庫本、叢刊本作「裡」。　新釀：叢刊本作「釀新」，改作「新釀」。　〔四〕眞：四庫本、叢刊本作「真」。

又

十月小春梅蘂綻。紅爐畫閣新粧遍〔一〕。錦帳美人貪睡暖。羞起晚。玉壺一夜冰澌滿。　樓上四垂簾不卷。天寒山色偏宜遠。風急雁行吹字斷。紅日短。

江天雪意雲撩亂。

【校記】

〔一〕畫：叢刊本作「画」。粧：叢刊本鮑校作「裝」。

又

四紀才名天下重。三朝建厦爲梁棟。定冊功成身退勇。辭榮寵。歸來白首笙歌擁〔一〕。顧我薄才無可用。君恩近許歸田壠。今日一觴難得共。聊對捧。宮奴爲我高歌送〔二〕。

【校記】

〔一〕歸：叢刊本作「帰」。〔二〕宮：竹垞傳鈔本、叢刊本作「官」。

玉樓春

殘春一夜狂風雨。斷送紅飛花落樹。人心花意待留春〔一〕，春色無情容易去。高樓把酒愁獨語〔二〕。借問春歸何處所。暮雲空濶不知音，惟有綠楊芳草路〔三〕。

【校記】

〔一〕留：叢刊本作「畱」。〔二〕高：叢刊本作「髙」。〔三〕綠：四庫本、叢刊本作「緑」。楊：叢刊本作「揚」。

又

洛陽正值芳菲節。穠豔清香相間發。游絲有意苦相縈〔一〕，垂柳無端爭贈別。杏花紅處青山缺。山畔行人山下歇。今宵誰肯遠相隨〔二〕，惟有寂寥孤館月。

【校記】

〔一〕游：四庫本、叢刊本作「㳺」。〔二〕隨：叢刊本作「随」。

又

蝶飛芳草花飛路。把酒已嗟春色暮。當時枝上落殘花，今日水流何處去。樓前獨遶鳴蟬樹。憶把芳條吹暖絮。紅蓮綠芰亦芳菲〔一〕，不奈金風兼玉露。

【校記】

〔一〕綠：四庫本、叢刊本作「緑」。

又

春山歛黛低歌扇。暫解吴鈎登祖宴〔一〕。畫樓鐘動已魂銷〔二〕，何況馬嘶芳草岸。　青門柳色隨人遠〔三〕。望欲斷時腸已斷。洛城春色待君來〔四〕，莫到落花飛似霰。

【校記】

〔一〕解：叢刊本作「鮮」。　〔二〕鐘：四庫本作「锺」。　〔三〕隨：叢刊本作「随」。

〔四〕來：叢刊本作「来」。

又

風遲日媚烟光好〔一〕。綠樹依依芳意早〔二〕。年華容易卽凋零，春色只宜長恨少。　池塘隱隱驚雷曉。柳眼未開梅萼小。樽前貪愛物華新，不道物新人漸老。

【校記】

〔一〕媚：四庫本作「媢」。　〔二〕綠：四庫本、叢刊本作「緑」。

又　上林後亭

西亭飲散清歌闋。花外遲遲宮漏發。塗金燭引紫騮嘶，柳曲西頭歸路別。佳辰只恐幽期濶〔一〕。密贈殷勤衣上結。翠屏魂夢莫相尋〔二〕，禁斷六街清夜月。

【校記】

〔一〕辰：四库本作「晨」。濶：叢刊本作「闊」。〔二〕夢：叢刊本作「夣」。

又

紅條約束瓊肌穩〔一〕。拍碎香檀催急衮。隴頭嗚咽水聲繁，葉下間關鶯語近〔二〕。美人才子傳芳信。明月清風傷別恨。未知何處有知音，常爲此情留此恨。

【校記】

〔一〕條：明鈔本、叢刊本作「絛」。〔二〕關：叢刊本作「関」。

又

檀槽碎響金絲撥。露濕潯陽江上月。不知商婦爲誰愁，一曲行人留夜發。

畫堂花月新聲別〔一〕。紅蘂調長彈未徹。暗將深意祝膠絃〔二〕，惟願絃絃無斷絕〔三〕。

【校記】

〔一〕月：竹垞傳鈔本作「語」，曹批「明鈔本『語』作『月』」。〔二〕〔三〕絃：竹垞傳鈔本作「弦」。惟：四库本作「唯」。

朝中措

平山欄檻倚晴空。山色有無中。手種堂前垂柳，別來幾度春風〔一〕。文章太守，揮毫萬字，一飲千鐘〔二〕。行樂直須年少，樽前看取衰翁。

【校記】

〔一〕來：叢刊本作「来」。〔二〕鐘：明鈔本、四庫本、叢刊本作「锺」，曹批「竹垞傳鈔本亦作『锺』」。

【輯評】

黃蘇《蓼園詞評》：歐陽文忠公守維楊日，於西城北大明寺側建平山堂，頗得游觀之勝。金華劉原父出守揚州，文忠公作《朝中措》以餞之。後東坡亦守是邦，登平山堂，有感而賦《西江月》一闋云：「三過平山堂下，半生彈指聲中。十年不見老仙翁，壁上龍蛇飛動。欲弔文章太守，仍歌楊柳春風。休言萬事轉頭空，未轉頭時皆夢。」末句感慨之意，見於言外。

沈祥龍《論詞隨筆》：用成語，貴渾成，脱化如出諸己。賀方回「舊游夢掛碧雲邊，人歸落雁後，思發在花前」，用薛道衡句，歐陽永叔「平山欄檻倚晴空，山色有無中」，用王摩詰句，均妙。

南歌子〔一〕

鳳髻金泥帶，龍紋玉掌梳。走來窗下笑相扶〔二〕。愛道畫眉深淺、入時無〔三〕。弄筆偎人久，描花試手初。等閑妨了繡工夫〔四〕。笑問雙鴛鴦字、怎生書〔五〕。

【校記】

〔一〕秦刻本注「《草堂》云僧仲殊作」，四庫本、叢刊本亦有同注。〔二〕來：叢刊本作「来」。窗：四庫本作「窻」，叢刊本作「窓」。〔三〕畫：叢刊本作「画」。眉：四庫本作「眉」。〔四〕閑：四庫本作「閒」。〔五〕雙：叢刊本作「雙」。鴦：叢刊本作「央」。

【輯評】

賀裳《皺水軒詞荃》：歐陽公「弄筆偎人久，描花試手初」……真覺儼然如在目前，疑於化工之筆。

先著、程洪，胡念貽《詞潔輯評》卷二：公老成名德，而小詞當行乃爾。

許昂霄《詞綜偶評》：真覺娉娉嫋嫋。

御街行

天非華艷輕非霧。來夜半、天明去。來時春夢不多時〔一〕，去似朝雲何處。乳鷄酒燕，落星沉月，紞紞城頭鼓。參差漸辨西池樹，朱閣斜欹戶。綠苔深徑少人行〔二〕，苔上屐痕無數。遺香餘粉，剩衾閑枕〔三〕，天把多情賦〔四〕。

【校記】

〔一〕來：叢刊本作「来」。時：明鈔本、四庫本作「如」，叢刊本鮑校作「如」，曹批「竹垞傳鈔本亦作『如』」。〔二〕綠：叢刊本作「緑」。〔三〕閑：四庫本作「閒」。〔四〕天：四庫本作「聊」。

桃源憶故人〔一〕

梅梢弄粉香猶嫩。欲寄江南春信。別後寸腸縈損。說與伊爭穩。小爐獨守寒灰燼。忍淚無言畫盡〔二〕。眉上萬重新恨。竟日無人問。

【校記】

〔一〕秦刻本注「按《六一詞》作『虞美人影』」。〔二〕無言：秦刻本注「一作『低頭』」。

臨江仙〔一〕

柳外輕雷池上雨，雨聲滴碎荷聲。小樓西角斷虹明。欄干倚處〔二〕，待得月華生。燕子飛來窺畫棟〔三〕，玉鈎垂下簾旌。凉波不動簟紋平。水晶雙枕〔四〕，傍有墮釵横〔五〕。

【校記】

〔一〕曹批「明鈔本《臨江仙》下注『草堂』二字，竹坨傳鈔本同」。四庫本亦注「草堂」。

〔二〕欄：四庫本作「闌」。〔三〕畫：叢刊本作「画」。〔四〕晶：四庫本作「精」。雙：叢刊本作「雙」。〔五〕傍：曹批「明鈔本『傍』作『畔』」，「竹坨傳鈔本同，惟脱『雙』字」。四庫本作「旁」；叢刊本作「畔」，鮑校作「傍」。

【輯評】

許昂霄《詞綜偶評》：（凉波不動簟紋平。水晶雙枕，傍有墮釵横）不假雕飾，自成絶唱。按義山偶題云：「水文簟上琥珀枕，傍有墮釵雙翠翹。」結語本此。

王闓運《湘綺樓詞評》：原鈔作窺畫棟，垂簾矣，何得始窺。且此寫閨人睡景，非狎語也，豈有自嘲自狀之人。因垂簾不能歸棟，故窺也。于古人詞多所竄改。如歐陽永叔之「燕子飛來窺畫棟，玉鈎垂下簾旌」，改「窺」作「歸」，謂「垂簾矣，何得始窺」，不知垂簾燕子正不得歸，必著一「窺」字，簟紋雙枕，皆從「窺」字寫出，故妙。改作「歸」則涉呆相矣。

聖無憂

世路風波險，十年一別須臾。人生聚散長如此，相見且懽娛〔一〕。　好酒能消光景，春風不染髭鬚。爲公一醉花前倒，紅袖莫來扶〔二〕。

【校記】

〔一〕懽：四庫本作「歡」。　〔二〕來：叢刊本作「来」。

浪淘沙〔一〕

把酒祝東風。且共從容。垂楊紫陌路城東〔二〕。總是當時携手處〔三〕，遊遍芳叢〔四〕。　聚散苦悤悤〔五〕。此恨無窮。今年花勝去年紅。可惜明年花更好，知與誰同。

【校記】

〔一〕竹垞傳鈔本題「草堂」，曹批「明鈔本《浪淘沙》下注『草堂』二字」。四庫本亦注「草堂」。

〔二〕路：竹垞傳鈔本、四庫本、叢刊本作「洛」，曹批「明鈔本『路城』亦作『洛城』」。〔三〕總：叢刊本作「緫」。〔四〕遊：四庫本、叢刊本作「遊」。〔五〕悤：四庫本、叢刊本作「怱」。

【輯評】

沈雄《古今詞話·詞話》上卷引《柳塘詞話》：歐陽公「把酒祝東風，且共從容。」與東坡《虞美人》「持懷邀勸天連月，願月圓無缺。」同一意致。

許昂霄《詞綜偶評》：酒泉子（司空圖「黄昏把酒祝東風，且從容。」）歐公《浪淘沙》起語本此。然删去「黄昏」二字，便覺寡味。

黄蘇《蓼園詞評》：按末二句，憂盛危明之意，持盈保泰之心，在天道則虧盈益謙之理，俱可悟得。大有理趣，却不庸腐。粹然儒者之言，令人玩味不盡。

又

花外倒金翹。飲散無憀。柔桑蔽日柳迷條〔一〕。此地年時曾一醉，還似春朝〔二〕。今日舉輕橈。帆影飄飄。長亭回首短亭遥〔三〕。過盡長亭人更遠，特地魂銷〔四〕。

【校記】

〔一〕桑：叢刊本作「桒」。迷：四庫本作「遮」。〔二〕似：四庫本作「是」，叢刊本鮑校作「是」。〔三〕回：四庫本作「回」，叢刊本作「囬」。〔四〕魂：叢刊本作「䰟」。銷：四庫本作「消」。

又

五嶺麥秋殘〔一〕。荔子初丹。絳紗囊裹水晶丸〔二〕。可惜天教生處遠，不近長安。往事憶開元〔三〕。妃子偏憐〔四〕。一從魂散馬嵬關〔五〕。只有紅塵迷驛使〔六〕，滿眼驪山。

【校記】

〔一〕殘：四庫本作「寒」。〔二〕裹：明鈔本作「裹」。〔三〕往：叢刊本作「徃」。〔四〕憐：叢刊本作「怜」。〔五〕關：叢刊本作「関」。〔六〕迷：竹垞傳鈔本、四庫本作「無」，曹批「明鈔本亦作『無』」。

【輯評】

馮金伯《詞苑萃編》卷之二三：詩餘荔子之詠，作者既少，遂無擅長。獨歐陽公《浪淘沙》一首，稍存感慨悲凉耳。

又

萬恨苦綿綿。舊約前懽〔一〕。桃花溪畔柳陰間。幾度日高春睡重〔二〕，繡戶深關〔三〕。　樓外夕陽閒〔四〕。獨自憑闌。一重水隔一重山。水濶山高人不見〔五〕，有淚無言〔六〕。

【校記】

〔一〕懽：四庫本作「歡」。〔二〕〔五〕高：叢刊本作「高」。〔三〕繡：四庫本、叢刊本作「綉」。關：叢刊本作「関」。〔四〕閒：明鈔本、叢刊本作「閑」，曹批「竹垞傳鈔本亦作『閑』」。〔六〕淚：四庫本、叢刊本作「泪」。

又

今日北池遊〔一〕。漾漾輕舟。波光瀲灧柳條柔〔二〕。如此春來春又去，白了人頭。　好妓好歌喉。不醉難休〔三〕。勸君滿滿酌金甌。縱使花時常病酒，也是風流。

【校記】

〔一〕北：曹批「明鈔本『北』作『此』」。 遊：四庫本作「遊」。 〔二〕潋：四庫本作「歛」。

〔三〕醉：叢刊本作「醉」。

定風波

把酒花前欲問他〔一〕。對花何悋醉顔酡〔二〕。春到幾人能爛賞。何況。無情風雨等閒多〔三〕。　豔樹香叢都幾許。朝暮。惜紅愁粉奈情何。好是金船浮玉浪〔四〕。相向。十分深送一聲歌。

【校記】

〔一〕他：四庫本作「佗」。 〔二〕醉：叢刊本作「醉」。 酡：四庫本、叢刊本作「酡」。

〔三〕閒：明鈔本、叢刊本作「閑」，曹批「竹垞傳鈔本亦作『閑』」。 〔四〕船：四庫本、叢刊本作「舩」。

又

把酒花前欲問伊。忍嫌金盞負春時。紅豔不能旬日看〔一〕。宜算〔二〕。須知開謝只相隨〔三〕。蝶去蝶來猶解戀〔四〕。難見。回頭還是度年期〔五〕。莫候飲闌花已盡。方信。無人堪與補殘枝。

【校記】

〔一〕豔：四庫本作「日」。〔二〕算：四庫本作「筭」。〔三〕隨：叢刊本作「随」。〔四〕來：叢刊本作「来」。解：叢刊本作「觧」。〔五〕回：四庫本作「囘」，叢刊本作「囬」。

又

把酒花前欲問公。對花何事訴金鍾。爲問去年春甚處。虛度。鶯聲撩亂一場空。今歲春來須愛惜〔一〕。難得。須知花面不長紅。待得酒醒君不見。千片。不隨流水即隨風〔二〕。

【校記】

〔一〕來：叢刊本作「来」。〔二〕隨：叢刊本作「随」。

又

把酒花前欲問君。世間何計可留春〔一〕。縱使青春留得住。虛語〔二〕。無情花對有情人。任是好花須落去。今古〔三〕。紅顏能得幾時新。暗想浮生何事好。唯有〔四〕。清歌一曲倒金樽。

【校記】

〔一〕留：叢刊本作「畄」。〔二〕虛：叢刊本作「虗」。〔三〕今：秦刻本注「一作『自』」。〔四〕秦刻本注「『好』『有』二韻不叶」。曹批「此蕭豪尤同部，『好』「有」相叶，無所謂不合。秦以今韵繩之，誤矣」。

又

過盡韶光不可添。小樓紅日下層簷。春睡覺來情緒惡。寂寞。楊花撩亂拂珠簾〔一〕。早是閒愁依舊在〔二〕。無奈。那堪更被宿醒兼。把酒送春惆悵甚。長恁。年年三月病懨懨〔三〕。

【校記】

〔一〕亂：叢刊本作「乱」。〔二〕閒：明鈔本、叢刊本作「閑」。〔三〕懨懨：明鈔本、四庫本、叢刊本作「厭厭」，曹批「竹垞傳鈔本亦作『閑』及『厭厭』」。

驀山溪

新正初破，三五銀蟾滿。纖手染香羅，剪紅蓮、滿城開遍〔一〕。樓臺上下〔二〕，歌管咽春風，駕香輪，停寶馬，只待金烏晚。帝城今夜，羅綺誰爲伴。應卜紫姑神〔三〕，問歸期、相思望斷。天涯情緒，對酒且開顔，春宵短。春寒淺。莫待金盃暖。

【校記】

〔一〕城：四庫本作「山」。〔二〕臺：叢刊本作「臺」。〔三〕紫：四庫本作「子」。

浣溪紗〔一〕

燈燼垂花月似霜。薄簾映月兩交光。酒醺紅粉自生香。雙手舞餘拖翠袖〔二〕，一聲歌已釂金觴〔三〕。休回嬌眼斷人腸〔四〕。

【校記】

〔一〕紗：四庫本、叢刊本作「沙」。〔二〕雙：叢刊本作「雙」。〔三〕已：竹垞傳鈔本、四庫本作「過」，曹批「明鈔本『過』作『已』」。〔四〕回：四庫本作「囘」，叢刊本作「囬」。

又　草堂〔一〕

隄上遊人逐畫船〔二〕。拍隄春水四垂天〔三〕。綠楊樓外出鞦韆〔四〕。白髮戴花君莫笑，六么催拍盞頻傳。人生何處似樽前。

【校記】

〔一〕草堂：曹批「竹垞傳鈔本無『草堂』二字」，四庫本、叢刊本亦無。〔二〕隄：四庫本、叢刊本作「堤」。遊：四庫本、叢刊本作『遊』。畫：叢刊本作「画」。船：叢刊本作「船」。〔三〕隄：四庫本、叢刊本作「堤」。〔四〕綠：叢刊本作「緑」。

【輯評】

吴曾《能改齋漫録》卷一六《樂府》：晁無咎評本朝樂章……「歐陽永叔《浣溪紗》云：『堤上游人逐畫船。拍堤春水四垂天。緑楊樓外出秋千。』要皆絶妙，然只一「出」字，自是後人道不到處。」

陳霆《渚山堂詞話》卷二：歐公舊有春日詞云：「緑楊樓外出秋千。」前輩嘆賞，謂止一「出」字，是人著力道不到處。他日詠秋千，作《浣溪紗》云：「雲曳香綿綵柱高，絳旗風颭出花梢。」予謂雖同用「出」字，然視前句，其風致大段不侔。

王士禎《花草蒙拾》：「樓上晴天碧四垂」本韓侍郎「淚眼倚樓天四垂」，不妨并佳。歐陽文忠「拍堤春水四垂天」，柳員外「目斷四天垂」，皆本韓句，而意致少減。

馮金伯《詞苑萃編》卷之二十《辨證》引李君實語：晁無咎評歐陽永叔《浣溪紗》云：「『緑楊樓外出秋千』，只一『出』字，自是後人道不到處。」予按王摩詰詩「秋千競出垂楊裏」，歐公詞意本此，晁偶忘之耶。

黄蘇《蓼園詞評》：按第一闋，寫世上兒女多少得意歡娱。第二闋「白髮」句，寫老成意趣，自在衆人喧囂之外。末句寫得無限悽愴沉郁，妙在含蓄不盡。

王國維《人間詞話》二一：歐九《浣溪紗》詞「緑楊樓外出秋千。」晁補之謂只一「出」字，便後人所不能道。余謂此本于正中《上行杯》詞「柳外秋千出畫牆」，但歐語尤工耳。

又

翠袖嬌鬟舞石州。兩行紅粉一時羞。新聲難逐管絃愁。　白髮主人年未老，清時賢相望偏優。一樽風月爲公留。

又

湖上朱橋響畫輪〔一〕。溶溶春水浸春雲。碧琉璃滑淨無塵〔二〕。　當路遊絲縈醉客〔三〕，隔花啼鳥喚行人。日斜歸去奈何春。

【校記】

〔一〕橋：叢刊本作「輪」，鮑校作「橋」。 畫：叢刊本作「画」。 〔二〕淨：四庫本作「盡」。 〔三〕遊：四庫本、叢刊本作「遊」。

【輯評】

王世貞《藝苑卮言》：永叔極不能作麗語，乃亦有之。曰「隔花暗鳥喚行人」，又「海棠經雨胭脂透」（後句似應爲宋祁《锦缠道》燕子呢喃）。

沈雄《古今詞話·詞話》上卷引《弇州詞評》：永叔、長公，極不能作麗語，而亦有之。永叔如「當路游絲縈醉客，隔花啼鳥喚行人」，長公如「綵索身輕常趁燕，紅窗睡重不聞鶯」，勝人百倍。

黄蘇《蓼園詞評》引沈際飛：人謂永叔不能作麗語，如「隔花」句，「海棠經」兩句，非麗語耶。按「奈何春」三字，從「縈」字「喚」字生來。「縈」字「喚」字，下得有情。而「奈何」字，自然脱口而出，不拘是比是賦，讀之亹亹情長。

又

紅粉佳人白玉杯。木蘭船穩棹歌催〔一〕。緑荷風裏笑聲來〔二〕。細雨輕煙籠草樹〔三〕，斜橋曲水遶樓臺〔四〕。夕陽高處畫屏開〔五〕。

【校記】

〔一〕船：四庫本作「舡」。〔二〕綠：叢刊本作「緑」。裏：叢刊本作「裡」。來：叢刊本作「来」。〔三〕煙：四庫本作「烟」。〔四〕臺：叢刊本作「臺」。〔五〕高：叢刊本作「高」。畫：叢刊本作「画」。屏：叢刊本作「㻂」。

又

雲曳香綿彩柱高〔一〕。絳旗風颭出花梢〔二〕。一梭紅帶往來拋〔三〕。束素美人羞不打，却嫌裙幔褪纖腰〔四〕。日斜深院影空搖。

【校記】

〔一〕彩：四庫本作「綵」。高：叢刊本作「高」。〔二〕梢：叢刊本作「捎」。〔三〕往：叢刊本作「徃」。〔四〕幔：竹垞傳鈔本、四庫本、叢刊本作「慢」。

又

葉底青青杏子垂。枝頭薄薄柳綿飛。日高深院晚鶯啼。堪恨風流成薄倖，斷無消息道歸期。托腮無語翠眉低。

又

青杏園林煮酒香。佳人初著薄羅裳〔一〕。柳絲搖曳燕飛忙。乍雨乍晴花自落，閒愁閒悶日偏長〔二〕。爲誰消瘦損容光。

【校記】

〔一〕著：叢刊本作「着」，鮑校作「試」。〔二〕閒：明鈔本作「閑」，曹批「竹垞傳鈔本亦作『閑』」。

又

十載相逢酒一巵。故人纔見便開眉〔一〕。老來遊舊更同誰〔二〕。浮世歌歡眞易失〔三〕，宦途離合信難期。樽前莫惜醉如泥。

【校記】

〔一〕眉：四庫本作「㿓」。〔二〕遊：四庫本、叢刊本作「遊」。來：叢刊本作「来」。

〔三〕歡：叢刊本作「懽」。眞：四庫本、叢刊本作「真」。

木蘭花

西湖南北煙波濶〔一〕。風裏絲篁聲韻咽〔二〕。舞餘裙帶緑雙垂〔三〕，酒入香腮紅一抹。　杯深不覺琉璃滑。貪看六么花十八。明朝車馬各西東，惆悵畫橋風與月〔四〕。

【校記】

〔一〕煙：四庫本作「烟」。〔二〕韻：四庫本作「韵」。〔三〕緑：叢刊本作「緑」。雙：叢刊本作「隻」。〔四〕畫：叢刊本作「画」。

【輯評】

王灼《碧雞漫志》卷第三：六么，一名緑腰，一名樂世，一名緑腰……歐陽永叔云：「貪看六么花十八。」此曲内一疊，名「花十八」，前後十八拍，又四花拍，共二十二拍。樂家者流所謂花拍，蓋非其正也。曲節抑揚可喜，舞亦隨之。而舞築球六么，至花十八益奇。

張德瀛《詞徵》卷一：歐陽永叔詞「貪看六么花十八」，謂歌聲與舞態也。

又

兩翁相遇逢佳節。正値柳綿飛似雪。便須豪飲敵青春，莫對新花羞白髮。人生聚散如弦筈〔一〕。老去風情尤惜別。大家金盞倒垂蓮，一任西樓低曉月〔二〕。

【校記】

〔一〕筈：四庫本作「管」。　〔二〕低：叢刊本作「仾」。

又

常憶洛陽風景媚〔一〕。煙煖風和添酒味〔二〕。鶯啼宴席似留人，花出墻頭如有意。　別來已隔千山翠〔三〕。望斷危樓斜日墜。關心只爲牡丹紅〔四〕。一片春愁來夢裏〔五〕。

【校記】

〔一〕媚：四庫本作「媚」。　〔二〕煙：四庫本、叢刊本作「烟」。煖：四庫本作「暖」。

〔三〕來：叢刊本作「来」。　〔四〕關：叢刊本作「関」。　〔五〕夢：叢刊本作「夣」。

來：叢刊本作「来」。

又

燕鴻過後春歸去。細算浮生千萬緒〔一〕。來如春夢幾多時〔二〕，去似朝雲無覓處。

聞琴解珮神仙侶〔三〕。挽斷羅衣留不住。勸君莫作獨醒人，爛醉花間應有數。

【校記】

〔一〕算：四庫本、叢刊本作「筭」。〔二〕來：叢刊本作「来」。夢：叢刊本作「夣」。

〔三〕解：叢刊本作「鮮」。珮：四庫本作「佩」。

又

池塘水綠春微煖〔一〕。記得玉真初見面〔二〕。從頭歌韻響錚鏦〔三〕，入破舞腰紅亂旋〔四〕。

玉鈎簾下香階畔〔五〕。醉後不知紅日晚。當時共我賞花人，點檢如今無一半〔六〕。

【校記】

〔一〕綠：叢刊本作「緑」。〔二〕眞：四庫本、叢刊本作「真」。〔三〕韻：四庫本作

「韵」。〔四〕亂：叢刊本作「乱」。〔五〕階：四庫本、叢刊本作「堦」。鏦：明鈔本作「從」。〔六〕點檢：四庫本作「檢點」。

又

別後不知君遠近。觸目淒涼多少悶。漸行漸遠漸無書，水濶魚沉何處問。

夜深風竹敲秋韻。萬葉千聲皆是恨。故欹單枕夢中尋〔一〕，夢又不成燈又燼〔二〕。

【校記】

〔一〕夢：叢刊本作「夣」。〔二〕燼：曹批「明鈔本『燼』作『盡』」。

采桑子

昔者王子猷之愛竹，造門不問于主人〔一〕；陶淵明之臥輿，遇酒便留于道上〔二〕。況西湖之勝槩，擅東潁之佳名〔三〕。雖美景良辰，固多于高會〔四〕；而清風明月，幸屬于閒人〔五〕。並遊或結于良朋〔六〕，乘興有時而獨往〔七〕。鳴蛙暫聽，安問屬官而屬私；曲水臨流，自可一觴而一詠。至歡然而會意，亦傍若于無人〔八〕。乃知偶來常勝于特來〔九〕，前言可信；所有雖非于已有〔一〇〕，其得已多。因翻舊闋之詞〔一一〕，寫以新聲之調，敢陳薄伎，聊佐清歡。

【校記】

〔一〕〔二〕〔四〕〔八〕〔一〇〕于：明鈔本、四庫本作「於」。　〔三〕潁：四庫本、叢刊本作「穎」。　〔五〕于：明鈔本、四庫本作「於」。　閒：明鈔本作「閑」。　〔六〕遊：明鈔本、四庫本、叢刊本作「遊」。　于：明鈔本、四庫本作「於」。　〔七〕往：叢刊本作「徃」。〔九〕來：叢刊本作「来」。　于：明鈔本、四庫本作「於」，叢刊本作「扵」。　〔一一〕翻：叢刊本作「飜」。　詞：明鈔本、四庫本、叢刊本作「辭」，曹批「竹垞傳鈔本亦作『辭』」。

一

中呂宮〔一〕

輕舟短棹西湖好，綠水逶迤〔二〕。芳草長隄〔三〕。隱隱笙歌處處隨〔四〕。　無風水面琉璃滑，不覺船移。微動漣漪。驚起沙禽掠岸飛。

【校記】

〔一〕中呂宮：曹批「竹垞傳鈔本無『中呂宮』三字」，四庫本、叢刊本亦無。　〔二〕綠：叢刊本作「緑」。　〔三〕隄：四庫本、叢刊本作「堤」。　〔四〕隨：叢刊本作「随」。

【輯評】

許昂霄《詞綜偶評》：（輕舟）閑雅處自不可及。

二

春深雨過西湖好，百卉爭妍。蝶亂蜂喧〔一〕。晴日催花暖欲然。　蘭橈畫舸悠悠去〔二〕，疑是神仙〔三〕。返照波間。水濶風高颺管絃〔四〕。

【校記】

〔一〕亂：叢刊本作「乱」。〔二〕畫：叢刊本作「画」。〔三〕疑：曹批「明鈔本『疑』作『杳』」。〔四〕高：叢刊本作「高」。絃：叢刊本作「弦」。

三

畫船載酒西湖好〔一〕，急管繁絃。玉盞催殘〔二〕。穩泛平波任醉眠〔三〕。　行雲却在行舟下，空水澄鮮。俯仰流連〔四〕。疑是湖中別有天。

【校記】

〔一〕船：叢刊本作「舩」。〔二〕殘：明鈔本、四庫本、叢刊本作「傳」。〔三〕醉：叢刊本作「酔」。〔四〕流：明鈔本、叢刊本作「留」。曹批「竹垞傳鈔本亦作『傳』与『留』」。

四

羣芳過後西湖好〔一〕，狼籍殘紅〔二〕。飛絮濛濛。垂柳闌干盡日風〔三〕。　笙歌散盡遊人去〔四〕，始覺春空。垂下簾櫳。雙燕歸來細雨中〔五〕。

【校記】

〔一〕羣：叢刊本作「群」。　〔二〕籍：四庫本作「藉」。　〔三〕闌：四庫本、叢刊本作「欄」。日：曹批「明鈔本『日』作『是』，竹垞傳鈔本同」，四庫本作「是」。　〔四〕遊：四庫本、叢刊本作「遊」。　〔五〕雙：叢刊本作「雙」。來：叢刊本作「来」。

【輯評】

先著、程洪，胡念貽《詞潔輯評》：「始覺春空」語拙，宋人每以「春」字替人與事，用及不妥。

劉永濟《詞論》卷下《結构》第五：小令尤以結語取重，必通首蓄意、蓄勢，於結句得之，自然有神韻。如永叔《采桑子》前結「垂柳闌干盡日風」，後結「雙燕歸來細雨中」，神味至永，蓋芳歇紅殘，人去春空，皆喧極歸寂之語，而此二句則至寂之境，一路說來，便覺至寂之中，真味無窮，辭意高絶。

五

何人解賞西湖好〔一〕，佳景無時〔二〕。飛蓋相追〔三〕。貪向花間醉玉巵。誰知閒凭闌干處〔四〕，芳草斜暉。水遠烟微。一點滄洲白鷺飛。

【校記】

〔一〕解：叢刊本作「鮮」。〔二〕無：四庫本作「多」。〔三〕蓋：四庫本作「葢」，叢刊本作「盖」。〔四〕閒：明鈔本作「閑」，曹批「竹垞傳鈔本亦作『閑』」。

六

清明上巳西湖好〔一〕，滿目繁華。爭道誰家。綠柳朱輪走鈿車〔二〕。遊人日暮相將去〔三〕，醒醉諠譁。路轉隄斜〔四〕。直到城頭總是花〔五〕。

【校記】

〔一〕巳：四庫本作「己」。〔二〕綠：四庫本、叢刊本作「緑」。〔三〕遊：四庫本、叢刊本作「遊」。〔四〕隄：四庫本、叢刊本作「堤」。〔五〕總：叢刊本作「揔」。

七

荷花開後西湖好，載酒來時〔一〕。不用旌旗。前後紅幢綠蓋隨〔二〕。畫船撐入花深處〔三〕，香泛金巵。烟雨微微。一片笙歌醉裏歸。

【校記】

〔一〕來：叢刊本作「来」。〔二〕綠：四庫本、叢刊本作「緑」。蓋：四庫本作「葢」，叢刊本作「盖」。隨：叢刊本作「随」。〔三〕畫：叢刊本作「画」。船：四庫本、叢刊本作「舩」。

八

天容水色西湖好，雲物俱鮮。鷗鷺閒眠〔一〕。應慣尋常聽管絃。風清月白偏宜夜，一片瓊田。誰羨驂鸞〔二〕。人在舟中便是仙。

【校記】

〔一〕閒：明鈔本、叢刊本作「閑」，曹批「竹垞傳鈔本亦作『閑』」。〔二〕鸞：叢刊本作「鵉」。

九

殘霞夕照西湖好，花塢蘋汀。十頃波平。野[illegible]無人舟自横〔一〕。西南月上浮雲散，軒檻凉生。蓮芰香清。水面風來酒面醒〔二〕。

【校記】

〔一〕岍：四庫本、叢刊本作「岸」。〔二〕來：叢刊本作「来」。

十

平生爲愛西湖好，來擁朱輪〔一〕。富貴浮雲。俯仰流年二十春。歸來恰似遼東鶴〔二〕，城郭人民。觸目皆新。誰識當年舊主人。

【校記】

〔一〕〔二〕來：叢刊本作「来」。

十一

畫船鐘動君休唱〔一〕，往事無蹤〔二〕。聚散悤悤。今日歡娱幾客同。去年綠鬢今年白〔三〕，不覺衰容。明月清風。把酒何人憶謝公。

【校記】

〔一〕畫：叢刊本作「画」。　船：四庫本作「樓」，叢刊本作「楼」。　〔二〕往：叢刊本作「徃」。　〔三〕綠：四庫本、叢刊本作「緑」。　鬢：叢刊本作「鬓」。

歸自謠　道調宮〔一〕

何處笛。深夜夢回情脉脉〔二〕。竹風簷雨寒窗隔〔三〕。　離人幾歲無消息。今頭白。不眠特地重相憶。

【校記】

〔一〕曹批「竹垞傳鈔本無『道調宮』三字」。四庫本、叢刊本亦無。　〔二〕夢：叢刊本作「夣」。　回：四庫本、叢刊本作「囘」。　〔三〕窗：四庫本作「窻」，叢刊本作「窓」。

又

春豔豔〔一〕。江上晚山三四點。柳絲如翦花如染〔二〕。　香閨寂寂門半掩。愁眉斂〔三〕。淚珠滴破胭脂臉。

【校記】

〔一〕豔：四庫本、叢刊本作「艷」。〔二〕翦：四庫本、叢刊本作「剪」。〔三〕眉：四庫本作「睂」。

長相思

蘋滿溪。柳遶隄〔一〕。相送行人溪水西。回時隴月低〔二〕。烟霏霏〔三〕，風淒淒。重倚朱門聽馬嘶。寒鷗相對飛。

【校記】

〔一〕隄：四庫本、叢刊本作「堤」。〔二〕回：四庫本作「囘」，叢刊本作「囬」。〔三〕烟：叢刊本作「煙」。

又

深畫眉〔一〕。淺畫眉〔二〕。蟬鬢鬅鬙雲滿衣。陽臺行雨回〔三〕。巫山高〔四〕，巫山低。暮雨瀟瀟郎不歸〔五〕。空房獨守時。

【校記】

〔一〕〔二〕畫：叢刊本作「画」。眉：四庫本作「𥇒」。〔三〕臺：叢刊本作「臺」。回：四庫本作「囘」，叢刊本作「囬」。〔四〕高：叢刊本作「髙」。〔五〕潚：四庫本、叢刊本作「萧」。

又

花似伊。柳似伊。花柳青春人別離。低頭雙淚垂〔一〕。長江東，長江西。兩岸鴛鴦兩處飛〔二〕。相逢知幾時。

【校記】

〔一〕雙：叢刊本作「隻」。淚：四庫本、叢刊本作「泪」。〔二〕岸：四庫本、叢刊本作「岸」。

又

深花枝。淺花枝。深淺花枝相並時。花枝難似伊。玉如肌，柳如眉〔一〕。愛着鵝黃金縷衣〔二〕。啼粧更爲誰。

【校記】

〔一〕眉：四庫本作「眉」。〔二〕着：四庫本、叢刊本作「著」。鶇：四庫本作「鵞」。

訴衷情 眉意〔一〕

清晨簾幕卷輕霜。呵手試梅粧。都緣自有離恨〔二〕，故畫作遠山長〔三〕。思往事〔四〕，惜流芳。易成傷。擬歌先斂，欲笑還顰，最斷人腸。

【校記】

〔一〕眉意：四庫本作「眉意」，叢刊本無。〔二〕緣：叢刊本作「緑」。〔三〕畫：叢刊本作「画」。〔四〕往：叢刊本作「徃」。

踏莎行〔一〕

候館梅殘，溪橋柳細。草薰風暖搖征轡。離愁漸遠漸無窮，迢迢不斷如春水。寸寸柔腸，盈盈粉淚〔二〕。樓高莫近危闌倚。平蕪盡處是春山，行人更在春山外。

【校記】

〔一〕涉：四庫本、叢刊本作「沙」。 〔二〕淚：叢刊本作「泪」。

【輯評】

王世貞《藝苑巵言》：「平蕪盡處是春山，行人更在春山外。」此淡語之有情者也。

楊慎《詞品》卷之一：歐陽公詞「草薰風暖搖征轡」，乃用江淹《别賦》「閨中風暖，陌上草薰」之語也。歐陽公詞「平蕪盡處是春山，行人更在春山外。」石曼卿詩「水盡天不盡，人在天盡頭。」歐與石同時，且爲文字友，其偶同乎，抑相取乎。

李攀龍《草堂詩餘雋》：「春水」寫愁，「春山」騁望，極切極婉。

王士禎《花草蒙拾》：「平蕪盡處是春山，行人更在春山外。」升庵以擬石曼卿「水盡天不盡，人在天盡頭」，未免河漢。蓋意近而工拙懸殊，不啻天壤。且此等入詞爲本色，入詩即失古雅，可與知者道耳。

許昂霄《詞綜偶評》：「春山」疑當作「青山」。否則既用「春水」，又用「春山」，字未免稍複矣。

黄蘇《蓼園詞評》：按此詞特爲贈别作耳。首闋，言時物暄妍，征轡之去，自是得意。其如我之離愁不斷何。次闋，言不敢遠望，愈望愈遠也。語語倩麗，韶光情文斐亹。

俞陛雲《唐五代兩宋詞選釋》：唐宋人詩詞中，送别懷人者，或從居者著想，或從行者著想，能言情婉摯，便稱佳搆。此詞則兩面兼寫。

望江南

江南蝶，斜日一雙雙〔一〕。身似何郎全傅粉，心如韓壽愛偷香。天賦與輕狂。微雨後，薄翅膩烟光〔二〕。纔伴遊蜂來小院〔三〕，又隨飛絮過東牆〔四〕。長是爲花忙。

【校記】

〔一〕雙：叢刊本作「雙」。〔二〕烟：叢刊本作「煙」。〔三〕遊：四庫本、叢刊本作「遊」。〔四〕隨：叢刊本作「随」。

減字木蘭花

留春不住〔一〕。燕老鶯慵無覓處。説似殘春。一老應無却少人。風和月好。辦得黄金須買笑。愛惜芳時。莫待無花空折枝。

【校記】

〔一〕留：叢刊本作「畱」。

生查子

去年元夜時，花市燈如晝。月到柳梢頭，人約黄昏後。　今年元夜時，月與燈依舊。不見去年人，淚滿春衫袖。

又

含羞整翠鬟，得意頻相顧。雁柱十三絃〔一〕，一一春鶯語。　嬌雲容易飛，夢斷知何處。深院鎖黄昏，陣陣芭蕉雨。

【校記】

〔一〕絃：四庫本作「弦」。

瑞鷓鴣

楚王臺上一神仙〔一〕。眼色相看意已傳。見了又休還似夢〔二〕，坐來雖近遠如天〔三〕。　隴禽有恨猶能説，江月無情也解圓〔四〕。更被春風送惆悵，落花飛絮兩翩翩。

【校記】

〔一〕臺：叢刊本作「臺」。　〔二〕夢：叢刊本作「夢」。　〔三〕來：叢刊本作「来」。

〔四〕解：叢刊本作「鮮」。

傷情遠〔一〕

關河愁思望處滿〔二〕。漸素秋向晚。雁過南雲，行人回淚眼〔三〕。雙鸞衾裯悔展〔四〕。夜又永、枕孤人遠。夢未成歸〔五〕，梅花聞塞管。

【校記】

〔一〕秦刻本注「案《六一詞》作『清商怨』」。　〔二〕關：叢刊本作「関」。　〔三〕回：四庫本作「囘」。　淚：叢刊本作「泪」。　〔四〕雙：叢刊本作「雙」。　鸞：叢刊本作「鳶」。

衾：竹垞傳鈔本作「□」。　〔五〕夢：叢刊本作「夢」。

阮郎歸

東風臨水日銜山〔一〕。春來長是閑〔二〕。落花狼藉酒闌珊。笙歌醉夢間〔三〕。

春睡覺，晚粧殘。無人整翠鬟〔四〕。留連光景惜朱顏。黄昏獨倚欄〔五〕。

【校記】

〔一〕銜：四庫本作「啣」。〔二〕閑：四庫本作「閒」。〔三〕夢：叢刊本作「㝱」。〔四〕鬟：四庫本作「鐶」；叢刊本作「鐶」，鮑校作「鬟」。〔五〕欄：四庫本作「闌」。

又

南園春早踏青時。風和聞馬嘶。青梅如豆柳如眉〔一〕。日長蝴蝶飛。花露重，草烟低。人家簾幕垂。鞦韆慵困解羅衣〔二〕。畫樑雙燕棲〔三〕。

【校記】

〔一〕眉：四庫本作「眉」。〔二〕解：叢刊本作「觧」。〔三〕畫：叢刊本作「画」。樑：明鈔本、竹垞傳鈔本、四庫本、叢刊本作「梁」。

【輯評】

黃蘇《蓼園詞評》引沈際飛：景物閑遠。又曰：「簾垂」則「燕棲」，「棲」則在「梁」，妥甚。按是人是物，無非化日舒長之景。望而知爲治世之音，詞家勝象。

俞陛雲《唐五代兩宋詞選釋》：南園美景如畫，春色撩人。寫景句含婉轉之情，可謂情景兩得。詞家之妙訣也。

又

角聲吹斷隴梅枝。孤窗月影低〔一〕。塞鴻無限欲驚飛。城烏休夜啼。尋斷夢〔二〕，掩深閨。行人去路迷。門前楊柳緑陰齊〔三〕。何時聞馬嘶。

【校記】

〔一〕窗：四庫本作「窻」，叢刊本作「窓」。

〔二〕夢：叢刊本作「㝱」。

〔三〕綠：叢刊本作「緑」。

王介甫

王安石，字介甫，臨川人。有《臨川集》一百卷，詞一卷。

【輯評】

王灼《碧雞漫志》卷第二：王荆公長短句不多，合繩墨處自雍容奇特。

趙令畤《侯鯖録》卷七：安石晚居金陵，自號半山老人，工詩文，并爲北宋大家，有《臨川集》行世。其論填詞云：「古之歌者，皆先有詞，後有聲。故曰『詩言志，歌詠言，聲依永，律和聲。』如今先撰腔子，後填詞，却是永依聲也。」

桂枝香〔一〕

登臨送目。正故國晚秋，天氣初肅。千里澄江似練，翠峰如簇。征帆去棹殘陽裏，背西風、酒旗斜矗。綵舟雲淡，星河鷺起，畫圖難足。　念往昔、繁華競逐〔二〕。嘆門外樓頭，悲恨相續。千古憑高〔三〕，對此謾嗟榮辱〔四〕。六朝舊事隨流水〔五〕，但寒烟、芳草凝緑〔六〕。至今商女，時時猶唱〔七〕，後庭遺曲。

【校記】

〔一〕曹批「景定《建康志》載此詞，『千里』作『瀟洒』，『往』作『自』，『繁』作『豪』，『嘆』作『悵』，『對此』作『望眼』，『芳』作『衰』，『猶唱』作『尚歌』，並於調下引《古今詞話》云『金陵懷古寄詞於《桂枝香》凡三十餘首，獨介甫最爲絶唱』，疑據《草堂詩餘》録入，故與《臨川集》異」。〔二〕往：叢刊本作「徃」。〔三〕高：叢刊本作「髙」。〔四〕嗟：叢刊本鮑校作「嗤」。〔五〕隨：叢刊本作「随」。〔六〕烟：叢刊本作「煙」。綠：叢刊本作「緑」。〔七〕唱：曹批「明鈔本『唱』作『歌』」。

【輯評】

楊湜《古今詞話》：金陵懷古，諸公寄詞於《桂枝香》，凡三十餘家，独介甫最爲絶唱。東坡見之，不觉嘆息曰：「此老乃野狐精也。」

張炎《詞源》卷下：詞以意趣爲主，要不蹈襲前人語意……王荆公金陵懷古《桂枝香》云……此數詞，皆清空中有意趣，無筆力者未易到。

張惠言《張惠言論詞》續詞選批註：（登臨送目）情韻有美成、耆卿所不能到。

許昂霄《詞綜偶評》：（「嘆門外樓頭」二句）牧之詩：「門外韓擒虎，樓頭張麗華。」結用杜牧秦淮絶句語意。

黄蘇《蓼園詞評》：杜牧詩「商女不知亡國恨，隔江猶唱後庭花。」沈際飛曰：竇鞏詩「傷心欲問南朝事，惟見江流去不回。日暮東風春草緑，鷓鴣飛上越王臺。」六朝句從此化出。又曰：此篇及東坡「明月幾時有」「冰肌玉骨」二篇，又白石暗香云：「舊時月色，算幾番、照我梅邊吹笛。」疎影云：「苔枝綴玉，有翠禽小小，枝上同宿。」皆清空中出意趣，無筆力者難爲。

菩薩蠻

數家茅屋閒臨水〔一〕。輕衫短帽垂楊裏。今日是何朝。看予度石橋。　梢梢新月偃。午醉醒來晚。何物最關情〔二〕。黄鸝一兩聲。

【校記】

〔一〕茅：四庫本作「茆」。　閒：明鈔本作「閑」，曹批「竹垞傳鈔本亦作『閑』」。〔二〕關：叢刊本作「関」。

【輯評】

吴曾《能改齋漫録》卷一七《樂府》：王荆公築草堂於半山，引八功德水，作小港其上，疊石作橋。爲集句填《菩薩蠻》云……其後豫章（黄庭堅）戲效其體云：「半煙半雨溪橋畔，漁翁醉著無人唤。疏懶意何長，春風花草香。江山如有待，此意陶潛解。問我去何之，君行即自知。」

胡仔《苕溪漁隱叢話》後集卷三九：魯直書荆公集句《菩薩蠻》詞……因閲《臨川集》，乃云：「今日是何朝？看予度石橋。」余謂不若「花是去年紅，吹開一夜風」爲勝也。

漁家傲

燈火已收正月半。山南山北花撩亂。聞說游亭新水漫〔一〕。騎欵段。穿雲入塢尋幽伴。　却拂僧牀褰素幔〔二〕。千巖萬壑春風滿〔三〕。一弄松聲悲急筦〔四〕。驚夢斷〔五〕。西窗看日猶嫌短〔六〕。

【校記】

〔一〕游：四庫本、叢刊本作「游」。〔二〕却拂：叢刊本作「拂却」，改作「却拂」。

〔三〕巖：叢刊本作「嵒」。〔四〕筦：四庫本作「管」。〔五〕夢：叢刊本作「夣」。

〔六〕窗：四庫本作「窻」，叢刊本作「窓」。日：曹批「竹垞傳鈔本『日』作『月』」，四庫本作「月」。

又

平岍小橋千嶂抱〔一〕。柔藍一水縈花草。茅屋數間窗窈窕〔二〕。塵不到。時時自有春風掃。　午枕覺來聞語鳥。欹眠似聽朝雞早。忽憶故人今總老〔三〕。貪夢好〔四〕。茫然忘了邯鄲道〔五〕。

【校記】

〔一〕峅：四庫本作「岸」。〔二〕茅：四庫本作「茆」。窗：四庫本作「窻」，叢刊本作「窓」。〔三〕總：叢刊本作「揔」。〔四〕夢：叢刊本作「夣」。〔五〕了：秦刻本注「本集作『却』」。

【輯評】

魏慶之《魏慶之詞話》：王荆公小詞云……極爲學者所稱賞。

先著、程洪，胡念貽《詞潔輯評》卷二：介甫在中書，有不合意，便謂何處無一椀魚羹飯喫。審如是霜筠雪竹之地，何不早歸，而必堅以新法，禍人國也。讀此詞末二語，可感亦可傷。

丁紹儀《聽秋聲館詞話》卷一：公又有《漁家傲》云……使公九原有知，亦曾自悔誤貪好夢否耶。吁，公非小人，而所用盡小人。謂爲禍梯，夫復奚辭。

黄蘇《蓼園詞評》引《雪浪齋日記》云：荆公此詞，略無塵土思。黄玉林選詞云：半山老人此詞，極能道閒居之趣。此必荆公退居金陵時所作也。借漁家樂以自寫其恬退。首闋筆筆清奇，令人神往。次闋似譏故人之戀位者，然亦不過反筆以寫其幽居之樂耳。情詞自超雋無匹，運用入化。

雨零鈴〔一〕

孜孜矻矻。向無明裏，强作窠窟。浮名浮利何濟，堪留戀處〔二〕，輪廻倉卒。幸有明空妙覺，可彈指超出。緣底事、抛了金潮〔三〕，認一浮漚作瀛渤。本源自性天眞佛〔四〕。祇些些、妄想中埋沒〔五〕。貪他眼花陽豔〔六〕，誰信道、本來無物〔七〕。一旦茫然，終被閻羅老子相屈。便縱有、千種機籌，怎免伊唐突。

【校記】

〔一〕零：四庫本、叢刊本作「霖」。〔二〕留：叢刊本作「畱」。〔三〕緣：叢刊本作「縁」。〔四〕眞：四庫本、叢刊本作「真」。〔五〕祇：四庫本作「秖」。〔六〕陽豔：曹批「『陽豔』似當作『陽焰』。《夢溪筆談》云，野馬乃田間浮氣。佛書謂，如熱時野馬陽焰，即此物也」。〔七〕道：四庫本作「他」。本：竹垞傳鈔本作「□」。來：叢刊本作「来」。

清平樂

雲垂平野。掩映竹籬茅舍〔一〕。閒寂幽居實瀟灑〔二〕。是處綠嬌紅冶〔三〕。丈夫運用堂堂。且莫五角六張。若有一卮芳酒，逍遥自在無妨。

【校記】

〔一〕掩：叢刊本鮑補。映：明鈔本、叢刊本作「暎」。茅：四庫本作「茆」，叢刊本作「茒」。〔二〕間：竹垞傳鈔本作「閒」，曹批「明鈔本亦作『閒』」，四庫本、叢刊本作「閒」。瀟灑：叢刊本作「蕭洒」。四庫本「灑」作「洒」。〔三〕緑：叢刊本作「綠」。

浣溪沙

百畝庭中半是苔〔一〕。門前百道水縈迴〔二〕。愛閒能有幾人來〔三〕。小院回廊春寂寂〔四〕，山桃溪杏兩三栽〔五〕。爲誰零落爲誰開。

【校記】

〔一〕庭中：明鈔本作「中庭」，曹批「竹垞傳鈔本亦作『中庭』」。〔二〕迴：叢刊本作「廻」。〔三〕閒：明鈔本作「閑」，曹批「竹垞傳鈔本亦作『閑』」。來：叢刊本作「来」。〔四〕回：四庫本作「囘」，叢刊本作「囬」。〔五〕兩三：四庫本作「三兩」。

訴衷情　和俞秀老鶴詞〔一〕

常時黄色見眉間〔二〕。松桂我同攀。每言天上辛苦，不肯餌金丹。憐水靜，愛雲閒〔三〕。便忘還。高歌一曲，巖谷迤邐〔四〕，宛似商山。

【校記】

〔一〕叢刊本鮑校補題。〔二〕眉：四庫本作「嵋」。〔三〕閒：明鈔本作「閑」，曹批「竹垞傳鈔本亦作『閑』」。〔四〕巖：叢刊本作「嵓」。

又

莫言普化祇顛狂。眞解作津梁〔一〕。驀然打箇筋斗，直跳過羲皇。臨濟處，德山行。果承當。將他建立，認作心誠，也是尋香。

【校記】

〔一〕眞：四庫本、叢刊本作「真」。解：叢刊本作「觧」。

南鄉子

嗟見世間人。但有纖毫卽是塵。不住舊時無相貌〔一〕，沈淪〔二〕。祇爲從來認識神〔三〕。作麽有踈親。我是降魔轉法輪〔四〕。不是攝心除妄想，求眞〔五〕。幻化空身卽法身〔六〕。

【校記】

〔一〕貌：四庫本作「皃」。〔二〕沈：四庫本、叢刊本作「沉」。〔三〕祇：四庫本作「秖」。〔四〕來：叢刊本作「来」。〔四〕是：竹垞傳鈔本、四庫本、叢刊本作「自」。〔五〕眞：四庫本、叢刊本作「真」。〔六〕幻：四庫本、叢刊本作「行」。

又

自古帝王州。鬱鬱葱葱佳氣浮。四百年來如一夢〔一〕，堪愁。晉代衣冠成古邱〔二〕。繞水恣行遊〔三〕。上盡層城更上樓。往事悠悠君莫問〔四〕，回頭〔五〕。檻外長江空自流。

【校記】

〔一〕來：叢刊本作「来」。〔二〕邱：四庫本、叢刊本作「丘」。〔三〕遊：四庫本、叢刊本作「遊」。〔四〕往：叢刊本作「徃」。〔五〕回：四庫本作「回」，叢刊本作「回」。

浪淘沙令〔一〕

伊呂兩衰翁。歷遍窮通〔二〕。一爲釣叟一耕傭。若使當時身不遇，老了英雄。

湯武偶相逢。風虎雲龍。興王祇在笑談中。直至如今千載後，誰與爭功。

【校記】

〔一〕令：四庫本無。〔二〕歷：叢刊本作「歴」。

【輯評】

丁紹儀《聽秋聲館詞話》卷一：王荆公《浪淘沙》云……則隱然欲與争雄矣。乃新法一行，卒蒙世詬，何哉。公學問卓絶，緣好更張，好立異，好人諛己。有此三好，遂致病國殃民，而不自覺。後世以經濟自負者，當以公爲鑑。逮蔡京輩創爲紹述，土崩之勢遂成，此公所不及知者。

甘露歌〔一〕

折得一枝香在手。人間應未有。疑是經春雪未消。今日是何朝。盡日含毫難比興。都無色可並〔二〕。萬里晴天何處來。眞是屑瓊瑰〔三〕。天寒日暮山谷裏。的礫愁成水。池上漸多枝上稀。唯有故人知〔四〕。

【校記】

〔一〕曹批「此半山集句詩也，端伯誤作樂府。然明鈔本於此詩並不分段，尚是《臨川集》舊本款式。至《欽定詞譜》所據本已作三段，非復曾選之舊矣。於此知明鈔本之善。」又批「竹垞傳鈔本自云『鈔自上元焦氏』，知即從明鈔本出。故于此詩亦不分段。」四庫本、叢刊本亦不分段。

〔二〕並：叢刊本作「竝」。　〔三〕眞：四庫本、叢刊本作「真」。　〔四〕唯：四庫本作「惟」。　秦刻本注「案一本每段六句，作兩段。《花草粹編》作三首。《欽定詞譜》云《樂府雅詞》作三段，平仄换韻當以《詞譜》爲正」。

【輯評】

謝章鋌《賭棋山莊詞話》卷一二：填詞有即集詞句者，且有通闋只集一人之句者。然他人寥寥數篇，至竹垞則專集詩句，既工且多。第考之《臨川集》，荆公已啓其端。詠梅《甘露歌》三首，草堂《菩薩蠻》一首，皆是集句。《甘露歌》云：「天寒日暮山谷裏。的皪愁成水。地上漸多枝上稀。惟有故人知。」《菩薩蠻》云：「花是去年紅。吹開一夜風。」又云：「何物最關情。黄鸝三兩聲。」可謂滅盡針線之跡。蘅圃題《蕃錦集》云：「是誰能紉百家衣，只許半山人説。」當是指此，非泛言詩中集句也。然半山不標出處，未若竹垞歷注名姓，尤令人易於根據。

晁無咎

晁補之，字無咎，鉅野人。有《雞肋集》七十卷，詞六卷。（底本作「无咎」）

【輯評】

王灼《碧雞漫志》卷第二：晁無咎、黄魯直皆學東坡，韻製得七八。

張炎《詞源》卷下：晁無咎詞名冠柳，琢語平帖，此柳之所以易冠也。

陳振孫《直齋書録解題》卷二一《歌詞類》：晁嘗云今代詞手惟秦七、黄九，他人不能及。然二公之詞，亦自有不同者，若晁無咎佳者，固未多遜也。

脱脱《宋史·文苑傳》：補之才氣飄逸，嗜學不知倦，文意温潤典縟，其淩麗奇卓，出於天成。

沈雄《古今詞話·詞評》上卷引《柳塘詞話》：鉅野晁無咎，登元祐進士，通判揚州。名《雞肋詞》，又稱濟北詞人。晁補之嘗自銘其墓，名《逃禪詞》。與魯直、文潛、少游爲蘇門四學士。若晁次膺，其十二叔也。無斁，其八弟也。花庵詞客曰：無咎自言今代作者，秦七、黄九耳。兩公詞亦不同，若無咎亦未必多遜也。

李調元《雨村詞話》：楊無咎字補之，清江人；晁無咎亦字補之，濟北人，俱以詞名。楊名《逃禪集》，晁名《琴趣外篇》，而《花庵》於二補之俱不採入，只《草堂》載癡男騃女一詞，又逸其名，妄注毛東堂，可慨也。

馮煦《蒿庵論詞》：晁無咎爲蘇門四學士之一，所爲詩餘，無子瞻之高華，而沈咽則過之。

劉熙載《藝概》：東坡詞在當時鮮與同調，不獨秦七、黄九别成兩派也。晁無咎坦易之懷，磊落之氣，差堪驂靳。然懸崖撒手處，無咎莫能追躡矣。

陳廷焯《詞壇叢話》：晁無咎詞，名不逮秦、柳諸家，而本領不在其下。

陳廷焯《白雨齋詞話》卷一：晁無咎則有意蹈揚湖海，而力又不足。與此中真消息，皆未夢見。

胡薇元《歲寒居詞話》：無咎爲蘇門四學士之一，其詞神資高秀，可與坡老肩隨。陳振孫於《淮海詞》後記無咎之言曰：少游詞，如「斜陽外，寒鴉數點，流水繞孤村」，雖不識字人，亦知爲天生好言語。觀所品題，知無咎於此事特深，不但詩文擅長矣。

張德瀛《詞徵》卷五：晁無咎慕陶靖節爲人，致仕後，葺歸來園，號歸來子。觀《琴趣外篇》，題自畫蓮社圖詞，及呈祖禹十六叔詞，淡然無營，俯仰自足，可以挹其高致。

永遇樂　東皋寓居〔一〕

松菊堂深〔二〕，芰荷池小，長夏清暑。燕引雛還，鳩呼婦往〔三〕，人静郊原趣。麥天已過，薄衣輕扇，試起遶園徐步。聽衡宇、欣欣童稚，共説夜來初雨。蒼苔徑裏，紫葳枝上〔四〕，數點幽花垂露〔五〕。東里催鋤，西鄰助餉〔六〕，相戒清晨去。斜川歸興。倏然滿目，回首帝鄉何處〔七〕。只愁恐、輕鞍犯夜，灞陵舊路〔八〕。

【校記】

〔一〕叢刊本鮑校補題。〔二〕松：叢刊本作「枀」。〔三〕往：叢刊本作「徃」。〔四〕秦刻本、明鈔本、竹垞傳鈔本、四庫本、叢刊本注「一云『蒼菅徑外，凌霄枝上』」。菅：四庫本作「苔」。〔五〕秦刻本、四庫本、叢刊本注「一云『數朶丹花』」。竹垞傳鈔本作「一云『數朶草花』」，曹批「明鈔本小注皆同，『草』亦作『丹』」。〔六〕鄰：叢刊本作「隣」。〔七〕回：四庫本作「囘」，叢刊本作「囬」。〔八〕灞：竹垞傳鈔本、四庫本、叢刊本作「霸」。

江神子 集句惜春〔一〕

雙鴛池沼水融融〔二〕。桂堂東。又春風。今日看花，花勝去年紅。把酒問花花不語，攜手處〔三〕，遍芳叢。留春且住莫怱怱。秉金籠〔四〕。夜寒濃。沈醉插花〔五〕，走馬月明中。待得醒時君不見，不隨水〔六〕，卽隨風〔七〕。

【校記】

〔一〕秦刻本注「按《琴趣外篇》無此闋」。〔二〕雙：叢刊本作「雙」。〔三〕攜：四庫本、叢刊本作「携」。〔四〕金籠：叢刊本作「籠金」改作「金籠」。〔五〕沈：四庫本、叢刊本作「沉」。　〔六〕〔七〕隨：叢刊本作「隨」。

鹽角兒　亳社觀梅

開時似雪。謝時似雪。花中奇絕。香非在蕊，香非在萼，骨中香徹。　占溪風，留溪月。堪羞損、山桃如血。直饒更、疎疎淡淡，終有一般情別。

【輯評】

李調元《雨村詞話》卷二：各家梅花詞不下千闋，然皆互用梅花故事綴成，獨晁無咎補之不持寸鐵，别開生面，當爲梅花第一詞。

陳廷焯《白雨齋詞話》卷六：詞貴渾涵，刻摯不能渾涵，終屬下乘。晁無咎詠梅云：「開時似雪。謝時似雪。花中奇絕。香非在蕊，香非在萼。骨中香徹。」費盡氣力，終是不好看。宋末蕭泰來《霜天曉角》一闋，亦犯此病。

千秋歲　次韻弔高郵秦少游〔一〕

江頭苑外。常記同朝退。飛騎軋，鳴珂碎。齊謳雲遶扇，趙舞風迴帶〔二〕。嚴鼓斷，杯盤藉草猶相對。　灑涕誰能會〔三〕。醉臥藤陰蓋〔四〕。人已去，詞空在〔五〕。兔園高宴悄〔六〕，虎觀英游改〔七〕。重感慨，驚濤自卷珠沈海〔八〕。

【校記】

〔一〕叢刊本鮑補題。〔二〕迴：四庫本作「迴」，叢刊本作「廻」。〔三〕灑：四庫本、叢刊本作「洒」。〔四〕蓋：四庫本作「葢」，叢刊本作「盖」。〔五〕詞：四庫本作「祠」。〔六〕高：叢刊本作「髙」。悄：叢刊本作「俏」。〔七〕游：四庫本、叢刊本作「游」。〔八〕沈：四庫本、叢刊本作「沉」。

【輯評】

吳曾《能改齋漫録》卷一六《樂府》：秦少游《千秋歲》，世尤推稱。秦既没藤州，晁無咎嘗和其韻以弔之……中云「醉卧藤陰蓋」者，少游臨終作詞所謂「醉卧古藤陰下，了不知南北」，故無咎用之。

憶少年 别歷下〔一〕

無窮官柳〔二〕，無情畫舸〔三〕，無根行客。南山尚相送，只高城人隔。罨畫園林溪紺碧。算重來、盡成陳迹〔四〕。劉郎鬢如此，况桃花顔色。

【校記】

〔一〕叢刊本鮑補題。〔二〕官柳：秦刻本注「一云『烟水』」。明鈔本、竹垞傳鈔本、四庫本、叢刊本亦有注。〔三〕畫：叢刊本作「画」。〔四〕算：四庫本、叢刊本作「筭」。

【輯評】

先著、程洪，胡念貽《詞潔輯評》卷一：「花無人戴，酒無人勸，醉也無人管」，與此詞起處同一警絶。唐以後，特地有詞，正以有如許妙語，詩家收拾不盡耳。

臨江仙

身外閒愁空滿眼〔一〕，就中歡事常稀。明年應是送君期〔二〕。試從今夜數，相會幾多時。　淺酒欲邀誰共勸，深情惟有君知。東溪春近好同歸。柳垂江上影，梅謝雪中枝。

【校記】

〔一〕閒：明鈔本作「閑」，曹批「竹垞傳鈔本亦作『閑』」。〔二〕是：秦刻本注「一作『賦』」，明鈔本、竹垞傳鈔本、四庫本作「賦」。　期：秦刻本注「一作『詩』」，明鈔本、竹垞傳鈔本、四庫本作「詩」。

【輯評】

許昂霄《詞綜偶評》：結語絶妙，惜起筆稍率。

水龍吟

別吴興至松江作

水晶宫繞千家，卞山倒影雙溪裏〔一〕。白蘋洲渚，詩成春曉〔二〕，當年此地。行遍瑤臺〔三〕，弄英攜手〔四〕，月嬋娟際。算多情小杜〔五〕，風流未覩，空腸斷、枝間子。一似君恩賜與。賀家湖、千峰凝翠〔六〕。黄粱未熟，紅旌已遠，南柯舊事。常恐重來，夜闌相對，也疑非是。向松陵回首〔七〕，平蕪盡處，在青山外〔八〕。

【校記】

〔一〕雙：叢刊本作「雙」。〔二〕曉：明鈔本作「晚」。〔三〕臺：叢刊本作「臺」。

〔四〕攜：四庫本、叢刊本作「携」。〔五〕算：四庫本、叢刊本作「筭」。〔六〕峰：叢刊本作「峯」。〔七〕回：四庫本作「回」，叢刊本作「囬」。〔八〕在：曹批「明鈔本『在』作『人』」。

行香子　夏日卽事

前歲栽桃，今歲成蹊。更黃鸝、久住相知。微行清露，細履斜暉。對林中侶，閒中我〔一〕，醉中誰。何妨到老，常閒常醉〔二〕，任功名、生事俱非。衰顏難强，拙語多遲。但酒同行，月同坐，影同嬉。

【校記】

〔一〕〔二〕閒：明鈔本、叢刊本作「閑」，曹批「竹垞傳鈔本亦作『閑』」。

摸魚兒

買陂塘、旋栽楊柳，依稀淮岸江浦〔一〕。東皐新雨輕痕漲，沙嘴鷺來鷗聚〔二〕。堪愛處。最好是、一川夜月光流注〔三〕。無人獨舞〔四〕。任翠幄張天，柔茵席地〔五〕，酒盡未歸去〔六〕。青綾被，休憶金閨故步。儒冠曾把身誤〔七〕。弓刀千騎成何事，荒了邵平瓜圃〔八〕。君試覷。滿青鏡、星星鬢影今如許〔九〕。功名浪語〔一〇〕。便似得班超〔一一〕，封侯萬里〔一二〕，歸計恐遲暮。

【校記】

〔一〕江：秦刻本注「一作『湘』」。〔二〕嘴：明鈔本、竹垞傳鈔本、四庫本、叢刊本作「觜」。〔三〕注：秦刻本注「一作『渚』」。〔四〕獨：秦刻本注「一作『自』」。〔五〕席：秦刻本注「一作『藉』」。〔六〕歸：秦刻本注「一作『能』」。〔七〕誤：四庫本作「悮」。〔八〕邵：明鈔本作「召」。〔九〕鬢：叢刊本作「鬓」。〔一〇〕四庫本作「功名渾浪語」。〔一一〕似：秦刻本注「一作『做』」。〔一二〕侯：叢刊本作「矦」。

【輯評】

黄蘇《蓼園詞評》引花庵詞客：晁無咎《摸魚兒》，真能道急流勇退之意。真西山極愛賞之。觀「休憶金閨故步」句，是由翰林遷謫後作也。語意峻切，而風調自清迥拔俗。故真西山極賞之。

孫仲益云：軒冕之榮，造物於人，不甚愛惜。而一邱一壑，未嘗輕以與人。言之有味。

尉遲杯

亳社作惜花〔一〕

去年時。正愁絶、過却紅杏飛。沈吟杏子青時〔二〕。追悔負好花枝。今年又春到，傍小欄、日日數花期。花有信、人却無憑〔三〕，故教春意遲遲。　及至待得融怡。未攀條拈蘂〔四〕，已嘆春歸〔五〕。怎得春如天不老，更教花與月相隨〔六〕。都將命、拚與酬花，似峴山、落日客猶迷〔七〕。儘歸路、拍手攔街，笑人沈醉如泥〔八〕。

【校記】

〔一〕曹批「明鈔本無『亳社作惜花』五字，竹垞傳鈔本亦無此五字」，四庫本、叢刊本亦無。〔二〕〔八〕沈：四庫本、叢刊本作「沉」。〔三〕花：明鈔本、四庫本、叢刊本作「人」。〔四〕拈：人：明鈔本、四庫本、叢刊本作「花」，曹批「『人有信，花却無憑』與明鈔本同」。四庫本、叢刊本作「枯」。〔五〕歸：叢刊本作「帰」。〔六〕隨：叢刊本作「随」。〔七〕曹批「明鈔本脱此十五字」，「竹垞傳鈔本『相隨』下接『儘歸路』十三字，皆与明鈔本同」。四庫本、叢刊本「相隨」下接「盡歸路」。

鳳凰臺上憶吹簫

自金鄉之濟至羊山，迎次膺〔一〕

千里相思，况無百里，何妨暮往朝還〔二〕。又正是、梅初淡佇〔三〕，鶯未綿蠻〔四〕。陌上相逢緩轡，風細細、雲日班班。新晴好，得意未妨，行盡春山。

應攜後房小妓〔五〕，來爲我〔六〕，盈盈對舞花間。便拚却、松醪翠滿，蜜炬紅殘。須信征鞍射虎，清世裏、曾有人閑〔七〕。都休說，簾外夜久春寒。

【校記】

〔一〕叢刊本、四庫本無題。曹批「明鈔本無『自金鄉之濟至羊山迎次膺』十一字」，「竹垞傳鈔本亦無此十一字」。〔二〕往：叢刊本作「徃」。〔三〕淡伫：曹批「『淡伫』當作『淡泞』」，四庫本作「淡泞」。〔四〕蠻：叢刊本作「蛮」。〔五〕攜：四庫本、叢刊本作「携」。〔六〕來：叢刊本作「来」。〔七〕閑：四庫本作「閒」。

紫玉簫

過堯民金部四叔位，見韓相家姬輕盈所留題

羅綺叢中，笙歌筵裏，眼狂初認輕盈。無花解比〔一〕，似一鈎新月，雲際初生。算不虛得〔二〕，都占與、第一佳名。輕歸去，那知有人，別後牽情。襄王自是春夢〔三〕，休謾說東牆〔四〕，事更難憑。誰教慕宋，要題詩、曾倚寶柱低聲。似瑤臺曉〔五〕，空暗想、衆裏飛瓊。餘香冷、猶在小窗〔六〕，一到魂驚。

【校記】

〔一〕解：叢刊本作「鮮」。〔二〕算：四庫本、叢刊本作「筭」。虛：叢刊本鮑校補，作「虛」。〔三〕夢：叢刊本作「夣」。〔四〕牆：四庫本作「墻」。〔五〕臺：叢刊本作「臺」。〔六〕窗：四庫本作「窻」，叢刊本作「窓」。

水龍吟　惜春

問春何苦怱怱，帶風伴雨如馳驟。幽葩細萼，小園低檻，壅培未就。吹盡繁紅，占春長久。不如垂柳。算春長不老〔一〕，人愁春老，愁只是，人間有。　春恨十常八九。忍輕辜、芳醪經口。那知自是〔二〕，桃花結子，不因春瘦。世上功名，老來風味〔三〕，春歸時候。最多情猶有，樽前青眼，相逢依舊。

【校記】

〔一〕算：四庫本、叢刊本作「筭」。〔二〕知：叢刊本鮑校補。〔三〕來：叢刊本作「来」。

望海潮　揚州芍藥會

人間花老，天涯春去，揚州別有風光。紅藥萬枝〔一〕，佳名千種，天饒浩態眞香〔二〕。尊貴御衣黃。未便教西洛，獨占花王。困倚闌干〔三〕，漢宮誰敢妬新粧〔四〕。　年年高會維揚〔五〕。看家誇絕豔，人詫奇芳〔六〕。結蘂當屏，聯葩就幄，紅遮綠遶華堂〔七〕。花面映交相。更秉燭觀時〔八〕，幽意難忘。罷酒風亭，夢魂驚恐在仙鄉〔九〕。

【校記】

〔一〕枝：明鈔本、四庫本作「株」，曹批「竹垞傳鈔本亦作『株』」。叢刊本「枝」「株」互改，無法確知。〔二〕饒：秦刻本注「一作『然』」，四庫本作「嬈」。竹垞傳鈔本、叢刊本「天饒」作「夭嬈」，曹批「明鈔本亦作『夭嬈』」。眞：四庫本、叢刊本作「真」。〔三〕闌幹：秦刻本注「《琴趣外篇》作『東風』」。〔四〕妬：秦刻本注「一作『鬬』」。〔五〕高：叢刊本作「髙」。維揚：秦刻本注「一作『江陽』」。〔六〕奇：四庫本作「竒」。〔七〕綠：叢刊本作「緑」。〔八〕秉燭觀時：秦刻本注「一作『秉菅觀洧』」。〔九〕夢：叢刊本作「夣」。

八聲甘州 追和東坡錢塘作

謂東坡未老賦歸來〔一〕，天未遣公歸。向西湖兩處，秋波一種，飛靄澄暉。又擁竹西歌吹。僧老木蘭非。一笑千秋事，浮世危機。莫倚平山欄檻，是醉翁飲處，江雨霏霏。送孤鴻揮手，相接眼中稀。念平生、相從江海，任飄蓬、不遣此心違〔二〕。登臨事、更何須惜，吹帽淋衣。

【校記】

〔一〕來：叢刊本作「来」。〔二〕任：叢刊本作「住」。

又　歷下立春〔一〕

謂東風定是海東來，海上最春先。乍微陽破臘〔二〕，梅心已省，柳意都還。雪後南山聳翠，平野欲生烟。記得相逢日，如上林邊。莫嘆春光易老〔三〕，算今年春老〔四〕，還有明年。嘆人生難得〔五〕，長好是朱顔。有隨軒、金釵十二〔六〕，爲醉嬌、一曲踏珠筵。功名事、算何如此〔七〕，花下樽前。

【校記】

〔一〕曹批「明鈔本無『歷下立春』四字，竹垞傳鈔本亦無此四字」。四庫本、叢刊本亦無。

〔二〕臘：四庫本、叢刊本作「臈」。

〔三〕〔五〕嘆：四庫本、叢刊本作「歎」。

〔四〕〔七〕算：四庫本、叢刊本作「筭」。

〔六〕隨：叢刊本作「隨」。

滿江紅　赴玉山之謫，與諸公泛舟大澤，分題爲别

莫話江南〔一〕，船頭轉、三千餘里〔二〕。未歎此、浮生飄蕩，但傷佳會。滿眼青山芳草外，半篙碧水斜陽裏。問此中、何處芰荷深，漁人指。清時事，羈遊意〔三〕。盡付與，狂歌醉。有多才南阮〔四〕，自爲知己〔五〕。不似朱公江海

去，未成陶令田園計。便楚鄉、風物勝吾鄉，何人對。

【校記】

〔一〕江南：秦刻本注「一作『南征』」。〔二〕船：叢刊本作「舩」。〔三〕遊：四庫本、叢刊本作「遊」。〔四〕多才：叢刊本作「才多」改作「多才」。〔五〕自：叢刊本作「日」。

又

次韻李待制因弔之

華鬢春風〔一〕，長歌罷、傷今感昨。春正好、瑤墀已歎，侍臣冥寞。牙帳塵昏餘劍戟，翠幃月冷虛絃索〔二〕。記往時、龍坂誤曾登〔三〕，今飄泊。賢人命，從來薄。流年意〔四〕，赴誰托〔五〕。繞南枝身似，未眠飛鵲。射虎山邊追舊迹，騎鯨海上尋前約〔六〕。便江湖、與世永相忘，還堪樂。

【校記】

〔一〕鬢：叢刊本作「鬂」。〔二〕虛：叢刊本作「虗」。絃：四庫本作「弦」。〔三〕往：叢刊本作「徃」。時：曹批「明鈔本『時』作『歲』，『意』作『竟』，『江湖與世』作『與世江湖』」。〔四〕意：曹批「竹垞傳鈔本惟『意』作『竟』」。四庫本、叢刊本作「竟」。〔五〕赴：秦刻本注「一作『知』」。四庫本作「付」。托：明鈔本、四庫本、叢刊本作「託」。〔六〕騎：四庫本作「騎」。

惜分飛　湖州作

山水光中元無暑〔一〕。是我銷魂別處。只有多情雨。會人深意留人住。　不及梅花來已暮〔二〕。未見荷花又去。圖畫它年覷〔三〕。斷腸千古苕溪路。

【校記】

〔一〕元：四庫本作「原」。　〔二〕來：叢刊本作「来」。　〔三〕圖：叢刊本作「图」。它：四庫本作「他」。

又

銷暑樓前雙溪市〔一〕。盡住水晶宮裏〔二〕。人共荷花麗。更無一點塵埃氣。　誰遣使君忽忽至。又作忽忽去計。莫放檣竿起。大家都把羅巾繫。

【校記】

〔一〕銷：四庫本作「消」。雙：叢刊本作「雙」。　〔二〕裏：叢刊本作「裡」。

臨江仙　和韓求仁南都送別

曾唱牡丹留客飲〔一〕，明年何處相逢。忽驚鵲起落梧桐。綠荷應恨〔二〕，回首背西風〔三〕。莫歎今宵身是客，一樽未曉猶同。此身應似去來鴻。江湖歸夢〔四〕，依約櫓聲中〔五〕。

【校記】

〔一〕留：叢刊本作「畱」。〔二〕秦刻本注「《琴趣外篇》作『綠荷多少恨』」。綠：四庫本、叢刊本作「緑」。〔三〕回：四庫本作「囘」，叢刊本作「回」。〔四〕夢：叢刊本作「㝱」。〔五〕秦刻本注「《琴趣外篇》作『江湖春水濶，歸夢故園中』」。

又

十歲兒童同硯席，華裾織翠如葱。一生心事醉吟中。相逢俱白首，無語對西風。莫遣樽前情調減〔一〕，衰顏得酒能紅。可憐此會意無窮。夜闌人總睡，獨遶菊花叢。

【校記】

〔一〕遺：明鈔本、四庫本作「道」，叢刊本鮑校作「道」。情：竹垞傳鈔本作「□」，四庫本、叢刊本無。調：四庫本、叢刊本作「凋」。曹批「明鈔本脱『情』字，『調』作『凋』，竹垞傳鈔本亦作『莫道樽前凋淺減』与明鈔本同」。

浣溪沙

廣陵被召留別

悵飲都門春恨驚〔一〕。東飛身與白鷗輕。淮山一點眼初明。　誰使夢回蘭芷國〔二〕，却將春去鳳凰城。檣烏風轉不勝情。

【校記】

〔一〕悵：明鈔本作「帳」。恨：竹垞傳鈔本、四庫本作「浪」，曹批「明鈔本亦作『浪』」。

〔二〕夢：叢刊本作「夣」。回：四庫本作「囘」，叢刊本作「囬」。

木蘭花

遐觀樓〔一〕

小樓新建堪臨遠。一帶寒山都入眼。人間應未覺春歸〔二〕，樓上已先鶯柳變〔三〕。

風威自與微陽戰。雪意不遮殘臘換〔四〕。少須文棟燕雙回〔五〕，來看東城花一片〔六〕。

【校記】

〔一〕曹批「明鈔本無『遐觀樓』三字。竹垞傳鈔本亦無此三字」。四庫本、叢刊本亦無。〔二〕間：叢刊本、四庫本作「間」。〔三〕變：叢刊本作「变」。〔四〕臘：四庫本作「臈」。〔五〕雙：叢刊本作「雙」。回：四庫本作「囘」，叢刊本作「囬」。〔六〕來：叢刊本作「来」。

行香子 梅

雪裏清香〔一〕，月下疎枝。更無花、堪比瓊姿。一年一見，千繞千迴。向未開時，愁花謝，怨花飛〔二〕。芳樽移就，幽葩折取，似玉人、攜手同歸〔三〕。揚州應記，東閣逢時。恨劉郎誤〔四〕，題詩句，怨桃溪。

【校記】

〔一〕裏：叢刊本作「裡」。〔二〕怨：四庫本作「恐」。〔三〕攜：四庫本、叢刊本作「携」。〔四〕恨：叢刊本作「□」，曹批「竹垞傳鈔本無『恨』字」。

洞仙歌　賞海棠

羣芳老盡〔一〕，是海棠時候。雨過寒輕好晴晝。最夭嬈一樹，全是初開，雲鬟小，塗粉施朱未就。全開還自好，駘蕩春餘，百樣宮羅鬭繁繡〔二〕。縱無語，也心應，恨我來遲，恰柳絮、將春歸後。醉猶倚柔柯〔三〕，怯黄昏，這一點愁，須共花同瘦。

【校記】

〔一〕羣：四庫本、叢刊本作「群」。〔二〕鬭：叢刊本作「鬪」。〔三〕倚：四庫本作「倚」。

又　梅〔一〕

年年青眼，爲江梅腸斷。一句新詩思無限。向碧瓊枝上，白玉葩中，春猶淺、一點龍香清遠。誰拋傾國艷，昨夜前村，都恐東皇未曾見〔二〕。正紅杏，倚雲時〔三〕，自覺銷香〔四〕，驚何許、飄零千片。待冰雪、叢中看奇姿〔五〕，解一笑春妍〔六〕，盡回仙苑〔七〕。

【校記】

〔一〕梅：曹批「明鈔本無『梅』字，竹垞傳鈔本同」。四庫本、叢刊本亦無。〔二〕都：四库本作「却」。〔三〕倚：四庫本作「倚」。〔四〕銷：四庫本作「消」。〔五〕奇：四庫本、叢刊本作「竒」。〔六〕解：叢刊本作「觧」。〔七〕回：四庫本作「囘」，叢刊本作「囬」。

又

泗州中秋作。此絶筆之詞也

青烟羃處〔一〕，碧海飛金鏡。永夜閒階卧桂影〔二〕。露凉時、零亂多少寒螿，神京遠、惟有藍橋路近〔三〕。　水晶簾不下，雲母屏開〔四〕，冷浸佳人淡脂粉。待都將許多明，付與金樽，投曉共、流霞傾盡。更攜取、胡牀上南樓〔五〕，看玉做人間，素秋千頃。

【校記】

〔一〕烟：叢刊本作「煙」。〔二〕閒：明鈔本、叢刊本作「閑」，曹批「竹垞傳鈔本亦作『閑』」。階：四庫本、叢刊本作「堦」。〔三〕惟：叢刊本作「唯」。〔四〕屏：四庫本、叢刊本作「帡」。〔五〕攜：四庫本、叢刊本作「携」。牀：叢刊本作「床」。

【輯評】

胡仔《苕溪漁隱詞話》卷二：凡作詩詞，要當如常山之蛇，救首救尾，不可偏也。如晁無咎作中秋《洞仙歌》辭，其首云：「青煙冪處，碧海飛金鏡。永夜閑階卧桂影。」固已佳矣。其後云：「待都將許多明，付與金樽，投曉共流霞傾盡。更攜取胡床上南樓，看玉做人間，素秋千頃。」若此可謂善救首尾者也。

李元膺

李元膺，東平人。南京教官。紹興年間人。趙萬里輯有《李元膺詞》一卷。〔一〕

【校記】

〔一〕秦刻本無小傳，仿其例補。

【輯評】

王灼《碧雞漫志》卷第二：舒信道、李元膺，思致妍密，要是波瀾小。

洞仙歌

廉纖細雨〔一〕，殢東風如困。縈斷千絲爲誰恨。向楚宮一夢〔二〕，千古悲凉，無處問。愁到而今未盡。

分明都是淚〔三〕，泣柳沾花，常與騷人伴孤悶。記當年、得意處，酒力方融，怯輕寒、玉爐香潤。又豈識、情懷苦難禁，對點滴簷聲，夜寒燈暈。

【校記】

〔一〕廉：四庫本、叢刊本作「簾」。　〔二〕夢：叢刊本作「夣」。　〔三〕淚：叢刊本作「泪」。

【輯評】

先著、程洪，胡念貽《詞潔輯評》：着筆唯恐傷題，總不欲涉痕迹。詠物一派，高不能及。

黄蘇《蓼園詞評》引沈際飛曰：一起一收，實説雨。中間都説己意，有作法。又曰：淚珠都作秋宵枕前雨，顛之倒之，無不入妙。按李元膺爲南京教官，淡泊好學。此作不知所指。讀集中有《茶瓶兒》悼亡詞，情詞凄切。此作或亦爲悼亡後作也。是雨是淚，寫得婉轉流動，比興深切。筆筆飛舞，自是超詣也。

又〔一〕一年春物，惟梅柳間意味最深。至鶯花爛熳時〔二〕，則春已衰遲，使人無復新意。予作《洞仙歌》，使探春者歌之，無後時之悔

雪雲散盡，放曉晴池院。楊柳于人便青眼〔三〕。更風流多處，一點梅心，相映遠，約略嚬輕笑淺〔四〕。　一年春好處，不在濃芳，小艷疎香最嬌軟。到清明時候，百紫千紅花正亂〔五〕，已失春風一半。蚤占取、韶光共追遊〔六〕，但莫管春寒，醉紅自暖。

【校記】

〔一〕秦刻本無，僅四庫本題「又」。據補。　〔二〕熳：四庫本作「漫」。　〔三〕于：明鈔

〔五〕亂：本、四庫本作「於」。　便：竹垞傳鈔本作「使」。　〔四〕畧：四庫本作「略」。　〔五〕亂：叢刊本作「乱」。　〔六〕追遊：四庫本作「遊玩」，叢刊本「遊」作「遊」。

【輯評】

沈雄《古今詞話·詞辯》下卷：第二句是空頭五字句，李元膺云：「放曉晴庭院。」陳亮云：「夢高唐人困。」辛棄疾云：「算其間能幾。」蔣捷云：「受東風調弄。」是一法也。但第四句體異，東坡云：「繡簾開，一點明月窺人。」晁無咎云：「露涼時，零亂多少寒螿。」陳亮云：「又簷花落處，滴碎空階。」已見一斑。而李邴詞則云：「自長亭人去後，煙草凄迷。」謝懋詞則云：「釀輕寒，和暝色，花柳難勝。」依稀分作三句，又是一法。若李元膺句則云：「更風流多處，一點梅心相映遠。約略顰輕笑淺。」又「向楚宮一夢，多少悲涼無處問，愁到而今未盡。」似添一韻而直接落句，在此調之要詳於辨者。又，換頭三句，自無變動。東坡云：「試問夜如何，夜已三更，金波澹玉繩低轉。」少游云：「別夜欲重來，杳杳銀河，空悵望，不勝淒斷。」亦自作七字折腰句。李邴則云：「記那回深院靜，簾幕低垂，花陰下，霎時留住。」謝懋則云：「念陽臺當日事，好伴雲來，因個甚，不入襄王夢裏。」似作三字兩句。李元膺則云：「到清明時候，百紫千紅花正亂，已失春風一半。」不入字，已失字，俱襯字也。東坡卒章前一句云：「但屈指西風幾時來。」晁無咎云：「更攜取胡床上南樓。」李邴云：「又只恐伊家忒疎狂。」李元膺云：「早占取、韶光共追游。」盡作八字句，而結自易易耳。

許昂霄《詞綜偶評》：（「小艷疏香最嬌軟」四句）中有至理，却是未經人道。

黄蘇《蓼園詞評》：公自序云……隨分自得，有知足持盈之意。説來亹亹可聽。知此可以養福，亦可以養德。

驀山溪　送蔡元長〔一〕

溪堂歡燕。慣捧玻璃盞〔二〕。今日祖西城，更忍把、一杯重勸〔三〕。别離情味，自古不堪秋，催淚雨，濕西風，腸共危絃斷〔四〕。夕陽去路，五馬旌旗亂〔五〕。便是古都春，應醉戀、曲江池館〔六〕。須知别後，叠翠倚闌情〔七〕，青嶂晚，碧雲深，日近長安遠。

【校記】

〔一〕元：四庫本作「之」。〔二〕盞：四庫本作「醆」。〔三〕忍：承啓堂本作「恐」，竹垞傳鈔本作「忍」。杯：四庫本作「盃」。〔四〕腸：承啓堂本作「揚」，竹垞傳鈔本作「腸」。絃：四庫本作「弦」。〔五〕亂：叢刊本作「乱」。〔六〕應：承啓堂本作「庭」，竹垞傳鈔本作「應」。戀：叢刊本作「恋」。〔七〕叠翠：叢刊本、秦刻本注「汶上樓閣」。竹垞傳鈔本、四庫本作「汶上樓名」。倚：四庫本作「倚」。曹批「明鈔本亦作『忍』『腸』『應』『名』等字，彊村侍郎嘗語余，云秦刻原本亦是如此，此特脩板時誤改耳」。

鷓鴣天

寂寞秋千兩繡旗〔一〕。日長花影轉階遲〔二〕。燕驚午夢週遮語〔三〕，蝶困春遊落拓飛〔四〕。　思往事〔五〕，入顰眉〔六〕。柳梢陰重又當時〔七〕。薄情風絮難拘束，飛過東牆不肯歸〔八〕。

【校記】

〔一〕秋千：四庫本作「鞦韆」。繡：四庫本作「綉」。〔二〕階：四庫本作「堦」。

〔三〕夢：叢刊本作「㝱」。〔四〕遊：四庫本、叢刊本作「遊」。拓：明鈔本作「托」。

〔五〕往：叢刊本作「徃」。〔六〕眉：四庫本作「眉」。〔七〕梢：叢刊本作「稍」。

〔八〕牆：四庫本、叢刊本作「墻」。

菩薩蠻〔一〕

綵旗畫柱清明後〔二〕。花前姊妹爭攜手〔三〕。先緊繡羅裙。輕衫束領巾。　瑣繩金釧響〔四〕。漸出花梢上〔五〕。笑裏問高低〔六〕。盤雲鞸玉螭〔七〕。

【校記】

〔一〕鑾：叢刊本作「蛮」。〔二〕晝：叢刊本作「昼」。〔三〕攜：四庫本、叢刊本作「携」。〔四〕瑣：竹垞傳鈔本作「項」，曹批「明鈔本『項』作『項』，故秦誤『瑣』」，四庫本作「項」。〔五〕梢：叢刊本作「稍」。〔六〕裏：叢刊本作「裡」。〔七〕單：四庫本、叢刊本作「單」。

一落索

天上粉雲如掃。放小樓清曉。古今何處想風流，最瀟灑、龍山帽〔一〕。人似年華易老。且芳樽頻倒。西風于我更多情〔二〕，露金靨、籬邊笑。

【校記】

〔一〕瀟灑：叢刊本作「蕭洒」。〔二〕于：明鈔本、四庫本作「於」，曹批「竹垞傳鈔本亦作『於』」。

浣溪沙

詠掠髮

乞與安仁掠鬢霜〔一〕。不須紅線小機窗〔二〕。剪刀踈下蜀羅長。纖手捻殘鍼縷細〔三〕，金釵黏過齒痕香〔四〕。同心小綰寄思量〔五〕。

【校記】

〔一〕鬢：叢刊本作「鬂」。〔二〕窗：四庫本作「窻」，叢刊本作「窓」。〔三〕鍼：四庫本、叢刊本作「針」。〔四〕黏：四庫本作「翻」。〔五〕寄：四庫本作「寄」。

又

飲散蘭堂月未中〔一〕。驊騮嬌簇絳紗籠。玳簪促坐客從容。已醉人間千日酒〔二〕，賜來天上密雲龍〔三〕。蓬仙清興欲乘風〔四〕。

【校記】

〔一〕飲：曹批「竹垞傳鈔本『飲』作『欲』」，四庫本作「欲」。〔二〕醉：叢刊本作「醉」。〔三〕來：叢刊本作「来」。〔四〕仙：明鈔本作「山」，曹批「竹垞傳鈔本『仙』亦作『山』」，四庫本作「山」。

張子野

張先，字子野，烏程人。有《安陸集》二卷，詞一卷。

【輯評】

王灼《碧雞漫志》卷第二：張子野、秦少游俊逸精妙。

魏慶之《魏慶之詞話》引晁無咎：張子野與柳耆卿齊名，而時以子野不及耆卿。然子野韻高，是耆卿所乏處。

陳振孫《直齋書録解題》卷二一《歌詞類》：李常公擇爲六客堂，子野與焉。所賦詞卒章云「也應旁有老人星」，蓋以自謂，是時年八十餘矣。

楊慎《詞品》卷之三引東坡語：吾昔自杭移高密，與楊元素同舟，而陳令舉、張子野皆從予過李公擇於湖，遂與劉孝叔俱至松江。夜半月出，置酒垂虹亭上。子野年八十五，以歌詞聞於天下。作《定風波令》。其略云：「見説賢人聚吴分。試問。也應旁有老人星。」座客懽甚，有醉倒者，此樂未嘗忘也。今七年爾，子野、孝叔、令舉皆爲異物，而松江橋亭，今歲七月九日海風駕潮，平地丈餘，蕩盡無復孑矣。追思曩時，真一夢耳。

沈雄《古今詞話·詞話》上卷引胡應麟曰：天聖間，一時有兩張先，皆字子野，俱進士，其能詩壽考悉同。一博山人，號張三影者。一吴興人，爲都官郎中。見《齊東野語》。愚按「紅杏枝頭春意鬧」尚書，欲見「雲破月來花弄影」郎中，將命之語，人或疑之，子野自謂，何不謂之張三影。如「嬌柔嬾起，簾壓卷花影」「柳徑無人，墜飛絮無影」，并前句爲三影，豈博山人爲之乎。且吴興近杭，子野至，多爲官妓作詞。常與東坡作六客詞，而年最耄，載在《癸辛雜識》。不聞有兩人同號張三影者。

王奕清等《歷代詞話》卷四引《樂府紀聞》：客謂張子野曰：「人咸目公爲張三中。謂公詞有心中事，眼中淚，意中人也。」子野曰：「何不謂之張三影。」客不喻。子野曰：「『雲破月來花弄影』『嬌柔嬾起，簾壓捲花影』『柳徑無人，墜飛絮無影』。」此生平得意者。　引李之儀語：子野詞才不足而情有餘。　引《道山清話》：晏元獻尹京日，辟張先爲通判。新納侍兒，公甚屬意。先能爲詩詞，公雅重之，每張來，令侍兒出侑觴，往往歌子野所爲之詞。其後王夫人浸不容，公即出之。一日，子野至，公與之飲，子野作《碧牡丹》云：「步障摇紅綺。曉月墜，沉煙砌。緩板香檀，唱徹伊家新製。怨入眉頭，斂黛峯横翠。芭蕉寒，雨聲碎。　鏡華翳，閒照孤鸞戲。思量去時容易。鈿盒瑶釵，至今冷落輕棄。望極藍橋，但暮雲千里。幾重山，幾重水。」令營妓歌之，至末句，公憮然曰：「人生行樂耳，何自苦如此。」亟命於宅庫支錢若干，復取前所出侍兒。既來，夫人亦不復誰何也。　引《古今詞話》：宋景文過子野家，將命者曰：「尚書欲見『雲破月來花弄影』郎中。」子野内應曰：「得非『紅杏枝頭春意鬧』尚書耶」。　引《石林詩話》：張先郎中能爲詩及樂府，至老不衰。子瞻嘗贈以詩云：「詩人老去鶯鶯在，公子歸來燕燕忙。」先和云：「愁似鰥魚知夜永，嬾同蝴蝶爲春忙。」爲子瞻所賞。然世俗多喜傳先樂府，遂掩其詩聲，識者皆以爲恨。　　引王明清《玉照新志》：本朝有兩張先，皆字子野。一則樞密副使遜之孫。與歐陽文忠同在洛陽幕府，其後文忠爲作墓志銘，稱其志守端方，臨事敢決者。一與東坡先生游，東坡推爲前輩，詩中所謂「詩人老去鶯鶯在，公子歸來燕燕忙」，能爲樂府，號張三影者。　引《詞統》：張先以三影名者，因其詞中有三「影」字，故自譽也。然以「雲破月來花弄影」爲最，餘二「影」字不及。　　引蔡伯世語：子野詞勝乎情，耆卿情勝乎詞。情詞相稱，少游一人而已。

先著、程洪，胡念貽《詞潔輯評》卷三：白描高手，爲姜白石之前驅。

永瑢等《四庫全書總目》卷一九八集部《詞曲類》：子野詩筆老妙，歌詞乃其餘技耳……平心而論，要爲詞勝於詩。當時以張三影得名，殆非無故。

葉申薌《本事詞》卷上：張子野風流瀟灑，尤擅歌詞，燈筵舞席贈妓之作絶多。其有名可考者，《謝池春慢》爲謝媚卿作也。詞云：「繚牆重院，時聞有流鶯到。繡被掩餘寒，畫閣明新曉。朱檻連空闊，飛絮無多少。逕莎平，池水渺。日長風静，花影閑相照。　塵香拂馬，逢謝女、城南道。秀麗過施粉，多媚生輕笑。鬭色鮮衣薄，碾玉雙蟬小。歡難偶，春過了。琵琶流韻，都入相思調。」又《南鄉子》聽二玉鼓胡琴也。詞云：「相并細腰身。時樣宫妝一樣新。曲項胡琴魚尾撥，離人。入塞絃聲水上聞。　天碧染衣巾。血色輕羅碎摺裙。百卉已隨霜女妒，東君。暗折雙花借小春。」又《望江南》贈龍靚也。詞云：「青樓宴，靚女薦銀杯。一曲白雲江月滿，際天拖練夜潮來。人物誤瑶臺。　醺醺醉，拂拂上雙腮。媚臉已非朱淡粉，香紅全勝雪籠梅。標格外風埃。」他如贈年十二琵琶娘者，有《醉垂鞭》云：「朱粉不須施，花枝小。春偏好。嬌妙近勝衣。輕羅紅霧垂。琵琶金畫鳳，雙絛重。倦眉低。啄木細聲遲。黄蜂花上飛。」又聽九人鼓胡琴者，有《定西番》云：「銲撥紫檀金襯，雙秀蕚、兩回鸞。齊學漢宫妝樣，競嬋娟。三十六絃彈闘，小絃蜂作團。聽盡昭君幽怨，莫重彈。」又舟中聞雙琵琶者，有《剪牡丹》云：「野緑連空，天青垂水，素色溶漾都净。柔柳揺揺，墜輕絮無影。汀州日落人歸，修巾薄袂，擷香拾翠相競。如解凌波，泊煙渚春暝。綵縧朱索新整。宿繡屏，畫船風定。金鳳唱雙槽，彈出古今幽思，誰省。玉盤大小亂珠迸。酒上妝面，花艷眉相并。重聽。盡漢妃一曲，江空月静。」而詠吹笛、詠舞、贈善歌諸作，又不勝枚舉矣。

劉熙載《藝概》卷四《詞曲概》：宋子京詞，是宋初體，張子野始創瘦硬之體，雖以佳句互相稱美，其實趣尚不同。

陳廷焯《詞壇叢話》：張子野詞，才不大而情有餘，别于秦、柳、晏、歐諸家，獨開妙境，詞壇中不可無此一家。

陳廷焯《白雨齋詞話》卷一：張子野詞，古今一大轉移也。前此則爲晏、歐，爲温、韋，體段雖具，聲色未開。後此則爲秦、柳，爲蘇、辛，爲美成、白石，發揚蹈厲，氣局一新，而古意漸失。子野適得其中，有含蓄處，亦有發越處。但含蓄不似温、韋，發越亦不似豪蘇膩柳。規模雖隘，氣格卻近古。自子野後，一千年來，温、韋之風不作矣，益令我思子野不置。卷六：張子野詞最見古致。

天仙子〔一〕

水調數聲持酒聽。午醉醒來愁未醒〔二〕。送春春去幾時回〔三〕，臨晚鏡。傷流景。往事後期空記省〔四〕。　沙上並禽池上暝。雲破月來花弄影〔五〕。重重翠幙密遮燈〔六〕，風不定。人初靜。明日落紅應滿徑。

【校記】

〔一〕秦刻本注「案《草堂詩餘》題曰『送春』，又一題『時爲嘉禾小倅以病眠不赴府會』」。

〔二〕醉：叢刊本作「酔」。　〔三〕回：明鈔本、竹垞传鈔本、四庫本作「迴」，叢刊本作「囬」。　〔四〕往：叢刊本作「徃」。　後期：秦刻本注「一作『悠悠』」。　〔五〕來：叢刊本作「来」。　〔六〕翠：秦刻本注「一作『簾』」。　燈：叢刊本作「灯」。

【輯評】

楊慎《詞品》：「雲破月來花弄影」，景物如畫，畫亦不能至此，絶倒，絶倒。

沈際飛《草堂詩餘正集》：「雲破月來」句，心與景會，落筆即是，著意即非，故當膾炙。

黄蘇《蓼園詞評》：按子野第進士，爲都官郎中。此詞或係未第時作。子野吴興人。聽水調而愁，爲自傷卑賤也。「送春」四句傷其流光易去，而「後期」茫茫也。「沙上」之句，言其所居岑寂，以沙禽與花自喻也。「重重」三句，言多蔽障也。結句仍繳送春本題，恐其時之晚也。

陳廷焯《白雨齋詞話》卷五：王介甫謂張子野「雲破月來花弄影」，不及李世英「朦朧淡月雲來去」。此僅就一句言之，未觀全體，殊覺武斷。即以一句論，亦安見其不及也。

王國維《人間詞話》七：「雲破月來花弄影」，著一「弄」字而境界全出矣。

又〔一〕

醉笑相逢能幾度。爲報江頭春且住。主人今日是行人，紅袖舞。清歌女。憑仗東風交點取〔二〕。　三月柳枝柔似縷〔三〕。落葉倦飛還戀樹〔四〕。有情寧不憶西園，鶯解語〔五〕。花無數。應訝使君何處去。

【校記】

〔一〕秦刻本注「《安陸集》題曰『別渝州』」。〔二〕交點：秦刻本注「一作『閒領』」。

〔三〕似：竹垞傳鈔本、叢刊本作「如」，曹批「明鈔本『似』亦作『如』」。〔四〕葉：竹垞傳鈔本、四庫本、叢刊本作「絮」，曹批「明鈔本『葉』亦作『絮』」。戀：叢刊本作「恋」。

〔五〕解：叢刊本作「鮮」。

南鄉子〔一〕

潮上水清渾。棹影輕于水底雲〔二〕。去意徘徊無奈淚，衣巾。猶有當時粉黛痕〔三〕。海近古城昏。暮角寒沙鴈隊分〔四〕。今夜相思應看月，無人。露冷依前獨掩門〔五〕。

【校記】

〔一〕秦刻本注「案《菉斐軒》本題曰『中秋不見月』，一作『南徐中秋』」。〔二〕于：明鈔本、四庫本作「於」。〔三〕當：竹垞傳鈔本作「常」，曹批「明鈔本『常』作『當』」。〔四〕鴈：四庫本作「雁」。〔五〕依：曹批「明鈔本『依』作『衣』，竹垞傳鈔本『依』亦作『衣』，恐仍明鈔之誤」。四庫本作「衣」。秦刻本注「案《安陸集》不載此闋」。

清平樂〔一〕

清歌逐酒。醉臉鮮霞透〔二〕。櫻小杏青寒食後。衣換縷金輕繡〔三〕。畫堂新月朱扉。嚴城夜鼓歸遲〔四〕。細看玉人粧面〔五〕，春工不在花枝〔六〕。

【校記】

〔一〕秦刻本注「案《安陸集》題曰『美人』，《菉斐軒》本云『李閣使席』」。〔二〕秦刻本注「一作『膩臉生紅透』」。〔三〕繡：四庫本作「綉」。〔四〕歸：秦刻本注「一作『聲』」。〔五〕粧：秦刻本注「一作『嬌』」。〔六〕工：秦刻本注「一作『光』」。

燕春臺〔一〕

麗日千門，紫烟雙闕〔二〕，瓊林又報春迴。殿閣風微，當時去燕還來〔三〕。五侯池館屏開〔四〕。探芳菲、走馬天街。重簾人語，轔轔車幰，遠近輕雷。雕觴霞灩，翠幕雲飛，楚腰舞柳，宫面粧梅。金猊夜煖，羅衣暗裛香煤。洞府人歸。放笙歌、燈火樓臺〔五〕。下蓬萊〔六〕。猶有花上月，清影徘徊。〔七〕

【校記】

〔一〕秦刻本注「案《草堂詩餘》題曰『元夜』，《菉斐軒》本云『東都春日，李閣使席上』」。〔二〕雙：叢刊本作「雙」。〔三〕去：竹垞傳鈔本作「玄」。臺：叢刊本作「臺」。〔四〕屏：秦刻本注「一作『頻』」。〔五〕放：秦刻本注「一作『擁』」。臺：叢刊本作「臺」。〔六〕下蓬萊：秦刻本注「一作『下樓臺』」。〔七〕秦刻本注「案《安陸集》『笙歌』

下添『院落』二字，誤」。

減字木蘭花〔一〕

垂螺近額。走上紅裀初趁拍〔二〕。只恐輕飛〔三〕。擬倩遊絲惹住衣〔四〕。文鴛繡履。去似流風塵不起〔五〕。舞徹伊州〔六〕。頭上花枝顫未休〔七〕。

【校記】

〔一〕秦刻本注「案《安陸集》題曰『贈伎』，《菉斐軒》云『詠舞』」。〔二〕趁：四庫本、叢刊本作「趂」。〔三〕輕：秦刻本注「一作『驚』」。〔四〕遊：四庫本作「游」，叢刊本作「遊」。〔五〕流風：秦刻本注「一作『楊花』」。〔六〕伊：秦刻本注「一作『梁』」。〔七〕花枝：秦刻本注「一作『宮花』」。

好事近

燈燭上山堂，香霧暖生寒夕〔一〕。前夜雪消梅瘦〔二〕，已不禁輕摘。雙歌未徹寶盃空〔三〕，粧光艷瑶席。好趁笑聲歸去〔四〕，有隨人月色〔五〕。

【校記】

〔一〕暖：明鈔本、四庫本、叢刊本作「煖」。〔二〕消：秦刻本注「一作『清』」，竹垞傳鈔本、四庫本作「清」。〔三〕雙：叢刊本作「隻」。歌：四庫本、叢刊本作「杯」。未徹：秦刻本注「一作『聲斷』」。盃：四庫本作「杯」。〔四〕趁：四庫本、叢刊本作「趂」。〔五〕隨：叢刊本作「随」。秦刻本注「案《安陸集》不載此闋」。

醉落魄〔一〕

雲輕柳弱。內家髻子新梳掠。生香眞色人難學〔二〕。橫管孤吹，月淡天垂幙。朱脣淺破桃花萼〔三〕。倚樓誰在闌干角。夜寒指冷羅衣薄〔四〕。聲入霜林，簌簌飛梅落〔五〕。

【校記】

〔一〕秦刻本注「案《安陸集》題曰『美人吹笛』」。〔二〕眞：四庫本、叢刊本作「真」。難：曹批「竹垞傳鈔本『難』作『輕』」，叢刊本作「輕」。〔三〕脣：四庫本、叢刊本作「唇」。桃花：四庫本作「櫻桃」。〔四〕指：秦刻本注「一作『手』」。〔五〕飛：秦刻本注「一作『驚』」，四庫本作「驚」。

【輯評】

蔣一葵《堯山堂外紀》卷四六：張子野有《醉落魄》詞，詠佳人吹笛。

許昂霄《詞綜偶評》：（生香真色人難學）以上寫美人。（横管孤吹，月淡天垂幙）以下説吹笛。（倚樓誰在闌干角）暗用唐詩。

黄蘇《蓼園詞評》：「雲輕柳弱」，寫佳人神韻清遠。「生香真色」，尤爲高雅。至「聲入霜林」，「梅」亦能「落」，此又是真世藝矣。寫得佳人色藝天然。惟一「真」字，豈是尋常所有寫佳人耶。借佳人以爲照耶。須玩味於筆墨之外，方可不是買櫝還珠也。

千秋歲〔一〕

幾聲鶗鴂。又報芳菲歇。惜春更把殘紅折〔二〕。雨輕風色暴，梅子青時節。永豐柳。無人盡日花飛雪。莫把么絃撥〔三〕。怨極絃能説〔四〕。天不老，情難絕。心似雙絲網〔五〕，中有千千結。夜過也。東窗未白孤燈滅〔六〕。

【校記】

〔一〕秦刻本注「一作歐陽修詞」，叢刊本作「千秋萬歲」。　〔二〕把：明鈔本作「選」，曹批「竹垞傳鈔本亦作『選』」，四庫本、叢刊本作「選」。　〔三〕莫：承啓堂本作「奥」。竹垞傳鈔本作「莫」，曹批「明鈔本亦作『莫』，此亦脩版時誤刊」。〔四〕絃：四庫本作「弦」。絃：四庫本作「弦」。〔五〕雙：叢刊本作「雙」。〔六〕窗：四庫本作「窻」，叢刊本作「窓」。孤燈滅：秦刻本注「一作『凝殘月』」。秦刻本注「案《安陸集》不載此闋」。

浣溪沙

樓倚春江百尺高。烟中還未見歸橈〔一〕。幾時期信似江潮。花片片飛風弄蝶〔二〕，柳陰陰下水平橋。日長才過又今宵〔三〕。

【校記】

〔一〕烟中還未：秦刻本注「一作『暮烟收處』」。〔二〕弄：叢刊本作「美」。〔三〕才过：秦刻本注「一作『人去』」。

又〔一〕

輕𡳞來時不破塵〔二〕。石榴花映石榴裙。有情應解憶青春〔三〕。夜短更難留遠夢〔四〕，日高何計學行雲〔五〕。樹深鶯過靜無人。〔六〕

【校記】

〔一〕秦刻本注「案《菉斐轩》本云『夏』」。〔二〕來：叢刊本作「来」。〔三〕解：叢刊本作「觧」。憶青春：秦刻本注「一作『撞腮春』」。〔四〕夢：叢刊本作「夣」。〔五〕高：叢刊本作「髙」。〔六〕秦刻本注「案《安陸集》不載此闋」。

《樂府雅詞》卷上終〔一〕

【校記】

〔一〕明鈔本、叢刊本、四庫本無「卷」，四庫本無「終」。

《樂府雅詞》卷中〔一〕

【校記】

〔一〕曹批「明鈔本以前子目已標《樂府雅詞》中，故無此行」，叢刊本同。四庫本下署「宋曾慥編」。

周美成

周邦彦，字美成，自號清眞居士，錢塘人。有《片玉詞》三卷。

【輯評】

王灼《碧雞漫志》卷第二：周美成……各盡其才力，自成一家。賀、周語意精新，用心甚苦。

又：江南某氏者解音律，時時度曲，周美成與有瓜葛，每得一解，即爲製詞，故周集中多新聲。

張炎《詞源》卷下：詞欲雅而正，志之所之，一爲情所役，則失其雅正之音。耆卿、伯可不必論，雖美成亦有所不免……所謂淳厚日變成澆風也。　美成詞祇當看他渾成處，於軟媚中有氣魄。採唐詩融化如自己者，乃其所長。惜乎意趣卻不高遠，所以出奇之語，以白石騷雅句法潤色之，真天機雲錦也。　美成負一代詞名，所作之詞，渾厚和雅，善於融化詞句，而於音譜，且間有未諧，可見其難矣。作詞者多效其體製，失之軟媚，而無所取。此惟美成爲然，不能學也。所可仿傚之詞，豈一美成而已。

陳振孫《直齋書録解題》卷二一《歌詞類》：（清真詞）多用唐人詩語檃括入律，渾然天成。長調尤擅鋪敍，富艷精工，詞人之甲乙也。

王世貞《藝苑卮言》：美成能作景語，不能作情語，能入麗字，不能入雅字，以故價微劣於柳。然至「枕痕一線紅生玉」，又「喚起兩眸清炯炯。淚花落枕紅棉冷」，其形容睡起之妙，真能動人。

劉體仁《七頌堂詞繹》：周美成不只不能作情語，其體雅正，無旁見側出之妙。

賀裳《皺水軒詞筌》：長調推秦、柳、周、康爲勰律，然康惟《滿庭芳》冬景一詞，可稱禁臠，餘多應酬鋪敍，非芳旨也。周清真雖未高出，大致匀净，有柳欹花嚲之致，沁人肌骨處，視淮海不徒娣姒而已。弇州謂其能入麗字，不能入雅字，誠確。謂能作景語不能作情語，則不盡然。但生平景勝處爲多耳。

沈雄《古今詞話·詞評》上卷引《柳塘詞話》：美成以進汴都賦得官，當徽廟時，提舉大晟樂府。每製一詞，名流輒爲庚和。東楚方千里，樂安楊澤民全和之，或合爲三英集行世。陳無己曰：美成牋奏雜著俱善，惜爲詞掩。强焕曰：美成詞，撫寫物態，曲盡其妙。自題所居曰「顧曲堂」。

王奕清等《歷代詞話》卷六引沈際飛：作詞當以《清真集》爲主，蓋美成最爲知音，故下字用韻，皆有法度。

先著、程洪，胡念貽《詞潔輯評》卷三：詞家正宗，則秦少游、周美成。然秦之去周，不止三舍。

宋末諸家，皆從美成出。

周濟《介存齋論詞雜著》：美成思力，獨絶千古，如顔平原書，雖未臻兩晋，而唐初之法，至此大備。後有作者，莫能出其範圍矣。讀得清真詞多，覺他人所作，都不時分經意。鈎勒之妙，無如清真。他人一鈎勒便薄，清真愈鈎勒愈渾厚。

葉申薌《本事詞》卷上：周美成精於音律，每製新調，教坊競相傳唱。

李佳《左庵詞話》卷上：詞家昉于宋代，然祇柳屯田、周美成爲解音律，其詞尤未盡工。姜白石、吴夢窗諸人，尚爲未解音律，而頗多佳作。以是知詞固非樂工所能。

劉熙載《藝概》卷四《詞曲概》：周美成詞，或稱其無美不備。余謂論詞莫先於品。美成詞信富艷精工，祇是當不得個「貞」字。是以士大夫不肯學之，學之則不知終日意縈何處矣。　周美成律最精審，史邦卿句最警鍊。然未得爲君子之詞者，周旨蕩而史意貪也。

陳廷焯《詞壇叢話》：古今詩人衆矣，余以爲聖於詞者有五家。北宋之賀方回、周美成，南宋之姜白石，國朝之朱竹垞、陳其年也。　美成樂府，開闔動盪，獨有千古。南宋白石、梅溪皆祖清真，而能出入變化者。　美成詞，鎔化成句，工鍊無比，然不借此見長。此老自有真面目，不以綴拾爲能也。　美成詞，渾灝流轉中，下字用意皆有法度，故其詞名《清真集》。蓋清真二字最難，美成真千古詞壇領袖。

陳廷焯《白雨齋詞話》卷一：詞至美成，乃有大宗。前收蘇、秦之終，復開姜、史之始。自有詞人以來，不得不推爲巨擘。後之爲詞者，亦難出其範圍。然其妙處，亦不外沉鬱頓挫。頓挫則有姿態，沉鬱則極深厚。既有姿態，又極深厚，詞中三昧亦盡於此矣。今之談詞者亦知尊美成。然知其佳，而不知其所以佳。正坐不解沉鬱頓挫之妙。彼所謂佳者，不過人云亦云耳。美成小令，以警動勝。視飛卿色澤較淡，意態卻濃。溫、韋之外，別有獨至處。卷六：美成艶詞，如《少年游》《點絳唇》《意難忘》《望江南》等篇，別有一種姿態。句句灑脱，香匳泛活，吐棄殆盡。

胡薇元《歲寒居詞話》：周邦彦清真居士《片玉詞》。元豐中獻賦，召爲太樂正。官至徽猷閣待制，知處州府倅。好音樂，能自度腔，製樂府長短句，詞韻清蔚。

沈祥龍《論詞隨筆》：詞能幽澀，則無淺滑之病，能皺瘦，則免癡肥之誚。觀周美成、張子野兩家詞自見。

陳鋭《裦碧齋詞話》：上三下五八字句，惟屯田獨擅長，繼之者美成而已。

張翔玲《詞論》：周清真，詩家之李東川也。

劉體仁《七頌堂詞繹》：周美成不止不能作情語，其體雅正，無旁見側出之妙。

王國維《人間詞話》三三：美成深遠之致不及歐、秦。唯言情體物，窮極工巧，故不失爲第一流之作者。但恨創調之才多，創意之才少耳。《附録》一四：（清真）先生于詩文無所不工，然尚未盡脱古人蹊逕。平生著述，自以樂府爲第一。詞人甲乙，宋人早有定論。惟張叔夏病其意趣不高遠。然北宋人如歐、蘇、秦、黄，高則高矣，至精工博大，殊不逮先生。故以宋詞比唐詩，則東坡似太白，歐、秦似摩詰，耆卿似樂天，方回、叔原則大曆十子之流。南宋惟一稼軒可比昌黎。而詞中老杜，則非先生不可。昔人以耆卿比少陵，猶未當也。一五：（清真）先生之詞，陳直齋爲其多用唐人詩句櫽括入律，渾然天成。張玉田爲其善於融化詩句，然此不過一端。不如强焕云「模寫物態，曲盡其妙。」爲知言也。　一七：樓忠簡謂（清真）先生妙解音律，惟王晦叔《碧雞漫志》謂：「江南某氏者，解音律，時時度曲，周美成與有瓜葛。每得一解，即爲製詞，故周集中多新聲。」則集中新曲，非盡自度。然顧曲名堂，不能自已，固非不知音者。故先生之詞，文字之外，須兼味其音律。惟詞中所注宫調，不出教坊十八調之外。則其音非大晟樂府之新聲，而爲隋唐以來之燕樂，故可知也。今其聲雖亡，讀其詞者，猶覺拗怒之中，自饒和婉。曼聲促節，繁會相宣；清濁抑揚，轆轤交往。兩宋之間，一人而已。　二七：美成詞多作態，故不是大家氣象。若同叔、永叔雖不作態，而一笑百媚生矣。此天才與人力之别也。

陳洵《海綃説詞》：清真格調天成，離合順逆，自然中度。夢窗神力獨運，飛沉起伏，實處皆空。夢窗可謂大，清真則幾於化矣。由大而幾化，故當由吴以希周。清真不肯附和祥端，夢窗不肯攀緣藩邸，襟度既同，自然玄契。詩云：「惟其有之，是以似之。」

蘭陵王

柳陰直。煙裏絲絲弄碧〔一〕。隋堤上，曾見幾番，拂水飄綿送行色。登臨望故國。誰識〔二〕。京華倦客。長亭路，年去歲來〔三〕，攀折柔條過千尺。　閒尋舊蹤跡〔四〕。又酒趁哀絃，燈照離席。梨花榆火催寒食。愁一箭風快，半篙波煖，迴頭迢遞便數驛〔五〕。望人在天北。悽惻。恨堆積。漸别浦縈迴，津堠岑寂。斜陽冉冉春無極〔六〕。念月榭攜手〔七〕，露橋聞笛。追思前事，似夢裏〔八〕，淚暗滴〔九〕。

【校記】

〔一〕煙：叢刊本作「烟」。裏：叢刊本作「裡」。〔二〕識：秦刻本注「一作『惜』」，明鈔本、竹垞傳鈔本、四庫本作「惜」。〔三〕來：叢刊本作「来」。〔四〕閒：明鈔本作「閑」，曹批「竹垞傳鈔本亦作『閑』」。〔五〕遞：四庫本、叢刊本作「递」。〔六〕冉：叢刊本作「苒」。〔七〕念：明鈔本、四庫本作「空」，曹批「竹垞傳鈔本亦作『空』」。〔八〕夢裏：叢刊本作「夢裡」。〔九〕淚：叢刊本作「泪」。

【輯評】

毛幵《樵隱筆録》：紹興初，都下盛行周清真詠柳《蘭陵王慢》，西樓南瓦皆歌之，謂之「渭城三疊」。以周詞凡三换頭，至末段聲尤激越，唯教坊老笛師能倚之以節歌者。其譜傳自趙忠簡家。忠簡于建炎丁未九日南渡，泊舟儀真江口，遇宣和大晟府協律郎某，叩獲九重故譜，因令家伎習之，遂流傳於外。

沈雄《古今詞話·詞話》上卷引《耆舊續聞》：周美成至汴京，主角妓李師師家，爲作《洛陽春》，師師欲委身而未能也，與同起止。美成復作《鳳來朝》云：「逗曉看嬌面。小窗深，弄明未辨。愛殘粧素粉雲鬟亂，暢好是，帳中見。說夢雙蛾微歛。錦衾温、獸香未斷。待起難抛捨，任日炎，畫樓暖。」一夕，徽宗幸師師家，美成倉卒不能出，匿複壁間，遂製《少年游》以紀其事。徽宗知而譴發之，師師餞送，美成作《蘭陵王》云「應折柔條過千尺。」至「斜陽冉冉春無極」，人盡以爲詠柳，淡宕有情，不知爲別師師而作，便覺離愁在目。徽宗又至，師師歸遲，更誦《蘭陵王》別曲，含淚以告，乃留爲大晟府待制。

周濟《宋四家詞選》眉批：客中送客，一「愁」字代行者設想，以下不辨是情是景，但覺煙靄蒼茫。「望」字、「念」字尤幻。

陳延焯《白雨齋詞話》：美成詞極其感慨，而無處不鬱，令人不能遽窺其旨。如《蘭陵王》云：「登臨望故國，誰識京華倦客」二語，是一篇之主。上有「隋堤上，曾見幾番，拂水飄綿送行色」之句，暗伏倦客之根，是其法密處。故下文接云：「長亭路，年去歲來，應折柔柳過千尺。」久客流留之感，和盤托出。他手至此，以下便直抒憤懣矣，美成則不然。「閒尋舊蹤跡」二疊，無一語不吞吐。祇就眼前景物，約略點綴，更不寫淹留之故，卻無處非淹留之苦。直至收筆云：「沉思前事，似夢裏，淚暗滴」。遥遥挽合，妙在纔欲說破，便自咽住，其味正自無窮……大抵美成詞一篇皆有一篇之旨，尋得其旨，不難迎刃而解。否則病其繁碎重複，何足以知清真也。

譚獻《復堂詞話》：已是磨杵成針手段，用筆欲落不落。此類噴醒，非玉田所知。「斜陽」七字，微吟千百遍，當入三昧，出三昧。

梁啓超《藝蘅館詞選》：「斜陽」七字，綺麗中帶悲壯，全首精神振起。

陳洵《海綃說詞》：託柳起興，非詠柳也。「弄碧」一留，卻出「隋堤」。「行色」一留，卻出「故國」。「長亭路」複「隋堤上」。「年去歲來」複「曾見幾番」。「柔條千尺」複「拂水飄綿」。全爲「京華倦客」四字出力。第二段「舊蹤」往事，一留。「離席」今情，又一留，於是以「梨花榆火」一句脱開。「愁一箭」至「數驛」三句逆提。然後以「望人在天北」一句，複上「離席」作歇拍。第三段「漸别浦」至「岑寂」，證上「愁一箭」至「波暖」二句。蓋有此「漸」，乃有此愁也。愁是倒提，漸是逆挽。「春無極」遥接「催寒食」。「催寒食」是脱，「春無極」是複。結則所謂「閑尋舊蹤跡」也。蹤跡虚提，「月榭」「露橋」實證。

瑞龍吟

章臺路〔一〕。還見褪粉梅梢〔二〕，試華桃樹〔三〕。愔愔坊陌人家，定巢燕子，歸來舊處〔四〕。

黯凝竚。因記箇人癡小〔五〕，乍窺門戸。清晨淺約宮黄，障風映袖，盈盈笑語。

前度劉郎重到，訪隣尋里，同時歌舞。惟有舊家秋娘，聲價如故。吟牋賦筆，猶記燕臺句〔六〕。知誰伴、名園露飲，東城閑步〔七〕。事與孤鴻去。探春盡是，傷離意緒〔八〕。官柳低金縷。歸騎晚、纖纖池塘飛雨。斷腸院落，一簾風絮〔九〕。

【校記】

〔一〕臺：叢刊本作「臺」。 〔二〕褪：明鈔本作「退」，曹批「竹坨傳鈔本亦作『退』」。

〔三〕華：明鈔本、四庫本作「花」，曹批「竹坨傳鈔本亦作『花』」。叢刊本作「花」，鮑校作「華」。

〔四〕來：叢刊本作「来」。 〔五〕因記：秦刻本注「一作『曾記』」。明鈔木、竹坨傳鈔本、四庫本作「曾記」。 〔六〕臺：叢刊本作「臺」。 〔七〕閑：四庫本作「閒」。 〔八〕意：四庫本無。 〔九〕一：明鈔本作「入」，曹批「竹坨傳鈔本『入』字作『一』」。 秦刻本注「案黄昇云，此調前兩段雙拽頭屬正平調，後一段犯大石調，『歸騎晚』以下仍屬正平調。一本於『聲價如故』分段」。竹坨傳鈔本、四庫本於「聲價如故」分段，曹批「明鈔本亦於『聲價如故』分段」。

【輯評】

周濟《宋四家詞選》眉批：衹一句化去町畦。（唐圭璋按此評「事與孤鴻去」）不過桃花人面，舊曲翻新耳。看其由無情入，結歸無情，層層脱换，筆筆往復處。

陳洵《海綃説詞》：第一段地，「還見」逆入，「舊處」平出。第二段人，「因記」逆入，「重到」平出，作第三段起步。以下撫今追昔，層層脱卸。「訪鄰尋里」，今。「同時歌舞」，昔。「惟有舊家秋孃，聲價如故」，今猶昔。而秋孃已去，卻不説出，乃吾所謂留字訣者。於是「吟箋賦筆」，「露飲」「閒步」，與「窺户」「約黄」，「障袖」「笑語」，皆如在目前矣。又吾所謂能留，則離合順逆，皆可隨意指揮也。「事與孤鴻去」，咽住，將昔游一齊結束。然後以「探春」二句，轉出今情。「官柳」以下，復緣情敘景。「一簾風絮」，繞後一步作結。時則「褪粉梅梢，試花桃樹」，又成過去矣。後之視今，猶今視昔，奈此斷腸院落何。

慶宮春

天接平岡〔一〕，山圍寒野，路長乍轉孤城〔二〕。衰柳啼鴉〔三〕，驚風過鴈〔四〕，動人一片秋聲。倦途休駕〔五〕，淡煙裏、微茫見星〔六〕。塵埃憔悴，生怕黄昏，離思牽縈。華堂舊日逢迎。花豔參差，香霧飄零。絃管當頭，惟他絶藝〔七〕，夜深簧暖笙清。眼波傳意，恨密約、匆匆未成。許多煩惱，都爲當時，一餉心情〔八〕。

【校記】

〔一〕天：秦刻本注「一作『雲』」。〔二〕路長乍轉：秦刻本注「一作『路迴漸轉』」。

〔三〕啼鴉：叢刊本原作「鴉啼」，改作「啼鴉」。〔四〕鴈：四庫本作「雁」。〔五〕途：竹垞傳鈔本作「遊」，四庫本作「遊」。〔六〕煙：叢刊本作「烟」。〔七〕秦刻本注「一作『偏憐嬌鳳』」。〔八〕心：秦刻本注「一作『留』」，叢刊本鮑校作「留」。

【輯評】

陳洵《海綃説詞》：前闋離思，滿紙秋氣。後闋留情，一片春聲。而以「許多煩惱」一句，作兩邊綰合，詞境極渾化。

風流子

新淥小池塘〔一〕，風簾動、碎影舞斜陽。羨金屋去來〔二〕，舊時巢燕，土花繚遶，前度莓墻〔三〕。繡閣裏〔四〕，鳳幃深幾許，聽得理絲簧。欲説又休，慮乖芳信，未歌先咽，愁近清商。暗想新粧了，開朱戶，應是待月西廂。苦恨夢魂今宵〔五〕，不到伊行。問甚時卻與〔六〕，佳音密耗〔七〕，暗將潘鬢〔八〕，偷換韓香。天便教人，霎時相見何妨。

【校記】

〔一〕淥：四庫本作「渌」。〔二〕來：叢刊本作「来」。〔三〕莓：竹垞傳鈔本作「梅」，曹批「明鈔本亦作『梅』」，四庫本作「梅」，叢刊本原作「梅」改作「莓」。〔四〕裏：曹批「竹垞傳鈔本脱『裏』字」，四庫本無。〔五〕夢魂：叢刊本作「夢䰟」。〔六〕卻：叢刊本作「却」。〔七〕佳：竹垞傳鈔本作「嘉」，曹批「明鈔本亦作『嘉』」，四庫本作「嘉」。叢刊本作「嘉」，鮑校作「佳」。〔八〕鬢：叢刊本作「鬟」。

【輯評】

張炎《詞源》卷下：詞中句法，要平妥精粹。一曲之中，安能句句高妙，衹要拍搭襯副得去，於好發揮筆力處，極要用功，不可輕易放過，讀之使人擊節可也……如美成《風流子》云：「鳳閣繡幃深幾許，聽得理絲簧。」……此皆平易中有句法。

沈謙《填詞雜説》：「天便教人，霎時相見何妨」「花前月下、見了不教歸去」，卞急迂妄，各極其妙。美成真深於情者。

葉申薌《本事詞》卷上：此詞雖極情致纏綿，然律以名教，恐亦有傷風雅已。

吴衡照《蓮子居詞話》卷之一引張玉田：詞貴雅正，如周美成「最苦今宵，夢魂不到伊行。天便教人，霎時厮見何妨」，「許多煩惱，衹爲當時一晌留情」，所謂變淳泊爲澆漓矣。韙哉是言。雅俗正變之殊，學者誠不可不辨。銷魂當此際，東坡所以致誚于少游也。

黄蘇《蓼園詞評》引沈際飛：末句馳騁恣其望，申其郁。張玉田云：詞欲雅而正，志之所之。一爲物役，則失其雅正之音。耆卿、伯可不必論，雖美成有所不免。如「爲伊淚落」「尋消問息減容光」及「最苦夢魂」「霎時厮見」，淳意盡變爲澆風已，然此膠柱鼓琴之論也。按此詞亦猶前詞之旨也。因見舊燕度「莓墻」而巢于金屋，乃思自身已在「鳳幃」之外，而聽别人「理絲簧」，未免悲咽耳。次闋亦托詞以戀主之意，讀者不可以辭害意也。

况周頤《蕙風詞話》卷三，七五：清真詞「最苦夢魂，今宵不到伊行」，「天便教人，霎時相見何妨」等句，愈質愈厚。陳洵《海綃説詞》：池塘在莓墻外，莓墻在繡閣外，繡閣又在鳳幃外，層層佈景，總爲「深幾許」三字出力。既非巢燕可以任意去來，則相見亦良難矣。「聽得」「遥知」，衹是不見。夢亦不到，見字絶望。甚時轉出見字後路，千迴百折，逼出結句。畫龍點睛，破壁飛去矣。

滿庭芳

風老鶯雛，雨肥梅子，午陰槐影清圓〔一〕。地卑山近，衣潤費爐煙〔二〕。人去烏鳶自樂，小橋外、新淥濺濺〔三〕。凭欄久，黄蘆苦竹〔四〕，疑泛九江舩〔五〕。　年年。如社燕，飄流瀚海〔六〕，來寄修椽〔七〕。且莫思身外，長近樽前。憔悴江南倦客，不堪聽、急管危絃〔八〕。歌筵畔，先安簟枕，容我醉時眠。

【校記】

〔一〕槐影：秦刻本注「一作『嘉樹』」。　〔二〕爐：四庫本作「鑪」。　煙：四庫本、叢刊本作「烟」。　〔三〕淥：四庫本作「渌」，叢刊本作「緑」。　〔四〕苦：四庫本作「芳」。　〔五〕舩：四庫本作「船」。　〔六〕流：四庫本作「零」。　〔七〕來：叢刊本作「来」。　修：四庫本、叢刊本作「脩」。　椽：四庫本作「椽」。　〔八〕危：秦刻本注「一作『繁』」。

【輯評】

沈義父《樂府指迷》：詞中多有句中韻，人多不曉，不惟讀之可聽，而歌詩最要叶韻應拍，不可以爲閑字而不押。如《滿庭芳》過處「年年，如社燕」，「年」字是韻，不可不察也。

沈際飛《草堂詩餘正集》：「衣潤費爐煙」，景語也，景在「費」字。

先著、程洪，胡念貽《詞潔輯評》卷三：「黄蘆苦竹」，此作詞家所常設字面，至張玉田意難忘詞，猶特見之，可見當時推許大家者，自有在，决非後人以土泥、脂粉爲詞耳。

周濟《宋四家詞選》眉批：體物入微，夾入上下文中，似褒似貶，神味最遠。（此評上片）

黄蘇《蓼園詞評》：此必其出知順昌後作。前三句見春光已去。「地卑」至「九江船」，言其地之僻也。「年年」三句，見宦情如逆旅。「且莫思」句至末，寫其心之難遣也。末句妙於語言。

陳廷焯《白雨齋詞話》卷一：美成詞有前後若不相蒙者，正是頓挫之妙。如《滿庭芳》（夏日溧水無想山作）上半闋云：「人静烏鳶自樂。小橋外、新緑濺濺。凭欄久，黄蘆苦竹，擬泛九江船。」正擬縱樂矣，下忽接云：「年年。如社燕，飄流瀚海，來寄修椽。且莫思身外，長近樽前。憔悴江南倦客，不堪聽、急管繁弦。歌筵畔，先安簟枕，容我醉時眠。」是烏鳶雖樂，社燕自苦。九江之船，卒未嘗泛。此中有多少説不出處，或是依人之苦，或有患失之心。但説得雖哀怨，卻不激烈。沈鬱頓挫中，别饒蘊藉。後人爲詞，好作盡頭語，令人一覽無餘，有何趣味。

陳洵《海綃説詞》：層層脱卸，筆筆鈎勒，面面圓成。

梁啓超《飲冰室評詞》：最頽唐語，卻最含蓄。

花犯〔一〕

粉墻低，梅花照眼，依然舊風味。露痕輕綴。疑淨洗鉛華，無限清麗。去年勝賞曾孤倚〔二〕，冰盤同宴喜。更可惜、雪中高士〔三〕，香篝薰素被。今年對花最怱怱〔四〕，相逢似有恨，依依愁顇〔五〕。凝望久，青苔上，旋看飛墜。相將見、脆圓薦酒，人正在、空江煙浪裏〔六〕。但夢想、一枝瀟灑〔七〕，黄昏斜照水。

【校記】

〔一〕花：竹垞傳鈔本、四庫本、叢刊本作「尾」，曹批「明鈔本作『尾犯』」。　〔二〕倚：叢刊本作「倚」。　〔三〕高：四庫本、叢刊本作「高」。　士：秦刻本注「一作『樹』」。明鈔本作「樹」，曹批「宋本於『樹』字避英宗嫌諱，每改作『木』，當時通例也。此作『高士』疑即從『木』字轉改」。　〔四〕最：叢刊本作「寂」。　〔五〕顇：竹垞傳鈔本、四庫本、叢刊本作「瘁」。　〔六〕煙：四庫本作「烟」。　〔七〕夢：叢刊本作「㝱」。　瀟灑：曹批「明鈔本作『瀟瀟』」，叢刊本作「蕭灑」。

【輯評】

黄昇《花庵詞選》：此只詠梅花而紆徐反復，道盡三年間事，圓美流轉如彈丸。

先著、程洪、胡念貽《詞潔輯評》卷四：美成《花犯》云：「人正在、空江煙浪裏。」堯章云：「長記曾攜手處，千樹壓，西湖寒碧。」堯章思路，卻是從美成出，而能與之埒，由於用字高，鍊句密，泯其來踪去跡矣。

周济《宋四家詞選》眉批：清真詞，其清婉者至此，故知建章千門，非一匠所營。

黄蘇《蓼園詞評》引《玉林詞選》：此祇詠梅花，而紆徐反復，道盡三年間事。昔人謂好詩圓美流轉如彈丸，余於此詞亦云。愚謂此爲梅詞第一。總是見宦跡無常，情懷落漠耳。忽借梅花以寫，意超而思永。言梅猶是舊風情，而人則離合無常。去年與梅，共安冷淡。今年梅正開，而人欲遠别梅，似含愁悴之意。而飛墜梅子將圓而人在空江中時，夢想梅影而已。

李佳《左庵詞話》卷上：晁無咎《水龙吟》「去年署雨鈎盤」……周美成《花犯》詠梅云……二詞層次曲折，一氣舒卷，機軸相同。

譚獻《復堂詞話》：「凝望久」以下，筋摇脈動。

譚獻《譚評詞辨》：「依然」句逆入，「去年」句平出。「今年」句放筆爲直幹。「吟望久」以下，筋摇脈動。「相將見」二句，如顏魯公書，力透紙背。

陳洵《海綃説詞》：起七字極沉著，已將三年情事，一齊攝起。「舊風味」從去年虛提。「露痕」三句，復爲照眼作周旋。然後「去年」逆入，「今年」平出。相將倒提，夢想逆挽。圓美不難，難在渾勁。祇「梅花」一句點題，以下卻在題前盤旋。換頭一筆鈎轉。「相將」以下，卻在題後盤旋。俞陛雲《唐五代兩宋詞選釋》：宋詞中詠「梅花」者，侔色揣稱，各極其工。此詞論題旨，在「舊風味」三字，而以「去年」「今年」分前、後段標明之。下闋自「吟望久」至結句，純從空處落筆，非實賦梅花。閏庵云：「此數語極吞吐之妙。」

隔浦蓮

新篁搖動翠葆〔一〕。曲逕通深杳。夏果收新脆，金丸落驚飛鳥〔二〕。濃靄迷岸草。蛙聲鬧。暴雨鳴池沼〔三〕。水亭小。浮萍破處，簷花簾影顛倒〔四〕。綸巾羽扇，困臥北窗清曉〔五〕。屏裏吳山夢自到〔六〕。驚覺。依然身在江表。

【校記】

〔一〕篁：明鈔本、竹垞傳鈔本、四庫本作「篁」，叢刊本鮑校作「篁」。〔二〕落驚：竹垞傳鈔本、四庫本作「驚落」。曹批「明鈔本亦作『驚落』」。〔三〕暴：秦刻本注「一作『驟』」。〔四〕簷花簾影：叢刊本改作「簾花簷影」。〔五〕窗：叢刊本改作「窻」。〔六〕裏：叢刊本作「裡」。

【輯評】

胡仔《苕溪漁隱詞話》卷一：周美成「水亭小。浮萍破處，簷花簾影顛倒」，按杜少陵詩「燈前細雨簷花落」，美成用此「簷花」二字，全與出處意不相合，乃知用字之難矣。

楊慎《詞品》卷之二：宋人小詞多用「簷花」字，周美成云：「浮萍破處，簷花簾影顛倒。」又云：「簷花紅雨照方塘。」多不悉記。

沈雄《古今詞話·詞辯》下卷引强焕序：美成爲溧水令，民到於今稱之。强焕八十年後踵公舊治，既喜且媿。適觀隔浦之蓮，抑又思美成之詞，撫寫物態，曲盡其妙。暇日式燕佳賓，果以公詞爲冠云。

陳洵《海綃説詞》：自起句至换頭第三句，皆驚覺後所見。「綸巾」「困卧」，卻用逆敘。「身在江表」，夢到吴山。船且到，風輒引去，仙乎仙乎。周詞固善取逆勢，此則尤幻者。「簷花簾影」，從「萍破處」見。蓋曉燈未滅，所以有簷花。風動簾開，所以有簾影。若作「簾花簷影」，興趣索然矣。胡仔固是膠柱鼓瑟，王楙又愈引愈遠。可惜於此佳處，都未領會。

定風波

莫倚能歌斂黛眉〔一〕，此歌能有幾人知。他日風前花月底〔二〕。重理。好聲須記得來時〔三〕。苦恨城頭傳漏永〔四〕，催起〔五〕。無情那解惜相思〔六〕。莫

訴金樽推玉臂。從醉。明朝有酒遣誰持。〔七〕

【校記】

〔一〕倚：四庫本作「倚」。〔二〕風前：秦刻本注「一作『相逢』」。〔三〕來：叢刊本作「来」。〔四〕永：竹垞傳鈔本、四庫本作「水」，曹批「明鈔本亦作『水』」。〔五〕起：秦刻本注「『起』字與『永』字不叶韻」。〔六〕解：叢刊本作「鮮」。〔七〕秦刻本注「案宋本無『催起』二字，『相思』作『分飛』」。

少年遊〔一〕

并刀如水，吳鹽勝雪，纖指割新橙〔二〕。錦幄初溫，獸香不斷，相對坐調笙。低聲問，向誰邊宿，城上已三更。馬滑霜濃，不如休去，直自少人行〔三〕。

【校記】

〔一〕遊：叢刊本作「游」。〔二〕割：四庫本作「剖」。〔三〕人行：叢刊本原作「行人」，改作「人行」。

【輯評】

周密《浩然齋詞話》：宣和中，李師師以能歌舞稱。時周邦彦爲太學生，每游其家。一夕值祐陵臨幸，倉促隱去。既而賦小詞，所謂「并刀如水，吴鹽勝雪」者，蓋紀此夕事也。未幾，李被宣唤，遂歌於上前。問誰所爲，則以邦彦對。於是遂與解褐，自此通顯。既而朝廷賜酺，師師又歌《大酺》《六醜》二解，上顧教坊使袁綯問，綯曰：「此起居舍人新知潞州周邦彦作也。」問六醜之義，莫能對，急召邦彦問之。對曰：「此犯六調，皆聲之美者，然絶難歌。昔高陽氏有子六人，才而醜，故以比。」上喜，意將留行。且以近者祥瑞還至，將使播之樂府，命蔡元長微叩之。邦彦云：「某老矣，頗悔少作。」會起居郎張果與之不咸，廉知邦彦嘗於親王席上作小詞贈舞鬟云：「歌席上，無賴是橫波。寶髻玲瓏欹玉燕，繡巾柔膩掩香羅。何況會婆娑。　無箇事，因甚斂雙蛾。淺淡梳妝凝是畫，惺鬆言語勝聞歌。好處是情多。」爲蔡道其事。上知之，由是得罪。師師後入中，封瀛國夫人。朱希真有詩云：「解唱陽關別調聲，前朝惟有李夫人。」即其人也。

王又華《古今詞論》引毛稚黄論詞：周清真《少年游》，題云冬景，卻似飲妓館之作。祇起句「并刀似水」四字，若掩卻下文，不知何爲陡着此語。「吴鹽」「新橙」，寫境清晰。「錦幄」數語，似爲上下太淡宕，故着濃耳。後闋絶不作了語，祇以「低聲問」三字，貫徹到底。藴藉嫋娜，無限情景，都自纖手破橙人口中説出，更不必別着一語，意思幽微，篇章奇妙，真神品也。周美成詞家神品，如《少年游》「馬滑霜濃，不如休去，直是少人行」，何等境味。若柳七郎，此處如何煞得住。

賀裳《皺水軒詞筌》：周清真避道君匿李師師榻下，作《少年游》以詠其事，吾極喜其「錦幄初温，獸煙不斷，相對坐調笙。」情事如見。至「低聲問，向誰行宿。城上已三更。馬滑霜濃，不如休去」等語，幾於魂摇目蕩矣。及被謫後，師師持酒餞別，復作《蘭陵王》贈之，中云：「愁一箭風快，半篙波煖，迴頭迢遞便數驛。」酷盡别離之慘。而題作詠柳，不書其事，則意趣索然，不見其妙矣。

許昂霄《詞綜偶評》：情景如繪，宜遭道君之怒也。

周濟《宋四家詞選》：此亦本色佳製也。本色至此便足，再過一分，便入山谷惡道矣。

譚獻《復堂詞話》：麗極而清，清極而婉，然不可忽過「馬滑霜濃」四字。

王闓運《湘綺樓評詞》：「手」原作「指」，則全身不現。作手乃有兩人對作。有此留人者乎，非道君必不逢此。

秋蘂香令

乳鴨池塘煙煖〔一〕。風緊柳花迎面〔二〕。午粧粉指印窗眼〔三〕。曲裏長眉翠淺〔四〕。　聞知社日停鍼線〔五〕。探新燕〔六〕。寶釵落枕夢春遠〔七〕。簾影參差滿院。

【校記】

〔一〕煙：四庫本、叢刊本作「烟」。煖：竹垞傳鈔本、四庫本作「暖」。〔二〕緊：叢刊本作「絮」。〔三〕粧：叢刊本作「窓」。窗：叢刊本作「窓」。〔四〕裏：叢刊本作「裡」。〔五〕鍼：四庫本、叢刊本作「針」。〔六〕燕：四庫本作「鷰」。〔七〕夢春：秦刻本注「一作『春夢』」。　夢：叢刊本作「夣」。

【輯評】

陳洵《海綃説詞》：春閨無事，妝罷惟有睡耳。作想像之詞看最佳，不必有本事也。「夢春遠」，妙。此時風景，皆消歸夢中，正不止一簾内外。

意難忘

衣染鶯黃。愛停歌駐客〔一〕，勸酒持觴。低鬟蟬影動，私語口脂香。蓮露冷，竹風涼。拚劇飲淋浪〔二〕。漏漸深，移燈背壁〔三〕，細與端相。知音見説無雙〔四〕。解移宮換徵〔五〕，未怕周郎。顰眉知有恨〔六〕，貪耍不成粧。些箇事，惱心腸。待説與何妨。又恐伊、尋消問息，瘦損容光。

【校記】

〔一〕愛：曹批「明鈔本『爱』作『解』」。　客：秦刻本注「一作『拍』」，叢刊本鮑校作「拍」。

〔二〕拚：竹垞傳鈔本、四庫本、叢刊本作「判」。　〔三〕移燈背壁：秦刻本注「一作『籠燈就月』」。

〔四〕雙：叢刊本作「雙」。　〔五〕解：叢刊本作「鮮」。　〔六〕顰眉：秦刻本注「一作『長顰』」。

【輯評】

周密《浩然齋詞話》：周美成長短句，純用唐人詩句，如「低鬟蟬影動，私語口脂香」，此乃元白全句。

張炎《詞源》卷下：詞欲雅而正，志之所之，一爲情所役，則失其雅正之音。耆卿、伯可不必論，雖美成亦有所不免。如「爲伊淚落」，如「最苦夢魂，今宵不到伊行」，如「天便教人，霎時得見何妨」，如「又恐伊，尋消問息，瘦損容光」，如「許多煩惱，祇爲當時，一晌留情」，所謂淳厚日變成澆風也。

王又華《古今詞論》引毛稚黄詞論：清真「衣染鶯黄」詞，忽而歡笑，忽而悲泣，如同枕席，又在天畔，真所謂不可解不必解者。此等最是難作，作亦最難得佳。「夜漸深、籠燈就月，仔細端相」，義仍之「就月籠燈衫袖張」出此。

沈謙《填詞雜説》：長調極狎昵之情者，周美成之「衣染鶯黄」，柳耆卿之「晚晴初」是也。於此足悟偷聲變律之妙。

陳洵《海綃説詞》：「檐露滴，竹風涼」六字，如繁休伯與魏文帝箋。是時日在西隅，涼風拂衽也。

點絳脣

遼鶴重來〔一〕，故鄉多少傷心地。錦書不寄〔二〕。魚浪空千里。憑仗桃根〔三〕，說與凄凉意。愁無際。舊時衣袂。猶有東風淚〔四〕。

【校記】

〔一〕來：叢刊本作「来」。〔二〕寄：四庫本作「寄」。〔三〕憑：四庫本作「凴」。

〔四〕風：秦刻本注「一作『門』」。

【輯評】

王灼《碧雞漫志》卷第二：周美成初在姑蘇，與營妓岳七楚雲者游甚久，後歸自京師，首訪之，則已從人矣。明日飲于太守蔡巒子高坐中，見其妹，作《點絳唇》曲寄之。

許昂霄《詞綜偶評》：淡淡寫來，深情無限，宜楚雲爲之感泣也。

風流子

楓林凋晚葉〔一〕，關河迥〔二〕，楚客慘將歸。望一川暝靄，鴈聲哀怨〔三〕，半規凉月，人影參差。酒醒後，淚花銷鳳蠟〔四〕，風幙卷金泥。砧杵韻高〔五〕，喚迴殘夢，綺羅香減〔六〕，牽起餘悲。　亭皐分袂地，難堪處、偏是掩面牽衣。何況怨懷長結，重見無期。想寄恨書中，銀鈎空滿，斷腸聲裏〔七〕，玉筯偷垂。多少舊愁密意，惟有天知〔八〕。

【校記】

〔一〕凋：四庫本作「彫」。〔二〕關：四庫本作「闗」，叢刊本作「関」。〔三〕鴈：四庫本作「雁」。〔四〕淚：四庫本作「泪」。〔五〕高：四庫本作「髙」。〔六〕綺：四庫本作「绮」。〔七〕裏：叢刊本作「裡」。〔八〕惟：四庫本作「唯」。

【輯評】

黄蘇《蓼園詞評》：「花銷鳳蠟」「幙捲金泥」，自是以待制出知順昌時作。而戀主之情，婉曲周至。至「惟有天知」字，其心亦苦矣。

齊天樂

綠蕪彫盡臺城路〔一〕，殊鄉又逢秋晚。暮雨生寒，鳴蛙勸織〔二〕，深閣時聞裁翦〔三〕。雲窗靜掩〔四〕，嘆重拂羅裀〔五〕，頓疎花簟。尚有練囊〔六〕，露螢清夜照書卷。　荆江留滯最久〔七〕，故人相望處，離思何限。渭水西風，長安亂葉，空憶詩情宛轉。凭高眺遠〔八〕。正渌液新篘〔九〕，蟹螯初薦。醉倒山翁，但愁斜照斂。

【校記】

〔一〕綠：四庫本、叢刊本作「緑」。臺：叢刊本作「臺」。〔二〕蛙：竹垞傳鈔本、四庫本作「蛍」，曹批「明鈔本亦作『蛍』」，叢刊本鮑校作「蛍」。〔三〕閣：明鈔本、四庫本作「閤」，曹批「竹垞傳鈔本亦作『閤』」。翦：四庫本、叢刊本作「剪」。〔四〕窗：叢刊本作「窓」。〔五〕嘆：四庫本作「歎」。〔六〕練：竹垞傳鈔本、四庫本作「彩」。〔七〕留：叢刊本作「畱」。〔八〕高：四庫本作「髙」。〔九〕淥：秦刻本注「一作『玉』」，叢刊本作「渌」。

【輯評】

周濟《宋四家詞選》：此清真荆南作也。胸中猶有塊壘，南宋諸公多模仿之。身在荆南，所思在關中，故有渭水、長安之句。碧山用作故實。

陳廷焯《白雨齋詞話》卷一：美成《齊天樂》云：「緑蕪彫盡臺城路，殊鄉又逢秋晚。」傷歲暮也。結云：「醉倒山翁，但愁斜照斂。」幾於愛惜寸陰，日暮之悲，更覺餘於言外。此種結構，不必多費筆墨，固已意無不達。

張德瀛《詞徵》卷三：周美成《齊天樂》詞，或病其複韻，非也。上句「佳時又逢重午」，指節序言，下句「喚風綾扇小窗午」，指氣候言。大抵文辭用韻，其異義者，原不必以復出爲禁。

陳洵《海綃説詞》：此美成晚年重游荆南之作。觀起句，當是由金陵入荆南。又先有次句，然後有起句。因「殊鄉秋晚」，始念「緑蕪彫盡」也。留滯最久，蓋合前游言之。「渭水」「長安」指汴京。此行又將由荆南入開封矣。渡江雲「晴嵐低楚甸」，疑繼此而作。王國維謂作于金陵，微論後闋，即第二句已不可通矣。周濟謂「渭水」「長安」指關中，亦非。

早梅芳近

繚墻深，叢竹繞。宴席臨清沼。微呈纖履〔一〕，故隱烘簾自嬉笑。粉香粧暈薄，帶緊腰圍小。嘆鴻驚鳳翥，滿座看輕妙。酒醒時，會散了。迴首城南道〔二〕。河陰高轉，露腳斜飛夜將曉〔三〕。異鄉淹歲月，醉眼迷登眺。路迢迢，恨滿千里草。

【校記】

〔一〕履：竹垞傳鈔本、四庫本作「屐」，曹批「明鈔本亦作『屐』」。〔二〕迴：叢刊本作「廻」。〔三〕腳：叢刊本作「脚」。

水龍吟〔一〕

素肌應怯餘寒，豔陽占立青蕪地。樊川照日，靈關遮路〔二〕，殘紅斂避。傳火樓臺〔三〕，妬花風雨，長門深閉。亞簾櫳半濕〔四〕，一枝在手，偏勾引、黄昏淚〔五〕。　別有風前月底。布繁陰、滿園歌吹。朱鉛退盡〔六〕，潘郎卻酒〔七〕，昭君乍起。雪浪翻空〔八〕，粉裳縞夜，不成春思〔九〕。恨玉容不見，瓊英謾好，與何人比。

【校記】

〔一〕叢刊本鮑校加「梨花」二字。　〔二〕關：四庫本作「闗」，叢刊本作「関」。　〔三〕臺：叢刊本作「臺」。　〔四〕濕：叢刊本作「湿」。　〔五〕淚：四庫本作「泪」。　〔六〕退：叢刊本作「褪」。　〔七〕郎：秦刻本注「一作『妃』」。　卻：四庫本、叢刊本作「却」。　〔八〕翻：四庫本作「飜」。　〔九〕思：叢刊本鮑校作「意」。

【輯評】

吴衡照《蓮子居詞話》卷之一：周美成詠梨花云：「傳火樓臺，妬花風雨，長門深閉。亞簾櫳半濕，一枝在手，偏勾引黄昏淚。」用深閉門及一枝春帶雨意，圓轉工切。黄德夫則云：「一春花下，幽恨重重。又愁晴，又愁雨，又愁風。」却絶不使梨花事，然何嘗不是梨花耶。

黄蘇《蓼園詞評》：按寫梨花冷淡性情，曰「占盡青蕪」，曰「長門閉」，曰「引黄昏淚」，曰「不成春意」，爲梨花寫神矣。却移不到桃李梅杏上。

品令

夜闌人靜〔一〕。月痕寄、梅梢疎影。簾外曲角闌干近。舊攜手處〔二〕，花霧寒成陣〔三〕。應是不禁愁與恨。縱相逢難問。黛眉曾把春衫印。後期無定。腸斷香銷盡。

【校記】

〔一〕闌：四庫本作「閑」。〔二〕攜：叢刊本作「携」。〔三〕成：四庫本作「綫」；叢刊本作「緩」，鮑校作「成」。

【輯評】

李佳《左庵詞話》卷下：品令，前人多作俳詞，蓋爲彼時歌伶語氣。

陳洵《海綃説詞》：如此美景，祇於簾内依稀。「曲角闌干」，卻不敢憑，以其爲「舊攜手處」也。如此，則應是「不禁愁與恨」矣。以換頭結上闋。「縱相逢難問」，加一倍寫。「黛痕」七字，即恨即愁。「後期無定」，未有相逢，「腸斷香消」，收足起句。

月中行

蜀絲趁日染乾紅。微暖面脂融。博山細炷靄房櫳〔一〕。靜著打窗蟲〔二〕。愁多膽怯疑虛幙〔三〕，聲不斷、暮景疎鐘。團圞四壁小屏風。淚盡夢啼中〔四〕。

【校記】

〔一〕愽：四庫本作「博」。靄：四庫本、叢刊本作「藹」。〔二〕著：竹垞傳鈔本、四庫本、叢刊本作「看」，曹批「明鈔本亦作『看』」。窗：四庫本、叢刊本作「窓」。〔三〕虛：叢刊本作「虗」。〔四〕淚：四庫本、叢刊本作「泪」。

虞美人

疎籬曲徑田家小。雲樹開秋曉。天寒山色有無中。野外一聲鐘起、送孤篷〔一〕。添衣策馬尋亭堠。愁抱惟宜酒。菰蒲睡鴨占陂塘。疑被行人驚散、不成雙〔二〕。

【校記】

〔一〕外：曹批「明鈔本『外』作『水』，竹垞傳鈔本亦作『水』」。四庫本作「水」。叢刊本作「水」，鮑校作「外」。〔二〕疑：秦刻本注「一作『縱』」。不：秦刻本注「一作『又』」。雙：叢刊本作「隻」。

又

玉觴纔掩朱絃悄。彈指壺天曉。回頭猶認倚墻花〔一〕。只向小橋南畔、便天涯。銀蟾依舊當窗滿〔二〕。顧影魂先斷。凄風休颭半殘燈。擬倩今宵歸夢、到雲屏〔三〕。

【校記】

〔一〕回：四庫本作「囘」，叢刊本作「囬」。倚：四庫本作「倚」。〔二〕窗：四庫本、叢刊本作「窓」。〔三〕夢：叢刊本作「夣」。

少年游

簷牙縹緲小紅樓。凉月掛銀鈎。聒席笙歌，透簾燈火，風景似揚州。當時面色期春雪〔一〕。曾伴美人遊〔二〕。今日重來〔三〕，更無人問，獨自倚闌愁〔四〕。

【校記】

〔一〕期：竹坨傳鈔本作「欺」，曹批「明鈔本亦作『欺』」。四庫本、叢刊本作「欺」。〔二〕遊：叢刊本作「遊」。〔三〕來：叢刊本作「来」。〔四〕倚：四庫本作「倚」。

點絳唇

孤館迢迢，暮天草露霑衣潤。夜來秋盡〔一〕。月暈通風信。今日原頭，黄葉飛成陣。知人悶。故來相趂。共結分岐恨〔二〕。

【校記】

〔一〕盡：叢刊本鮑校作「近」。〔二〕分：秦刻本注「一作『臨』」。

又

征騎初停，酒盃欲散離歌舉〔一〕。柳汀蓮浦。看盡江南路。苦恨斜陽，冉冉催人去。空回顧〔二〕。淡煙横素〔三〕。不見揚鞭處。

【校記】

〔一〕秦刻本注「一作『酒行莫放』」。盃：曹批「明鈔本脱『盃』字」。〔二〕回：叢刊本作「囬」。　〔三〕煙：叢刊本作「烟」。

浣溪沙

寶扇輕圓淺畫繒。象牀平穩細穿藤〔一〕。飛蠅不到避壺冰。翠枕面凉頻憶睡，玉簫手汗錯成聲。日長無力要人凭〔二〕。

【校記】

〔一〕牀：叢刊本鮑校作「床」。　〔二〕要：秦刻本注「原作『看』誤」。明鈔本、竹垞傳鈔本、四庫本作「看」。叢刊本作「看」，鮑校作「要」。

又

薄薄紗幮望似空〔一〕。簟紋如水浸芙蓉。起來嬌眼未醒惚〔二〕。强整羅衣擡皓皖〔三〕，更將紈扇掩酥胸〔四〕。羞郎何事面微紅。

【校記】

〔一〕幮：四庫本、叢刊本作「厨」。　〔二〕醒：竹垞傳鈔本作「惺」，曹批「明鈔本作『憁』」。惚：竹垞傳鈔本、四庫本作「忪」。　〔三〕皖：明鈔本、四庫本、叢刊本作「腕」，曹批「竹垞傳鈔本亦作『腕』。〔四〕胸：四庫本作「胷」。

又

翠葆參差竹徑成。新荷跳雨碎珠傾。曲欄斜轉小池亭。風約簾衣歸燕急〔一〕，水搖花影戲魚驚。柳梢殘日弄微晴。

【校記】

〔一〕歸：叢刊本作「帰」。

又

雨過殘紅濕未飛。珠簾一桁透斜暉〔一〕。遊蜂釀蜜竊香歸〔二〕。金屋無人風竹亂，夜篝盡日水沉微〔三〕。一春須有憶人時。

【校記】

〔一〕桁：叢刊本作「行」。〔二〕遊：叢刊本作「遊」。歸：叢刊本作「帰」。〔三〕夜：叢刊本鮑校作「衣」。

【輯評】

黄蘇《蓼園詞評》：上闋言落英滿地，斜日照之，游蜂尚自採之。下闋言我今獨居夜静，風過竹響，沉水香微，黯然魂銷，玉人何在，一春惟付之寤思而已。思婦懷人，孤臣戀主，同此情懷，不必泥也。熟玩自饒神韻。

又

樓上晴天碧四垂。樓前芳草接天涯。勸君莫上最高梯〔一〕。新笋看成堂下竹，落花都入燕巢泥。忍聽林表杜鵑啼。

【校記】

〔一〕高：四庫本、叢刊本作「高」。

又

日射欹紅蠟蒂香〔一〕。風乾微汗粉襟凉。碧紗對捲簟紋光。自翦柳枝明畫閣〔二〕，戲抛蓮的種池塘〔三〕。長亭無事好思量。

【校記】

〔一〕欹：四庫本作「欹」。蒂：四庫本作「帶」。〔二〕翦：四庫本、叢刊本作「剪」。

閤：明鈔本作「閤」。〔三〕池：叢刊本、鮑校作「横」。

陳瑩中

陳瓘，字瑩中，延平人。有《了齋集》四十二卷。

卜算子〔一〕

身如一葉舟，萬事潮頭起。水長船高一任伊〔二〕，來往洪濤裏〔三〕。潮落又潮生，今古長如此。後夜開樽獨酌時，月滿人千里。

【校記】

〔一〕算：四庫本作「筭」。〔二〕船：叢刊本作「舡」。高：四庫本、叢刊本作「高」。

〔三〕來：叢刊本作「来」。

一落索

體上衣裳雲作縷〔一〕。不論寒暑。世間多少老婆禪，猶苦問、臺山路〔二〕。堪笑龐翁無趣。臨行卻住〔三〕。古人公案不須論，還了得、如今否。

【校記】

〔一〕體：叢刊本作「躰」。〔二〕臺：叢刊本作「臺」。〔三〕卻：四庫本、叢刊本作「却」。

減字木蘭花

大江北去。未到滄溟終不住。淮水東流。日夜朝宗亦未休。香爐煙裊〔一〕。濃淡卷舒終不老。寸碧千鍾。人醉華胥月色中。

【校記】

〔一〕煙：四庫本、叢刊本作「烟」。

又

華胥月色。萬水千山同一白。南北相望。獨醉香山舊草堂。淮岑妙境。十載醺酣猶未醒。一腹便便。也讀春秋也愛眠。

卜算子〔一〕

只解勸人歸〔二〕，都不留人住〔三〕。南北東西總是家〔四〕，勸我歸何處。去住總由天〔五〕，天意人難阻。若得歸時我自歸，何必閑言語〔六〕。

【校記】

〔一〕算：四庫本、叢刊本作「筭」。〔二〕解：叢刊本作「觧」。〔三〕留：四庫本、叢刊本作「畱」。〔四〕〔五〕總：叢刊本作「摠」，四庫本作「緫」。〔六〕閑：四庫本作「閒」。

又

黄了舊皮膚〔一〕，最是風流處。多少紛紛陌上人，不聽春鶻語。觸目是家山，到了須拈取。雲散長空月滿天，好個還鄉路〔二〕。

【校記】

〔一〕了：叢刊本作「子」，鮑校作「了」。〔二〕好：叢刊本作「奶」，四庫本作「那」。個：叢刊本、四庫本作「箇」。

又

夢裏不知眠〔一〕，覺後眠何在。試問眠身與夢身〔二〕，那個能衹對〔三〕。醉後有人醒，醒了無人醉。要識三千與大千，不在微塵外。

【校記】

〔一〕夢：叢刊本作「夣」。　裏：叢刊本作「裡」。　〔二〕夢：叢刊本作「夣」。　〔三〕個：四庫本作「个」。

青玉案

碧空黯淡同雲繞。漸枕上、風聲峭。明透紗窗天欲曉〔一〕。珠簾纔捲，美人驚報。一夜青山老。使君留客金樽倒〔二〕。正千里瓊瑤未經掃〔三〕。欺壓梅花春信早。十分農事，滿城和氣，管取明年好。

【校記】

〔一〕窗：叢刊本作「窓」。　〔二〕留：四庫本作「留」，叢刊本作「畱」。　〔三〕正：竹垞傳鈔本作「止」，曹批「明鈔本『止』作『正』」。

驀山溪

扁舟東去，極目滄波渺。千古送殘紅，到如今、東流未了。午潮方去，江月照還生，千帆起，玉繩低，枕上鶯聲曉〔一〕。錦囊佳句，韻壓池塘草。聲遏去年雲，惱離懷、餘音繚繞〔二〕。倚樓看鏡〔三〕，此意與誰論，一重水，一重山，目斷令人老。

【校記】

〔一〕鶯：叢刊本作「聲」。〔二〕離：叢刊本作「難」。〔三〕倚：四庫本作「倚」。

減字木蘭花

世間藥院。只愛大黄甘草賤。急急加工。更靠硫黄與鹿茸。鹿茸喫了。卻恨世間凉藥少〔一〕。冷熱平均。須是松根白茯苓。

【校記】

〔一〕卻：四库本、叢刊本作「却」。

滿庭芳

擾擾忽忽，紅塵滿袖，自然心在溪山。尋思百計，眞個不如閑〔一〕。浮世紛華夢影〔二〕，嚣塵路、來往循環〔三〕。江湖手，長安障日，何似把魚竿〔四〕。盤旋。那忍去，他邦縱好，終異鄉關〔五〕。向七峯回首〔六〕，清淚班班。西望煙波萬里〔七〕，扁舟去、何日東還。分攜處〔八〕，相期痛飲，莫放酒盃慳〔九〕。

【校記】

〔一〕眞：四庫本、叢刊本作「真」。 個：四庫本、叢刊本作「箇」。 〔二〕夢：叢刊本作「夣」。 〔三〕來：叢刊本作「来」。 往：叢刊本作「徃」。 〔四〕魚：竹垞傳鈔本、四庫本作「漁」。 〔五〕闗：四庫本作「關」，叢刊本作「関」。 〔六〕峯：四庫本、叢刊本作「峰」。 〔七〕煙：四庫本、叢刊本作「烟」。 〔八〕攜：叢刊本作「携」。 〔九〕盃：四庫本、叢刊本作「杯」。

又

槁木形骸〔一〕，浮雲蹤跡，一年兩到京華。又還乘興，往看洛陽花〔二〕。聞道鞓紅最好，春歸後、終委塵沙。忘言處，花開花謝，不似我生涯。年華。留不住〔三〕，饑飡困寢〔四〕，觸處爲家。這一輪明月，本自無瑕。隨分冬裘夏葛〔五〕，都不會、赤水黄芽。誰知我，春風一拐，談笑有丹砂。

【校記】

〔一〕槁：叢刊本作「槀」。 〔二〕往：叢刊本作「徃」。 〔三〕畱：四庫本、叢刊本作

「留」。〔四〕饑：叢刊本作「飢」，曹批「明鈔本亦作『飢』」。〔五〕隨：叢刊本作「随」。

又

淮葉繽紛，江煙濃淡〔一〕，别樽同倒寒暉。未逢春信〔二〕，霜露惹征衣。往事元無是處〔三〕，何須待、回首知非〔四〕。春鵑語，從來勸我〔五〕，常道不如歸。且置家山。何處近，江樓簾棟〔六〕，夕卷朝飛。問西江筍蕨，何似鱸肥。華胥舊夢〔七〕，忘言處、千古同時。君知我，平生心事，相契古來稀。

【校記】

〔一〕煙：四庫本、叢刊本作「烟」。〔二〕未：四庫本作「來」。〔三〕往：叢刊本作「徃」。〔四〕回：叢刊本作「囬」。〔五〕來：叢刊本作「来」。〔六〕江：叢刊本作「紅」。〔七〕夢：叢刊本作「夣」。

醉蓬萊

問東州何處，境勝人幽，兩俱難得。狼山相望，有高堂千尺〔一〕。妙曲轟空，綵雲翻袖〔二〕，樂奏壺天長日。笑我飄然〔三〕，蓬窗竹戶〔四〕，只延山色。

擬棹觥船〔五〕，徑衝花浪，直造瑂筵，共醺仙液。仍乞蟠桃，向廬山親植。未舉江帆，早逢淮鴈〔六〕，問故人蹤跡。遠老池邊，陶翁琴裏〔七〕，此情何極。

【校記】

〔一〕高：四庫本、叢刊本作「高」。〔二〕翻：四庫本、叢刊本作「飜」。〔三〕笑：叢刊本作「咲」。〔四〕窗：四庫本、叢刊本作「窓」。〔五〕棹：四庫本、叢刊本作「掉」。〔六〕鴈：四庫本作「雁」。〔七〕裏：叢刊本作「裡」。

臨江仙

聞道洛陽花正好〔一〕，家家庭戶春風。道人飲去百壺空〔二〕。年年花下醉，看謝幾番紅。此別又從何處去，風萍一任西東。語聲雖異笑聲同。一輪深夜月，何處不相逢。

【校記】

〔一〕聞：叢刊本作「問」。〔二〕去：明鈔本、四庫本、叢刊本作「處」，曹批「竹垞傳鈔本亦作『處』」。

蝶戀花

海角芳菲畱不住〔一〕。筆下風生，飛入青雲去。仙籙有名天賜與〔二〕。致君事業安排取。　要識世間平坦路。當使人人，各有安心處。黑髮便逢堯舜主。笑人白首歸南畝。

【校記】

〔一〕畱：四庫本作「留」，叢刊本作「畄」。　〔二〕籙：明鈔本、四庫本、叢刊本作「録」，曹批「竹垞傳鈔本亦作『録』」。

卜算子〔一〕

咄咄汝何人，眼在眉毛下。明月相隨萬里來〔二〕，何處分眞假〔三〕。　問著總無言〔四〕，有口番成啞。荆棘林中自在身，卽是知音者。

【校記】

〔一〕算：四庫本作「筭」。　〔二〕隨：四庫本作「逢」，叢刊本作「随」。　〔三〕眞：四庫本、叢刊本作「真」。　〔四〕總：四庫本作「総」，叢刊本作「摠」。

徐師川

徐俯，字師川，豫章人。有《東湖集》三卷。

【輯評】

王灼《碧雞漫志》卷第二：陳去非、徐師川……佳處亦各如其詩。

念奴嬌

素光練靜，照青山、隱隱修眉橫綠〔一〕。鳷鵲樓高天似水〔二〕，碧瓦寒生銀粟。萬丈輝光，奔雲湧霧，飛過盧鴻屋〔三〕。更無塵翳，皓然冷浸梧竹。鶴髮仙翁，當時曾共賞，紫岩飛瀑。對影三人，聊痛飲、一洗閑愁千斛〔四〕。因念斗轉參移，翲然歸去，萬里騎黃鵠。一川霜曉，叫雲吹斷橫玉。

【校記】

〔一〕修：叢刊本作「脩」。綠：四庫本作「緑」。〔二〕鵲：叢刊本作「散」。高：叢刊本作「高」。〔三〕盧鴻：竹垞傳鈔本「鴻」作「仝」，曹批「《苕溪漁隱叢話》前集載此詞，正作『飛過盧仝屋』，蓋用仝《月蝕詩》『爛銀盤從海底出，出來照我茅屋東』語意。以是知竹垞傳鈔本之善。明鈔本亦作『仝』。」四庫本注「缺」。〔四〕閑：四庫本作「閒」。斛：叢刊本作「鮮」，鮑校作「斛」。

浣溪沙

章水何如潁水清〔一〕。江山明秀發詩情。七言還我是長城。小小鈿花開寶靥〔二〕，纖纖玉筍見雲英。十千名酒十分傾。

【校記】

〔一〕潁：叢刊本作「穎」。〔二〕鈿：曹批「明鈔本『鈿』作『細』，竹垞傳鈔本亦作『細』」。

虞美人

梅花元自江南得。還醉江南客。雲中雨裏爲誰香〔一〕。聞道數枝清笑、出東墻〔二〕。多情宋玉還知否。梁苑無尋處。臙脂爲萼玉爲肌。卻恨惱人桃杏、不同時〔三〕。

【校記】

〔一〕雲：叢刊本作「雪」。〔二〕笑：叢刊本作「咲」。〔三〕卻：叢刊本、四庫本作「却」。

卜算子〔一〕

心空道亦空，風靜林還靜。卷盡浮雲月自明，中有山河影。　供養及修行〔二〕。舊話成重省。豆爆生蓮火裏時，痛撥寒灰冷。

【校記】

〔一〕算：四庫本、叢刊本作「筭」。〔二〕修：叢刊本作「脩」。

又

天生百種愁，掛在斜陽樹。綠葉陰陰占得春〔一〕，草滿鶯啼處。　不見生塵步。空憶如簧語。柳外重重疊疊山〔二〕，遮不斷愁來路〔三〕。

【校記】

〔一〕綠：四庫本、叢刊本作「緑」。〔二〕疊：四庫本作「疉」，叢刊本作「叠」。〔三〕來：叢刊本作「来」。

【輯評】

胡仔《苕溪漁隱詞話》卷一：趙德麟「重門不鎖相思夢，隨意繞天涯」，徐師川「柳外重重疊疊山，遮不斷愁來路」，二詞造語雖不同，其意絶相類。沈謙《填詞雜説》：徐師川「門外重重疊疊山，遮不斷、愁來路」，歐陽永叔「强將離恨倚江樓，江水不能流恨去」，古人語不相襲，又能各見所長。黄蘇《蓼園詞評》：按不言所愁何事，曰「千種」，曰「遮不斷」，意象壯闊，大約爲憂時而作。「緑葉」二句，似喻小人之得意。「凌波」二句，似歎君門之遠，《離騷》美人之旨也。意致自是高迴。

又

清池過雨凉，暗有清香度。縹緲娉婷絶代歌，翠袖風中舉。忽斂雙眉去〔一〕。總是關情處〔二〕。一段江山一段雲〔三〕，又下陽臺雨〔四〕。

【校記】

〔一〕斂：四庫本作「歛」。雙：叢刊本作「双」。〔二〕總：四庫本作「総」，叢刊本作「捴」。關：四庫本作「關」，叢刊本作「関」。〔三〕段：後「段」竹垞傳鈔本、四庫本、叢刊本作「片」，曹批「明鈔本亦作『片』」。〔四〕臺：叢刊本作「臺」。

鷓鴣天

緑水名園不是村〔一〕。淡粧濃笑兩生春〔二〕。笛中已有多愁怨〔三〕，雨裏因誰有淚痕〔四〕。香旖旎，酒氤氳。多情生怕落紛紛。舊來好事渾如夢〔五〕，年少風流付與君。

【校記】

〔一〕綠：四庫本作「緑」。〔二〕笑：叢刊本作「咲」。〔三〕有：叢刊本鮑校作「自」。

〔四〕淚：四庫本作「泪」。〔五〕來：叢刊本作「来」。夢：叢刊本作「夣」。

又

滿眼紛紛恰似花。飄飄泊泊自天涯。雨中添得無窮濕，風裏吹成一道斜。

銀作屋，玉爲車。姮娥青女過人家。應嫌素面微微露，故著輕輕薄薄遮〔一〕。

【校記】

〔一〕著：叢刊本作「着」。輕：竹垞傳鈔本、四庫本、叢刊本後「輕」作「雲」，曹批「明鈔本亦作『雲』」。

踏莎行〔一〕

素景將闌，黃花初笑〔二〕。登高一望秋天杳〔三〕。邀賓攜妓數能來〔四〕，醉中贏得閑多少〔五〕。佳氣氤氳，飛雲縹緲。竹林更著清江繞〔六〕。高歌屢舞莫催人〔七〕。華筵直待華燈照。

【校記】

〔一〕莎：四庫本、叢刊本作「沙」。〔二〕笑：叢刊本作「咲」。〔三〕〔七〕高：四庫本、叢刊本作「高」。〔四〕攜：叢刊本作「携」。來：叢刊本作「来」。〔五〕醉：叢刊本作「酔」。閑：四庫本作「閒」。〔六〕著：叢刊本作「着」。繞：竹坨傳鈔本、四庫本、叢刊本作「遶」。

又

畫棟風生〔一〕，繡筵花繞。層臺勝日頻高眺〔二〕。清輝爽氣自娱人，何妨稱意開顏笑。水碧無窮，山青未了。斜陽浦口歸帆少〔三〕。雲鬟煙鬢只供愁，琵琶更作相思調。

【校記】

〔一〕畫：叢刊本作「画」。〔二〕臺：叢刊本作「臺」。高：四庫本、叢刊本作「高」。

〔三〕歸：叢刊本作「帰」。

又

玉露團花，金風破霧。高臺與上晴空去〔一〕。舉盃相屬看前山〔二〕。煙中亂疊青無數〔三〕。　皓齒明眸，肌香體素〔四〕。惱人正在秋波注〔五〕。因何欲雨又還晴，歌聲遏得行雲住。

【校記】

〔一〕高：四庫本、叢刊本作「高」。臺：叢刊本作「䑓」。〔二〕盃：叢刊本作「杯」。〔三〕煙：叢刊本作「烟」。亂疊：叢刊本作「乱叠」。疊：四庫本作「疉」。〔四〕體：叢刊本作「体」。〔五〕注：叢刊本缺，鮑校補。

南柯子

山礬〔一〕

細蘂黃金嫩，繁花白雪香。共誰連璧向河陽。自是不須湯餅，試何郎。　婀娜籠鬆髻〔二〕，輕盈淡薄粧。莫令韓壽在伊傍，便逐游蜂驚蝶〔三〕，過東墻。

【校記】

〔一〕柯：叢刊本、四庫本作「歌」。礬：四庫本、叢刊本作「樊」。〔二〕籠：明鈔本、四庫本、叢刊本作「鬅」，曹批「竹垞傳鈔本亦作『鬅』」。〔三〕游：叢刊本作「遊」。

鷓鴣天

宜笑宜顰堂上身〔一〕。能歌能舞惡精神。臉邊紅入桃花嫩，眉上青歸柳葉新〔二〕。嬌不語，易生嗔〔三〕。尊前還是一番春。深盃百罰重拚卻〔四〕，只爲妖饒醉得人〔五〕。

【校記】

〔一〕笑：叢刊本作「咲」。堂上：曹批「『堂上』疑『掌上』之譌」。〔二〕歸：叢刊本作「歸」。〔三〕嗔：四庫本作「嗔」。〔四〕盃：叢刊本、四庫本作「杯」。卻：四庫本作「却」。〔五〕饒：四庫本作「嬈」。醉：叢刊本作「醉」。

浣溪沙〔一〕

西塞山前白鷺飛。桃花流水鱖魚肥。一波纔動萬波隨〔二〕。黄帽豈如青篛笠〔三〕，羊裘何似綠蓑衣〔四〕。斜風細雨不須歸〔五〕。

【校記】

〔一〕溪：叢刊本作「谿」。　〔二〕隨：叢刊本作「随」。　〔三〕篛：竹垞傳鈔本、四庫本、叢刊本作「蒻」。　〔四〕綠：四庫本、叢刊本作「緑」。　〔五〕歸：叢刊本作「帰」。

又

新婦磯邊秋月明〔一〕。女兒浦口晚潮平。沙頭鷺宿戲魚驚。青篛笠前明此事〔二〕，綠蓑衣底度平生〔三〕。斜風細雨小舟輕。

【校記】

〔一〕磯：叢刊本作「机」，改作「矶」。　〔二〕篛：竹垞傳鈔本、四庫本、叢刊本作「蒻」。　〔三〕綠：四庫本作「緑」。　度：曹批「明鈔本作『慶』」。四庫本作「慶」。叢刊本作「慶」，鮑校作「度」。

鷓鴣天

西塞山前白鷺飛。桃花流水鱖魚肥。朝廷若覓元眞子〔一〕，恒在長江理釣絲〔二〕。青篛笠〔三〕，綠蓑衣〔四〕。斜風細雨不須歸〔五〕。浮雲萬里煙波客〔六〕，惟有滄浪孺子知。

【校記】

〔一〕元：四庫本作「玄」缺尾筆。眞：四庫本、叢刊本作「真」。〔二〕恒：竹垞傳鈔本、四庫本、叢刊本作「晴」，曹批「明鈔本亦作『晴』」。〔三〕篛：竹垞傳鈔本、四庫本、叢刊本作「蒻」。〔四〕緑：四庫本作「緑」。〔五〕歸：叢刊本作「帰」。〔六〕煙：四庫本、叢刊本作「烟」。

又

七澤三湘碧草連。洞庭江漢水如天。朝廷若覔元眞子〔一〕。不在雲邊則酒邊。明月棹，夕陽船〔二〕。鱸魚恰似鏡中懸。絲綸釣餌都收卻〔三〕，八字山前聽雨眠。

【校記】

〔一〕元：四庫本作「玄」缺尾筆。眞：四庫本、叢刊本作「真」。〔二〕船：叢刊本作「舩」。〔三〕卻：四庫本、叢刊本作「却」。

張志和《漁父詞》云：「西塞山前白鷺飛。桃花流水鱖魚肥。青篛笠〔一〕，綠蓑衣。斜風細雨不須歸〔二〕。」顧況《漁父詞》云：「新婦磯邊月明〔三〕。女兒浦口潮平〔四〕。沙頭鷺宿魚驚。」東坡云：「元眞語極麗〔五〕，恨其曲度不傳，加數語以《浣溪沙》歌之云：『西塞山前白鷺飛。散花洲外片帆微。桃花流水鱖魚肥。自芘一身青篛笠〔六〕，相隨到處緑蓑衣〔七〕。斜風細雨不須歸〔八〕。』」山谷見之，擊節稱賞，且云：「惜乎『散花』與『桃花』字重疊〔九〕，又漁舟少有使帆者。巧取張、顧二詞〔一〇〕，合爲《浣溪沙》云：『新婦磯邊眉黛愁〔一一〕。女兒浦口眼波秋〔一二〕。驚魚錯認月沉鈎。青篛笠前無限事〔一三〕，緑蓑衣底一時休。斜風細雨轉船頭〔一四〕。』」東坡跋云：「魯直此詞，清新婉麗，問其最得意處，以山光水色〔一五〕，替卻玉肌花貌〔一六〕，眞得《漁父家風》也。然纔出新婦磯，便入女兒浦〔一七〕，此漁父無乃太瀾浪乎。」山谷晚年亦悔前作之未工，因表弟李如篪言，《漁父詞》以《鷓鴣天》歌之，甚協律，恨語少聲多耳。因以憲宗遺像求元眞子文章及元眞之兄松齡勸歸之意〔一八〕，足前後數句云：「西塞山前白鷺飛。桃花流水鱖魚肥。朝廷尚覓元眞子〔一九〕，何處如今更有詩。青篛笠，緑蓑衣〔二〇〕。斜風細雨不須歸〔二一〕。人間欲避風波險，一日風波十二時。」東坡笑曰〔二二〕：「魯直乃欲平地起風波也。」東湖老人因坡、谷互有異同之論，故作《浣溪沙》《鷓鴣天》各二闋云。

【校記】

〔一〕〔六〕〔一三〕〔二〇〕篛：竹垞傳鈔本、四庫本、叢刊本作「蒻」。　〔二〕〔八〕〔一一〕歸：叢刊本作「帰」。　〔三〕磯：叢刊本作「机」，改作「矶」。　〔四〕〔一二〕〔一七〕兒：叢刊本作「児」。　〔五〕元：四庫本作「玄」。　〔七〕隨：叢刊本作「随」。　〔九〕疊：叢刊本作「叠」。　〔一〇〕巧：竹垞傳鈔本、四庫本、叢刊本作「乃」，曹批「明鈔本亦作『乃』」。　〔一一〕磯：叢刊本作「矶」。　〔一四〕船：叢刊本作「舡」。　〔一五〕光：曹批「竹垞傳鈔本脱『光』字。」　〔一六〕卻：四庫本、叢刊本作「却」。　〔一八〕遺：秦刻本原校「一作『畫』」。明鈔本、竹垞傳鈔本、四庫本作「畫」，叢刊本作「画」。　元：四庫本作「玄」。　歸：叢刊本作「帰」。　〔一九〕元：四庫本作「玄」。　〔二二〕笑：叢刊本作「咲」。

賀方回

賀鑄，字方回，衛州人。有《慶湖遺老集》二十九卷，《東山寓聲樂府》三卷。

【輯評】

王灼《碧雞漫志》卷第二：賀方回、周美成……各盡其才力，自成一家。賀、周語意精新，用心甚苦。賀方回初在錢塘，作《青玉案》，魯直喜之，賦絶句云：「解道江南斷腸句，祇今惟有賀方回。」賀集中，如《青玉案》者甚衆。大抵公卓然自立，不肯浪下筆，予故謂語意精新，用心甚苦。

張炎《詞源》卷下：句法中有字面，蓋詞中一個生硬字用不得。須是深加鍛煉，字字敲打得響，歌誦妥溜，方爲本色語。如賀方回、吴夢窗，皆善於鍊字面，多於温庭筠、李長吉詩中來。字面亦詞中之起眼處，不可不留意也。

陳振孫《直齋書録解題》卷二一《歌詞類》：以舊譜填新詞而别爲名以易之，故曰「寓聲」。

劉體仁《七頌堂詞繹》：惟片言而居要，乃一篇之警策，詞有警句，則全首俱動。若賀方回非不楚楚，總拾人牙慧，何足比數。

沈雄《古今詞話·詞評》上卷引《堯山堂外紀》：方回少爲武弁，以定力寺一絶句，見齊於舒王，知名當世。詩文咸高古可法，不特工於長短句。

王奕清等《歷代詞話》引張文潛：賀鑄《東山樂府》，妙絶一世，盛麗如游金張之堂，妖冶如攬嬙施之袪，幽索如屈、宋，悲壯如蘇、李。

先著、程洪，胡念貽《詞潔輯評》卷六：方回長調，便有美成意，殊勝晏、張。

劉熙載《藝概》卷四《詞曲概》：叔原貴異，方回贍逸，耆卿細貼，少游清遠，四家詞趣各别，惟尚婉則同耳。

陳廷焯《詞壇叢話》：昔人謂東坡詞勝于情，耆卿情勝于詞，秦少游兼而有之。然敎之方回、美成，恐亦瞠乎其後。方回詞，筆墨之妙，真乃一片化工。離騷耶，七發耶，樂府耶，杜詩耶，吾烏乎測其所至。昔人謂方回詞，妖冶如攬嬙施之袪，富艷如入金張之堂，幽索如屈、宋，悲壯如蘇、李，此猶論其貌耳。若論其神，則如雲煙縹緲，不可方物。集中所選不多，然以足見此老面目。

陳廷焯《白雨齋詞話》卷一：方回詞，胸中眼中，另有一種傷心説不出處，全得力于楚騷，而運以變化，允推神品。方回詞極沉鬱，而筆勢卻又飛舞，變化無端，不可方物，吾烏乎測其所至。

方回《踏莎行》（荷花）云：「斷無蜂蝶慕幽香。紅衣脱盡芳心苦。」下云：「當年不肯嫁東風，無端卻被秋風誤。」此詞騷情雅意，哀怨無端，讀者亦不自知何以心醉，何以淚墮。《浣溪沙》云：「記得西樓凝醉眼，昔年風物似而今。祇無人與共登臨。」祇用數虚字盤旋唱歎，而情事畢現，神乎技矣。世第賞其「梅子黄時雨」一章，猶是耳食之見。

王國維《人間詞話》删稿六：北宋名家以方回爲最次。其詞如歷下、新城之詩，非不華贍，惜少真味。

陳匪石《聲執》卷下：賀鑄洗煉之工，運化之妙，實周、吴所自出。小令一道，又爲百餘年結響。

青玉案

凌波不過横塘路。但目送，芳塵去。錦瑟華年誰與度〔一〕。月臺花榭〔二〕，瑣窗朱戶〔三〕。惟有春知處。　碧雲冉冉蘅皋暮。綵筆新題斷腸句。試問閒愁都幾許〔四〕。一川煙草〔五〕，滿城風絮。梅子黄時雨。

【校記】

〔一〕華年：叢刊本作「年華」，改作「華年」。〔二〕臺：叢刊本作「臺」。〔三〕窗：四庫本作「窓」，叢刊本作「窓」。〔四〕閒：明鈔本作「閑」，曹批「竹垞傳鈔本亦作『閑』」。

〔五〕煙：四庫本、叢刊本作「烟」。

【輯評】

吴曾《能改齋漫録》卷一六《樂府》：賀方回爲《青玉案》詞，山谷尤愛之，故作小詩紀其事。

周紫芝《竹坡詩話》：賀方回嘗作《青玉案》，有「梅子黄時雨」之句，人皆服其工，士大夫謂之「賀梅子」。

魏慶之《魏慶之詞話》引《冷齋夜話》：方回妙於小詞，吐語皆蟬蜕塵埃之表。晏叔原、王遂客俱當溟涬然第之。山谷嘗手寫所作《青玉案》者，置之几研間，時自玩味。曰：「凌波不過横塘路……」山谷云：「此詞少游能道之。作小詩曰：『少游醉卧古藤下，無復愁眉唱一杯。解道江南斷腸句，而今唯有賀方回。』」

羅大經《鶴林玉露》：賀方回有「試問閒愁都幾許？一川煙草，滿城風絮，梅子黄時雨。」蓋以三者比愁之多也，尤爲新奇，兼興中有比，意味更長。

蔣一葵《堯山堂外紀》卷五四：賀方回有小築在姑蘇盤門内，地名横塘，方回時往來其間，作《青玉案》詞云……山谷見之，亟稱云：「解道江南腸斷句……世間祇有賀方回。」當時因稱方回爲賀梅子。

沈際飛《草堂詩餘正集》：叠寫三句閒愁，真絶唱！

沈謙《填詞雜説》：贺方回《青玉案》「試問閒愁都幾許。一川煙草，滿城風絮，梅子黄時雨。」不特善于喻愁，正以瑣碎爲妙。

王奕清等《歷代詞話》卷六引《吴中紀聞》：方回小築在蘇之横塘，有《青玉案》詞云……黄山谷贈以詩曰：「解道江南腸斷句……只今惟有賀方回。」其爲前輩推重如此。

先著、程洪，胡念貽《詞潔輯評》：工妙之至，無跡可尋，語句思路，亦在目前，而千人萬人不能湊拍。山谷云：「解道江南斷腸句……祇今惟有賀方回。」其爲當時稱許如此。

黄蘇《蓼園詞評》：潘子冥詩話，世稱方回所作「梅子黄時雨」爲絶唱。蓋用寇萊公語也。寇云：「杜鵑啼處血成花，梅子黄時雨如霧。」　按方回有小築在姑蘇盤門内，地名横塘。時往來其間，有此作。方回以孝惠皇后族孫，元祐中，通判泗州，又倅太平州，退居吴下。是此詞作於退休之後也。自有一番不得意，難以顯言處。言斯所居横塘，斷無宓妃到。然波光清幽，亦常目送芳塵，第孤寂自守，無與爲歡，惟有春風相慰藉而已。次闋言幽居腸斷，不盡窮愁。惟見煙草風絮，梅雨如霧，共此旦晚耳。無非寫其景之郁勃岑寂也。

劉熙載《藝概》：賀方回《青玉案》詞收四句云：「試問閒愁都幾許？一川煙草，滿城風絮，梅子黄時雨。」其末句好處，全在「試問」句呼起，及與上「一川」二句并用耳。或以方回有「賀梅子」之稱，專賞此句，誤矣。且此句原本寇萊公「梅子黄時雨如霧」詩句，然則何不目萊公爲「寇梅子」耶。

王闓運《湘綺樓評詞》：一句一月，非一時也，不著一字故妙。

獻金盃

風軟香遲，花深漏短。可憐宵、畫堂春半〔一〕。碧紗窗影〔二〕，卷帳蠟燈紅，鴛枕畔。密寫烏絲一段。　採蘋溪晚。拾翠沙空，儘愁倚、夢雲飛觀。木蘭艇子，幾日渡江來〔三〕，心目斷。桃葉青山隔岸。

【校記】

〔一〕畫：叢刊本作「画」。　〔二〕窗：四庫本作「窓」，叢刊本作「窻」。　〔三〕來：叢刊本作「来」。

感皇恩

蘭芷滿汀洲〔一〕，游絲横路〔二〕。羅襪塵生步。回顧〔三〕。整鬟顰黛，脈脈兩情難訴〔四〕。細風吹柳絮〔五〕，人南渡。　回首舊遊〔六〕，山無重數〔七〕。花底深朱戶。何處。半黄梅子，向晚一簾疎雨。斷魂分付與，春歸去〔八〕。

【校記】

〔一〕汀：明鈔本、四庫本作「芳」。　〔二〕游：叢刊本作「遊」。　〔三〕回：曹批「明鈔本『囬』作『迎』，恐『迎』即『迴』之譌」。四庫本作「迎」，叢刊本作「迴」。　〔四〕脈：四庫本、叢刊本作「脉」。　兩：竹垞傳鈔本、四庫本作「多」，曹批明鈔本「又『兩情』亦作『多情』」。叢刊本作「多」，鮑校作「兩」。　訴：明鈔本、四庫本作「語」。曹批「竹垞傳鈔本『芳』『迎』『語』等字都與明鈔本同」。　〔五〕柳：叢刊本無，鮑校補。　〔六〕回：叢刊本作「囬」。　遊：叢刊本作「遊」。　〔七〕重：叢刊本作「從」，鮑校作「重」。　〔八〕歸：秦刻本注「一作『將』」。明鈔本、竹垞傳鈔本、四庫本作「將」，叢刊本作「埽」。

減字浣溪沙〔一〕

秋水斜陽遠漾金。平山隱隱隔橫林。幾家村落幾聲砧。　記得西樓凝醉眼〔二〕，昔年風物似如今〔三〕。只無人與共登臨。

【校記】

〔一〕減字：叢刊本、四庫本無。　〔二〕樓：叢刊本作「楼」。　醉：叢刊本作「酔」。

〔三〕如：四庫本作「於」。

【輯評】

陳廷焯《白雨齋詞話》卷一：方回詞極沉鬱，而筆勢卻又飛舞，變化無端，不可方物，吾烏乎測其所至。《浣溪沙》云：「記得西樓凝醉眼，昔年風物似而今。只無人與共登臨。」只用數虛字盤旋唱歎，而情事畢現，神乎技矣。

又

鼓動城頭啼暝鴉〔一〕。過雲時送雨些些。嫩涼如水逗窗紗〔二〕。　弄影西廂侵戶月，分香東畔拂墻花。此時相望抵天涯。

【校記】

〔一〕鴉：四庫本作「鵶」。　〔二〕窗：四庫本、叢刊本作「窻」。

又

煙柳春梢蘸暈黄〔一〕。井欄風綽小桃香。覺時簾幕又斜陽。　望處定無千里眼，斷來能有幾迴腸〔二〕。少年禁取恁淒凉。

【校記】

〔一〕煙：四庫本、叢刊本作「烟」。　〔二〕來：叢刊本作「来」。迴：叢刊本作「廻」。

又

夢想西池輦路邊。玉鞍驕馬小輜軿。春風十里鬭嬋娟〔一〕。　臨水登山漂泊地，落花中酒寂寥天。箇般情味已三年。

【校記】

〔一〕鬭：叢刊本作「鬪」。

【輯評】

陳廷焯《白雨齋詞話》卷八：賀老小詞，工於結句。往往有通首煊染，至結處一筆叫醒，遂使全篇實處皆虛，最屬勝境。如《浣溪沙》云……妙處全在結句，開後人無數章法。

又

鸚鵡驚人促下簾。碧紗如霧隔香奩。雪兒窺鏡晚娥纖〔一〕。烏鵲橋邊河絡角，鴛鴦樓外月西南〔二〕。門前嘶馬弄金銜。

【校記】

〔一〕娥：竹垞傳鈔本、叢刊本作「蛾」。〔二〕樓：叢刊本作「楼」。

又

鸚鵡無言理翠衿。杏花零落晝陰陰。畫橋流水半篙深〔一〕。芳徑與誰期鬬草〔二〕，繡牀終日罷拈鍼〔三〕。小牋香管寫春心。

【校記】

〔一〕畫：叢刊本作「画」。〔二〕鬬：叢刊本作「闘」。〔三〕繡：四庫本、叢刊本作

「綉」。　牀：叢刊本作「床」。　鍼：四庫本、叢刊本作「針」。

【輯評】

蔣一葵《堯山堂外紀》卷五四：賀方回有《浣溪沙》數闋，并爲山谷所賞……其一賦春事云。

又

三扇屏山匝象牀。背燈偷解素羅裳〔一〕，粉肌和汗自生香〔二〕。　易失舊歡勞蝶夢，難禁新恨費鸞腸〔三〕。今宵風雨兩相望。

【校記】

〔一〕解：叢刊本作「鮮」。　〔二〕和：四庫本作「香」。　〔三〕鸞：叢刊本作「鴦」。

清平樂

陰晴未定。薄日烘雲影。臨水朱門花一徑。度日鳥啼人静〔一〕。　厭厭幾許春情。可憐老去蘭成。看取鑷殘雙鬢〔二〕，不隨芳草重生〔三〕。

【校記】

〔一〕度：叢刊本作「後」，鮑校作「盡」。　〔二〕鑷：四庫本作「攝」。　雙：叢刊本作

「双」。髩：四庫本作「鬢」。〔三〕隨：叢刊本作「随」。

又

小桃初謝。雙燕還來也〔一〕。記得年時寒食下。紫陌青門遊冶〔二〕。楚城滿目春華〔三〕。可堪遊子思家〔四〕。惟有夜來歸夢〔五〕，不知身在天涯。

【校記】

〔一〕雙：叢刊本作「双」。來：叢刊本作「来」。〔二〕〔四〕遊：叢刊本作「遊」。〔三〕城：曹批「竹垞傳鈔本『城』作『館』」，四庫本作「館」。〔五〕來：叢刊本作「来」。歸：叢刊本作「帰」。

攤破浣溪沙〔一〕

湖上深秋萬葉黄〔二〕。清霜銷瘦損垂楊。洲嘴嫩沙斜照暖，睡鴛鴦〔三〕。

紅粉蓮娃何處在，西風不爲管餘香。今夜月明聞水調，斷人腸。

【校記】

〔一〕攤破：曹批「明鈔本無『攤破』二字，竹垞傳鈔本亦無『攤破』二字」。〔二〕萬：明鈔本、四庫本、叢刊本作「藕」，曹批「竹垞傳鈔本『萬』亦作『藕』」。〔三〕鴦：叢刊本作「央」。

又〔一〕

雙鳳簫聲隔綵霞〔二〕。朱門深閉七香車。何處探春尋舊約，謝娘家〔三〕。旖旎細風飄水麝，玲瓏殘雪浸山茶〔四〕。飲罷西廂簾影外，玉蟾斜。

【校記】

〔一〕四庫本此詞在《六州歌頭》之下，題《攤破浣溪沙》。曹批「明鈔本此闋在《六州歌頭》之下，『翠縠參差』詞上，題作《浣溪沙》」。〔二〕雙：叢刊本作「双」。〔三〕娘：四庫本作「姑」。叢刊本作「姑」，鮑校作「娘」。〔四〕浸：四庫本作「浪」；叢刊本作「浪」，鮑校作「浸」。

菩薩蠻

子規啼夢羅窗曉〔一〕。開奩拂鏡嚴粧早。粉碧盡丁香〔二〕。背垂裙帶長。鈿箏尋舊曲〔三〕。愁結眉心綠〔四〕。猶恨夜來時。酒狂歸太遲〔五〕。

【校記】

〔一〕窗：四庫本作「窓」，叢刊本作「窓」。〔二〕盡：竹垞傳鈔本、四庫本作「畫」，曹批「明鈔本亦作『畫』」。叢刊本作「画」。〔三〕鈿：叢刊本鮑校作「鈎」。〔四〕綠：四庫本、叢刊本作「緑」。〔五〕歸：叢刊本作「帰」。

又

章臺遊冶金龜婿〔一〕。歸來猶帶醺醺醉〔二〕。花漏怯春宵。雲屏無限嬌。絳紗燈影背。玉枕釵聲碎〔三〕。不待宿酲銷。馬嘶催早朝。

【校記】

〔一〕臺：叢刊本作「臺」。遊：叢刊本作「遊」。婿：四庫本、叢刊本作「壻」。〔二〕歸：叢刊本作「帰」。醉：叢刊本作「酔」。〔三〕碎：叢刊本作「砕」。

【輯評】

賀裳《皺水軒詞荃》：詞用詩意，賀方回用義山「無端嫁得金龜壻，辜負香衾事早朝。」爲「不待宿酲銷。馬嘶催早朝。」亦稍有翻換。

燭影摇紅

波影翻簾，淚痕凝燭青山館〔一〕。離魂千里念佳期，襟珮如相欵。悄悵更長夢短。但衾枕、餘芳賸暖。半窗斜月〔二〕，照人腸斷，啼烏不管〔三〕。

【校記】

〔一〕淚：四庫本作「泪」。〔二〕窗：四庫本作「窓」，叢刊本作「窓」。斜：竹垞傳鈔本、四庫本作「明」，曹批「明鈔本亦作『明月』」。叢刊本作「明」，鮑校作「斜」。〔三〕啼烏：竹垞傳鈔本作「烏啼」，曹批「明鈔本特『烏啼』仍作『啼烏』耳」。

下水船

芳草青門路。還拂京塵東去。回想當年〔一〕，離聲送君南浦。愁幾許。樽酒罶連薄暮〔二〕，簾卷津樓煙雨〔三〕。凭欄語〔四〕。草草蘅皐賦〔五〕。分首驚鴻不駐。燈火虹橋，難尋弄波微步。漫凝竚〔六〕。莫怨無情流水，明日扁舟何處。

【校記】

〔一〕回：叢刊本作「囬」。〔二〕罶：四庫本作「留」，叢刊本作「畱」。〔三〕樓：叢刊本作「楼」。煙：四庫本、叢刊本作「烟」。〔四〕欄：四庫本作「闌」。曹批「明鈔本至『凭欄語』分段，竹垞傳鈔本同」，四庫本亦在「凭欄語」後分段。〔五〕皐：四庫本作「皋」。〔六〕竚：四庫本、叢刊本作「伫」。

惜雙雙

皎鏡平湖三十里。碧玉山圍四際。蓮蕩香風裏。綵鴛鴦覺雙飛起〔一〕。明月多情隨柂尾〔二〕。偏照空牀翠被〔三〕。回首笙歌地〔四〕。醉更衣處長相記〔五〕。

【校記】

〔一〕雙：叢刊本作「双」。〔二〕隨：叢刊本作「随」。柂：四庫本作「舵」。〔三〕牀：叢刊本作「床」。〔四〕回：叢刊本作「囬」。〔五〕醉：叢刊本作「酔」。

【輯評】

陳廷焯《白雨齋詞話》卷六：宋人朱行中《漁家傲》云：「拌一醉。而今樂事他年淚。」賀方回《惜雙雙》云：「回首笙歌地。醉更衣處長相記。」同一感慨，而朱病激烈，賀較深婉。

憶仙姿

綵舫解維官柳〔一〕。樓上誰家紅袖。團扇弄微風，如爲行人招手。回首〔二〕。回首〔三〕。雲斷武陵溪口。

【校記】

〔一〕解：叢刊本作「觧」。〔二〕〔三〕回：叢刊本作「囬」。

又

蓮葉初生南浦。兩岸綠楊飛絮〔一〕。向晚鯉魚風，斷送綵帆何處。凝佇。凝佇。樓外一江煙雨〔二〕。

【校記】

〔一〕綠：四庫本作「緑」。〔二〕煙：四庫本、叢刊本作「烟」。

思越人〔一〕

紫府東風放夜時。步蓮穠李伴人歸〔二〕。五更鐘動笙歌散，十里月明燈火稀。

香苒苒，夢依依。天涯寒盡減春衣。鳳凰城闕知何處，寥落星河一雁飛。

【校記】

〔一〕思越人：竹垞傳鈔本作「鷓鴣天」，曹批「此調下竹垞本接『思越人』，因而改併。蓋秦刻頗易次第，非復金風亭長傳鈔舊樣矣。明鈔本無《鷓鴣天》三字」。　〔二〕穠：叢刊本作「濃」。歸：叢刊本作「婦」。

又〔一〕

怊悵離亭斷綵襟〔二〕。碧雲明月兩關心〔三〕。幾行書尾情何限，一尺裙腰瘦不禁。　遥夜半，曲房深。有時呢語話如今〔四〕。侵窗冷雨燈生暈〔五〕，淚濕羅箋楚調吟〔六〕。

【校記】

〔一〕又：竹垞傳鈔本作「思越人」。　〔二〕悵：四庫本作「悵」。綵：竹垞傳鈔本作「緑」。〔三〕關：四庫本作「闗」，叢刊本作「関」。　〔四〕呢：四庫本作「昵」。如：四庫本作「於」。　〔五〕窗：四庫本作「牕」，叢刊本作「窓」。　〔六〕淚：叢刊本作「泪」。

風流子

何處最難忘，方豪健、放樂五雲鄉〔一〕。彩筆賦詩，禁池芳草，香韉調馬〔二〕，輦路垂楊。綺筵上，扇偎歌黛淺，汗裛舞羅香。蘭燭伴歸〔三〕，綉輪同載，閉花別館，隔水深坊。　零落少年場〔四〕，琴心漫流怨〔五〕，帶眼偷長。無奈占牀燕月〔六〕，欺鬢吳霜〔七〕。念北地音塵，魚封永斷，便橋煙雨〔八〕，鶴表相望。好在後庭桃李，應記劉郎。

【校記】

〔一〕健：四庫本作「徤」。　〔二〕香：四庫本、叢刊本作「杏」。　〔三〕歸：叢刊本作「帰」。　〔四〕場：叢刊本作「塲」。　〔五〕漫：叢刊本作「澷」。　〔六〕牀：叢刊本作「床」。　〔七〕鬢：叢刊本作「鬓」。　〔八〕煙：四庫本、叢刊本作「烟」。

鶴冲天

鼕鼕鼓動，花外沉殘漏。華月萬枝燈、還清晝。廣陌衣香度，飛蓋影、相先後〔一〕。箇處頻回首〔二〕。錦坊西去，期約武陵溪口。　當時早恨歡難偶。可小晼蘭英在，輕付與、何人手。不似長亭柳。舞風眠雨，伴我一春銷瘦〔四〕。

【校記】

〔一〕葢：四庫本、叢刊本作「盖」。〔二〕回：叢刊本作「囬」。〔三〕攜：四庫本、叢刊本作「携」。〔四〕銷：叢刊本作「鎖」。

小重山

花院深疑無路通。碧紗窗影下〔一〕、玉芙蓉。當時偏恨五更鐘。分攜處〔二〕，斜月小簾櫳。楚夢冷沉蹤〔三〕。一雙金縷枕、半牀空〔四〕。畫樓臨水鳳城東〔五〕。樓前柳〔六〕，憔悴幾秋風。

【校記】

〔一〕窗：四庫本作「窓」，叢刊本作「窓」。〔二〕攜：四庫本、叢刊本作「携」。〔三〕夢：叢刊本作「夣」。〔四〕雙：叢刊本作「双」。牀：叢刊本作「床」。〔五〕畫：叢刊本作「画」。樓：叢刊本作「楼」。〔六〕樓：叢刊本作「楼」。

又

飄徑梅英雪未融。芳菲消息到、杏梢紅。隔年歡事水西東。凝思久，不語坐書空。　回想夾城中〔一〕。綵山簫鼓沸、綺羅叢。鈿輪珠網玉花驄。香陌上，誰與鬬春風〔二〕。

【校記】

〔一〕回：叢刊本作「囬」。　〔二〕鬬：叢刊本作「鬪」。

薄倖

淡粧多態，更的的、頻流眄睞〔一〕。便認得、琴心先許，與寫合歡羅帶。記畫堂、斜月逢迎〔二〕，輕顰淺笑嬌無奈〔三〕。待翡翠屏開，芙蓉帳掩，與把香囊偷解〔四〕。　自過了、收燈夜，都不見、踏青挑菜。幾回憑雙燕〔五〕，丁寧深意，往來卻恨重簾礙〔六〕。知何時再。正春濃酒煖〔七〕，人間晝永無聊賴〔八〕。厭厭睡起，猶有花梢日在。

【校記】

〔一〕的的：秦刻本注「一作『滴滴』」。明鈔本、竹垞傳鈔本、四庫本作「滴滴」。叢刊本原作「滴」，鮑校作「的」。〔二〕畫：叢刊本作「画」。〔三〕笑：叢刊本作「咲」。〔四〕解：叢刊本作「觧」。〔五〕回：叢刊本作「囬」。雙：叢刊本作「双」。〔六〕來：叢刊本作「来」。卻：四庫本、叢刊本作「却」。〔七〕煖：四庫本、叢刊本作「暖」。〔八〕間：明鈔本作「閑」，曹批「竹垞傳鈔本亦作『閑』」。四庫本、叢刊本作「閒」。

【輯評】

李攀龍《草堂詩餘雋》：凡閨情之詞，淡而不厭，哀而不傷，此作當之。

周濟《宋四家詞選》眉批：（《薄幸》淡妝多態）耆卿于寫景中見情，故淡遠。方回於言情中布景，故穠至。

丁紹儀《聽秋聲館詞話》卷一三：「翡翠」二語，字雖艷麗，未免近俚。

六州歌頭

少年俠氣，交結五都雄。肝膽洞。毛髮聳。立談中。死生同。一諾千金重。推翹勇。矜豪縱。輕蓋擁〔一〕。聯飛鞚。斗城東。轟飲酒壚，春色浮寒甕。

吸海垂虹。間呼鷹嗾犬，白羽摘雕弓〔二〕。狡穴俄空。樂匆匆。似黄粱夢〔三〕。辭丹鳳〔四〕。明月共。漾孤篷〔五〕。官冗從。懷倥傯。落塵籠。薄書叢。鶡弁如雲衆。供鹿用。忽奇功。笳鼓動。漁陽弄〔六〕。思悲翁。不請長纓，繫取天驕種〔七〕。劍吼西風〔八〕。恨登山臨水，手寄七絃桐。目送歸鴻〔九〕。

【校記】

〔一〕葢：四庫本作「盖」。〔二〕雕：四庫本、叢刊本作「彫」。〔三〕粱：秦刻本、四庫本、叢刊本作「粱」，誤。〔四〕辭：叢刊本作「辞」。〔五〕篷：四庫本、叢刊本作「蓬」。〔六〕弄：叢刊本作「美」。〔七〕繫：叢刊本作「係」。〔八〕劍：四庫本作「劎」。〔九〕歸：叢刊本作「帰」。

浣溪沙

翠穀參差拂水風。暖雲如絮撲低空。麗人波臉覺春融。纓掛寶釵初促席，檀膏微注玉盃紅〔一〕。芳醪何似此情濃。

【校記】

〔一〕盃：四庫本作「桮」。

又

雲母窗前歇繡鍼〔一〕。低鬟凝思坐調琴。玉纖纖按十三金。歸臥文園猶帶酒〔二〕，柳花飛度畫堂陰〔三〕。只憑雙燕話春心〔四〕。

【校記】

〔一〕窗：四庫本作「牕」，叢刊本作「窓」。鍼：四庫本、叢刊本作「針」。〔二〕歸：叢刊本作「歸」。帶：叢刊本作「帶」。〔三〕畫：叢刊本作「画」。〔四〕雙：叢刊本作「双」。

【輯評】

況周頤《蕙風詞話》卷二，一四：「柳花」句融景入情，豐神獨絕。近來纖佻一派，誤認輕靈，此等處何曾夢見。

又

疊鼓新歌百樣嬌〔一〕。銅丸玉腕促雲謠。揭簾飛瓦雹聲焦。九曲池邊楊柳陌，香輪軋軋馬蕭蕭。細風粧面酒痕銷。

【校記】

〔一〕疊：四庫本作「疊」，叢刊本作「叠」。鼓：叢刊本作「皷」。

【輯評】

况周頤《蕙風詞話》續編卷二，二八：「揭簾飛瓦雹聲焦。」宋世寒食有抛墒之戲，蓋兒童飛瓦石也。下云：「九曲池邊楊柳陌，香輪軋軋馬蕭蕭。」亦寒食風景。

又〔一〕

蓮燭啼痕怨漏長。冷蛩隨月到回廊〔二〕。一屏煙景畫瀟湘〔三〕。連夜斷無行雨夢，隔年猶有著人香〔四〕。此情須信是難忘。

【校記】

〔一〕曹批「明鈔本此下八闋在《金人捧露盤》之下，《木蘭花》『佩環聲認』詞上題《減字浣溪沙》。」四庫本此下八闋亦在《金人捧露盤》之下。〔二〕隨：叢刊本作「随」。回：叢刊本作「囬」。〔三〕煙：四庫本、叢刊本作「烟」。晝：叢刊本作「画」。〔四〕著：叢刊本作「着」。

又

閑把琵琶舊譜尋〔一〕。四弦聲怨卻沉吟〔二〕。燕飛人靜晝堂深〔三〕。　欹枕有時成雨夢〔四〕，隔簾無處說春心。一從燈夜到如今。

【校記】

〔一〕閑：四庫本作「閒」。〔二〕弦：四庫本作「絃」。卻：四庫本、叢刊本作「却」。〔三〕晝：叢刊本作「画」。〔四〕欹：四庫本作「歌」。

【輯評】

陳廷焯《白雨齋詞話》卷八：賀老小詞，工於結句。往往有通首煊染，至結處一筆叫醒，遂使全篇實處皆虛，最屬勝境。如「閑把琵琶舊譜尋……」妙處全在結句，開後人無數章法。

又

宮錦袍熏水麝香〔一〕。越紗裙染鬱金黄〔二〕。薄羅依約見明粧。繡陌不逢攜手伴〔三〕，綠窗誰是畫眉郎〔四〕。春風十里斷人腸。

【校記】

〔一〕水：四庫本作「冰」。〔二〕裙：叢刊本作「群」。〔三〕攜：叢刊本作「携」。〔四〕綠：四庫本、叢刊本作「緑」。窗：四庫本作「牕」，叢刊本作「窓」。畫眉：叢刊本作「画眉」。

又

青翰舟中祓禊筵。粉蛾窺影兩神仙。酒闌飛去作飛煙〔一〕。重訪舊遊人不見〔二〕，雨荷風蓼夕陽天。折花臨水思茫然。

【校記】

〔一〕煙：四庫本、叢刊本作「烟」。〔二〕遊：叢刊本作「遊」。

又

浮動花釵影鬢蟬〔一〕。淺粧濃笑有餘妍〔二〕。酒醺檀點語凭肩。　畱不住時分鈿鏡〔三〕，舊曾行處失金蓮。碧雲芳草恨年年。

【校記】

〔一〕鬢：叢刊本作「鬓」。〔二〕笑：叢刊本作「咲」。〔三〕畱：四庫本、叢刊本作「留」。

又

兩點春山一寸波。當筵嬌甚不成歌。動人情態可須多。　金井露寒風下葉，畫樓雲斷月侵荷〔一〕。厭厭此夜奈愁何。

【校記】

〔一〕畫：叢刊本作「画」。　荷：明鈔本、四庫本作「河」，曹批「竹垞傳鈔本亦作『河』」。

又

清淺陂塘藕葉乾。細風疎雨鷺絲寒〔一〕。平垂簾幙倚欄干〔二〕。　惆悵采香人不見，幾回憔悴後庭蘭〔三〕。行雲可是渡江難〔四〕。

【校記】

〔一〕絲：竹垞傳鈔本、四庫本作「鷥」，曹批「明鈔本亦作『鷥』」。應作「鷥」，「鷺鷥」，鷺鳥的一種，能涉水捕食魚、蝦等，也叫「白鷺」。〔二〕平：明鈔本、四庫本、叢刊本作「半」，曹批「竹垞傳鈔本亦作『半』」。幙：四庫本作「幕」。〔三〕回：叢刊本作「囬」。悴：叢刊本作「忰」。〔四〕渡：四庫本、叢刊本作「度」。

【輯評】

陳廷焯《白雨齋詞話》卷一：《浣溪沙》結句，貴情餘言外，含蓄不盡。如吴夢窗之「東風臨夜冷于秋」、賀方回之「行雲可是渡江難」，皆耐人玩味。

又

樓角初銷一縷霞。淡黄楊柳帶栖鴉〔一〕。玉人和月摘梅花。笑撚粉香歸洞戶〔二〕，更垂羅幙護窗紗〔三〕。東風寒似夜來些〔四〕。

【校記】

〔一〕栖：四庫本作「棲」。〔二〕笑：叢刊本作「咲」。歸：叢刊本作「帰」。〔三〕窗：

四庫本、叢刊本作「窓」。〔四〕來：叢刊本作「来」。

【輯評】

胡仔《苕溪漁隱詞話》卷一：「詞句欲全篇皆好，極爲難得。如賀方回「淡黃楊柳帶棲鴉」，秦處度「藕葉清香勝花氣」二句，寫景詠物，可謂造微入妙，若其全篇，皆不逮此矣。

楊慎《詞品》卷之四：賀方回《浣溪沙》云……此詞句句綺麗，字字清新，當時賞之，以爲《花間》《蘭畹》不及，信然。近見《玉林詞選》，首句二字作樓角，非也。樓角與鶩外，相去何啻天壤。

蔣一葵《堯山堂外紀》卷五四：賀方回有《浣溪沙》數闋，并爲山谷所賞。其一賦閨思云。

賀裳《鄒水軒詞筌》：賀方回「鶩外紅綃一縷霞」，俊句也，實從子安脱胎，故是慧賊。

馮金伯《詞苑萃編》卷之二引《丹鉛續録》：賀方回晚景云「鶩外紅綃一縷霞……」其起句本王子安《滕王閣賦》，此子可云善盜。

江城子

麝熏微度繡芙蓉。翠衾重。畫堂空〔一〕。前夜偷期〔二〕，相見卻忽忽〔三〕。心事兩知何處問，依約是，夢中逢。坐疑行聽竹窗風〔四〕。出簾櫳。杳無蹤。已過黃昏，才動寺樓鐘〔五〕。暮雨不來春又去〔六〕，花滿地，月朦朧。

【校記】

〔一〕畫：叢刊本作「画」。〔二〕夜：曹批「明鈔本『夜』作『後』」，四庫本作「後」。叢刊本作「後」，鮑校作「夜」。〔三〕卻：四庫本、叢刊本作「却」。忽：四庫本作「匆」。〔四〕窗：四庫本作「牕」，叢刊本作「窓」。〔五〕樓：叢刊本作「楼」。〔六〕來：叢刊本作「来」。

浪淘沙

一葉忽驚秋。分付東流。殷勤爲過白蘋洲。洲上小樓簾半捲〔一〕，應認歸舟〔二〕。回首戀朋遊〔三〕。迹去心留〔四〕。歌塵蕭散夢雲收。惟有樽前曾見月，相伴人愁。

【校記】

〔一〕樓：叢刊本作「楼」。捲：四庫本作「卷」。〔二〕歸：叢刊本作「歸」。〔三〕回：四庫本、叢刊本作「囬」。戀：叢刊本作「恋」。遊：叢刊本作「遊」。〔四〕留：四庫本作「留」。

金人捧露盤

控滄江，排青嶂，燕臺涼〔一〕。駐綵仗、樂未渠央。巖花磴蔓〔二〕，妬千門、珠翠倚新粧。舞閒歌悄〔三〕，恨風流、不管餘香。繁華夢〔四〕，驚俄頃。佳麗地，指蒼茫。寄一笑、何與興亡〔五〕。量船載酒〔六〕，賴使君、相對兩胡牀〔七〕。緩調清管，更爲儂、三弄斜陽〔八〕。

【校記】

〔一〕臺：叢刊本作「臺」。〔二〕巖：叢刊本作「岩」。〔三〕閒：明鈔本、叢刊本作「閑」，曹批「竹垞傳鈔本亦作『閑』」。〔四〕夢：叢刊本作「夢」。〔五〕笑：叢刊本作「咲」。〔六〕船：叢刊本作「舡」。〔七〕牀：叢刊本作「床」。〔八〕弄：叢刊本作「美」。

木蘭花

珮環聲認腰肢軟。風裏麝熏知近遠。此身常羨玉粧臺〔一〕，得見曉來梳畫面〔二〕。迴廊幾步通深院〔三〕。一桁繡衣簾不捲〔四〕。酒闌歌罷欲黃昏，腸斷歸巢雙燕燕〔五〕。

【校記】

〔一〕身：明鈔本、四庫本、叢刊本作「生」，曹批「竹垞傳鈔本亦作『生』」。　臺：叢刊本作「臺」。　〔二〕畫：叢刊本作「画」。　〔三〕迴：叢刊本作「廻」。　〔四〕桁：四庫本作「行」。叢刊本作「行」，鮑校作「桁」。　〔五〕曹批「竹垞傳鈔本此詞至『酒闌歌罷欲』止，以下脱去五行，至『眉暈』始起」。　歸：叢刊本作「歸」。

又〔一〕

銀簧雁柱香檀撥〔二〕。鏤板三聲催細抹。舞腰輕怯絳裙長，羞按築毬花十八。東城柳岸忩忩發〔三〕。畫舫一篙煙水濶〔四〕。可憐單枕欲眠時〔五〕，還見尊前前夜月。

【校記】

〔一〕竹垞傳鈔本、四庫本無此詞。　〔二〕簧：叢刊本作「篁」，鮑校作「簧」。　〔三〕忩：叢刊本作「怱」。　〔四〕畫：叢刊本作「画」。　煙：叢刊本作「烟」。　濶：叢刊本作「闊」。　〔五〕單：叢刊本作「单」。

蝶戀花〔一〕

小院朱扉開一扇。內樣新粧，鏡裏分明見〔二〕。眉暈半深脣注淺。朶雲冠子偏宜面。　被掩芙蓉熏麝煎。簾影沉沉，衹有雙飛燕〔三〕。心事向人猶勔靦。强來窗下尋鍼線〔四〕。

【校記】

〔一〕竹垞傳鈔本脱題及前十六字。四庫本無此詞，賀詞共四十四首。曹批「明鈔本原次：《浣溪沙》『湖上秋深』詞後接《菩薩蠻》《燭影摇紅》《下水船》《惜雙雙》《憶仙姿》《思越人》《風流子》《鶴冲天》《小重山》《薄倖》《六州頭歌》《浣溪沙》《江城子》《浪淘沙》《金人捧露盤》《減字浣溪沙》《木蘭花》《蝶戀花》，秦刻以調類列，强爲合併，失前後之次，特記於此。」又批：「竹垞傳鈔本《浣溪沙》『湖上秋深』詞接《菩薩蠻》『子規啼夢』。《鷓鴣天》『悄悵離亭』，《風流子》《鶴冲天》《小重山》『花院深疑』及『飄徑梅英』二詞，後接《薄倖》二字，復書『又』字，爲《菩薩蠻》『章臺遊冶』詞，接《燭影摇紅》《下水船》《惜雙雙》《憶仙姿》『綵舫解維』及『蓮葉初生』二詞，《鷓鴣天》『紫府東風』詞後接《思越人》三字，而詞爲《薄倖》『淡妝多態』云云，接《六州歌頭》、《浣溪沙》『雙鳳簫聲』，次書『又』字，爲『翠轂參差』至『疊鼓新歌』三詞，《江城子》《浪淘沙》《金人捧露盤》《減字浣溪沙》『蓮燭啼痕』至『樓角初銷』八詞，《木蘭花》『佩環聲認』

至『欲』字，空數行，跳行書『眉暈半深』至『鍼線』爲止，頗極顛倒錯誤，然以明鈔本校之，尚是起訖分明，猶可考見曾選舊次也。」

〔二〕裏：叢刊本作「裡」。〔三〕雙：叢刊本作「双」。

〔四〕窗：叢刊本作「窓」。

舒信道

舒亶，字信道，慈谿人。有文集一百卷。

【輯評】

王灼《碧雞漫志》卷第二：舒信道、李元膺，思致妍密，要是波瀾小。

丁紹儀《聽秋聲館詞話》卷二：舒亶字信道，與蘇門四學士同時，詞亦不減秦、黄。《花庵詞選》録其《菩薩蠻》云：「畫船捶鼓催君去。高樓把酒留君住。去住若爲情。江頭潮欲平。　江潮容易得。只是人南北。今日此尊空。與君何日同。」《樂府雅詞》録其《蝶戀花》云：「最是西風吹不斷。心頭往事歌中怨。」《木蘭花》云：「西湖一頃白菱花，惆悵行雲無覓處。」《虞美人》云：「背飛雙燕貼雲寒。獨向小樓東畔、倚闌看。」縱不識字人，亦知是天生好語。人因其傾陷坡公，已亦不免被斥，惡其人，并陋其詞。此如蔡京之書，嚴嵩之詩，馬士英之畫，初不讓蔡君謨、王元美、董香光諸公，今詞壇藝苑中絶無齒及者。在小人得志之秋，率意逕行，非不烜赫一時，卒之身敗名裂，即有寸長，曾不如豹皮雀尾，猶足供人玩惜。

臨江仙　送鄞令李易初

折柳門前鸚鵡緑〔一〕，河梁小駐歸船〔二〕。不堪華髮對離筵〔三〕。孤村啼鴂日，深院落花天。文采弟兄眞疊玉〔四〕，赤霄去路誰先。明朝便恐各風煙〔五〕。江山如有恨，桃李自無言。

【校記】

〔一〕綠：四庫本作「绿」。〔二〕歸：叢刊本作「歸」。船：叢刊本作「舩」。〔三〕髮：叢刊本原作「發」，鮑校作「髮」。〔四〕眞：四庫本、叢刊本作「真」。疊：四庫本作「疊」，叢刊本作「叠」。〔五〕煙：叢刊本作「烟」。

點絳唇

周園分題，得湖上聞樂

紫霧香濃，翠華風轉花隨輦〔一〕。洞天雲暖。一片笙歌遠。水殿龍舟，憶侍瑤池宴。閑庭院〔二〕。夢迴春半〔三〕。雪髩無人見〔四〕。

【校記】

〔一〕隨：叢刊本作「随」。〔二〕閑：四庫本作「閒」。〔三〕迴：叢刊本作「廻」。〔四〕髩：四庫本作「鬢」，叢刊本作「鬂」。

散天花　次師能韻

雲斷長空葉落秋。寒江煙浪靜〔一〕、月隨舟〔二〕。西風偏解送離愁〔三〕。聲聲南去雁〔四〕、下汀洲。　無奈多情去復留〔五〕。驪歌齊唱罷、淚爭流〔六〕。悠悠別恨幾時休。不堪殘酒醒、凭危樓〔七〕。

【校記】

〔一〕煙：四庫本、叢刊本作「烟」。　〔二〕隨：叢刊本作「随」。　〔三〕解：叢刊本作「觧」。　〔四〕聲聲：竹垞傳鈔本脱下「聲」。　〔五〕留：四庫本、叢刊本作「畱」。　〔六〕淚：四庫本作「泪」。　〔七〕樓：叢刊本作「楼」。

醉花陰〔一〕　試茶

露芽初破雲腴細。玉纖纖親試〔二〕。香雪透金瓶，無限仙風，月下人微醉〔三〕。　相如消渴無佳思〔四〕。了知君此意〔五〕。不信老盧郎〔六〕，花底春寒，贏得空無睡。〔七〕

【校記】

〔一〕〔三〕醉：叢刊本作「醉」。　〔二〕纖纖：曹批「明鈔本無下『纖』字」。　〔四〕消：四庫本作「病」。　〔五〕了：秦刻本作「□」，據《全宋詞》補。曹批「明鈔本下半闋『佳思』下無『□』，直接『知君此意』，與上皆四字爲句。竹垞傳鈔本『佳思』下亦無『□』，惟『知君此意』下作『天□老盧郎』」。四庫本亦無「□」。叢刊本「知」前亦空。　〔六〕不信：秦刻本作「不□」，據《全宋詞》補。四庫本、叢刊本作「矢口」。　〔七〕秦刻本注「後段第二句作『平仄平平仄』疑誤」。

又

越州席上，官妓獻梅花

月幌風簾香一陣。正千山雪盡。冷對酒樽傍，無語含情，別是江南信。　壽陽粧罷人微困。更玉釵斜襯。擬插一枝歸〔一〕，只恐風流，羞上潘郎鬢〔二〕。

【校記】

〔一〕歸：叢刊本作「歸」。　〔二〕羞：四庫本「著」，叢刊本作「着」。　鬢：叢刊本作「鬓」。

虞美人　寄公度

芙蓉落盡天涵水〔一〕。日暮滄波起。背飛雙鷰貼雲寒〔二〕。獨向小樓東畔、倚闌看〔三〕。浮生只合樽前老。雪滿長安道。故人早晚上高臺〔四〕。贈我江南春色、一枝梅。

【校記】

〔一〕涵：叢刊本作「函」。〔二〕雙：叢刊本作「双」。鷰：四庫本作「燕」。〔三〕樓：叢刊本作「楼」。〔四〕高：四庫本、叢刊本作「髙」。臺：叢刊本作「臺」。

又　周園欲雪

洒邊陡覺羅衣暖〔一〕。獨倚黄昏看。寒鴉兩兩下樓東〔二〕。著處暗雲垂地、一重重〔三〕。紅爐歡坐誰能醉〔四〕。多少看花意。謝娘也擬殢春風。便道無端柳絮、逼簾櫳〔五〕。

【校記】

〔一〕陡：叢刊本作「徒」。〔二〕樓：叢刊本作「楼」。〔三〕著：叢刊本作「着」。

〔四〕醉：叢刊本作「醉」。〔五〕逼：曹批「明鈔本『逼』字似改作『逗』」。

又　蔣園醉歸〔一〕

重簾小閣香雲暖。黛拂梳粧淺。玉簫一曲杜韋娘。誰是蘇州刺史、斷人腸。醉歸旋撥紅爐火〔二〕。卻倚屏山坐〔三〕。銀缸明滅月橫斜。還是畫樓角送、小梅花〔四〕。

【校記】

〔一〕醉：叢刊本作「醉」。〔二〕醉：叢刊本作「醉」。歸：叢刊本作「歸」。〔三〕卻：叢刊本作「却」。〔四〕畫：叢刊本作「画」。

醜奴兒〔一〕　次師能韻

一池秋水疎星動，寒影橫斜。滿坐風花。紅燭紛紛透絳紗。江湖散誕扁舟裏。到處如家。且盡流霞。莫管年來兩鬢華〔二〕。

【校記】

〔一〕兒：叢刊本作「児」。〔二〕來：叢刊本作「来」。鬢：叢刊本作「鬓」。

一落索　蔣園和李朝奉

正是看花天氣。爲春一醉〔一〕。醉來卻不帶花歸〔二〕，誚不解、看花意〔三〕。試問此花明媚。將花誰比。只應花好似年年〔四〕，花不似、人憔悴。

【校記】

〔一〕醉：叢刊本作「醉」。〔二〕卻：四庫本、叢刊本作「却」。歸：叢刊本作「皈」。

〔三〕誚：四庫本作「俏」。解：叢刊本作「觧」。〔四〕似：四庫本作「是」。

又

葉底枝頭紅小。天然窈窕。後園桃李謾成蹊，問占得、春多少。不管雪消霜曉。朱顔長好。年年若許醉花間〔一〕，待拚了、花間老。

【校記】

〔一〕醉：叢刊本作「醉」。

滿庭芳　重陽前席上次元直韻

寒日穿簾，澄江憑檻，練光浮動餘霞。蓼汀蘆岸〔一〕，黃葉襯孤花。天外征帆隱隱，殘雲共、流水無涯。登臨處，瓊枝瀲灩，風帽醉欹斜〔二〕。　豐年，時節好，玉香田舍，酒滿漁家〔三〕。算浮世勞生〔四〕，事事輸他。便恁從今酩酊〔五〕，休更問、白雪籠紗。還須仗，神仙妙手，傳向畫圖誇〔六〕。

【校記】

〔一〕岸：叢刊本作「岍」。　〔二〕醉：叢刊本作「醉」。　〔三〕酒：竹垞傳鈔本、叢刊本作「□」。　〔四〕算：四庫本、叢刊本作「筭」。　〔五〕今：竹垞傳鈔本作「人」，曹批「明鈔本『人』作『今』」。　〔六〕畫：叢刊本作「画」。

又　後一日再置酒，次馮通直韻〔一〕

紅葉飄零，寒煙疎淡〔二〕，樓臺半在雲間〔三〕。望中風景，圖畫也應難〔四〕。又是重陽過了，東籬下、黃菊闌珊。陶潛病〔五〕，風流載酒，秋意與人閑〔六〕。　霞冠。欹倒處，瑤臺唱罷〔七〕，如夢中還。但醉裏贏得〔八〕，滿眼青山。華髮看看滿也，留不住、當日朱顏〔九〕。平生事，從頭話了，獨自卻凭闌〔一〇〕。

【校記】

〔一〕酒：叢刊本無，鮑校補。　韻：叢刊本作「韵」。　〔二〕煙：四庫本、叢刊本作「烟」。〔三〕樓：叢刊本作「楼」。　臺：叢刊本作「臺」。　〔四〕圖畫：叢刊本作「图画」。〔五〕病：秦刻本「一作『去』」。　〔六〕閑：四庫本作「閒」。　〔七〕臺：叢刊本作「臺」。〔八〕醉：叢刊本作「醉」。　〔九〕留：四庫本、叢刊本作「留」。　〔一〇〕卻：四庫本、叢刊本作「却」。

又　送權府蘇道宗朝奉〔一〕

閶闔天門，芙蓉春殿，幾年目斷鵷翹。短蓬秋鬢〔二〕，端幸倚瓊瑤。南圃花邊小院，西湖畔、雲底雙橋〔三〕。歸時節，紅香露冷，月影上芭蕉。　明朝。那可望，旗亭煙草〔四〕，柳渡寒潮。但萬戶千門，恨客歌樵。戲綵光浮衮繡〔五〕，鳴珂響、逼雲霄。應回首，綺裘醉客〔六〕，還是獨吹簫。

【校記】

〔一〕蘇：叢刊本作「蘓」。曹批「竹垞傳鈔本題中『蘇』下有『臺』字」。四庫本亦有，叢刊本作「臺」。〔二〕鬟：叢刊本作「鬓」。〔三〕畔：曹批「竹垞傳鈔本無『畔』字，與下半闋『嗚珂』由同」，四庫本無，叢刊本缺。〔四〕煙：叢刊本作「烟」。〔五〕繡：四庫本、叢刊本作「綉」。〔六〕醉：叢刊本作「酔」。

卜算子〔一〕 分題得苔

池臺小雨乾〔二〕，門巷香輪少。誰把青錢襯落紅，滿地無人掃。何時鬭草歸〔三〕，幾度尋花了。留得佳人蓮步痕〔四〕，宮樣鞋兒小〔五〕。

【校記】

〔一〕算：四庫本、叢刊本作「筭」。〔二〕臺：叢刊本作「臺」。〔三〕鬭：叢刊本作「鬪」。〔四〕留：四庫本作「留」，叢刊本作「畱」。〔五〕兒：叢刊本作「児」。

菩薩蠻〔一〕

三年江上風吹淚〔二〕。夭桃豔杏無春意。今日欲開眉。那堪更別離。莫折長亭柳。折盡愁依舊。只有醉如狂〔三〕。人生空斷腸。

【校記】

〔一〕蠻：叢刊本作「蛮」。〔二〕淚：四庫本作「泪」。〔三〕醉：叢刊本作「酔」。

又

柳橋花塢南城陌。朱顏綠髮長安客〔一〕。雨後小池臺〔二〕。尋常載酒來〔三〕。
馬頭今日路。卻望城西去〔四〕。斜日下汀洲。斷雲和淚流〔五〕。

【校記】

〔一〕綠：四庫本、叢刊本作「緑」。〔二〕臺：叢刊本作「臺」。〔三〕來：叢刊本作「来」。〔四〕卻：四庫本、叢刊本作「却」。〔五〕淚：四庫本作「泪」。

又

畫船搥鼓催君去〔一〕。高樓把酒留君住〔二〕。去住若爲情。西江潮欲平。
江潮容易得。只是人南北。今日此樽空。知君何日同。

【校記】

〔一〕畫：叢刊本作「画」。〔二〕高：四庫本、叢刊本作「髙」。樓：叢刊本作「楼」。

畱：四庫本、叢刊本作「留」。

【輯評】

曾季貍《艇齋詩話》：舒信道亦工小詞，如「畫船搥鼓催君去」云云，亦甚有思致。

又

畫簷細雨偏紅燭。疎星冷落排寒玉。睹得碧雲篇。金波更涉船〔一〕。樽前當日客。行色垂楊陌。天濶水悠悠。含情獨倚樓〔二〕。

【校記】

〔一〕船：叢刊本作「舡」。〔二〕樓：叢刊本作「楼」。

又

杜鵑啼破江南月〔一〕。香風撲面吹紅雪。賦就縷金牋。黄昏醉上舩〔二〕。年華雙短鬢〔三〕。事往情何盡〔四〕。明日各天涯。來春空好花〔五〕。

【校記】

〔一〕江南：明鈔本、四庫本、叢刊本作「南江」，曹批「竹垞傳鈔本亦作『南江』」。〔二〕醉：

叢刊本作「酔」。　船：四庫本作「船」。〔三〕雙：叢刊本作「双」。　鬢：叢刊本作「鬂」。

〔四〕往：叢刊本作「徃」。〔五〕來：叢刊本作「来」。

又　次劉郎中賞花韻

朱簾乍捲層煙起〔一〕。露華深淺初疑洗。困倚玉闌風〔二〕。綺羅知幾重。

向人如有意。不醉何時醉〔三〕。便得一枝紅。猶勝兩鬢空〔四〕。

【校記】

〔一〕煙：叢刊本作「烟」。〔二〕闌：四庫本作「欄」。〔三〕醉：叢刊本作「酔」。

〔四〕鬢：叢刊本作「鬂」。

又　席上送寅亮通直

小池山額垂螺碧。綠紅香裏眠鸂鶒〔一〕。波面翠雲開。仙槎天上來〔二〕。

吹將紅日落。懊惱嚴城角。風月此時情。知君華髮生。

【校記】

〔一〕綠：四庫本作「緑」。　裏：叢刊本作「裡」。〔二〕來：叢刊本作「来」。

又 送奉化知縣秦奉議

一回別後一回老〔一〕。別離易得相逢少。莫問故園花。長安君是家。短亭秋日晚。草色隨人遠〔二〕。欲醉又還醒〔三〕。江樓暮角聲〔四〕。

【校記】

〔一〕回：叢刊本作「囬」。〔二〕隨：叢刊本作「随」。〔三〕醉：叢刊本作「酔」。

〔四〕樓：叢刊本作「楼」。

又

樽前休話人生事。人生只合樽前醉〔一〕。金盞大如船〔二〕。江城風雪天。綺窗燈自語〔三〕。一夜芭蕉雨。玉漏爲誰長。枕衾殘酒香。

【校記】

〔一〕醉：叢刊本作「酔」。〔二〕船：四庫本作「船」。〔三〕窗：四庫本作「牕」，叢刊本作「窓」。

又

樓前流水西江道〔一〕。江頭水落芙蓉老。畫鼓疊涼波〔二〕。凭欄顰翠娥〔三〕。當年金馬客。青髩蘆花色〔四〕。把酒感秋蓬。驪歌半醉中〔五〕。

【校記】

〔一〕樓：叢刊本作「楼」。〔二〕畫：叢刊本作「画」。疊：四庫本作「疊」，叢刊本作「叠」。〔三〕翠：叢刊本作「翇」。〔四〕髩：四庫本作「鬢」，叢刊本作「鬂」。〔五〕醉：叢刊本作「酔」。

又

綺櫳深閉桃園曲。劉郎老向花間宿。笑臉抹流霞〔一〕。心知是小琶。纖纖垂素玉。掠髩春雲綠〔二〕。彈了醉思仙〔三〕。小窗紅日偏〔四〕。

【校記】

〔一〕笑：叢刊本作「咲」。〔二〕髩：四庫本作「鬢」，叢刊本作鬂。綠：四庫本、叢刊本作「緑」。〔三〕醉：叢刊本作「酔」。思：四庫本作「恩」。〔四〕窗：四庫本作

「牕」，叢刊本作「窓」。

又

次張秉道韻

眞珠酒滴琵琶送〔一〕。行雲舊識巫山夢。空得醉中歸〔二〕。老來心事非〔三〕。

江梅含日暖。照水花枝短。密葉似商量。向人春意長。

【校記】

〔一〕眞：四庫本、叢刊本作「真」。〔二〕醉：叢刊本作「酔」。歸：叢刊本作「帰」。

〔三〕來：叢刊本作「来」。

又

小亭露壓風枝動。鵲爐火冷金瓶凍〔一〕。悄悄對西窗〔二〕。瘦知羅帶長。

欲眠思殢酒。坐聽寒更久。無賴是青燈。開花故故明。

【校記】

〔一〕爐：叢刊本作「炉」。〔二〕窗：四庫本作「窓」，叢刊本作「窓」。

又

流年又見風沙送。鈞天回首清都夢〔一〕。塞雁幾時歸〔二〕。鏡中雙鬢非〔三〕。
綠袍同冷暖〔四〕。誰道交情短。愁斛若爲量。還隨一線長〔五〕。

【校記】

〔一〕回：叢刊本作「囬」。〔二〕歸：叢刊本作「歸」。〔三〕雙：叢刊本作「双」。〔四〕綠：四庫本作「緑」。〔五〕隨：叢刊本作「随」。鬢：叢刊本作「鬓」。

又

次瑩中元歸韻〔一〕

白蘋洲渚垂楊岸〔二〕。藕花未放青蒲短〔三〕。斜日畫船歸〔四〕。背人雙鷺飛〔五〕。
醉眠金馬客〔六〕。不道風塵隔。紅影上窗紗〔七〕。小庭空落花。

【校記】

〔一〕歸：叢刊本作「歸」。〔二〕蘋：叢刊本作「岸」，鮑校作「蘋」。〔三〕藕：叢刊本作「藕」。〔四〕畫：叢刊本作「画」。歸：叢刊本作「歸」。〔五〕雙：叢刊本作「双」。〔六〕醉：叢刊本作「酔」。〔七〕窗：四庫本作「牕」，叢刊本作「窓」。

又　湖心寺席上賦茶詞

金船滿引人微醉〔一〕。紅綃籠燭催歸騎〔二〕。香泛雪盈盃〔三〕。雲龍疑夢回〔四〕。不辭風滿腋。舊是仙家客。坐得夜無眠〔五〕。南窗衾枕寒〔六〕。

【校記】

〔一〕醉：叢刊本作「酔」。〔二〕歸：叢刊本作「帰」。〔三〕盃：四庫本、叢刊本作「杯」。〔四〕回：叢刊本作「囬」。〔五〕坐：竹垞傳鈔本、四庫本、叢刊本作「空」，曹批「明鈔本亦作『空』」。〔六〕窗：四庫本作「窓」，叢刊本作「窻」。

又　別意

江梅未放枝頭結。江樓已見山頭雪〔一〕。待得此花開。知君來不來〔二〕。風帆雙畫鷁〔三〕。小雨隨行色〔四〕。空得鬱金裙〔五〕。酒痕和淚痕〔六〕。

【校記】

〔一〕樓：叢刊本作「楼」。〔二〕來：叢刊本作「来」。〔三〕雙：叢刊本作「双」。〔六〕淚：畫：叢刊本作「画」。〔四〕隨：叢刊本作「随」。〔五〕鬱：叢刊本作「欝」。

四庫本作「泪」。

【輯評】

王又華《古今詞論》引王阮亭詞論：「空得鬱金裙，酒痕和淚痕。」舒亶語也。鍾退穀評閆丘曉詩，謂具此手段，方能殺王龍標。此等語乃出渠輩手，豈不可惜。僕每讀嚴分宜《鈐山堂詩》，至佳處，輒作此歎。

又　次韻

香波綠暖浮鸚鵡〔一〕。黄金捍撥么絃語〔二〕。小雨落梧桐。簾櫳殘燭紅。

人生閑亦好〔三〕。雙髩催人老〔四〕。莫惜醉中歸〔五〕。醒來思醉時〔六〕。

【校記】

〔一〕綠：四庫本作「淥」。　〔二〕么：四庫本、叢刊本作「夭」。　〔三〕閑：四庫本作「閒」。　〔四〕雙：叢刊本作「双」。　髩：四庫本作「鬢」，叢刊本作「鬓」。　〔五〕醉：叢刊本作「醉」。　〔六〕來：叢刊本作「来」。　醉：叢刊本作「醉」。

又

綠窗酒醒春如夢〔一〕。小池猶見紅雲動。露濕井榦桐〔二〕。翠陰生細風。雨過芳塘淨。清晝閑中永〔三〕。門外立雙旌〔四〕。隔花聞笑聲〔五〕。

【校記】

〔一〕綠：四庫本作「緑」。窗：四庫本作「牕」，叢刊本作「窓」。〔二〕榦：四庫本作「梧」，叢刊本作「幹」。〔三〕閑：四庫本作「閒」。〔四〕雙：叢刊本作「双」。〔五〕笑：叢刊本作「咲」。

又

憶曾把酒賞紅翠〔一〕。舞腰柳弱歌聲細。縱馬杏園西。歸來香滿衣〔二〕。寶車空犢駐。事逐孤鴻去。搔首立江干。春蘿掛暮山。

【校記】

〔一〕賞：四庫本作「償」。〔二〕歸：叢刊本作「帰」。來：叢刊本作「来」。

蝶戀花　置酒别公度，座間探題得梅

雪後江城紅日晚。暖入香梢，漸覺玲瓏滿。髣髴臨風粧半面。水簾斜捲誰庭院〔一〕。折向樽前君細看。便是江南，寄我人還遠。手把此枝多少怨。小樓横笛吹腸斷。

【校記】

〔一〕水：叢刊本作「冰」。

又

深炷薰爐扃小院〔一〕。手撚黄花，尚覺金猶淺。回首畫堂雙語燕〔二〕。無情漸漸看人遠。相見爭如初不見〔三〕。短鬢潘郎〔四〕，斗覺年華换。最是西風吹不斷〔五〕。心頭往事歌中怨。

【校記】

〔一〕爐：叢刊本作「炉」。〔二〕回：叢刊本作「囬」。畫：叢刊本作「画」。雙：叢刊本作「双」。〔三〕爭：曹批「竹垞傳鈔本『爭』作『猶』」。〔四〕鬢：叢刊本作「鬂」。

〔五〕最：叢刊本作「㝡」。

減字木蘭花

用舊韻戲吳奉議

眉山歛額〔一〕。往事追思空手拍。雁字頻飛。生怕人來說著伊〔二〕。閑抛繡履〔三〕。愁殢香衾渾不起。莫似揚州。只作尋常薄倖休。

【校記】

〔一〕歛：四庫本作「斂」。〔二〕來：叢刊本作「来」。著：叢刊本作「着」。〔三〕閑：四庫本作「閒」。繡：四庫本、叢刊本作「綉」。

又

賦錦帶

碎紅如繡。搖曳東風垂綵綬〔一〕。擬倩柔條。約住佳人細柳腰。蜀江春綠〔二〕。爭似枝頭能結束。纖手攀時。欲綰同心寄與誰。

【校記】

〔一〕垂：叢刊本作「𠂹」，鮑校作「垂」。〔二〕綠：四庫本、叢刊本作「緑」。

木蘭花 次韻贈歌妓〔一〕

十二欄干褰畫箔〔二〕。取次穿花成小酌。綵鸞舞罷鳳孤飛〔三〕，回首東風空院落〔四〕。杳杳桃源仙路邈。晴日曉窗紅薄薄〔五〕。傷春還是懶梳粧，想見綠雲垂髩腳〔六〕。

【校記】

〔一〕次：秦刻本作「吹」。竹垞傳鈔本、四庫本、叢刊本作「次」，據改。〔二〕欄：四庫本作「闌」。畫：叢刊本作「画」。〔三〕鸞：叢刊本作「鴬」。〔四〕回：叢刊本作「囬」。〔五〕窗：四庫本作「牕」，叢刊本作「窓」。〔六〕綠：四庫本、叢刊本作「緑」。髩：四庫本作「鬢」。

又

金絲絡馬青錢路。笑指玉皇香案去〔一〕。點衣柳陌墮殘紅，拂面風檣吹細雨。曉釵壓髩頭慵舉〔二〕。恨裏歌聲兼別苦。西湖一頃白菱花。惆悵行雲無覓處。

【校記】

〔一〕笑：叢刊本作「咲」。〔二〕髩：四庫本作「鬢」，叢刊本作「鬓」。

又

蔣園口號

琉璃一片春湖面〔一〕。畫舫遊人簾外見〔二〕。水邊風嫩柳低眠，花底雨乾鶯細囀。鞦韆寂寂垂楊岸〔三〕。芳草綠隨人漸遠〔四〕。一番樂事又闌珊〔五〕，金盞莫辭紅袖勸〔六〕。

【校記】

〔一〕琉璃：四庫本、叢刊本作「琉瑠」。〔二〕畫：叢刊本作「画」。〔三〕寂垂：明鈔本脱此二字。〔四〕綠：四庫本、叢刊本作「緑」。隨：叢刊本作「随」。〔五〕闌珊：秦刻本、竹垞傳鈔本、叢刊本缺，據四庫本補。〔六〕辭：叢刊本作「辞」。

浣溪沙

次權中韻

燕外青樓已禁煙〔一〕。小寒猶自薄勝綿。畫橋紅日下鞦韆〔二〕。　惟有樽前芳意在，應須沉醉倒花前〔三〕。綠窗還是五更天〔四〕。

【校記】

〔一〕樓：叢刊本作「楼」。　煙：四庫本、叢刊本作「烟」。　〔二〕畫：叢刊本作「画」。

韆：叢刊本作「鞦」。　〔三〕醉：叢刊本作「酔」。　〔四〕綠：四庫本、叢刊本作「緑」。

窗：四庫本作「牕」，叢刊本作「窓」。

又

和葆先春晚飲會〔一〕

金縷歌殘紅燭稀〔二〕。梁州舞罷小鬟垂。酒醒還是獨歸時〔三〕。　畫揀日高

來語燕〔四〕，綺窗風暖度游絲〔五〕。幾多落葉上青枝〔六〕。

【校記】

〔一〕先：竹垞傳鈔本、四庫本、叢刊本作「光」。　晚：四庫本、叢刊本作「曉」。曹批「竹垞

傳鈔本題中『晚』作『曉』」。　〔二〕縷：叢刊本作「縷」。　〔三〕歸：叢刊本作「歸」。

〔四〕畫揀：四庫本作「畫楝」，叢刊本作「画楝」。　高：四庫本、叢刊本作「高」。　〔五〕窗：

四庫本作「牕」，叢刊本作「窓」。　〔六〕落：明鈔本、四庫本、叢刊本作「緑」，曹批「竹垞

傳鈔本『落』亦作『緑』」。

又　和仲聞對棋〔一〕

黑白紛紛小戰爭。幾人心手鬬縱橫〔二〕。誰知勝處本無情。謝傅老來思別墅〔三〕，杜郎閒去憶鏖兵〔四〕。何妨談笑下遼城〔五〕。

【校記】

〔一〕棋：叢刊本作「棊」。〔二〕鬬：叢刊本作「鬦」。〔三〕來：叢刊本作「来」。〔四〕閒：明鈔本作「閑」，曹批「竹垞傳鈔本亦作『閑』」。〔五〕妨：四庫本作「訪」。笑：叢刊本作「咲」。

又　勸酒

雨洗秋空斜日紅。青葱搖轡玉玲瓏〔一〕。好風吹起□江東〔二〕。且盡紅裙歌一曲，莫辭白酒飲千锺〔三〕。人生半在別離中。

【校記】

〔一〕搖：曹批「竹垞傳鈔本『搖』作『瑶』」，四庫本、叢刊本作「瑶」。〔二〕起：叢刊本作「赻」。□：四庫本注闕，叢刊本空。〔三〕辭：叢刊本作「辤」。

又

白鷺飛飛點碧塘〔一〕。雨荷風捲綠羅裳〔二〕。管弦競奏雜魚榔〔三〕。游女謾能歌白紵，使君不學野鴛鴦。桃花空解誤劉郎〔四〕。

【校記】

〔一〕白鷺飛飛：秦刻本作「□□□□」，四庫本注闕，叢刊本空，據《全宋詞》補。〔二〕綠：四庫本作「緑」。〔三〕競奏雜：秦刻本作「□□□」，四庫本注闕，叢刊本空，據《全宋詞》補。榔：四庫本、叢刊本作「榔」。〔四〕解：四庫本、叢刊本作「觧」。誤：叢刊本作「悮」。

鵲橋仙

呂使君餞會

教來歌舞〔一〕，接成桃李，盡是使君指似。如今裝就滿城春〔二〕，忍便擁、雙旌歸去〔三〕。　鶯心巧囀〔四〕，花心爭吐，無計可留君住〔五〕。兩堤芳草一江雲，早晚是、西樓望處。

【校記】

〔一〕來：叢刊本作「来」。　〔二〕如：四庫本作「於」。　〔三〕雙：叢刊本作「双」。

歸：叢刊本作「帰」。　〔四〕心：叢刊本作「聲」。　〔五〕留：四庫本、叢刊本作「畱」。

葉少藴

葉夢得，字少藴，號石林，吴縣人。有《石林居士建康集》八卷，《石林詞》一卷。

【輯評】

王灼《碧雞漫志》卷第二：晁無咎、黄魯直皆學東坡，韻製得七八。黄晚年閒放於狹邪，故有少疎蕩處。後來學東坡者，葉少藴、蒲大受亦得六七，其才力比晁、黄差劣。

楊慎《詞品》卷之四：葉少藴名夢得，號石林居士。妙齡秀發，有文章盛名。《石林詞》一卷，傳於世。

沈雄《古今詞話·詞評》上卷引花庵詞客：少藴妙齡有文名，早受知于蔡京。擢第後，終崇信節度使。時以詞章品騭自命，有《石林集》。關注曰：公以文章經術爲大儒，歌詞妙天下。元符中，尚爲丹徒尉，得其小詞爲多，是時妙齡豪氣未除。晚歲落其華而實之，能於簡淡處，時出雄傑，不減靖節、東坡云。

王奕清等《歷代詞話》卷七引關注：葉少藴妙齡詞甚婉麗，晚歲落其華而實之，能於簡淡中時出雄傑，合處不減東坡。

應天長

松陵秋已老，正柳岸田家〔一〕，酒醅初熟。鱸鱠蓴羹〔二〕，萬里水天相續〔三〕。扁舟凌浩渺〔四〕，寄一葉、暮濤吞沃〔五〕。青箬笠〔六〕，西塞山前，自翻新曲〔七〕。　來往未應足〔八〕。便細雨斜風，有誰拘束。陶寫中年，何待更須絲竹。鴟夷千古意，算入手、比來尤速〔九〕。最好處、千點雲峯〔一〇〕，半篙澄淥〔一一〕。

【校記】

〔一〕岸：叢刊本作「岍」。　〔二〕鱸：叢刊本作「鲈」。　〔三〕續：竹坨傳鈔本作「□」。

〔四〕凌：曹批「竹坨傳鈔本『凌』作『林』」。　〔五〕吞：叢刊本作「天」，鮑校作「吞」，四庫本作「天」。　〔六〕箬：竹坨傳鈔本做「蒻」。　〔七〕翻：四庫本作「飜」。　〔八〕來：叢刊本作「来」。　〔九〕算：四庫本、叢刊本作「筭」。　來：叢刊本作「来」。

〔一〇〕處：秦刻本注「一作『是』」，叢刊本鮑校作「是」。　峯：四庫本、叢刊本作「峰」。

〔一一〕淥：四庫本、叢刊本作「渌」。

水調歌頭　濠州觀魚臺作〔一〕

渺渺楚天濶，秋水去無窮。兩涯不辨〔二〕，牛馬輕浪舞回風〔三〕。獨倚高臺一笑〔四〕，圉圉游鯈來往〔五〕，還戲此波中。危檻對千里，落日照澄空。子非我，安知我，意眞同〔六〕。鵬飛鷃化何有，滄海漫冲融。堪笑磻溪遺老〔七〕，白首直鈎溪畔，歲晚忽衰翁。功業竟安在，徒自兆非熊。

【校記】

〔一〕臺：叢刊本作「臺」。〔二〕涯：明鈔本、四庫本、叢刊本作「淮」，曹批「竹垞傳鈔本亦作『淮』」。〔三〕回：叢刊本作「囬」。〔四〕高：四庫本、叢刊本作「髙」。臺：叢刊本作「臺」。笑：叢刊本作「咲」。〔五〕鯈：叢刊本作「儵」。來：叢刊本作「来」。〔六〕眞：竹垞傳鈔本作「宜」，四庫本、叢刊本作「真」。〔七〕笑：叢刊本作「咲」。

又

九月望日，與客習射西園，余偶病不能射〔一〕，客較勝相先。將領岳德弓强二石五斗，連發三中的〔二〕，觀者盡驚。因作此詞示坐客。前一夕大風〔三〕，是日始寒

霜降碧天靜，秋事促西風。寒聲隱地初聽，中夜入梧桐。起瞰高城回望〔四〕，

寥落關河千里〔五〕，一醉與君同〔六〕。疊鼓鬧清曉〔七〕，飛騎引彫弓。歲將晚，客爭笑〔八〕，問衰翁。平生豪氣安在〔九〕，沉領爲誰雄〔一〇〕。何似當筵虎士，揮手弦聲發處〔一一〕，雙鴈落遥空〔一二〕。老矣真堪愧〔一三〕，回首望雲中〔一四〕。

【校記】

〔一〕病：四庫本作「疾」。〔二〕曹批「明鈔本作『連三發』，竹垞傳鈔本亦作『連三發』」。〔三〕夕：四庫本作「日」。〔四〕高：四庫本、叢刊本作「高」。〔五〕關：四庫本作「閼」，叢刊本作「関」。〔六〕醉：叢刊本作「酔」。〔七〕疊：四庫本作「疊」，叢刊本作「叠」。〔八〕笑：叢刊本作「咲」。〔九〕平：叢刊本作「年」，鮑校作「平」。〔一〇〕沉領：秦刻本注「一作『走馬』」，四庫本作「沉頓」。〔一一〕弦：四庫本作「絃」，叢刊本作「絃」。〔一二〕雙：叢刊本作「双」。〔一三〕鴈：四庫本作「雁」。〔一三〕眞：四庫本、叢刊本作「真」。〔一四〕回：叢刊本作「囬」。

又 送人

江海渺千里，飄蕩歎流年。等閒疋馬相過〔一〕，乘興卻翛然〔二〕。十載悲歡如夢，撫掌驚呼相語，往事盡飛煙〔三〕。此會眞難偶〔四〕，此醉且畱連〔五〕。酒方半，誰輕使，動離絃。我歌未闋君去，明日復山川。空有高城危檻〔六〕，縹緲當筵清唱，餘響落尊前。細雨黄昏後〔七〕，飛鴈點遥天〔八〕。

【校記】

〔一〕閒：明鈔本作「閑」。〔二〕卻：四庫本、叢刊本作「却」。〔三〕煙：四庫本作「烟」。〔四〕眞：四庫本、叢刊本作「真」。〔五〕醉：叢刊本作「酔」。畱：四庫本、叢刊本作「留」。〔六〕高：四庫本、叢刊本作「高」。〔七〕昏：明鈔本、四庫本作「花」，曹批「竹坨傳鈔本亦作『閑』與『花』」。〔八〕鴈：四庫本、叢刊本作「雁」。

念奴嬌　南歸渡楊子作，雜用淵明語

故人漸遠〔一〕，念淵明歸意〔二〕，翛然誰論。歸去來兮秋已老〔三〕，松菊三徑猶存。稚子歡迎，飄飄風袂，依約舊衡門。琴書蕭散，更欣有酒盈尊。　惆悵萍梗無根，天涯行已徧，空負田園。去矣何之窗戶小〔四〕，容膝聊倚南軒。倦鳥知還，晚雲遥映，山氣欲黄昏。此還眞意〔五〕，故應欲辨忘言。

【校記】

〔一〕秦刻本注「一作『故山漸遠』」。竹垞傳鈔本、四庫本作「近」，叢刊本鮑校作「故山漸近」。

〔二〕〔三〕歸：叢刊本作「歸」。〔四〕窗：四庫本作「牕」，叢刊本作「窓」。〔五〕還：秦刻本注「一作『中』」。眞：叢刊本作「直」，鮑校作「眞」，四庫本作「真」。

又

中秋燕客，有懷吴江長橋

洞庭波冷，望冰輪初轉，滄海沉沉。萬頃孤光雲陣卷，長笛吹破層陰。洶湧三江，銀濤無際，遥帶五湖深。酒闌歌罷，至今鼉怒龍吟。回首江海平生〔一〕，漂流容易散，佳期難尋。縹緲高城風露爽〔二〕，獨倚危檻重臨。醉倒清尊〔三〕，常娥應笑〔四〕，猶有向來心〔五〕。廣寒宫殿，爲余聊借瓊林。

【校記】

〔一〕回：叢刊本作「囬」。〔二〕高：四庫本、叢刊本作「高」。爽：四庫本作「夾」，叢刊本作「夾」，鮑校作「爽」。〔三〕醉：叢刊本作「醉」。〔四〕常：四庫本作「嫦」。

笑：叢刊本作「咲」。〔五〕來：叢刊本作「来」。

【輯評】

楊慎《詞品》卷之四：中秋宴客《念奴嬌》末句云：「廣寒宮殿，爲余聊借瓊林。」英英獨照者。

黄蘇《蓼園詞評》：少藴，紹聖四年進士，官翰林學士，兼侍讀户部尚書。以崇信軍節度使致仕。此詞想爲致仕後作也。不過借月寫懷耳。前闋寫其在京時啓沃之意。如長笛之破層陰。「洶湧」五句，寫其披肝瀝膽耳。下闋寫其分散後，無復從前光景矣。然猶心不忘君，想嫦娥應知此心也。所謂時出雄傑者與。

臨江仙

聞道今年春信早，梅花不怕餘寒。憑君先向近南看。香苞開也未，莫待北枝殘。

腸斷隴頭它日恨，江南幾驛征鞍。一盃聊與盡餘歡〔一〕。風情何所似〔二〕，老去未應閒〔三〕。

【校記】

〔一〕盃：四庫本、叢刊本作「杯」。〔二〕所：曹批「明鈔本脱『所』字」。〔三〕閒：明鈔本、叢刊本作「閑」，曹批「竹垞傳鈔本亦作『閑』」。

又　雪後寄周十

夢裏江南渾不記，秪君幽戶難忘〔一〕。夜來急雪繞東塘〔二〕。竹窗松徑〔三〕，無處問歸航〔四〕。　甕底新醅應已熟，一樽知與誰嘗。會須雄筆卷蒼茫。雪濤隱戶，瓊玉照頹牆〔五〕。

【校記】

〔一〕秪：四庫本作「祇」。〔二〕來：叢刊本作「来」。〔三〕窗：四庫本作「牕」，叢刊本作「窓」。〔四〕歸：叢刊本作「帰」。〔五〕牆：四庫本、叢刊本作「墻」。

又　與客湖上飲〔一〕

不見跳魚翻曲港〔二〕，湖邊特地經過。蕭蕭疎雨亂風荷〔三〕。微雲吹散，涼月墮平波〔四〕。　白酒一盃還徑醉，歸來散髮婆娑〔五〕。無人能唱採菱歌。小軒欹枕，簷影掛星河。

【校記】

〔一〕叢刊本作「與客湖上飲歸」。〔二〕翻：四庫本、叢刊本作「飜」。〔三〕亂：叢刊本作「乱」。〔四〕墮：叢刊本作「堕」。〔五〕歸：叢刊本作「帰」。

又　送友人還姑蘇，重寄程致道〔一〕

碧瓦新霜侵曉夢，黄花已過清秋。風帆何處掛扁舟。故人歸欲盡〔二〕，殘日更回頭〔三〕。　樂圃橋邊煩借問，有人高卧江樓〔四〕。寄聲聊爲訴離憂。桂叢應已老，何事久淹畱〔五〕。

【校記】

〔一〕友：曹批「明鈔本無『友』字，竹垞傳鈔本亦無『友』字」，四庫本、叢刊本無。重：叢刊本鮑校作「兼」。〔二〕歸：叢刊本作「帰」。〔三〕回：叢刊本作「囬」。〔四〕高：四庫本、叢刊本作「高」。〔五〕畱：四庫本作「留」，叢刊本作「留」。

又　席上次韻韓文若

聞道安車來過我，百花未敢飄零。疾催絃管送盃行〔一〕。五朝瞻舊老，揮塵聽風生。　鳳詔遠從天上落，高堂燕喜初醒〔二〕。莫言白髮減風情。此旹誰得似〔三〕，飲罷卻精明〔四〕。

【校記】

〔一〕盃：四庫本、叢刊本作「杯」。〔二〕高：四庫本、叢刊本作「高」。〔三〕旹：竹垞傳鈔本、四庫本、叢刊本作「時」。〔四〕卻：四庫本、叢刊本作「却」。

又〔一〕

三月鶯花都過了，曉來雪片猶零。嵩陽居士記行行。西湖初水滿，遥想縠紋生。欲爲海棠傳信息，如今底事長醒。不應高卧頓忘情〔二〕。當時風月在，相見眼終明。

【校記】

〔一〕叢刊本鮑補題「晁以道見和答韓文若之句，復答之一首」。〔二〕高：四庫本、叢刊本作「高」。

又

次韻洪思誠席上

瀲灩湖光供一笑〔一〕，未須醉日論千〔二〕。將軍曾記舊臨邊。野塘新水滿，煙岸藕如船〔三〕。卻怪情多春又老〔四〕，回腸易逐愁煎〔五〕。何如旌騎鬱相連。凱歌歸玉帳〔六〕，錦帽碧油前。

【校記】

〔一〕灙：四庫本作「灙」。〔二〕醉：叢刊本作「醉」。〔三〕煙：四庫本、叢刊本作「烟」。〔四〕卻：四庫本、叢刊本作「却」。〔五〕回：叢刊本作「囬」。〔六〕歸：叢刊本作「帰」。

又　十一月二十四日，同王幼安、洪思誠過曾存之園亭

學士園林人不到，傳聲欲問江梅。曲欄清淺小池臺〔一〕。已知春意近，爲我著詩催〔二〕。急管行觴圍舞袖，故人坐上三台。此歡此宴固難陪。不辭同二老，倒載習池迴〔三〕。

【校記】

〔一〕臺：叢刊本作「臺」。〔二〕著：叢刊本作「着」。〔三〕迴：叢刊本作「逥」。

又　次韻荅幼安、思誠、存之席上梅花〔一〕

不與羣芳爭絶豔〔二〕，化工自許寒梅。一枝臨晚照歌臺〔三〕。眼明渾未見，絃

管莫驚催。　　記取劉郎歸去路〔四〕，他年應話天台。酒闌不惜更重陪。夜寒衣袂薄，猶有暗香迴〔五〕。

【校記】

〔一〕荅：四庫本作「答」。〔二〕羣：叢刊本作「群」。〔三〕臺：叢刊本作「臺」。

〔四〕歸：叢刊本作「歸」。〔五〕迴：叢刊本作「廻」。

又　正月二十四日晚至湖上

三日疾風吹浩蕩，緑蕪未遍平沙〔一〕。約回殘影射明霞〔二〕。水光遥泛坐，煙柳卧欹斜〔三〕。　　霜鬢不堪春點檢〔四〕，畱連又過芳華〔五〕。一枝重插去年花。此身江海夢，何處定吾家。

【校記】

〔一〕緑：四庫本作「綠」。〔二〕回：叢刊本作「囬」。〔三〕煙：四庫本、叢刊本作「烟」。〔四〕鬢：四庫本作「鬢」，叢刊本作「鬓」。〔五〕畱：四庫本作「留」，叢刊本作「畱」。

浣溪沙　重陽前一日登極目亭

小雨初迴昨夜凉〔一〕。繞籬新菊已催黄。碧空無際卷蒼茫。千里斷鴻供遠目，十年芳草掛愁腸。緩歌聊與送瑶觴。

【校記】

〔一〕迴：叢刊本作「廻」。

又

緑野歌歡喜見分〔一〕。驟驚和氣曉來勻。妙歌誰敢和陽春。梅蕊舊年迎臘雪〔二〕，月華今夜破黄昏。獨醒爭笑楚人魂〔三〕。

【校記】

〔一〕緑：四庫本作「绿」。〔二〕臘：四庫本作「臈」。〔三〕笑：叢刊本作「咲」。

水龍吟　二月十日西湖燕客作

對花常欲留春〔一〕，恨春故遣花飛早。曉來雨過〔二〕，緑陰新處〔三〕，幾番芳草。

一片飄時，已知消減，滿庭誰掃。料多情也似，愁人易感，先催赴、朱顔老。猶有清明未過，但狂風、忽忽難保。酒醒夢斷，年年此恨，不禁相惱。只恐春應，暗畱芳信〔四〕，與花爭好。有桃黄一朵〔五〕，殷勤付與〔六〕，送金樽倒。

【校記】

〔一〕〔四〕畱：四庫本、叢刊本作「留」。〔二〕曉：叢刊本、四庫本作「晚」。〔三〕緑：四庫本作「綠」。〔五〕桃：四庫本、叢刊本作「姚」。〔六〕殷勤：四庫本作「慇懃」。

賀新郎

睡起啼鶯語〔一〕。掩青苔、房櫳向曉〔二〕，亂紅無數〔三〕。吹盡殘花無人見，惟有垂楊自舞。漸暖靄、初回輕暑〔四〕。寶扇重尋明月影，暗塵侵、尚有乘鸞女〔五〕。驚舊恨，鎮如許〔六〕。江南夢斷横江渚〔七〕。浪粘天、蒲萄漲緑〔八〕，半空煙雨〔九〕。無限樓前滄波意〔一〇〕，誰採蘋花寄取。但悵望、蘭舟容與。萬里雲帆何時到，送孤鴻、目盡千山阻〔一一〕。重爲我〔一二〕，唱金縷。

【校記】

〔一〕啼：叢刊本鮑校作「流」。〔二〕曉：明鈔本、四庫本、叢刊本作「晚」，曹批「竹坨傳鈔本亦作『晚』」。〔三〕亂：叢刊本作「乱」。數：叢刊本作「数」。〔四〕回：叢刊本作「囬」。〔五〕尚：秦刻本注「一作『上』」。鸞：叢刊本作「鵉」。〔六〕鎮：四庫本、叢刊本作「鎭」。〔七〕横江：秦刻本注「一作『蘅臯』」。〔八〕綠：四庫本作「緑」。〔九〕煙：四庫本、叢刊本作「烟」。〔一〇〕樓：叢刊本作「楼」。〔一一〕盡：秦刻本注「一作『斷』」。〔一二〕重：秦刻本注「一作『誰』」，叢刊本鮑校作「誰」。

【輯評】

魏慶之《魏慶之詞話》：石林葉少藴「睡起流鶯語」詞，人人能道之，集中未有勝此者，蓋得意之作也。有《湘靈鼓瑟》一曲，尤高妙，而曾端伯所選《雅詞》不載。今録於此。云：「銀濤無際卷蓬瀛。落霞明。暮雲平。曾見青鸞紫鳳，下層城。二十五絃彈不盡，空感慨，有餘情。蒼梧雲水斷歸程。卷霓旌。爲誰迎。空有千行流淚，寄幽貞。舞罷魚龍雲海冷，千古恨，入江聲。」蓋奇作也，世必有識之者。

楊慎《詞品》卷之三：秦少游《滿庭芳》「山抹微雲，天粘衰草」，今本改「粘」作「連」，非也。韓文「洞庭汗漫，粘天無壁」。張祜詩「草色粘天鶗鴂恨」。山谷詩「遠水粘天吞釣舟」。邵博詩「老灘聲殷地，平浪勢粘天」。趙文昇詞「玉關芳草粘天碧」。嚴次山詞「粘雲江影傷千古」。葉夢得詞「浪粘天、蒲桃漲緑」。劉行簡詞「山翠欲粘天」。劉叔安詞「暮煙細草粘天遠」。粘字極工，且有出處。又見《避暑録話》可證。若作「連天」，是小兒之語也。

吴衡照《蓮子居詞話》卷四：石林《賀新郎》「誰採蘋花寄與」，又「悵望蘭舟容與」，或以「與」字韻重，改「寄與」作「寄取」。按「容與」之「與」去聲，讀曰「豫」，見楊雄《河東賦》注。又《漢書·禮樂志》注：閑舒也。閑舒之義，亦當爲「豫」。《浩然齋雅談》《蘆浦筆記》并著是説，謂疊兩「與」字礙格則可，謂「與」字複押則不可。

黄蘇《蓼園詞評》引沈際飛：一意一機，自語自話。草木花鳥，字面迭來，不見質實。受知于蔡元長，宜也。夢得理學名臣，晚年致政家居而作。此詞自有所指，可細玩之。

滿庭芳

三月十七日雨後極目亭同張敏叔、程致道仝遊〔一〕

麥隴如雲，清風吹破，夜來疎雨纔晴。滿川煙草〔二〕，殘照落微明。縹緲危欄曲檻，遙天盡、日腳初平。青林外，參差暝靄，縈帶遠山横。孤城。春已過，緑陰是處〔三〕，時有鶯聲〔四〕。問落絮游絲，畢竟何成。信步蒼苔繞遍，眞堪付〔五〕、閒客閒行〔六〕。微吟罷，重回皓首〔七〕，江海渺遺情。

【校記】

〔一〕仝遊：叢刊本、四庫本無。曹批「明鈔本無『同遊』二字，此應删。竹垞傳鈔本亦無『同遊』二字」。〔二〕煙：四庫本作「烟」。〔三〕綠：四庫本作「緑」。〔四〕鶯：叢刊本作「鸎」。〔五〕眞：四庫本、叢刊本作「真」。〔六〕閒：明鈔本作「閑」，曹批「竹垞傳鈔本『閒』亦作『閑』」。〔七〕回：叢刊本作「囬」。

【輯評】

張德瀛《詞徵》卷五：葉少藴有極目亭詞。攷宋時壽山艮嶽，在汴城東隅，徽宗所築，由磴道至介亭。亭左有極目亭、蕭森亭。葉詞蓋指此也。《楓窗小牘》記之甚詳。

又　二公和示，復用韻寄酬〔一〕

楓落吴江，扁舟搖蕩，暮山斜照初晴〔二〕。此心長在，秋水共澄明。底事經年易拚，驚遺恨、悄悄難平。臨風處，佳人萬里，霜笛爲誰横。　長城。誰敢犯，知君五字，元有詩聲。笑茅舍何時〔三〕，歸計眞成〔四〕。綠鬢朱顏老盡〔五〕，柴車在、行卽終行。聊相待，狂歌醉舞〔六〕，雖老未忘情。

【校記】

〔一〕韻：叢刊本作「韵」。酬：四庫本作「酧」。〔二〕初：明鈔本、四庫本作「催」，曹批「竹垞傳鈔本亦作『催』」。〔三〕笑：叢刊本作「咲」。〔四〕歸：叢刊本作「帰」。

眞：四庫本、叢刊本作「真」。〔五〕緑：四庫本作「綠」。髩：四庫本作「鬓」，叢刊本作「鬓」。〔六〕醉：叢刊本作「醉」。

滿江紅

重陽賞菊，時余已除代

一朵黄花，先催報、秋歸消息〔一〕。滿芳枝凝露，爲誰裝飾。便向樽前拚醉倒〔二〕，古今同是東籬側。問何須、特地賦歸來〔三〕，拋彭澤。回首去，年時節〔四〕。開口笑〔五〕，眞難得〔六〕。使君今郡更〔七〕，自成行客。霜髩不辭重插滿〔八〕，他年此會何人憶。記多情、曾伴小欄干〔九〕，親攀摘。

【校記】

〔一〕〔三〕歸：叢刊本作「歸」。〔二〕醉：叢刊本作「醉」。〔四〕回：叢刊本作「回」。〔五〕笑：叢刊本作「咲」。〔六〕眞：四庫本、叢刊本作「真」。〔七〕郡：秦刻本注「一作『那』」。〔八〕髩：四庫本作「鬢」，叢刊本作「鬓」。辭：叢刊本作「辞」。〔九〕欄：竹垞傳鈔本作「闌」。

又

雪後郊原，煙林靜、梅花初坼〔一〕。春初半、猶是探春消息〔二〕。一眼平蕪看不盡，夜來小雨催新碧。笑去年、攜酒折花時〔三〕，君應識〔四〕。蘭舟漾，城南陌。雲影淡，天容窄。繞風漪十頃，暎浮晴色〔五〕。恰似槎頭收釣處，坐中仍有江南客。問何如、兩槳下苕溪〔六〕，吞雲澤。

【校記】

〔一〕煙：四庫本、叢刊本作「烟」。坼：四庫本、叢刊本作「折」。〔二〕初：叢刊本鮑校作「欲」。是：四庫本、叢刊本作「自」。〔三〕笑：叢刊本作「咲」。攜：四庫本、叢刊本作「携」。時：秦刻本注「一作『人』」。〔四〕君：秦刻本注「一作『花』」。

〔五〕暎：竹垞傳鈔本、四庫本、叢刊本作「暖」。〔六〕秦刻本「問」前有「試與」二字，并注「諸家詞皆三字一句，『試與』二字當衍」，四庫本無，據改。

點絳唇

晚出刀山榭，春初植蘭榭側，近復生紫芝二本〔一〕

高柳蕭蕭〔二〕，睡餘已覺西風勁。小窗人靜〔三〕。淅瀝生秋聽。底事多情，欲與流年競。殘雲暝。墜巾慵整〔四〕。獨立芝蘭徑。

【校記】

〔一〕秦刻本注「案『刀』字疑誤。一本無『刀』字」。四庫本「榭、春」作「謝、眷」。〔二〕高：四庫本、叢刊本作「高」。〔三〕窗：四庫本作「牕」，叢刊本作「窓」。〔四〕巾：叢刊本作「中」，鮑校作「巾」。

又

紹興乙卯，登絶頂小亭

縹緲危亭，笑談獨在千峰上〔一〕。與誰同賞。萬里横煙浪〔二〕。老去情懷，猶作天涯想。空惆悵。少年豪放。莫似衰翁樣。

【校記】

〔一〕笑：叢刊本作「咲」。〔二〕煙：四庫本、叢刊本作「烟」。

南歌子

四月二十六日，集客臨芳觀〔一〕

麥隴深初轉，桃溪曲漸成。綠槐重疊午陰清〔二〕。更有榴花一朵、照人明〔三〕。

畫棟清微暑〔四〕，疎簾入晚晴。請君坐待縠紋平。看取紅幢綠蓋、引前旌〔五〕。

【校記】

〔一〕觀：叢刊本作「观」。　〔二〕緑：四庫本作「緑」。　疊：四庫本作「疊」，叢刊本作「叠」。　〔三〕櫺：四庫本、叢刊本作「欞」。　〔四〕畫：叢刊本作「画」。　〔五〕綠：四庫本作「緑」。　葢：叢刊本作「盖」。

鷓鴣天　十二月二十二日，同許幹譽賞梅

不怕微霜點玉肌。恨無流水照冰姿。與君著意從頭看〔一〕，初見今年第一枝。人醉後〔二〕，雪晴時。江南春色寄來遲。使君本是花前客，莫怪殷勤爲賦詩〔三〕。

【校記】

〔一〕著：四庫本、叢刊本作「着」。　〔二〕醉：叢刊本作「酔」。　〔三〕怪：叢刊本作「恠」。　殷勤：四庫本作「慇懃」。

又　元夕次幹譽韻〔一〕

夾路行歌盡落梅〔二〕。篆煙香細裊寒灰〔三〕。雲移碧海三山近，月破中天九陌開。　追樂事，惜多才〔四〕。車聲遥聽走晴雷。十年夢斷鈞天奏，猶記流霞醉後杯〔五〕。

【校記】

〔一〕幹：四庫本作「韓」。〔二〕盡落：竹垞傳鈔本、叢刊本作「落盡」，曹批「明鈔本亦作『落盡』」。〔三〕煙：四庫本、叢刊本作「烟」。〔四〕惜：竹垞傳鈔本作「借」。〔五〕醉：叢刊本作「酔」。

虞美人　雨後同幹譽、才卿置酒林檎花下〔一〕

落花已作風前舞。又送黄昏雨。曉來庭院半殘紅。惟有遊絲千丈、裊晴空〔二〕。　殷勤花下重攜手〔三〕。更盡杯中酒。美人不用斂歌眉〔四〕。我亦多情無奈、酒闌時。

【校記】

〔一〕譽：叢刊本作「詟」。　才：四庫本作「方」。　卿：叢刊本作「御」，鮑校作「卿」。

〔二〕遊：四庫本、叢刊本作「游」。　〔三〕殷勤：四庫本作「慇懃」。　攜：四庫本、叢刊本作「携」。　〔四〕歛：四庫本作「斂」。

【輯評】

楊慎《詞品》卷之四：《虞美人》「落花已作風前舞」，皆其詞之入選者也。英英獨照者。

又　極目亭望西山

翻翻翠葉梧桐老。雨後涼生早。葛巾藜杖正關情〔一〕。莫遣繁蟬容易、作秋聲。遙空不盡青天去。一抹殘霞暮。病餘無力厭躋攀。爲寄曲欄幽意、到西山。

【校記】

〔一〕關：四庫本作「闗」，叢刊本作「関」。

又　上巳席上

一聲鶗鴂催春晚。芳草連空遠。年年遺恨怨殘紅〔一〕。可是無情容易、愛隨茂林修竹山陰道。千載誰重到。半湖流水夕陽前。猶有一觴一詠、似當年。

【校記】

〔一〕恨：叢刊本校補。〔二〕隨：叢刊本作「随」。

又

二月，小雨達旦，西園獨卧〔一〕，寒甚不能寐。時窗前梨花將謝〔二〕

數聲微雨風驚曉〔三〕。燭影欹殘照。客愁不耐五更寒〔四〕。明日梨花開盡、有誰看。追尋猶記清明近。爲向花邊問。東風正使解欺儂。不道花應有恨、也忽忽。

【校記】

〔一〕園：竹垞傳鈔本作「闗」，曹批「明鈔本亦作『闗』」。四庫本作「闗」，叢刊本作「関」。

〔二〕窗：四庫本作「牕」，叢刊本作「窓」。〔三〕數：叢刊本作「数」。〔四〕耐：竹垞傳鈔本作「索」，曹批「明鈔本亦作『索』，『索』疑『奈』字草書之譌」。叢刊本作「索」，鮑校作「奈」，四庫本作「奈」。

卜算子〔一〕　三月八日夜〔二〕，鳳凰亭納涼

新月掛林梢，暗水鳴枯沼。時見疎星落畫簷〔三〕，幾點流螢小〔四〕。　歸意了無多〔五〕，故作連環繞。欲寄新聲問採菱，水濶煙波渺〔六〕。

【校記】

〔一〕算：四庫本作「筭」。　〔二〕曹批「竹垞傳鈔本此題『三月一日』，按詞中情景，右改『八月三日』，明鈔本卻是『三月八日』，恐沿誤久矣」。　〔三〕畫：叢刊本作「画」。　〔四〕螢：叢刊本作「蛍」。　〔五〕歸：叢刊本作「皈」。　〔六〕煙：四庫本、叢刊本作「烟」。

木蘭花　二月十六日晚〔一〕，雨，集客湖上

花殘卻似春留戀〔二〕。幾日餘寒吹酒面。濕煙不隔柳條青〔三〕，小雨池塘初有燕。　波光縱使明如練。可奈落紅紛似霰〔四〕。解將心事訴東風〔五〕，只有流鶯千種囀。

【校記】

〔一〕曹批「明鈔本作『二月二十六日』，竹垞傳鈔本亦作『二月二十六日』」。四庫本作「二十六

日」。〔二〕卻：四庫本、叢刊本作「却」。　畱：四庫本作「留」，叢刊本作「畱」。
〔三〕濕：叢刊本作「湿」。　煙：四庫本、叢刊本作「烟」。　〔四〕紛：叢刊本作「粉」。
〔五〕解：叢刊本作「鮮」。

減字木蘭花〔一〕

前村夜半。每爲江梅腸欲斷。淺紫深紅。誰信漫天雪裏逢。　醉頭扶起。宿酒闌干猶困倚。便莫催殘〔二〕。明日東風爲掃看。

【校記】

〔一〕叢刊本鮑校補題「雪中賞牡丹」。　〔二〕便：四庫本作「更」。

滿庭芳　次舊韻荅蔡州王道濟見寄〔一〕

一曲離歌，煙村人去〔二〕，馬頭微雪新晴。隔年光景，回首近清明〔三〕。斷送殘花又老。春波靜、湖水初平〔四〕。誰重到，雕欄盡日，遥想畫橋横〔五〕。　高城〔六〕。凝望久，何人爲我，重唱餘聲。問桃李如今，幾處陰成。老去從游似夢，樽前事、空有經行。猶能記，殷勤寄語〔七〕，多謝故人情。

【校記】

〔一〕韻：叢刊本作「韵」。　荅：四庫本作「答」。　〔二〕煙：四庫本、叢刊本作「烟」。　〔三〕回：叢刊本作「囬」。　〔四〕靜：明鈔本、四庫本作「淨」，曹批「竹垞傳鈔本亦作『淨』」。　〔五〕畫：叢刊本作「画」。　橋：叢刊本無，鮑校補。　〔六〕高：四庫本、叢刊本作「高」。　〔七〕殷勤：四庫本作「慇懃」。

醉蓬萊

辛丑寓楚州，上巳日有懷許下西湖，作此詞寄曾存之、王仲弓

問春風何事，斷送繁紅，便拚歸去〔一〕。牢落征塗，笑行人羈旅。一曲陽關〔二〕，斷雲殘靄，做渭城朝雨。欲寄離愁，綠陰千囀〔三〕，黃鸝空語。遙想湖邊，浪搖空翠，絃管風高〔四〕，亂花飛絮〔五〕。曲水流觴，有山翁行處〔六〕。翠袖朱闌〔七〕，故人應也，弄畫船煙浦〔八〕。會寫相思，樽前爲我，重翻新句。

【校記】

〔一〕歸：叢刊本作「歸」。　〔二〕關：四庫本作「關」，叢刊本作「関」。　〔三〕綠：四庫本、叢刊本作「緑」。　〔四〕風高：叢刊本原作「高風」，校作「風高」，四庫本作「高風」。　〔五〕亂：叢刊本作「乱」。　〔六〕翁：叢刊本鮑校作「公」。　〔七〕闌：四庫本、叢

刊本作「欄」。〔八〕弄：四庫本作「美」。畫：叢刊本作「画」。煙：四庫本、叢刊本作「烟」。

臨江仙　癸卯，次葛魯卿法華山勸酒韻〔一〕

山半飛泉鳴玉珮，回波倒捲鮮鱗〔二〕。醉巾聊濯十年塵〔三〕。青山應卻怪〔四〕，此段久無人。行樂應須賢太守，風光過眼逡巡〔五〕。不辭常作坐中賓〔六〕。只愁花解笑〔七〕，衰髩不宜春〔八〕。

【校記】

〔一〕韻：叢刊本作「韵」。〔二〕回：叢刊本作「囬」。捲：叢刊本作「卷」。鮮鱗：竹垞傳鈔本、四庫本作「鱗鱗」，曹批「明鈔本亦作『鱗鱗』」；叢刊本原作「鮮鮮」，鮑校作「粼粼」。〔三〕醉：叢刊本鮑校作「解」。〔四〕卻：四庫本、叢刊本作「却」。〔五〕光：四庫本作「流」。〔六〕辭：叢刊本作「辞」。〔七〕解：叢刊本作「觧」。〔八〕髩：四庫本作「鬢」。

定風波 七月望，趙倅置酒，與魯卿同泛酒，登駱駝橋待月

千步長虹跨碧流。兩山浮影轉螭頭。付與詩人都總領〔一〕。風景。更逢仙客下瀛洲。　嫋嫋凉風吹汗漫。平岸。遥空新卷絳河收。卻怪嫦娥眞好事〔二〕。須記。探支明月作中秋。

【校記】

〔一〕與：叢刊本作「与」。總：叢刊本作「捻」。〔二〕卻：四庫本、叢刊本作「却」。嫦：竹垞傳鈔本、叢刊本作「常」。眞：四庫本、叢刊本作「真」。

又 魯卿見和，復荅〔一〕

斜漢初看素月流。坐驚金餅出雲頭。華髮蕭然吹素領。光景。何妨分付屬滄洲。　莫待霜花飄爛熳。蘋岸。更憑佳句盡拘收。解與破除消萬事〔二〕。誰記。一樽同得二年秋〔三〕。

【校記】

〔一〕荅：四庫本作「答」。〔二〕解與：叢刊本作「鮮与」。〔三〕同：竹垞傳鈔本作

「今」，曹批「明鈔本『今』作『同』」。

八聲甘州

甲辰，承詔堂知止亭初畢工，劉無言相過作〔一〕

寄知還倦鳥，對飛雲、無心兩難齊。漫飄然欲去，悠然且止，依舊山西。十畝荒園未徧〔二〕，趂雨卻鋤犂〔三〕。敢忘隣家約〔四〕，有酒同攜〔五〕。況是嵓前新創，帶小軒橫絶，松桂成蹊。試憑高東望〔六〕，雲海與天低〔七〕。送滄波、浮空千里〔八〕，照斷霞、明滅卷晴霓〔九〕。君休笑、此生心事，老更沉迷。

【校記】

〔一〕劉：叢刊本作「刘」。〔二〕畝：叢刊本作「亩」。〔三〕卻：叢刊本作「却」。〔四〕鋤：四庫本作「鉏」。〔四〕家：叢刊本鮑校作「翁」。〔五〕攜：四庫本、叢刊本作「携」。〔六〕高：四庫本作「高」。〔七〕與：叢刊本作「与」。〔八〕滄：叢刊本多一「滄」字。〔九〕霓：明鈔本、四庫本、叢刊本作「蜺」，曹批「竹垞傳鈔本亦作『蜺』」。

水龍吟

八月十三日，與强少逸遊道場山〔一〕，放舟中流〔二〕，命工吹笛〔三〕，舟尾迎月歸〔四〕

㭁樓橫笛孤吹〔五〕，暮雲散盡天如水。人間底事，忽驚飛墮〔六〕，冰壺千里。玉樹風清，慢披遥卷，與天無際。料嫦娥此夜〔七〕，殷勤偏照〔八〕，知人在，千山裏。　常恨孤光易轉。仗多情、使君料理。一盃起舞〔九〕，曲終須寄，狂歌重倚。爲問飄流，幾逢清影，有誰同記。但尊中有酒，長追舊事，拚年年醉〔一〇〕。

【校記】

〔一〕與：叢刊本作「与」。　遊：叢刊本作「遊」。　〔二〕曹批「明鈔本作『遊道場山，小方舟中流』，『小方』疑『下放』之譌」。竹垞傳鈔本同」。四庫本亦同。叢刊本删去「小」。　〔三〕命：叢刊本作「㑹」。　〔四〕歸：叢刊本作「歸」。　〔五〕梔：四庫本作「柁」。　〔六〕墮：叢刊本作「堕」。　〔七〕嫦：竹垞傳鈔本、叢刊本作「常」。　〔八〕殷勤：四庫本作「慇懃」。　偏：明鈔本、四庫本、叢刊本作「徧」，曹批「竹垞傳鈔本亦作『徧』」。　〔九〕盃：四庫本、叢刊本作「杯」。　〔一〇〕拚：竹垞傳鈔本、四庫本、叢刊本作「判」。

卜筭子　木芙蓉九日旦盛開作

小雨洗新粧，黯黯驚衰眼。不趂東風取次開，待得清霜晚。　曲港照回流〔一〕，影亂微波淺〔二〕。作態低昂好自持，水闊煙林遠〔三〕。

【校記】

〔一〕回：叢刊本作「囬」。〔二〕亂：叢刊本作「乱」。〔三〕煙：四庫本、叢刊本作「烟」。

水調歌頭　癸丑中秋作

河漢下平野，香霧捲西風〔一〕。倚空千嶂橫起，銀闕正當中。常恨年年此夜，醉倒歌呼誰和，何事偶君同。莫恨歲將晚，容易感梧桐。

試爲，問天公。遙知玉斧初斵〔三〕，重到廣寒宮。付與孤光千里〔四〕，不遣微雲點綴，爲我洗長空。老去狂猶在，應未笑衰翁。

【校記】

〔一〕捲：四庫本、叢刊本作「卷」。〔二〕清：叢刊本校補。〔三〕斵：四庫本作「斲」。

〔四〕與：叢刊本作「与」。曹批「竹垞傳鈔本作『付與孤光萬千里』，疑『萬千』二字必有一衍，不敢據信秦刻也」。四庫本作「付與孤光萬千里」。

又

秋色漸將晚，霜信報黃花。小窗低戶深映〔一〕，微路遶欹斜〔二〕。爲問山翁何事〔三〕，坐看流年輕度，拚卻髩雙華〔四〕。徙倚望滄海，天靜水明霞。念平昔，空飄蕩，偏天涯。歸來三徑重掃〔五〕，松竹本吾家。卻恨悲風時起〔六〕，冉冉雲間新雁，邊馬怨鳴笳。誰似東山老，談笑靜胡沙〔七〕。

【校記】

〔一〕窗：四庫本作「牕」，叢刊本作「窓」。〔二〕欹：叢刊本作「歌」。〔三〕翁：叢刊本鮑校作「公」。〔四〕〔六〕卻：四庫本、叢刊本作「却」。髩：四庫本作「鬢」，叢刊本作「鬓」。雙：叢刊本作「雙」。〔五〕歸：叢刊本作「𢁉」。〔七〕胡：四庫本作「塵」。

臨江仙　西園右春亭新成作

手種千株桃李樹〔一〕，參差半已成陰。主人何事馬駸駸。一年江海路，空負種花心。試向中間安小檻，此還長要追尋。卻驚搖落動悲吟〔二〕。春歸知早晚〔三〕，爲我變層林〔四〕。

【校記】

〔一〕種：叢刊本作「擕」，鮑校作「種」。四庫本作「植」。〔二〕卻：四庫本、叢刊本作「却」。〔三〕歸：叢刊本作「𢁉」。〔四〕變：叢刊本作「变」。

又 乙卯八月九日，南山絶頂作臺新成〔一〕，與客賞月作〔二〕

絶頂參差千嶂列〔三〕，不知空水相浮。下臨湖海見三州。落霞横晚景，爲客小遲留〔四〕。　卷盡微雲天更濶，此行不負清秋。莫驚河漢近人流。青霄元有路，一笑倚瓊樓〔五〕。

【校記】

〔一〕臺：叢刊本作「臺」。　〔二〕與：叢刊本作「与」。　〔三〕頂：四庫本作「嶺」。

〔四〕留：四庫本作「留」，叢刊本作「畱」。　〔五〕樓：叢刊本作「楼」。

又 明日，與客復登臺〔一〕，再用前韻〔二〕

一醉三年那易得〔三〕，應須大白同浮。已知絶景是吾州。常娥仍有意〔四〕，更肯爲人留〔五〕。　萬籟無聲遥夜永〔六〕，人間未識清秋。從來我客盡風流〔七〕。故知憐老子，尤勝在南樓〔八〕。

【校記】

〔一〕與：叢刊本作「与」。　臺：叢刊本作「臺」。　〔二〕韻：叢刊本作「韵」。　〔三〕醉：

叢刊本作「醉」。　〔四〕常：四庫本作「嫦」。　〔五〕畱：四庫本作「留」，叢刊本作「畱」。〔六〕永：叢刊本作「咏」，校作「永」。　〔七〕來：叢刊本作「来」。　〔八〕在：叢刊本作「住」，鮑校作「在」。　樓：叢刊本作「楼」。

又

明日小雨，已而風大作，復晚晴，遂見月，與客再登〔一〕

卷地驚風吹雨去，卻看香霧輕浮〔二〕。遥知清影徧南州〔三〕。萬峯横玉立〔四〕，誰爲此山畱〔五〕。　邂逅一歡須共惜〔六〕，年年長記今秋〔七〕。平生江海恨飄流。元龍眞老嬾〔八〕，無意卧高樓〔九〕。

【校記】

〔一〕與：叢刊本作「与」。　〔二〕卻：四庫本、叢刊本作「却」。　〔三〕州：四庫本作「洲」。〔四〕峯：四庫本、叢刊本作「峰」。　〔五〕畱：四庫本作「留」，叢刊本作「畱」。　〔六〕邂逅：四庫本作「解后」。　〔七〕記：四庫本作「説」。　〔八〕眞：四庫本、叢刊本作「真」。嬾：四庫本、叢刊本作「懶」。　〔九〕高：四庫本作「髙」。

又

去歲中秋，商山臺初成〔一〕，與徐敦立氏昆仲連三日極飲其上〔二〕，月色達旦無纖雲。當作《臨江仙》三首。今歲敦立在館中〔三〕，招章兟道、朱三復會詔芳亭〔四〕，追懷去年之集〔五〕，復用舊韻作〔六〕

一醉年年今夜月，酒船聊更同浮〔七〕。恨無羯鼓打梁州。遺聲猶好在，風景一時留〔八〕。　老去狂歌君勿笑，已拚雙鬢成秋〔九〕。會須擊節泝中流。一聲雲外笛，驚看水明樓〔一〇〕。

右贈坐客。世傳梁州西涼府初進此曲，會明皇游月宮還，記霓裳之音適相近〔一一〕，因作羽衣曲，以梁州名之。是夕，約諸君明夜泛舟，故云。

【校記】

〔一〕商：四庫本作「南」。　臺：叢刊本作「臺」。　〔二〕與：叢刊本作「与」。　日：叢刊本作「月」。　〔三〕敦：叢刊本作「登」，誤。　〔四〕兟：叢刊本作「幾」。　朱三：竹垞傳鈔本、四庫本作「與三朱」，曹批「明鈔本亦作『與三朱』」。　〔五〕年：明鈔本作「歲」。　〔六〕韻：叢刊本作「韵」。　〔七〕船：叢刊本作「舡」。　〔八〕留：四庫本作「留」，叢刊本作「留」。　〔九〕雙：叢刊本作「雙」。　鬢：叢刊本作「鬢」。　〔一〇〕樓：叢刊本作「楼」。〔一一〕音：竹垞傳鈔本、四庫本、叢刊本作「聲」，曹批「明鈔本亦作『聲』」。

又

草草一年眞過夢〔一〕，此生不恨萍浮。且令從事到青州。已能從辟穀，那更話封留〔二〕。好月嘗尋當日約〔三〕，故人何啻三秋。瑤琴欲寫竹間流〔四〕。此聲誰解聽〔五〕，空上仲宣樓〔六〕。

【校記】

〔一〕草：叢刊本作「艸」。眞：四庫本、叢刊本作「真」。過：四庫本作「逼」。〔二〕話：四庫本、叢刊本作「詔」。留：四庫本作「留」，叢刊本作「畱」。〔三〕嘗：明鈔本、四庫本、叢刊本作「尚」，曹批「竹垞傳鈔本亦作『尚』」。〔四〕瑤：叢刊本作「瑗」。〔五〕解：叢刊本作「觧」。〔六〕樓：叢刊本作「楼」。

點絳唇

丙辰八月二十七日，雨中與何彥亭小飲〔一〕

山上飛泉，漫流山下知何處。亂雲無數〔二〕。畱得幽人住〔三〕。　深閉柴門，聽盡空簷雨。秋還莫。小窗低戶〔四〕。唯有寒蛩語〔五〕。

【校記】

〔一〕與：叢刊本作「与」。亭：明鈔本作「亭」，叢刊本鮑校作「亭」。〔二〕亂：叢刊本作「乱」。數：叢刊本作「数」。〔三〕留：四庫本作「留」，叢刊本作「留」。〔四〕窗：四庫本作「牕」，叢刊本作「窓」。〔五〕唯：四庫本作「惟」。

菩薩蠻〔一〕 己未五月十七日贈無住道人

經年不踏斜橋路。青山試問誰爲主。密葉轉迴風〔二〕。寒泉落半空。　此間無限興。可便荒三徑。明日下扁舟。滄波莫浪遊。

【校記】

〔一〕蠻：叢刊本作「蛮」。〔二〕迴：叢刊本作「廻」。

鷓鴣天

東坡嘗有詩曰：「荷盡已無擎雨蓋〔一〕，菊殘猶有傲霜枝。一年好景君須記〔二〕，最是橙黄橘緑時〔三〕。」此非吳人，無以知其爲佳也。余居有小池種荷，移植十本于池側〔四〕。每秋晚，常喜誦此句〔五〕，因少增損，以《鷓鴣天》歌之

一曲青山映小池。緑荷陰盡雨離披〔六〕。何人解識秋堪美〔七〕，莫爲悲秋浪賦

詩。

攜濁酒〔八〕，遶東籬。菊殘猶有傲霜枝。一年好處君須記，正是橙黄橘緑時〔九〕。

【校記】

〔一〕蓋：四庫本、叢刊本作「盖」。　〔二〕景：竹坨傳鈔本、四庫本、叢刊本作「處」，曹批「明鈔本亦作『處』」。　〔三〕〔六〕〔九〕綠：四庫本、叢刊本作「緑」。　〔四〕于：四庫本作「於」。　〔五〕常：竹坨傳鈔本作「嘗」。　〔七〕解：叢刊本作「觧」。　〔八〕攜：四庫本、叢刊本作「携」。

【輯評】

李調元《雨村詞話》卷三：葉夢得少藴《鷓鴣天》詞……自注：梁范堅常謂欣成惜敗者，物之情，秋爲萬物成功之時，宋玉作悲秋，非是，乃作美秋賦云。「秋堪美」三字如此不輕下，然何後三句全用東坡詩，只少「荷盡已無擎雨蓋」句耳，如此作詞，太容易也。

趙德麟

趙令時，字德麟。有《聊復集》一卷。

【輯評】

王灼《碧雞漫志》卷第二：趙德麟、李方叔皆東坡客，其氣味殊不近，趙婉而李俊，各有所長。晚年皆荒醉汝潁京洛間，時時出滑稽語。

王奕清等《歷代詞話》卷六引苕溪漁隱：王直方詩話云「白藕作花風已秋。不堪殘睡更回頭。晚雲帶雨歸飛急，去做西窗一夜愁。」此趙德麟細君王氏所作也。德麟鰥居，因見此詩，遂與之爲姻。則此詩乃二十八字媒也。德麟贈以小詞，有「臉薄難藏淚，眉長易覺愁」之句，人多稱之。乃用《香奩集》中「桃花臉薄難藏淚，柳葉眉長易覺愁」之句耳。

張德瀛《詞徵》卷五：趙令時以元微之崔鶯鶯事，譜爲《商調蝶戀花》詞，其詞不載他書，但見於《侯鯖録》。然較鄭彦能、董穎《調笑》，則愈下矣。

天仙子

宿雨洗空臺榭瑩。下盡珠簾寒未定。花開花落幾番晴，春欲竟。愁未醒。池面杏花紅透影。

一紙短書言不盡。明月清風還記省。玉樓香斷又添香，閑展興〔一〕。臨好景。心似亂萍何處整。

【校記】

〔一〕閑：四庫本作「閒」。

浣溪沙

劉平叔出家妓人八人〔一〕，絶藝。乞詞贈之〔二〕。脚絶、歌絶、琴絶、舞絶

穩小弓鞋三寸羅。歌唇清韻一櫻多。燈前秀豔總横波〔三〕。指下鳴泉清杳渺，掌中回旋小婆娑〔四〕。明朝歸路奈情何〔五〕。

【校記】

〔一〕劉：叢刊本作「刘」。人八人：竹垞傳鈔本作「八人之」，曹批「明鈔本作『人八人』」。

〔二〕詞：叢刊本作「調」。〔三〕總：叢刊本作「摠」。〔四〕回：叢刊本作「囬」。

〔五〕歸：叢刊本作「歸」。

菩薩蠻〔一〕

輕鷗欲下春塘浴。雙雙飛破春煙緑〔二〕。兩岸野薔薇。翠籠薫繡衣。凭舡

閒弄水〔三〕。中有相思意。憶得去年時。水邊初别離。

【校記】

〔一〕鸞：叢刊本作「蛮」。〔二〕雙雙：竹坨傳鈔本脱一「雙」。叢刊本作「叏」。煙：四庫本、叢刊本作「烟」。緑：四庫本、叢刊本作「绿」。〔三〕舡：四庫本作「船」。弄：四庫本作「弄」。

又

長淮渺渺寒煙白〔一〕。憑欄人是霜臺客〔二〕。詩句妙春豪。風雲不啻高〔三〕。樽前人已老。餘恨連芳草。一曲酒醒時。梧桐月欲低。

【校記】

〔一〕煙：四庫本作「烟」。〔二〕臺：叢刊本作「臺」。〔三〕高：四庫本作「高」。

又

春風試手先梅蘂。頩姿冷豔明沙水〔一〕。不受衆芳知。端須月與期。清香閑自遠〔二〕。先向釵頭見。雪後燕瑤池。人間第一枝。

【校記】

〔一〕頩：四庫本作「瓊」。〔二〕閑：四庫本作「閒」。

好事近〔一〕

急雨漲谿渾，小樹帶山秋色。輕棹暮天歸路，裊芙蓉煙白〔二〕。酒醒香冷夢回時，蟲聲正淒絶。只覺小窗風月〔三〕，與昨宵都別。

【校記】

〔一〕叢刊本無此詞。〔二〕煙：四庫本作「烟」。〔三〕窗：四庫本作「牕」。

小重山

樓上風和玉漏遲。秋千庭院静、百花飛〔一〕。午窗才起暖金巵〔二〕。勻面了，闌畔看春池。何事苦顰眉。碧雲春信斷、儘來時。鴛鴦游戲鎮相隨。雲霧歛〔三〕，新月掛天西。

【校記】

〔一〕秋千：四庫本作「鞦韆」。〔二〕窗：四庫本作「牕」，叢刊本作「窻」。〔三〕歛：

四庫本作「斂」。

又

雨霽風高天氣清〔一〕。玉盤浮出海、轉空明。小窗簾影冷如冰〔二〕。愁不寐，獨自傍堦行。　情似浪頭輕。一番銷欲盡、一番生。無言惆悵到參横。人欲起，鶤鵊幾聲鳴〔三〕。

【校記】

〔一〕霽：叢刊本作「霧」。高：四庫本作「高」。〔二〕窗：四庫本作「牕」，叢刊本作「窓」。〔三〕鶤：叢刊本作「鴨」。

蝶戀花〔一〕

欲減羅衣寒未去。不捲珠簾，人在深深處。紅杏枝頭花幾許。啼痕止恨清明雨〔二〕。　盡日沉煙香一縷〔三〕。宿雨醒遲〔四〕，惱破春情緒。飛燕又將歸信誤〔五〕。小屏風上西江路。

【校記】

〔一〕戀：叢刊本作「恋」。　〔二〕止：竹垞傳鈔本作「正」。　〔三〕煙：四庫本、叢刊本作「烟」。　〔四〕雨：竹垞傳鈔本、四庫本作「酒」，曹批「明鈔本亦作『雨』」。　〔五〕歸：叢刊本作「帰」。　誤：四庫本作「悮」。

【輯評】

李攀龍《草堂詩餘雋》：托杏寫興，托燕傳情，懷春幾許衷腸。

王奕清等《歷代詞話》卷六引《詞苑》：趙德麟元祐中知行在大宗正事，有《蝶戀花》詞。

又

卷絮風頭寒欲盡。墜粉飄香，日日紅成陣。新酒又添殘酒困。今春不減前春恨。蝶去鶯飛無處問。隔水高樓〔一〕，望斷雙魚信〔二〕。惱亂橫波秋一寸〔三〕，斜陽只與黄昏近〔四〕。

【校記】

〔一〕高：四庫本作「髙」。　樓：叢刊本作「楼」。　〔二〕雙：叢刊本作「雙」。　〔三〕亂：叢刊本作「乱」。　〔四〕與：叢刊本作「与」。

【輯評】

李攀龍《草堂詩餘雋》：此詞妙在寫情語，語不在多，而情更無窮。

沈際飛《草堂詩餘正集》：恨春日又恨黄昏，黄昏滋味更覺難嘗耳。「只與黄昏近」等句，句句沁入毛孔皆透。

西江月

人世一場大夢〔一〕，我生魔了十年〔二〕。明窗千古探遺編〔三〕。不救饑寒一點〔四〕。更被維摩老子，不教此處容言。爐薰清炷坐安禪〔五〕。物物頭頭顯現。

【校記】

〔一〕場：叢刊本作「塲」。〔二〕魔：明鈔本、四庫本作「魘」，曹批「竹垞傳鈔本亦作『魘』」。〔三〕窗：四庫本作「牕」，叢刊本作「窓」。〔四〕饑：竹垞傳鈔本、叢刊本作「飢」，曹批「明鈔本亦作『飢』」。〔五〕禪：叢刊本作「禅」。

滿庭芳

玉枕生凉，金缸傳曉，敗葉飛破清秋。雨餘翻浪〔一〕，渺渺阻行舟。暫繫汀洲側畔，風夜起、荻葉添愁。銀屏遠，龍香漸盡，還似夢揚州〔二〕。更籌。何太永，當年情事，今日堪酬〔三〕。最苦恨紅樓〔四〕，笑我飄浮。爲寄相思細字，教字字、愁蹙眉頭。淒涼久，漁人唱曉，隨月過橫溝〔五〕。

【校記】

〔一〕翻：四庫本、叢刊本作「飜」。〔二〕似：叢刊本作「是」。〔三〕酬：四庫本作「酧」。〔四〕樓：叢刊本作「楼」。〔五〕隨：叢刊本作「随」。溝：叢刊本作「舟」。

清平樂

春風依舊〔一〕。著意隨堤柳〔二〕。搓得蛾兒黃欲就〔三〕。天氣清明時候。去年紫陌青門。今宵雨魄雲魂〔四〕。斷送一生憔悴，只銷幾個黃昏〔五〕。

【校記】

〔一〕舊：叢刊本作「旧」。〔二〕著：叢刊本作「着」。隨：叢刊本作「随」。〔三〕蛾：四庫本作「鵝」。兒：叢刊本作「児」。〔四〕魂：叢刊本作「䰟」。〔五〕個：四庫本、叢刊本作「个」。

【輯評】

葉申薌《本事詞》：劉弇偉明，喪愛妾，頗深騎省之悼。趙德麟戲賦《清平樂》。

思遠人

素玉朝來有好懷〔一〕。一枝梅粉照人開。晴雲欲向盃中起，春色先從臉上來〔二〕。深院落，小樓臺〔三〕。玉盤香篆看徘徊。須知月色撩人恨，數夜春寒不下堦〔四〕。

【校記】

〔一〕〔二〕來：叢刊本作「来」。〔三〕臺：叢刊本作「䑓」。〔四〕數：叢刊本作「数」。

【輯評】

賀裳《皺水軒詞筌》：《鷓鴣天》最多佳辭，《草堂》所載，無一善者。如陸放翁「東鄰鬭草歸來晚，忘卻新傳子夜歌」，趙德麟「須知月色撩人眼，數夜春寒不下堦」……騷騷有詩人之致，選不之及，何也……宋詞多佳，而詩不逮者，亦其力有所分也。

臨江仙　阿方初出

枝上粉香吹欲盡，依前庭院春風。更誰同遶摘芳叢。漏殘金獸冷，信斷錦屏空。　看結燈花愁不睡。酒闌無夢相逢。凄涼長判一生中。不如雲外月，永夜在房櫳。

虞美人　光化道中寄家

畫船穩泛春波渺〔一〕。夕雨寒聲小。紫煙深處數峯横〔二〕。驚起一灘鷗鷺、照川明。　雨樓今夜歸期誤〔三〕。恨入欄干暮〔四〕。可堪春事滿春懷。不似珠簾新燕、早歸來〔五〕。

【校記】

〔一〕畫船：叢刊本作「画舡」。　〔二〕煙：四庫本、叢刊本作「烟」。　數：叢刊本作「数」。　峯：四庫本、叢刊本作「峰」。　〔三〕雨：竹垞傳鈔本、叢刊本作「西」，曹批「明鈔本『西』作『雨』」。　歸：叢刊本作「帰」。　〔四〕欄：竹垞傳鈔本作「闌」。　〔五〕歸：叢刊本作「帰」。

浣溪沙　王晉卿筵上作

風急花飛晝掩門。一簾殘雨滴黃昏〔一〕。便無離恨也銷魂。翠被任熏終不暖，玉盃慵舉幾番溫。箇般情事與誰論。

【校記】

〔一〕簾：叢刊本作「篆」，鮑校作「簾」；四庫本作「簷」。

又

槐柳春餘綠漲天〔一〕。酒旗高插夕陽邊〔二〕。誰家墻裏笑鞦韆〔三〕。往事不堪樓上看〔四〕，新愁多向曲中傳。此情銷得是何年。

【校記】

〔一〕綠：四庫本作「渌」，叢刊本作「緑」。〔二〕高：四庫本作「高」。〔三〕裏：叢刊本作「裡」。韆：叢刊本作「千」。〔四〕樓：叢刊本作「楼」。

又

一朵夢雲驚曉鴉。數枝春雨帶梨花〔一〕。坐來殘月冷牕紗〔二〕。釵鳳謾曾留得半〔三〕，枕山猶是枕時斜。對花今日奈天涯。

【校記】

〔一〕數：叢刊本作「数」。〔二〕來：叢刊本作「来」。〔三〕畱：四庫本作「留」，叢刊本作「畄」。

又

水滿池塘花滿枝。亂香深裹語黃鸝〔一〕。東風輕軟弄簾幃〔二〕。日正長時春夢短，燕交飛處柳煙低〔三〕。玉窗紅子鬬碁時〔四〕。

【校記】

〔一〕亂：叢刊本作「乱」。裹：叢刊本作「裡」。〔二〕弄：四庫本作「美」。〔三〕煙：四庫本、叢刊本作「烟」。〔四〕窗：四庫本作「牕」，叢刊本作「窓」。碁：四庫本作「棊」。

又

少日懷山老住山。一官休務得身閑〔一〕。幾年食息白雲間〔二〕。似我樂來眞是少〔三〕，見人忙處不相關〔四〕。養眞高靜出塵寰〔五〕。

【校記】

〔一〕閑：四庫本作「閒」。〔二〕白：叢刊本作「向」。〔三〕來：叢刊本作「来」。〔四〕關：四庫本作「闗」，叢刊本作「関」。〔五〕眞：四庫本、叢刊本作「真」。高：四庫本、叢刊本作「髙」。

鷓鴣天

前改張文潛詩〔一〕，但有此四句〔二〕，正爲咸平劉生作〔三〕。余作後改爲《鷓鴣天》贈之

可是相逢意便深。爲郎巧笑不須金。門前一尺春風髻，窗內三更夜雨衾〔四〕。情渺渺，信沉沉。青鸞無路寄芳音〔五〕。山城鐘鼓愁難聽〔六〕。不解襄王夢裏尋〔七〕。

【校記】

〔一〕改：竹垞傳鈔本、四庫本小序中兩「改」字均作「段」，曹批「明鈔本亦皆作『段』」。〔二〕四：四庫本無。〔三〕劉：叢刊本作「刘」。〔四〕窗：四庫本作「牕」，叢刊本作「窓」。〔五〕鸞：叢刊本作「鵉」。〔六〕鐘：秦刻本作「鍾」誤，據四庫本改。〔七〕解：叢刊本作「觧」。裏：叢刊本作「裡」。

又

藍良輔知閣〔一〕，舟中晚坐會上作〔二〕

麝發雕爐小袖籠。天教我輩此時同。櫞經霜重香方滿〔三〕，菊到秋深色自濃。船檻內〔四〕，月明中。插花歸去莫匆匆〔五〕。人生更在艱難內，勝事年來不易逢〔六〕。

【校記】

〔一〕閤：明鈔本、叢刊本作「閣」，曹批「竹垞傳鈔本亦作『閣』」。〔二〕會：叢刊本作「会」。〔三〕櫞：竹垞傳鈔本、叢刊本作「棖」，曹批「明鈔本亦作『棖』，宋本於『橙』字每作『棖』」；四庫本作「橙」。〔四〕船：叢刊本作「舡」。〔五〕歸：叢刊本作「歸」。〔六〕來：叢刊本作「来」。

王履道

王安中，字履道，中山人。有《初寮集》七十四卷，《初寮詞》一卷。

【輯評】

王灼《碧雞漫志》卷第二：王輔道、履道善作一種俊語，其失在輕浮。輔道誇捷敏，故或有不縝密。

楊慎《詞品》卷之三：王初寮，字安中，名履道。初爲東坡門下士，詩文頗得膏腴。其詞有「椽燭垂珠清漏長，遲留春筍緩催觴」之句。又「天與麟符行樂分。緩帶輕裘，雅宴催雲鬢。翠霧縈紆銷篆印。箏聲恰度秋鴻陣」。爲時所稱。其後附蔡京，遂叛東坡，其人不足道也。

沈雄《古今詞話·詞評》上卷引《古今詞話》：安中名履道，宣和四年翰林，始爲東坡門下士。金人來歸，受慶遠節度使。郭藥師將叛，求召還。紹興初復附蔡京。有《初寮詞》。

李調元《雨村詞話》卷三：王安中《初寮詞》，人甚稱其「安陽好」九闋，（六花冬詞）六闋，俱有口號。然安陽祇敘人物風土，而鴛瓦飛甍，層見疊出，了無意味。六花如「雲破月來花下住」，襲張三影句，而以「下住」二字代之，真仙凡別矣。九闋六闋，無一足採，宜乎初爲東坡門下士，其後附蔡叛蘇也。周益公稱其詩文似坡公暮年，殆無目者。

臨江仙

鳳撥鵾絃鳴永夜，眞疑人在潯陽〔一〕。輕雲薄霧隔新粧。但聽兒女語，倏忽變軒昂〔二〕。且看金泥花鄣面〔三〕，指痕初印紅桑。幾多餘煖與眞香〔四〕。移船猶自可〔五〕，卷幕又何妨。

【校記】

〔一〕眞疑：四庫本、叢刊本作「興疑」，曹批「明鈔本作『興疑』」。〔二〕變：叢刊本作「变」。〔三〕泥：叢刊本作「屋」，鮑校作「泥」。〔四〕煖：竹垞傳鈔本、四庫本、叢刊本作「暖」。眞：四庫本、叢刊本作「真」。〔五〕船：叢刊本作「舡」。

【輯評】

葉申薌《本事詞》卷上：王初寮在賀州劉帥家，聽隔簾琵琶，因戲賦《臨江仙》。

清平樂

煙雲千里，一抹西山翠。碧瓦紅樓山對起。樓下飛花流水。錦堂風月依然。後池蓮葉田田。縹緲貫珠歌裏，從容倒玉樽前。

御街行　謝賜衣襖〔一〕

清霜飛入蓬萊殿。別進雲裘軟。卻回宸意□多寒〔二〕，詔語日邊親遣。冰蠶綿厚，金雕錦好〔三〕，永夜縫宮線。紅旌絳旆迎星傳〔四〕，喜氣歡聲遠。廟堂勳舊使臺賢〔五〕，領袖坐中爭絢〔六〕。天香馥馥，君恩歲歲，一醉春生面〔七〕。

【校記】

〔一〕襖：四庫本、叢刊本作「袄」。　〔二〕卻：四庫本、叢刊本作「却」。　回：叢刊本作「回」。　□：秦刻本注「《初寮詞》作『念』」。四庫本無，「意」接「多」。曹批「竹垞傳鈔本『宸意』下脱『□』」。　〔三〕雕：四庫本作「鵰」。　錦：四庫本、叢刊本無，曹批「竹垞傳鈔本『金雕』下脱『錦』字」。　〔四〕旌：竹垞傳鈔本作「旗」。　〔五〕勳：四庫本作「勛」。臺：叢刊本作「臺」。　〔六〕領袖：明鈔本、四庫本、叢刊本作「袖領」，曹批「竹垞傳鈔本亦作『袖領』」。　〔七〕醉：叢刊本作「醉」。

木蘭花　送耿太尉

堯天雨露承新詔。珂馬風生趨急召〔一〕。玉符曾將虎牙軍，金殿還陞龍尾道。

征西鎮北功成早〔二〕。仗鉞登臺今未老〔三〕。樽前休更説燕然，且聽陽關三疊了〔四〕。

【校記】

〔一〕趨：四庫本、叢刊本作「趍」。〔二〕鎮：四庫本、叢刊本作「鎭」。〔三〕仗：叢刊本作「伏」。臺：叢刊本作「臺」。〔四〕關：四庫本作「關」，叢刊本作「関」。疊：四庫本作「疊」，叢刊本作「叠」。

清平樂

花時微雨。未減春分數〔一〕。占取簾疎花密處。把酒聽歌金縷。斜風輕度濃香。閑情正與春長〔二〕。向晚紅燈入坐，嘗新青杏催觴。

【校記】

〔一〕數：叢刊本作「数」。〔二〕閑：四庫本作「閒」。

小重山

椽燭垂珠清漏長〔一〕。酒黏衫袖濕、有餘香〔二〕。紅牙雙捧旋排行〔三〕。將歌處，相向更匀粧。明月映東墻〔四〕。海棠花徑密、迸流光。遲留春笋緩催觴〔五〕。蘭堂靜〔六〕，人已候虛廊。

【校記】

〔一〕椽：四庫本、叢刊本作「椽」。〔二〕濕：叢刊本作「湿」。〔三〕雙：叢刊本作「隻」。〔四〕〔六〕映、蘭：曹批「明鈔本『映』作『應』，『蘭』作『菊』恐誤，竹垞傳鈔本亦作『應』與『菊』」；叢刊本作「應」「菊」，四庫本「蘭」作「菊」。〔五〕留：四庫本作「留」，叢刊本作「畄」。

【輯評】

楊慎《詞品》卷之三：其詞有「椽燭垂珠清漏長，遲留春笋緩催觴」之句。又「天與麟符行樂分。緩帶輕裘，雅宴催雲髩。翠霧縈紆銷篆印。筝聲恰度秋鴻陣」。爲時所稱。

水龍吟

游池作。三月十六日〔一〕，觀水嬉上梁鳳池〔二〕

魏臺長樂坊西〔三〕，畫樓倒影煙波遠〔四〕。東風與染，揉藍春水，灣環清淺。浴鷺翹莎，戲吹飛絮〔五〕，落紅漂卷。爲遊人盛縱，蘭舟綵舫，飛輕棹，凌波面。樂事年來乍見。趂旌旗、古鶯嬌囀〔六〕。追隨況有〔七〕，珠簾紅袖，濃香紺幰。蕭寺高亭〔八〕，茂林斜照，且留芳宴〔九〕。韶華爛〔一〇〕，向樽前放手，作梨花晚。

【校記】

〔一〕六：竹垞傳鈔本、四庫本作「八」，曹批「明鈔本亦作『三月十八日』」。〔二〕秦刻本注「案《初寮詞》云『游御河，並過壓沙寺作』」。〔三〕臺：叢刊本作「臺」。〔四〕晝：叢刊本作「画」。〔五〕秦刻本注「《初寮詞》作『戲魚吹絮』」。〔六〕古：叢刊本作「谷」。〔七〕隨：叢刊本作「随」。〔八〕高：四庫本、叢刊本作「高」。〔九〕留：四庫本作「留」，叢刊本作「畄」。〔一〇〕曹批「竹垞傳鈔本『韶華』上有『香』字，當是『看』字形近而譌，盖汲古閣鈔本《初寮詞》作『看韶華爛向』也。明鈔本亦有『看』字，諦視之，乃『香』字所改」。四庫本亦有「看」。

蝶戀花

翠袖盤花金撚線。曉炙銀簧，勸飲隨深淺〔一〕。複幕重簾誰得見。餘曛微覺紅浮面。　別喚清商開綺宴。玉管雙横〔二〕，抹起梁州遍。白紵歌前寒莫怨。湘梅萼裏春郵遠〔三〕。

【校記】

〔一〕勸：秦刻本注「《初寮詞（底本原无『詞』）》作『歡』」。〔二〕隨：叢刊本作「随」。〔二〕雙：叢刊本作「隻」。〔三〕邮：四庫本、叢刊本作「那」。

又

千古銅臺今莫問〔一〕。流水浮雲，歌舞西陵近。煙柳有情看不盡〔二〕。東風約定年年信。天與麟符行樂分。帶緩裘輕，雅宴催雲鬢〔三〕。翠霧縈紆銷篆印。箏聲恰度秋鴻陣。

【校記】

〔一〕臺：叢刊本作「臺」。〔二〕煙：四庫本、叢刊本作「烟」。〔三〕鬢：叢刊本作「鬓」。

江神子 寄李祖武、翟淳老

荷花遮水水漫溪〔一〕。柳低垂。亂蟬嘶〔二〕。捨轡何妨，臨水照征衣。一扇香風搖不盡，人念遠，意凄迷。騎鯨仙子已相知。數歸期〔三〕。賦新詩。更想翟公，門外雀羅稀。陶令此襟塵幾許，聊欲向，北窗披〔四〕。

【校記】

〔一〕遮：四庫本作「繞」。叢刊本作「遥」。〔二〕亂：叢刊本作「乱」。〔三〕數：叢刊本作「数」。歸：叢刊本作「帰」。〔四〕窗：四庫本作「牕」，叢刊本作「窓」。

虞美人　贈李士美

清商初入昭華琯〔一〕。宮葉秋聲滿。草麻初罷月嬋娟。想見明朝喜色、動天顔。持盃滿勸龍頭客〔二〕。榮遇時方得。詞源三峽瀉瞿塘。便是醉中宣去、也無妨。

【校記】

〔一〕昭：四庫本、叢刊本作「韶」。琯：明鈔本、四庫本、叢刊本作「管」，曹批「竹垞傳鈔本亦作『管』」。〔二〕持：四庫本、叢刊本作「樽」。

洞仙歌〔一〕

深庭夜寂，但凉蟾如晝。鵲起高槐露華透〔二〕。聽曲樓、玉笐吹徹凉州〔三〕，金釧響，軋軋朱扉暗扣。迎人巧笑道，好箇今宵〔四〕，怎不相尋暫攜手〔五〕。

見淡淨晚粧殘，對月偏宜，多情更越、饒纖瘦甚〔六〕。早促分飛霎時休，便恰似陽臺〔七〕，夢雲歸後〔八〕。

【校記】

〔一〕洞：秦刻本作「酒」誤。〔二〕高：四庫本、叢刊本作「高」。〔三〕凉州：秦刻本注「一作『伊州』」，明鈔本、竹垞傳鈔本、四庫本、叢刊本作「伊州」。〔四〕箇：四庫本、叢刊本作「个」。〔五〕攜：四庫本、叢刊本作「携」。〔六〕甚：秦刻本注「一作『怨』」。〔七〕臺：叢刊本作「臺」。〔八〕歸：叢刊本作「歸」。

一絡索〔一〕 送王伯紹帥慶陽

塞柳未傳春信。霜花侵鬢〔二〕。送君西去指秦關〔三〕，看日近、長安近。玉帳同時英俊〔四〕。合離無定。路逢新鴈北飛來〔五〕，寄一字、燕山問。

【校記】

〔一〕絡：四庫本作「落」；叢刊本作「落」，鮑校作「絡」。〔二〕鬢：叢刊本作「鬓」。〔三〕關：四庫本作「闗」，叢刊本作「関」。〔四〕同：叢刊本作「仝」。〔五〕鴈：四庫本作「雁」。飛：竹垞傳鈔本作「南」。

六花隊冬詞《蝶戀花》并口號〔一〕

長春花口號〔二〕

露桃煙杏逐年新〔三〕。回首東風迹已陳。頃刻開花公莫問〔四〕，四時俱好是長春。

詞

曲徑深叢枝裊裊。暈粉揉綿，破萼烘清曉。十二番開寒最好。此花不恨春歸早〔五〕。　霜女飛來紅翠少〔六〕。特地芳菲，絶豔驚衰草。只殢東風終甚了。久長欲伴姮娥老。

【校記】

〔一〕〔二〕號：叢刊本作「号」。〔三〕煙：四庫本、叢刊本作「烟」。〔四〕問：曹批「明鈔本『問』作『愛』，竹垞傳鈔本亦作『愛』」，四庫本作「愛」。〔五〕歸：叢刊本作「帰」。〔六〕來：叢刊本作「来」。

山茶口號〔一〕

無窮芳草度年華。尚有餘寒幾種花。好在朱朱兼白白〔二〕，一天飛雪映山茶。

詞

巧翦明霞成片片〔三〕。欲笑還顰，金蘂依稀見。拾翠人寒粧易淺。濃香别注唇膏點。　竹雀喧喧煙岫遠〔四〕。晚色溟濛〔五〕，六出花飛遍。此際一枝紅緑眩〔六〕。畫工誰畫云屏面〔七〕。

【校記】

〔一〕號：叢刊本作「猇」。〔二〕兼：曹批「明鈔本『兼』作『漸』，竹垞傳鈔本亦作『漸』」；四庫本、叢刊本作「漸」。〔三〕翦：四庫本、叢刊本作「剪」。〔四〕煙：叢刊本作「烟」。〔五〕晚：竹垞傳鈔本、四庫本作「曉」，曹批「明鈔本亦作『曉』」。〔六〕綠：四庫本、叢刊本作「緑」。〔七〕後「畫」：叢刊本作「晝」。

蠟梅口號〔一〕

雪裏園林玉作臺〔二〕。侵寒須認暗香回〔三〕。化工清氣先誰得，風格高奇是蠟梅〔四〕。

詞

翦蠟成梅天著意〔五〕。黄色濃濃，對蕚匀裝綴。百和薰肌香旖旎。仙裳應灑薔薇水。　雪徑相逢人半醉。手折低枝，擁髻雲爭翠。馥蘂撚枝無限思〔六〕。玉眞未洒梨花淚〔七〕。

【校記】

〔一〕蠟：叢刊本作「蝎」。　號：叢刊本作「號」。　〔二〕臺：叢刊本作「臺」。　〔三〕回：四庫本作「囬」。　〔四〕高：四庫本作「高」。　蠟：叢刊本作「蝎」。　〔五〕翦：四庫本、叢刊本作「剪」。　蠟：叢刊本作「蝎」。　著：四庫本、叢刊本作「着」。　〔六〕馥：竹垞傳鈔本、四庫本作「鰒」，曹批「明鈔本『鰒』作『馥』，方知秦刻誤作『馥』字由此；竹垞傳鈔本同，實『鰒』字也」。叢刊本鮑校作「馥」。　〔七〕眞：四庫本、叢刊本作「真」。

紅梅口號

千林臘雪綴瑤瑰〔一〕。晴日南枝暖獨回〔二〕。卻爲和羹尋鼎實〔三〕，未春先發是紅梅。

詞

青玉枝頭紅顆吐〔四〕。粉頰愁寒，濃與燕脂傅。辨杏猜桃君莫誤。天姿不到風流處。雲破月來花上住〔五〕。要共佳人，弄影參差舞〔六〕。只有暗香來繡戶〔七〕。昭華一曲驚吹去。

【校記】

〔一〕臘：叢刊本作「臈」。〔二〕回：叢刊本作「囬」。〔三〕卻：四庫本、叢刊本作「却」。實：叢刊本作「寔」。〔四〕顆：四庫本作「藥」。〔五〕〔七〕來：叢刊本作「来」。〔六〕弄：四庫本作「丢」。

迎春口號〔一〕

年華節物欲爭新。翠袖朱顏一笑頻〔二〕。勾引東風到池館，春花先自有迎春〔三〕。

詞

雪霽花梢春欲到。殘臘迎春〔四〕，一夜花開早。青帝回輿雲縹緲。鮮鮮金雀來飛繞。　繡閣紗窗人嫋嫋〔五〕。翠縷紅絲，鬬翦番兒小〔六〕。戴在花枝爭笑道〔七〕。願人常共春難老。

【校記】

〔一〕號：叢刊本作「虢」。　〔二〕笑：叢刊本作「咲」。　〔三〕秦刻本注「一作『春前花』」，明鈔本作「春前花」。　〔四〕臘：叢刊本作「臈」。　〔五〕窗：四庫本作「牕」，叢刊本作「窓」。　〔六〕鬬：叢刊本作「鬭」。　翦：四庫本、叢刊本作「剪」。　兒：叢刊本作「児」。　〔七〕笑：叢刊本作「咲」。

【輯評】

蔣一葵《堯山堂外紀》卷五五：王安中見迎春花，賦《蝶戀花》詞……安中，建炎中避地于柳，得郡人熊氏園，植桃數百本，號曰小桃源，日賦詩亭下。

小桃口號〔一〕

鴛瓦鋪霜朔吹高〔二〕。畫堂歌筦醉香醪〔三〕。小春特地風光好，嫩粉嬌紅看小桃。

詞

穠豔夭桃春信漏。弄粉飄香〔四〕，楓葉飛丹後。酒入冰肌紅欲透。無言不許羣芳鬭〔五〕。　欄外佳人呵玉手〔六〕。翦落金刀〔七〕，插處濃雲覆。肯與劉郎仙去否〔八〕。武陵回首相思瘦〔九〕。

【校記】

〔一〕號：叢刊本作「骈」。〔二〕高：四庫本作「高」。〔三〕畫：叢刊本作「画」。

筦：四库本作「管」。醉：叢刊本作「酔」。〔四〕弄：四庫本作「美」。〔五〕鬭：

叢刊本作「鬪」。〔六〕呵玉手：秦刻本注「《初寮詞》作『揎翠袖』」。〔七〕翦：四庫本、叢刊本作「剪」。〔八〕與：叢刊本作「与」。劉：叢刊本作「刘」。〔九〕回：叢刊本作「囬」。

晁次膺

晁端禮，字次膺。有《閒適集》一卷。

【輯評】

王灼《碧雞漫志》卷第二：沈公述、李景元、孔方平、處度叔侄、晁次膺、万俟雅言，皆有佳句，就中雅言又絶出。然六人者，源流從柳氏來，病於無韻。

吴曾《能改齋漫録》卷一六《樂府》：政和癸巳，大晟樂成，嘉瑞既至。蔡元長以晁端禮次膺薦於徽宗，招乘驛赴闕。次膺至都，會禁中嘉蓮生，分苞合跌，夐出天造，人意有不能形容者。次膺樂府體屬詞以進，名「并蒂芙蓉」。上攬之稱善，除大晟府協律郎，不克受而卒。其詞曰：「太液波澄，向鑑中照影，芙蓉并蒂。千柄緑荷深，并丹臉争媚。天心眷臨聖日，殿宇分明敞嘉瑞。弄香嗅蕊。顧君主，壽與南山齊比。　池邊屢回翠輦，擁群仙醉賞，憑欄凝思。萼緑攬飛瓊，共波上游戲。西風又看露下，更結雙雙新蓮子。鬭裝競美，問鴛鴦、向誰留意。」

沈雄《古今詞話·詞評》上卷：晁字次膺，崇寧間擢第，宣和間充大晟協律，與万俟雅言按月律進詞。

丁紹儀《聽秋聲館詞話》卷一八：晁端禮以蔡京薦爲大晟府協律，時值河清，獻詞云：「晴景初升風細細。雲收天淡如洗。望外鳳凰城闕，葱葱佳氣。朝罷香煙滿袖，侍臣報、天顔有喜。夜來連得封章，奏大河、徹底清泚。　君主壽與天齊，馨香動、上穹頻降祥瑞。大晟奏功，六樂初調角徵。合殿熏風乍轉，萬花覆、千宫盡醉。内家傳詔，重開宴、未央宫裏。」即以《黄河清慢》名調。京子絛《鐵圍山叢談》謂其音調極美，天下無問遐邇大小，皆争唱之。近日萬氏《詞律》，漏未收采。按葉少藴《避暑録話》言，崇寧初，大樂無徵調，蔡京徇議者請，欲補其闕。教坊大使丁仙現云：「音以久亡，不宜妄作。」京不聽，遂使他工爲之，踰旬得數曲，即《黄河清》之類。京喜極，召衆工按試，使仙現在旁聽之。樂闋，問何如。仙現曰：「曲甚好，只是落韻。」蓋末音寄煞他調，俗所謂落腔是也。詞中六樂初調句，正以諛京。其時朝臣無不從風而靡。仙現一樂工耳，獨矯矯不阿如此，與石工安民不肯刊元祐黨碑，正復相似。噫，是非風節，不在士大夫而在草莽，宋之所以南渡歟。

水龍吟

夜來深雪前村路，應是早梅先綻。故人贈我，江頭春信〔一〕，南枝向暖。疎影横斜，暗香浮動，月明清淺。向庭邊驛畔〔二〕，行人立馬，頻迴首〔三〕，空腸斷。　别有玉溪仙館。壽陽人、初勻粧面。天教占了，百花頭上，和羹未晚。最是關情處〔四〕，高樓上、一聲羌管〔五〕。仗誰人向道，爭如留取〔六〕，倚朱欄看。

【校記】

〔一〕春：曹批「竹垞傳鈔本脱『春』字」。〔二〕畔：叢刊本作「伴」。〔三〕迴：叢刊本作「廻」。〔四〕關：四庫本作「闗」，叢刊本作「関」。〔五〕高：四庫本作「髙」。〔六〕留：四庫本作「留」，叢刊本作「畱」。樓：叢刊本作「楼」。

【輯評】

張侃《拙軒詞話》：晁次膺裁林君復「疎影横斜水清淺、暗香浮動月黄昏」作《水龍吟》，中段三句云：「疎影横斜，暗香浮動，月明清淺。」

又

嶺梅香雪飄零盡，紅杏枝頭猶未。小桃一種，夭饒偏占，春工用意。微噴丹砂，半含朝霧，粉墻低倚。正春寒露井，高樓簾外〔一〕，爭凝睇，東風裏。好是佳人半醉。近横波、一枝嬌媚。元都觀裏〔二〕，武陵溪上，空隨流水〔三〕。惆悵妖紅〔四〕，雨風不定，五更天氣。念當年門裏，如今陌上，洒離人淚〔五〕。

【校記】

〔一〕高：四庫本、叢刊本作「髙」。樓：叢刊本作「楼」。〔二〕元：四庫本作「玄」。

〔三〕隨：叢刊本作「随」。　〔四〕妖：明鈔本、叢刊本作「如」，曹批「竹垞傳鈔本亦作『如』」；四庫本作「餘」。　〔五〕洒：四庫本作「灑」。　淚：四庫本、叢刊本作「泪」。

又〔一〕

小桃零落春將半。雙燕卻來池館〔二〕。名園相倚，初開繁杏，一枝遥見。竹外斜穿，柳間深映，粉愁香怨。任紅欹宋玉，墻頭十里，曾牽惹，人腸斷。嘗記山城斜路。噴清香、日遲風暖。春陰趖後〔三〕，馬前惆悵，滿枝紅淺〔四〕。深院簾垂，雨愁人處，碎紅千片。到明年更發，多應更好，約鄰翁看。

【校記】

〔一〕秦刻本注「別本云『周紫芝作』」。　〔二〕雙：叢刊本作「雙」。　卻：四庫本、叢刊本作「却」。　來：叢刊本作「来」。　〔三〕趖：曹批「明鈔本『趖』作『到』」，四庫本、叢刊本作「到」。　〔四〕紅：秦刻本注「一作『粧』」。

滿庭芳

天與疎慵，人憐憔悴，分甘抛弃簪纓〔一〕。有時乘興，波上葉舟輕。十里横塘過雨，荷香細、蘋末風清。眞如畫〔二〕，殘霞淡日，偏向柳梢明。凝情。塵網外，鱸魚旋鱠，芳酒深傾。又算來、何須身外浮名〔三〕。無限滄浪好景，簑笠下、且遣餘生。長歌去，機心盡矣，鷗鷺莫相驚。

【校記】

〔一〕弃：四庫本作「棄」。〔二〕眞：四庫本、叢刊本作「真」。畫：叢刊本作「画」。

〔三〕算：四庫本、叢刊本作「筭」。來：叢刊本作「来」。

又

綠遶羣峯〔一〕，紅搖千柄，夜來暑雨初收〔二〕。共君乘興〔三〕，輕舸信悠悠。且盡一樽別酒，荷香裏、滿酌輕甌〔四〕。明朝去，征帆夜落，何處好汀洲。風流。吾小阮，朝辭東觀，夕向南州〔五〕。況聖時、爭教賈傅淹留〔六〕。若遇潯陽亭上，琵琶淚、莫灑清秋〔七〕。堤邊柳，從今愛惜，留待繫歸舟〔八〕。

【校記】

〔一〕綠：四庫本、叢刊本作「緑」。羣：叢刊本作「群」。峯：四庫本、叢刊本作「峰」。

〔二〕來：叢刊本作「来」。〔三〕共：四庫本、叢刊本作「若」。〔四〕裏：叢刊本作

「裡」。　甌：竹垞傳鈔本、四庫本、叢刊本作「謳」。　〔五〕州：四庫本、叢刊本作「洲」。〔六〕留：四庫本作「留」，叢刊本作「甾」。　〔七〕淚：四庫本作「泪」。　〔八〕留：四庫本作「留」，叢刊本作「畓」。　歸：叢刊本作「帰」。

又

雪滿貂裘，風搖金轡，笑看錦帶吳鈎。照人青鬢〔一〕，年少定封侯。此去馬蹄何處，山萬疊、濟水南州〔二〕。君知否，盧郎未老，曾是恣狂遊。風流。佳麗地，十年屈指，一夢回頭〔三〕。最難忘、西湖北渚澄秋。玉砌雕欄好在〔四〕，桃共李、曾憶人否〔五〕。衰翁也，多情爲我，將恨寄紅樓。

【校記】

〔一〕鬢：叢刊本作「鬓」。　〔二〕疊：四庫本作「疊」，叢刊本作「叠」。　〔三〕回：叢刊本作「囬」。　〔四〕雕：叢刊本作「彫」。　〔五〕否：竹垞傳鈔本、四庫本、叢刊本作「不」，曹批「明鈔本亦作『不』」。

又

北渚澄瀾，南山凝翠，望中渾是仙鄉〔一〕。萬家煙靄〔二〕，朱戶鎖垂楊〔三〕。好似飛泉漱玉，迴環遍、小曲深坊〔四〕。西風裏，芙蕖帶雨，飄散滿城香。誰似風流微涼。湖上好，橋虹倒影，月練飛光。命玳簪促席，雲鬟分行〔五〕。太守，端解道、春草池塘〔六〕。須畱戀〔七〕，神京縱好，此地也難忘。

【校記】

〔一〕是：四庫本作「似」。〔二〕煙：四庫本、叢刊本作「烟」。〔三〕鎖：明鈔本、四庫本作「鏁」，曹批「竹垞傳鈔本亦作『鏁』」。叢刊本作作「鎖」。〔四〕迴：四庫本作「回」，叢刊本作「廻」。〔五〕鬟：叢刊本作「鬓」。〔六〕解：叢刊本作「觧」。〔七〕畱：四庫本、叢刊本作「留」。

鴨頭綠〔一〕

錦堂深，獸爐一噴沉煙〔二〕。紫檀槽、金泥花面，美人斜抱當筵。掛羅綬、素肌瑩玉，近鸞翅、雲鬟梳蟬〔三〕。玉笋輕籠〔四〕，魚紋細抹，鳳凰飛出四條絃。

碎牙板、煩襟消盡，秋氣滿庭軒。今宵月、依稀向人，欲鬭嬋娟〔五〕。變新聲、能翻往事〔六〕，眼前風景依然。路漫漫、漢妃出塞，夜悄悄，商婦移船〔七〕。馬上愁思，江邊怨感，分明都向曲中傳。困無力、勸人金盞，須要倒垂蓮。拚沉醉、身世恍然〔八〕，一夢遊仙〔九〕。

【校記】

〔一〕叢刊本、四庫本作「緑頭鴨」。〔二〕煙：四庫本作「烟」。〔三〕鸞：叢刊本作「鳶」。〔四〕笄：四庫本、叢刊本作「笴」。〔五〕鬭：叢刊本作「鬪」。翅：四庫本作「迴」。〔四〕笄：四庫本、叢刊本作「笴」。籠：明鈔本作「攏」，曹批「竹垞傳鈔本作『櫳』，迺『攏』之誤」，四庫本作「櫳」。〔五〕鬭：叢刊本作「鬪」。〔六〕變：叢刊本作「变」。翻：四庫本作「飜」。往：叢刊本作「徃」。〔七〕船：叢刊本作「舡」。〔八〕醉：叢刊本作「酔」。〔九〕遊：四庫本、叢刊本作「游」。

又

晚雲收，淡天一片琉璃〔一〕。爛銀盤、來從海底〔二〕，皓色千里澄輝。瑩無塵、素娥澹泞〔三〕，靜可數、丹桂參差〔四〕。玉露初零，金風未凜，一年無似此佳時。向坐久、疎星時度〔五〕，烏鵲正南飛。瑤臺冷、欄干凭暖〔六〕，欲下遲遲。

念佳人、音塵隔後，對此應解相思〔七〕。最關情、漏聲正永〔八〕，暗斷腸、花影潛移。料得來宵，清光未減，陰晴天氣又爭知。共凝戀、如今別後〔九〕，還是隔年期。人縱健、清樽素月〔一〇〕，長願相隨〔一一〕。

【校記】

〔一〕淡：叢刊本鮑校作「紺」。〔二〕來從：叢刊本校作「来從」。〔三〕泞：叢刊本作「伫」。〔四〕數：叢刊本作「数」。〔五〕向：叢刊本鮑校作「露」。星：叢刊本鮑校作「螢」。〔六〕臺：叢刊本作「臺」。〔七〕解：叢刊本作「鮮」。〔八〕闗：四庫本作「闗」，叢刊本作「関」。〔九〕戀：叢刊本作「恋」。〔一〇〕縱：叢刊本鮑校作「强」。健：四庫本作「徤」。〔一一〕隨：叢刊本作「随」。

【輯評】

胡仔《苕溪漁隱詞話》卷二：「中秋詞自東坡《水調歌頭》一出，餘詞盡廢。然其後亦豈無佳詞，如晁次膺《綠頭鴨》一詞，殊清婉。但樽俎間歌喉，以其篇長憚唱，故湮没無聞焉。

清平樂

深沉玉宇。枕簟清無暑。睡起花陰初轉午。一霎飛雲過雨。雨餘隱隱殘雷〔一〕。夕陽卻照庭槐〔二〕。莫把珠簾垂下，妨他雙鷰歸來〔三〕。

【校記】

〔一〕雷：四庫本作「靁」。〔二〕卻：四庫本、叢刊本作「却」。〔三〕雙：叢刊本作「雙」。鷰：竹坨傳鈔本、四庫本作「燕」。歸：叢刊本作「帰」。

【輯評】

黄蘇《蓼園詞評》：按「飛雲過雨」，「殘雷」「夕陽」，總見非清平時候，借燕歸巢，以寄其招隱之心耳。先從清平寫入，「一霎」字斗轉，引起下闋，局法一變，有見幾不俟終日之意。按《詞綜》以此詞爲劉涇作。涇於元符末，管職方郎中，則此詞所指，應指章惇、蔡卞紹之禍，所謂「一霎飛雲過雨」也。黨人難作，日月不停，所謂「隱隱殘雷」也。「夕陽」喻不明也。宣仁太后聽政，召用賢臣，朝野歡騰。太后即世，哲宗信任奸邪。元祐諸賢，貶逐殆盡，謂「莫把珠簾垂下」者，望諸賢歸來也。

况周頤《玉棲述雅》：李易安《如夢令》「昨夜雨疎風驟。濃睡不消殘酒。試問捲簾人，却道海棠依舊。」晁次膺《清平樂》「莫把珠簾垂下，妨他雙燕歸來。」并膾炙人口之句。蘭呂壽華，《浪淘沙》云：「試問海棠知道否，昨夜東風。」《菩薩蠻》云：「莫把繡簾開。怕他雙燕來。」變化前人句意，敏妙無倫。

醉桃源

又是青春將暮。望極桃源歸路〔一〕。洞戶悄無人，空鎖一庭紅雨〔二〕。凝佇。凝佇。人面不知何處。

【校記】

〔一〕歸：叢刊本作「歸」。〔二〕鎖：明鈔本、四庫本作「鏁」，曹批「竹垞傳鈔本亦作『鏁』」；叢刊本作「鎻」。

行香子

別恨綿綿。屈指三年。再相逢、情分依然。君初霜鬢〔一〕，我已華顛〔二〕。況其間，有多少恨，不堪言。小亭幽檻〔三〕。菊蘂斕斑。近清宵、月已嬋娟〔四〕。莫思身外，且鬬樽前〔五〕。願花長好，身長健〔六〕，月長圓。

【校記】

〔一〕鬢：叢刊本作「鬂」。〔二〕顛：四庫本、叢刊本作「顛」。〔三〕亭：四庫本、叢刊本作「庭」。〔四〕清：叢刊本作「消」，鮑校作「秋」。〔五〕鬬：叢刊本作「鬭」。

〔六〕健：四庫本、叢刊本作「徤」。

驀山溪

風流心膽〔一〕。直把春償酒。選得一枝花，綺羅中、算來未有〔二〕。名園翠苑，風月最佳時，夜迢迢，車欸欸，是處曾攜手〔三〕。重來一夢〔四〕，池館皆依舊。幽恨寫新詩，托何人、章臺問柳〔五〕。漁舟歸後〔六〕，雲鎖武陵溪，水潺潺，花片片，艤棹空回首〔七〕。

【校記】

〔一〕膽：四庫本作「胆」。〔二〕算：四庫本、叢刊本作「筭」。來：叢刊本作「来」。

〔三〕攜：叢刊本作「携」。〔四〕來：叢刊本作「来」。〔五〕托：竹垞傳鈔本、四庫本作「託」。臺：叢刊本作「臺」。〔六〕歸：叢刊本作「帰」。〔七〕艤：竹垞傳鈔本作「艤」。回：叢刊本作「囬」。

又

輕衫短帽。重入長安道。屈指十年中，一迴來、一迴漸老〔一〕。朋游在否〔二〕，落托更能無，朱絃悄，知音少，撥斷相思調。花邊柳外，蕭洒愁重到〔三〕。深院鎖春風，悄無人、桃花自笑〔四〕。金釵一股，擬欲問音塵，天杳杳，波渺渺，何處尋蓬島。

【校記】

〔一〕迴：四庫本作「回」。〔二〕游：四庫本作「遊」。〔三〕洒：叢刊本作「灑」。〔四〕笑：叢刊本作「咲」。

菩薩蠻

午陰未轉晴窗暖〔一〕。無風著地楊花滿〔二〕。睡起日猶長。捲簾紅杏香。春心無處定。又作花時病。芳草伴離愁〔三〕。綿綿早晚休。

【校記】

〔一〕窗：四庫本作「牕」，叢刊本作「窓」。〔二〕著：叢刊本作「着」。〔三〕草：叢刊本作「艸」。

又

百花未報芳菲信。一枝探得春風近。只有雪爭光。更無花似香。　孤標天賦與。冷豔誰能顧。庭院好深藏。莫教開路傍。

又　迴紋〔一〕

捲簾風入雙雙燕〔二〕。燕雙雙入風簾捲〔三〕。明月曉啼鶯。鶯啼曉月明。　斷腸空望遠。遠望空腸斷。樓上幾多愁〔四〕。愁多幾上樓。

【校記】

〔一〕迴：叢刊本作「廻」。

〔二〕〔三〕雙：叢刊本作「隻」。

〔四〕樓：叢刊本作「楼」。

又

遠山眉映横波臉。臉波横映眉山遠。雲鬢插花新〔一〕。新花插鬢雲。　斷魂離思遠〔二〕。遠思離魂斷。門掩未黄昏。昏黄未掩門。

【校記】

〔一〕鬢：叢刊本作「鬂」。　〔二〕魂：叢刊本作「䰟」。

少年遊

建溪靈草已先嘗〔一〕。歡意尚難忘。未放笙歌，暫留簪珮〔二〕，猶有紫芝湯。醉中纖手殷勤捧〔三〕，欲去斷人腸。絳蠟迎歸〔四〕，繡鞍扶下，笑語盡聞香。

【校記】

〔一〕草：叢刊本作「艸」。　〔二〕畱：四庫本作「留」，叢刊本作「畄」。　〔三〕醉：叢刊本作「酔」。　殷勤：四庫本作「慇懃」。　〔四〕蠟：叢刊本作「蝎」。　歸：叢刊本作「帰」。

晁叔用

晁冲之，字叔用，一字用道，鉅野人。有《具茨集》十五卷，詞一卷。

【輯評】

陳振孫《直齋書録解題》卷二一《歌詞類》：壓卷《漢宮春》梅詞行於世，或云李漢老作，非也。

沈雄《古今詞話·詞評》上卷：晁冲之，字叔用，政和間，作《漢宮春》詠梅，獻蔡攸。攸以此詞進父京，京曰，今日於樂府中得一人焉。因其一詞，以大晟府丞用之。

漢宮春

黯黯離懷，向東門繫馬，南浦移舟。薰風亂飛燕子〔一〕，時下輕鷗。無情渭水，問誰教、日日東流。常是送、行人去後，煙波一向離愁〔二〕。回首舊遊如夢〔三〕，記踏青殢飲，拾翠狂遊〔四〕。無端綵雲易散，覆水難收。風流未老，拚千金、重入揚州。應又是、當年載酒〔五〕，依前名占青樓〔六〕。

【校記】

〔一〕亂：叢刊本作「乱」。 〔二〕煙：四庫本、叢刊本作「烟」。 〔三〕回：叢刊本作

「囬」。〔四〕遊：叢刊本作「游」。〔五〕是：明鈔本、四庫本作「似」，曹批「竹垞傳鈔本亦作『似』」。〔六〕樓：叢刊本作「楼」。

玉蝴蝶

日斷江南千里，灞橋一望，煙水微茫〔一〕。盡鎖重門〔二〕，人去暗度流光。雨輕輕、梨花院落，風淡淡、楊柳池塘。恨偏長〔三〕。珮沉湘浦，雲散高唐〔四〕。清狂。重來一夢〔五〕，手搓梅子，煮酒初嘗。寂寞經春，小橋依舊燕飛忙。玉鈎欄、凭多漸暖，金縷枕、別久猶香。最難忘。看花南陌，待月西廂。

【校記】

〔一〕煙：四庫本、叢刊本作「烟」。〔二〕鎖：叢刊本作「鎻」。〔三〕恨：叢刊本作「暗」。〔四〕高：四庫本作「髙」。〔五〕來：叢刊本作「来」。

感皇恩〔一〕

小閣倚晴空，數聲鐘定〔二〕。斗柄寒垂暮天淨。朝來殘酒〔三〕，盡被曉風吹醒〔四〕。眼前還認得、當時景。舊恨與新愁〔五〕，不堪重省。自歎多情更多病，綺筵猶在〔六〕，敲遍闌干誰應〔七〕。斷腸明月下、梅摇影。

【校記】

〔一〕秦刻本注「一作『周邦彦』作」。〔二〕數：叢刊本作「数」。〔三〕朝：竹垞傳鈔本、四庫本、叢刊本作「向」，曹批「明鈔本亦作『向』」。〔四〕曉：四庫本作「晚」。〔五〕秦刻本注「一作『往事舊歡』」。〔六〕秦刻本注「一作『綺窗依舊』」。筵：明鈔本作「窗」，四庫本作「牕」，叢刊本作「窓」。〔七〕闌：四庫本、叢刊本作「欄」。

【輯評】

沈雄《古今詞話·詞評》上卷引花庵詞客：冲之鉅鹿人，其《感皇恩》二曲最工。

又

蝴蝶滿西園，啼鶯無數〔一〕。水閣橋南路凝佇。兩行煙柳〔二〕，吹落一池飛絮。秋千斜掛起、人何處〔三〕。　把酒勸君，閒愁莫訴〔四〕。留取笙歌住〔五〕。休云幾多春色〔六〕，禁得許多風雨。海棠花謝也、君知否。

【校記】

〔一〕數：叢刊本作「数」。〔二〕煙：四庫本、叢刊本作「烟」。〔三〕秋千：四庫本作「鞦韆」。〔四〕閒：叢刊本作「間」。〔五〕留：四庫本作「留」，叢刊本作「畱」。〔六〕云：四庫本、叢刊本作「去」。

又

寒食不多時，牡丹初賣。小院重簾燕飛礙。昨宵風雨，只有一分春在。今朝猶自得、陰晴快。熟睡起來，宿酲微帶。不惜羅襟搵眉黛。日高梳洗〔一〕，看著花陰移改〔二〕。笑摘雙杏子、連枝戴〔三〕。

【校記】

〔一〕高：四庫本作「髙」。〔二〕著：四庫本作「看」，叢刊本作「着」。〔三〕雙：叢刊本作「雙」。

【輯評】

楊慎《詞品》卷之一：晁叔用《感皇恩》……此詞連用數韻，酌古斟今尤妙。

臨江仙

雙舸亭亭橫晚渚〔一〕，城中飛觀嵯峨〔二〕。畫橋燈火照清波〔三〕。玉鈎平浸水，金鎖半沉河〔四〕。試問無情堤上柳，也應厭聽離歌。人生無奈別離何。夜長嫌夢短〔五〕，淚少怕愁多〔六〕。

【校記】

〔一〕雙：叢刊本作「雙」。〔二〕嵯峨：叢刊本作「嵳峩」。〔三〕畫：叢刊本作「画」。

〔四〕鎖：叢刊本作「鎻」。〔五〕夢：叢刊本作「夢」。〔六〕淚：叢刊本作「泪」。

又

憶昔西池池上飲，年年多少歡娛。別來不寄一行書〔一〕。尋常相見了，猶道不如初。　安穩錦屏今夜夢，月明好渡江湖。相思休問定何如〔二〕。情知春去後，管得落花無。

【校記】

〔一〕來：叢刊本作「来」。〔二〕何如：四庫本、叢刊本作「如何」。

【輯評】

許昂霄《詞綜偶評》：（「情知春去後」三句）淡語有深致，咀之無窮。

又

謾道追歡惟九日，年年此恨偏濃。今朝吹帽與誰同〔一〕。黄花都未折〔二〕，和淚泣西風。　應念登臨腸更斷〔三〕，故交煙雨迷空〔四〕。爲君一曲送飛鴻。誰能推轂我，深入醉鄉中〔五〕。

【校記】

〔一〕與：叢刊本作「与」。〔二〕折：竹垞傳鈔本、四庫本、叢刊本作「拆」。〔三〕念：秦刻本注「一作『恐』」。明鈔本、竹垞傳鈔本、四庫本、叢刊本作「恐」。〔四〕交：曹批「『交』當作『教』」，明鈔本作『交』，秦刻實承其誤；竹垞傳鈔本亦作『交』」，四庫本作「教」。〔五〕醉：叢刊本作「酔」。煙：四庫本、叢刊本作「烟」。

漁家傲

浦口潮來沙尾漲〔一〕。危檣半落帆浮漾〔二〕。水調不知何處唱。風飄蕩〔三〕。鱖魚吹起桃花浪。　雪盡小橋梅總放〔四〕。層樓一任愁人上。萬里長安回首望〔五〕。山四向。澄江日色如春釀。

【校記】

〔一〕來：叢刊本作「来」。〔二〕浮：秦刻本注「一作『游』」。明鈔本、竹垞傳鈔本、四庫本、叢刊本作「游」。〔三〕飄：秦刻本注「一作『淡』」。明鈔本、竹垞傳鈔本、四庫本、叢刊本作「淡」。〔四〕總：四庫本、叢刊本作「捴」。〔五〕回：叢刊本作「囘」。

傳言玉女

一夜東風，吹散柳梢殘雪。御樓煙暖〔一〕，正鼇山對結。簫鼓向晚〔二〕，鳳輦初歸宫闕〔三〕。千門燈火，九街風月。繡閣人人〔四〕，乍嬉遊、困又歇。笑匀粧面〔五〕，把珠簾半揭〔六〕。嬌波向人，手撚玉梅低說。相逢常是，上元時節〔七〕。

【校記】

〔一〕煙：四庫本、叢刊本作「烟」。〔二〕鼓：四庫本作「皷」。〔三〕歸：叢刊本作「帰」。〔四〕繡：四庫本、叢刊本作「綉」。閣：明鈔本作「閤」。〔五〕秦刻本注「一作『豔粧初試』」，明鈔本作「豔粧初試」。〔六〕珠：明鈔本、四庫本、叢刊本作「朱」，曹批「竹垞傳鈔本亦作『朱』」。〔七〕節：叢刊本作「莭」。

【輯評】

先著、程洪，胡念貽《詞潔輯評》卷三：事真則語妙，如末二語，固知非泛拈得來。

王闓運《湘綺樓詞評》：此逢舊識娼女也，然詞語綺麗，自有情韻。

如夢令

簾外新來雙燕〔一〕。珠閣瓊樓穿遍〔二〕。香徑得泥歸〔三〕，飛戲池塘波面〔四〕。誰見。誰見。春晚昭陽宮殿。

【校記】

〔一〕雙：叢刊本作「雙」。〔二〕樓：叢刊本作「楼」。〔三〕歸：叢刊本作「帰」。

〔四〕戲：竹垞傳鈔本、四庫本、叢刊本作「戲」，曹批「明鈔本亦作『戲』，而字體模黏，故秦刻誤『戲』」。

又

墻外轆轤金井。驚夢曹騰初省。深院閉斜陽，燕入陰陰簾影。人靜。人靜。花落鳥啼風定。

又

門在垂楊陰裏。樓枕曲江春水〔一〕。一陣牡丹風，香壓滿園花氣。沉醉。沉醉〔二〕。不記綠窗先睡〔三〕。

【校記】

〔一〕樓：叢刊本作「楼」。〔二〕醉：叢刊本作「酔」。〔三〕綠：四庫本、叢刊本作「緑」。窗：四庫本作「牕」，叢刊本作「牎」。

《樂府雅詞》卷中終〔一〕

【校記】

〔一〕卷：叢刊本無。終：四庫本、叢刊本無。

《樂府雅詞》卷下〔一〕

【校記】

〔一〕曹批「明鈔本以前子目已標《樂府雅詞》下，故無此行」，叢刊本同。四庫本下署「宋曾慥编」。

陳去非

陳與義，字去非，號簡齋，洛陽人。有《簡齋集》十六卷、《無住詞》一卷。

【輯評】

王灼《碧雞漫志》卷第二：陳去非……佳處亦如其詩。

楊慎《詞品》卷之四：陳去非，蜀之青神人，陳季常之孫也，徙居河南。宋南渡後，又居建業。詩爲高宗索眷注，而詞亦佳。語意超絶，筆力排奡，識者謂其可摩坡仙之壘，非溢美云。《草堂詞》惟載《憶昔午橋》一首……皆絶似坡仙語。

黄昇《中興以來絶妙好詞選》卷一：《無住詞》一卷，詞雖不多，語意超絶，識者謂其可摩坡仙之壘也。

沈雄《古今詞話·詞評》上卷引花庵詞客：簡齋被高宗眷注，參大政。《無住詞》語意超絶，可摩坡公之壘。

陳廷焯《白雨齋詞話》卷一：陳簡齋《無住詞》，未臻高境。

胡薇元《歲寒居詞話》：陳與義簡齋《無住詞》，才十八首，而首首可傳。簡齋詩師杜少陵，與山谷、後山爲三宗。其詞吐言天拔，無蔬筍氣。然山谷詞利鈍互見，後山則勉强學步，迥非與義之敵。至開卷《法駕導引》三闋，選本乃作赤城韓夫人仙子作，列入仙鬼類，原作注爲擬作，可知小説之謬。

法駕導引〔一〕　世傳頃年，都下市肆中，有道人攜烏衣椎髻女子〔二〕，買斗酒獨飲。女子歌詞以侑，凡九闋，皆非人世語，或記之。問一道士〔三〕，道士驚曰：「此赤城韓夫人所製，水府蔡眞君《法駕導引》也〔四〕。烏衣女子疑龍」云。得其三而亡其六，擬作三闋

朝元路，朝元路，同駕玉華君。千乘載花紅一色，人間遥指是祥雲。回望海光新〔五〕。

東風起，東風起，海上百花摇。十八風鬟雲半動，飛花和雨著輕綃〔六〕。歸路碧迢迢〔七〕。

簾漠漠，簾漠漠，天澹一簾秋。自洗玉舟斟白醴，月華微映是空舟〔八〕。歌罷海西流。

【校記】

〔一〕法駕導引：秦刻本、叢刊本無，據四庫本補。四庫本第一首爲《點絳唇》「寒食今年」。此題「法駕導引」，在《點絳唇》「寒食今年」之後。〔二〕攜：四庫本叢刊本作「携」。〔三〕竹垞傳鈔本、四庫本「問」前有「以」字，曹批「明鈔本亦有『以』字」。〔四〕眞：四庫本、叢刊本作「真」。法：竹垞傳鈔本作「灋」。〔五〕回：叢刊本作「囬」。〔六〕著：叢刊本作「着」。〔七〕歸：叢刊本作「帰」。〔八〕映：明鈔本、四庫本作「暎」。

【輯評】

陳廷焯《白雨齋詞話》卷七：詩以窮而後工，倚聲亦然，故仙詞不如鬼詞。哀則幽鬱，樂則淺顯也。宋代惟白玉蟾脱盡方外氣。陳與義擬《法駕導引》三章，亦稱佳構……以清虛之筆，寫闊大之景，語帶仙氣，洗脱凡艷殆盡。

虞美人 亭下桃花盛開，作長短句詠之

十年花底承朝露。看到江南樹。洛陽城裏又東風。未必桃花得似、舊時紅。

燕脂睡起春纔好。應恨人空老。心情雖在只吟詩。白髮劉郎孤負、可憐枝。

雙荷葉〔一〕 五日移舟明山下作

魚龍舞。湘君欲下瀟湘浦。瀟湘浦。興亡離合，亂波平楚。獨無樽酒酬端午。移舟來聽明山雨〔二〕。明山雨。白頭孤客，洞庭懷古。

【校記】

〔一〕叢刊本作《虞美人》又「張帆欲去仍搔首」，《雙荷葉》與下一闋《臨江仙》排在所選陳詞的最後。

〔二〕來：叢刊本作「来」。

臨江仙〔一〕

高詠楚詞酬午日，天涯節序忩忩〔二〕。榴花不似舞裙紅〔三〕。無人知此意，歌罷滿簾風。　萬事一身傷老矣，戎葵疑笑墻東。酒盃深淺去年同〔四〕。試澆橋下水，今夕到湘中。

【校記】

〔一〕叢刊本此闋排在《雙荷葉》「魚龍舞」前。　〔二〕忩忩：四庫本作「怱怱」。　〔三〕榴：

叢刊本作「榴」。〔四〕盃：叢刊本作「杯」。

虞美人〔一〕 大光祖席〔二〕，醉中賦長短句

張帆欲去仍搔首。更醉君家酒。吟詩日日待春風。及至桃花開後、卻忽忽〔三〕。歌聲頻爲行人咽。記著樽前雪〔四〕。明朝酒醒大江流。滿載一船離恨、向衡州。

【校記】

〔一〕叢刊本此闋接前《虞美人》詞，題「又」。〔二〕光：竹垞傳鈔本、四庫本、叢刊本作「老」，曹批「明鈔本亦作『老』」。〔三〕卻：四庫本、叢刊本作「却」。〔四〕著：叢刊本作「着」。

【輯評】

楊慎《詞品》卷之四：《虞美人》云：「吟詩日日待春風。及至桃花開後、卻匆匆。」皆絕似坡仙語。

沈雄《古今詞話·詞評》上卷引《柳塘詞話》：去非佳句「杏花疏影裏，吹笛到天明」，「吟詩日日待春風。及至桃花開後、卻匆匆」。胡元任、張叔夏俱評其自然而然者。

劉熙載《藝概》卷四《詞曲概》：詞之好處，有在句中者，有在句之前後際者。陳去非《虞美人》詞：「吟詩日日待春風。及至桃花開後卻匆匆。」此好在句中者也。

又　邢子友會上

超然堂上閑賓主〔一〕。不受人間暑。冰壺圍坐此間無〔二〕。卻有一瓶和露、玉芙蕖〔三〕。　亭亭風骨凉生牖。消盡樽中酒。酒闌踏月轉城西〔四〕。照見紗巾藜杖、帶香歸〔五〕。

【校記】

〔一〕閑：四庫本作「閒」。〔二〕壺：竹垞傳鈔本、四庫本、叢刊本作「盤」，曹批「明鈔本亦作『盤』」。〔三〕卻：四庫本、叢刊本作「却」。瓶：四庫本作「缾」。〔四〕月：秦刻本、四庫本、叢刊本注「一作『明』」，明鈔本、竹垞傳鈔本作「明」。〔五〕歸：叢刊本作「帰」。

又　予甲寅歲，自春官出守湖州，秋杪道中，荷花無復存者。乙卯歲，自鎖闥以病〔一〕，得請奉祠，卜居青墩鎮〔二〕。立秋後三日，行舟之前後，如明霞相映，望之不斷也。以長短句記之扁舟三日秋塘路。平度荷花去。病夫因病得來遊。更值滿川微雨、洗新秋。去年長恨拏舟晚。空見殘荷滿。今年何以報君恩。一路繁花相送、到青墩。

【校記】

〔一〕鎖：四庫本作「瑣」。　〔二〕闉：四庫本作「門」。　〔三〕鎮：四庫本、叢刊本作「鎮」。

點絳唇〔一〕

寒食今年，紫陽山下蠻江左。竹籬煙鎖〔二〕。何處來新火〔三〕。不解鄉音〔四〕，只怕人嫌我。愁無那。短歌誰和。風動梨花朵。

【校記】

〔一〕四庫本此闋排在第一。　〔二〕煙：叢刊本作「烟」。鎖：四庫本作「瑣」。　〔三〕來：竹垞傳鈔本、四庫本、叢刊本作「求」，曹批「明鈔本亦作『求』」。　〔四〕解：叢刊本作「鮮」。

【輯評】

楊慎《詞品》卷之四：陳去非……《點絳唇》云：「愁無那。短歌誰和。風動梨花朵。」又《南柯子》云：「闌干三面看晴空。背插浮圖，千尺冷煙中。」皆絶似坡仙語。

漁家傲 福建道中

今日山頭雲欲舉。青蛟素鳳移時舞。行到石橋聞細雨。聽還住。風吹卻過溪西去〔一〕。我欲尋詩寬久旅。桃花落盡春無所。渺渺籃輿穿翠楚。悠然處。高林忽送黃鸝語。

【校記】

〔一〕卻：四庫本、叢刊本作「却」。

浣溪沙 離杭日，梁仲謀惠酒，極清而美。七月十二日晚，臥小閣，已而月上，獨酌數盃〔一〕

送了棲鴉復暮鐘。闌干生影曲屏東。臥看孤鶴駕天風。起寫一樽明月下，秋空如水酒如虹。謫仙已去與誰同。

【校記】

〔一〕盃：四庫本、叢刊本作「杯」。

木蘭花 青墩僧舍作

山人本合居巖嶺。聊問支郎分半境。殘年藜杖與綸巾，八尺庭中時弄影〔一〕。呼兒汲水添茶鼎。甘勝吳山山下井。一甌清露一爐雲，偏覺平生今日永。

【校記】

〔一〕弄：叢刊本作「美」。

清平樂〔一〕

黄衫相倚。翠葆層層底。八月江南風日美。弄影山腰水尾。楚人未識孤妍〔二〕。離騷遺恨千年。無住菴中新事，一枝喚起幽禪。

【校記】

〔一〕竹垞傳鈔本題「桂」。〔二〕楚人：秦刻本、四庫本、叢刊本注「楚人一作『三閭』」，明鈔本、竹垞傳鈔本亦作「三閭」。

【輯評】

張侃《拙軒詞話》：桂有兩種，陳去非參政《清平樂》詞云：「楚人未識孤妍。離騷遺恨千年。」

蓋楚人知有椒桂耳。

楊慎《詞品》卷之四引苕溪漁隱：木犀，閩中最多，路傍往往有參天合抱者，士人以其多而不貴之。漕宇門前兩徑，自有一二百株，至秋花盛開，籃輿行清香中，殊可愛也。古人賦詠，惟東坡倅錢塘，八月十七日天竺送桂花分贈元素詩云：「月缺霜濃細蘂乾。此花元屬桂堂仙。鷲峯子落驚前夜，蟾窟枝空記昔年。破衲山僧憐耿介，練裙溪女鬭清妍。願公採擷紉幽佩，莫遣孤芳老澗邊。」陳去非有詞云……《文昌雜録》云：京師貴家，多以酴醾漬酒，獨有芬香而已。近年方以榠楂花懸酒中，不惟馥郁可愛，又能使酒味辛洌。始于戚里，外人蓋所未知也。

定風波　重陽

九日登臨有故常。隨晴隨雨一傳觴〔一〕。多病題詩無好句。孤負。黄花今日十分黄。　記得眉山文翰老。曾道。四時佳節是重陽。江海滿前懷古意。誰會。闌干三撫獨凄凉。

【校記】

〔一〕隨：叢刊本作「随」。

菩薩蠻　荷花

南軒面對芙蓉浦。宜風宜月還宜雨。紅少綠多時〔一〕。簾前光景奇〔二〕。繩床烏木几〔三〕。盡日繁香裏。睡起一篇新。與花爲主人。

【校記】

〔一〕綠：四庫本、叢刊本作「緑」。〔二〕奇：四庫本、叢刊本作「竒」。〔三〕床：四庫本作「牀」。

南歌子　塔院僧閣

矯矯千年鶴，茫茫萬里風。闌干三面看秋空。背插浮屠千尺，冷煙中〔一〕。林塢村村暗，谿流處處通。此間何似玉霄峰。遥望蓬萊依約，晚雲東。

【校記】

〔一〕煙：叢刊本作「烟」。

臨江仙　夜登小閣，憶洛中舊遊

憶昔午橋橋上飲，坐中多是豪英。長溝流月去無聲。杏花疎影裏〔一〕，吹笛到天明。　二十餘年如一夢，此身雖在堪驚。閒登小閣看新晴〔二〕。古今多少事，漁唱起三更〔三〕。

【校記】

〔一〕裏：叢刊本作「裡」。〔二〕閒：四庫本作「間」。〔三〕起三更：秦刻本注「《無住詞》作『兩三聲』。」

【輯評】

胡仔《苕溪漁隱叢話》後集卷三四：去非憶洛中舊游詞云……此數語奇麗。《簡齋集》後載數詞，爲此詞最優。

張炎《詞源》卷下《令曲》：詞之難於令曲，如詩之難於絶句，不過十數句，一句一字閒不得。末句最當留意，有有餘不盡之意始佳……至若陳簡齋「杏花疏影裏，吹笛到天明」之句，真是自然而然。

許昂霄《詞綜偶評》：神到之作，無容拾襲，漁隱稱爲清婉奇麗，玉田稱爲自然而然，不虚也。

黃蘇《蓼園詞評》引沈際飛：意思超越，腕力排奡，可摩坡仙之壘。又曰：「流月」「無聲」，巧語也。「吹笛」「天明」爽語也。「漁唱」「三更」冷語也。功業則歉，文章自優。按「長溝流月」，即「月湧大江流」之意。言自去滔滔，而興會不歇。首一闋是憶舊，至第二闋則感懷也。

陳廷焯《白雨齋詞話》卷一：《臨江仙》……筆意超曠，逼近大蘇。

劉熙載《藝概》卷四《詞曲概》：詞之好處，有在句中者，有在句之前後際者……《臨江仙》「杏花疏影裏，吹笛到天明。」此因仰承「憶昔」，俯注「一夢」，故此二句不覺豪酣轉成悵惘，所謂好在句外者也。

蘇養直

蘇庠，字養直，丹陽人。有《後湖詞》一卷。

【輯評】

王灼《碧雞漫志》卷第二：陳去非、徐師川、蘇養直……佳處亦各如其詩。

賀裳《皺水軒詞筌》：作長詞最忌演凑，如蘇養直「獸鐶半揜」，前半皆景語也。至「漸迤邐，更催銀箭，何處貪歡，猶繫驕馬。旋翦燈花，兩點翠眉誰畫。香滅羞回空帳裏，月高猶在重簾下。恨疎狂，待歸來、碎揉花打。」則觸景生情，復緣情佈景，節節轉换，穠麗周密，譬之織錦家，真竇氏回文梭也。

沈雄《古今詞話·詞話》上卷引《樂府紀聞》：蘇養直字伯固，詞品訛爲名伯固，字養直。東坡有送伯固兄還吴詩。其「屬玉雙飛水滿塘」句，東坡見而喜曰，吾家蘇養直……《詞綜》曰：丹陽人，蘇庠，字養直，别號後湖，日放浪江湖間。《後湖集》見推於世。紹聖中，與徐俯同召。徐俯赴，蘇庠辭，且與康伯可有溪堂之約。作《采桑子》：「山陰此夜明如畫，月滿前村。莫掩溪門。恐有扁舟乘興人。」東坡既没，不聞羽化，世數遥遥，恐是兩人也。

臨江仙 席上贈張建康

本是白蘋洲畔客，虎符臥鎮江城〔一〕。歸來猶得趂鷗盟〔二〕。柳絲搖曉市，杜若遍芳汀。莫惜飛觴仍墮幘，柳邊依約鶯聲〔三〕。水秋鱸熟正關情〔四〕。只愁宣室召，未許釣船輕。

【校記】

〔一〕鎮：四庫本、叢刊本作「鎭」。〔二〕歸：叢刊本作「歸」。〔三〕聲：叢刊本作「声」。〔四〕關：叢刊本作「関」。

又

獵獵風蒲初暑過，蕭然庭戶秋清。野航渡口帶煙橫。晚山千萬疊，別鶴兩三聲。秋水芙蓉聊蕩漿〔一〕，一樽同破愁城。藜花灘上白鷗明。暮雲連極浦，急雨暗長汀。

【校記】

〔一〕漿：明鈔本、四庫本、叢刊本作「槳」。

如夢令　雪中作

疊嶂曉埋煙雨。忽作飛花無數〔一〕。整整復斜斜，來伴南枝清苦〔二〕。日暮。日暮。何許雲林煙樹。

【校記】

〔一〕數：叢刊本作「数」。〔二〕來：叢刊本作「来」。

虞美人　次俞仲登韻

軍書未息梅仍破。穿市溪流過。病來無處不關情〔一〕。一夜鳴榔急雨、雜灘聲。飄零無復還山夢。雲屋春寒重。山連積水水連空。溪上青蒲短短、柳重重。

【校記】

〔一〕關：叢刊本作「関」。

浣溪沙　書虞元翁書〔一〕

水榭風微玉枕凉。牙床角簟藕花香〔二〕。野塘煙雨罩鴛鴦〔三〕。紅蓼渡頭青嶂遠，綠蘋波上白鷗雙〔四〕。淋浪淡墨水雲鄉。

【校記】

〔一〕後「書」：四庫本作「畫」。〔二〕床：四庫本作「牀」。〔三〕煙：叢刊本作「烟」。

〔四〕綠：四庫本、叢刊本作「緑」。雙：叢刊本作「隻」。

謁金門　懷故居作

何處所。門外冷雲堆浦。竹裏江梅寒未吐〔一〕。茅屋疎疎雨。誰遣愁來如許〔二〕。小立野塘官渡。手種凌霄今在否。柳浪迷煙渚〔三〕。

【校記】

〔一〕梅：四庫本無。〔二〕來：叢刊本作「来」。〔三〕煙：叢刊本作「烟」。

又　大葉莊懷張元孺作〔一〕

楊柳渡。醉著青鞋歸去〔二〕。點點鷗波何處所〔三〕。十里菰蒲雨。抖擻向來塵土〔四〕。臥看碧山雲度。寄語故時猿鶴侶。未見心先許。

【校記】

〔一〕莊：叢刊本作「庄」。　孺：叢刊本作「擩」。　〔二〕著：叢刊本作「着」。　歸：叢刊本作「𡚁」。　〔三〕波：竹垞傳鈔本、四庫本、叢刊本作「沙」，曹批「明鈔本亦作『沙』」。

〔四〕來：叢刊本作「来」。

鷓鴣天

楓落河梁野水秋。澹煙衰草接郊邱〔一〕。醉眠小塢黄茅店〔二〕，夢倚高城赤葉樓〔三〕。　天杳杳，路悠悠。鈿箏歌扇等閒休〔四〕。灞橋楊柳年年恨〔五〕，鴛浦芙蕖葉葉愁。

【校記】

〔一〕煙：叢刊本作「烟」。　邱：四庫本、叢刊本作「丘」。　〔二〕醉：叢刊本作「酔」。

〔三〕高：四庫本作「髙」。　樓：叢刊本作「楼」。　〔四〕閒：明鈔本作「閑」，曹批「竹垞傳鈔本亦作『閑』」。　〔五〕灞：竹垞傳鈔本、四庫本、叢刊本作「霸」。

【輯評】

楊慎《詞品》卷之三：蘇養直……詞亦佳，「醉眠小塢黄茅店，夢倚高城赤葉樓。」《鷓鴣天》之佳句也。

沈雄《古今詞話·詞話》上卷引《樂府紀聞》：「醉眠小塢黄茅店，夢倚高城赤葉樓。」便有黄冠氣象。

又

過湖陰，席上贈妓

梅妬晨粧雪妬輕。遠山依約學眉青。樽前無復歌金縷〔一〕，夢覺空餘月滿林。魚與雁，兩浮沉〔二〕。淺顰微笑總關心〔三〕。相思恰似江南柳，一夜春風一夜深。

【校記】

〔一〕縷：叢刊本作「縷」。〔二〕沉：叢刊本作「沈」。〔三〕總：叢刊本作「摠」。關：叢刊本作「関」。

又

秋入蒹葭小鴈行〔一〕。參差飛墮水雲鄉〔二〕。直須銀甲供春笋，且滴糟牀覆羽觴〔三〕。風壓幕，月侵廊。江南江北夜茫茫。懸知上馬啼鵑夢，一夜驚飛寶鴨香。

【校記】

〔一〕鴈：四庫本作「雁」。〔二〕墮：叢刊本作「墜」，鮑校作「墮」。〔三〕牀：叢刊本作「床」。

訴衷情

《漁父家風》，醉中贈韋道士〔一〕

杖頭挑得布囊行。活計有誰爭。不肯侯家五鼎，碧澗一盃羹〔二〕。谿上月，嶺頭雲。不勞耕。甕中春色，枕上華胥，便是長生。〔三〕

【校記】

〔一〕醉：叢刊本作「酔」。〔二〕一：竹垞傳鈔本、四庫本、叢刊本作「下」，曹批「明鈔本亦作『下』」。盃：四庫本、叢刊本作「杯」。〔三〕秦刻本注「案張元幹以《訴衷情令》改名《漁父家風》，與《訴衷情》不同。故原本注明題上」。

又

倦投林樾當誅茅。鴻鴈響寒郊〔一〕。溪上晚來楊柳，月露洗煙稍〔二〕。

霜後渚，水分槽。尚平橋。客牀歸夢〔三〕，何必江南，門接雲濤。

【校記】

〔一〕鴈：四庫本作「雁」。〔二〕煙：叢刊本作「烟」。稍：四庫本作「梢」。〔三〕牀：叢刊本作「床」。歸：叢刊本作「帰」。夢：叢刊本作「夣」。

阮郎歸〔一〕

西園風暖落花時。綠陰鶯亂啼〔二〕。倚闌無語惜芳菲。絮飛蝴蝶飛。緣底事〔三〕，減腰圍。遣愁愁著眉〔四〕。波連春渚暮天垂。燕歸人未歸〔五〕。

【校記】

〔一〕〔五〕歸：叢刊本作「帰」。〔二〕綠：四庫本、叢刊本作「緑」。〔三〕緣：四庫本、叢刊本作「縁」。〔四〕著：叢刊本作「着」。

【輯評】

黄蘇《蓼園詞評》引沈際飛：似從前二首脱胎。前句好在「絮飛」，後句好在「人未歸」。愁不可諱，亦不可遣，各領一奇。因思愁來無着處。又非確論。按此乃閨怨詞耳。「絮飛」句言花飛，而蝶亦無可采也。言之黯然自傷。次闋是心系歸人也，此首意在句中，比前兩首意在句外者，自是不同。

點絳唇

冰勒輕颸〔一〕，綠痕初漲迴塘水〔二〕。柳洲煙際〔三〕。白鷺翹沙觜。篛笠青簑，未减貂蟬貴。雲濤裏。醉眠蓬底〔四〕。不屬人間世。

【校記】

〔一〕颸：竹垞傳鈔本作「飛」，曹批「明鈔本『飛』作『颸』」；四庫本作「寒」。〔二〕綠：四庫本、叢刊本作「緑」。迴：四庫本作「回」，叢刊本作「囬」。〔三〕煙：叢刊本作「烟」。醉：叢刊本作「酔」。

菩薩蠻〔一〕宜興作

北風振野雲平屋。寒溪淅淅流冰谷。落日送歸鴻〔二〕。夕嵐千萬重。荒坡垂斗柄。直北鄉山近。何必苦言歸〔三〕。石亭春滿枝。

【校記】

〔一〕蠻：秦刻本、叢刊本作「鬘」。本卷沈文伯《菩薩蠻》亦作「鬘」。〔二〕〔三〕歸：叢刊本作「帰」。

又 自宜興還西岡作

園林寂寂春歸去〔一〕。濛濛柳下飛香絮。野水接雲横。緑煙啼曉鶯〔二〕。
江南鶗鴂夢〔三〕。山色朝來重〔四〕。小艇小灣頭。蘋花蘋葉洲。

【校記】

〔一〕歸：叢刊本作「帰」。〔二〕緑：四庫本、叢刊本作「緑」。煙：四庫本作「烟」。
〔三〕鶗：四庫本、叢刊本作「鵜」。〔四〕色：四庫本作「邑」。來：叢刊本作「来」。

又 再在西岡，兼懷後湖作

短船誰泊蒹葭渚。夜深遠火明漁浦。卻憶槿花籬〔一〕。春聲穿竹溪。雲山
如昨好。人自垂垂老。心事有誰知。月明霜滿枝。

【校記】

〔一〕卻：四庫本、叢刊本作「却」。

又 周彦達舟中作〔一〕

眼中疊疊煙中樹〔二〕。晚雲點點飜荷雨。鷗泛渚邊煙〔三〕。綠蒲秋滿川〔四〕。未成江海去。聊作林塘主。客恨闊無津〔五〕。風斜白氎巾〔六〕。

【校記】

〔一〕周：竹垞傳鈔本、四庫本作「同」，叢刊本鮑校作「同」，曹批「明鈔本亦作『同』」。

〔二〕煙：四庫本、叢刊本作「烟」。〔三〕煙：四庫本作「烟」。〔四〕綠：四庫本、叢刊本作「緑」。滿：曹批「明鈔本『滿』作『涉』，竹垞傳鈔本同」，四庫本、叢刊本作「涉」。

〔五〕闊：四庫本作「濶」。〔六〕白：叢刊本原作「自」，校作「白」。氎：四庫本作「氈」。

又

年時憶著花前醉〔一〕。而今花落人憔悴。麥浪卷晴川。杜鵑聲可憐〔二〕。有書無雁寄。初夏槐風細。家在落霞邊。愁逢江月圓。

【校記】

〔一〕著：叢刊本作「着」。〔二〕憐：叢刊本作「怜」。

又　澧陽莊

照溪梅雪和煙墮〔一〕。寒林漠漠愁煙鎖〔二〕。客恨渺無涯。鴈來人憶家〔三〕。遠山疑帶雨。一線雲間語。霜月又嬋娟。江南若箇邊〔四〕。

【校記】

〔一〕煙：四庫本、叢刊本作「烟」。墮：叢刊本作「堕」。〔二〕愁：四庫本作「秋」。煙：四庫本、叢刊本作「烟」。鎖：明鈔本作「鏁」。〔三〕鴈：四庫本作「雁」。來：叢刊本作「来」。〔四〕箇：叢刊本作「个」。

又

春波灩灩浮春渚。綠陰一徑風兼雨〔一〕。又作去年時。綠深垂蔓籬〔二〕。故山歸興動〔三〕。江北江南夢。白髮故相欺。星星如有期。

【校記】

〔一〕綠陰：明鈔本作「緣雲」，曹批「竹垞傳鈔本亦作『緣雲』」。四庫本作「緣雲」，叢刊本作「緑雲」。〔二〕綠：四庫本、叢刊本作「緑」。蔓：四庫本作「蕚」。叢刊本作「蘡」。

〔三〕歸：叢刊本作「歸」。

木蘭花

江雲疊疊遮鴛浦〔一〕。江水無情流薄暮。歸帆初張葦邊風〔二〕，客夢不禁篷背雨〔三〕。　諸花不解留人住〔四〕。只作深愁無盡處。白沙煙樹有無中〔五〕，鴈落滄洲何處所〔六〕。

【校記】

〔一〕疊：叢刊本作「叠」。　〔二〕歸：叢刊本作「歸」。　張：四庫本作「掛」。　〔三〕夢：叢刊本作「夢」。　〔四〕諸：叢刊本作「渚」。　解：叢刊本作「鮮」。　留：叢刊本作「畱」。　〔五〕煙：四庫本、叢刊本作「烟」。　〔六〕鴈：四庫本作「雁」。

清平樂

詠岩桂

淮南叢桂

小山。詩翁合得攀翻〔二〕。身到十洲三島，心遊萬壑千巖〔三〕。

斷崖流水。香度青林底〔一〕。元配騷人蘭與芷。不數春風桃李。

【校記】

〔一〕底：叢刊本作「庢」。〔二〕合：明鈔本、叢刊本作「□」。曹批「竹垞傳鈔本亦無『合』字，迺補他字於『得攀』下，作『詩翁得攀龍翻』」，四庫本無。翻：四庫本作「飜」。〔三〕遊：四庫本作「游」。

李蕭遠〔一〕

李祁，字蕭遠。

【校記】

〔一〕曹批「《花庵詞選》云『李蕭遠名祁，少有詩名。官至尚書郎，宣和間責監漢陽酒税』」。

減字木蘭花

梨花院宇。澹月微雲初過雨〔一〕。一枕輕寒。夢入西瑤小道山。　花深人静。簾鎖御香清晝永。紅藥欄干〔二〕。玉案春風窈窕間〔三〕。

【校記】

〔一〕微：曹批「明鈔本『微』作『倾』，竹坨傳鈔本亦作『倾』」，四庫本作「籠」，叢刊本作「傾」。

〔二〕欄：竹坨傳鈔本、四庫本作「闌」。

〔三〕案：叢刊本作「按」。

點絳唇

樓下清歌，水流歌斷春風暮。夢雲煙樹〔一〕。依約江南路。　碧水黄沙，夢到尋梅處。花無數。問花無語。明月隨人去〔二〕。

【校記】

〔一〕煙：四庫本、叢刊本作「烟」。〔二〕隨：叢刊本作「随」。

【輯評】

況周頤《蕙風詞話》卷二，一九：李蕭遠《點絳唇》後段……意境不求甚深，讀者悦其輕倩。竹垞《詞綜》首録此闋。此等詞固浙西派之初祖也。

青玉案

綠璅窗紗明月透〔一〕。正清夢、鶯啼柳〔二〕。碧井銀瓶鳴玉甃〔三〕。翔鸞粧樣〔四〕，粲花衫繡。分付春風手。

喜入秋波嬌欲溜〔五〕。脈脈青山兩眉秀〔六〕。玉枕春寒郎知否。歸來留取〔七〕，御香襟袖。同飲酴醾酒。

【校記】

〔一〕綠：四庫本、叢刊本作「緑」。窗：四庫本、叢刊本作「牕」。〔二〕正：明鈔本、四庫本作「政」，曹批「竹垞傳鈔本亦作『政』」。〔三〕瓶：四庫本、叢刊本作「缾」。〔四〕鸞：叢刊本作「鵉」。〔五〕溜：叢刊本作「溜」。〔六〕脈：叢刊本作「脉」。

〔七〕歸：叢刊本作「𡚁」。　畱：叢刊本作「留」。

鵲橋仙

春陰淡淡，春波渺渺，簾捲花梢香霧〔一〕。小舟誰在落梅村，正夢繞、清溪煙雨〔二〕。碧山學士，雲房嬌小，須要五湖同去。桃花流水鱖魚肥，恰趂得、江天佳處。

【校記】

〔一〕梢：叢刊本作「稍」。　〔二〕煙：四庫本、叢刊本作「烟」。

【輯評】

况周頤《蕙風詞話》卷二，一九：其《鵲橋仙》云：「小舟誰在落梅邨。正夢繞、清溪煙雨。」……皆警句，可誦。

阮郎歸

校書學士小蓬山。新參玉筍班〔一〕。買花歸去五湖間〔二〕。浣花龍尾灣。

□□□□□□□□□□□□□□□□□□□□□□□〔三〕。

【校記】

〔一〕班：四庫本作「斑」。〔二〕歸：叢刊本作「埽」。〔三〕竹垞傳鈔本、四庫本亦闕。叢刊本批「毓修案下半闋脱，秦、伍兩刻亦然」。

南歌子

嫋嫋秋風起，蕭蕭敗葉聲。岳陽樓上聽哀箏。樓下凄涼江月、爲誰明。霧雨沈雲夢〔一〕，煙波渺洞庭〔二〕。可憐無處問湘靈。只有無情江水、繞孤城。

【校記】

〔一〕夢：叢刊本作「㝱」。〔二〕煙：四庫本、叢刊本作「烟」。

醉桃源〔一〕

春風碧水滿郎湖。水清梅影疎。渡江桃葉酒家壚。髻鬟雲樣梳。吹玉蘂〔二〕，飲瓊腴。不須紅袖扶。少年隨意數花鬚〔三〕。老來心已無〔四〕。

【校記】

〔一〕曹批「《能改齋漕（漫）録》云，漢陽郎官『湖春日』四絶句，其一『兩山收雨暗平沙，遮斷溪梅隔水花。留得烟林作圖畫，依稀松際有人家。』其二『空山玉蘂照瓊瑰，到處尋花共往回。欲識春風寂奇處，試來同看雨中梅。』其三『朦朧花影月黄昏，著意春風入酒痕。知是江梅喜佳客，倒垂花蘂照清樽。』其四『十日春陰到水亭，水亭楊柳一時青。梅花過盡桃花惡，乞取山樊入淨瓶。』尚書郎李祁蕭遠謫漢陽酒税時所作也。此《醉桃源》《西江月》之作，當與同時」。〔二〕蘂：叢刊本作「蘂」。〔三〕隨：叢刊本作「随」。數：叢刊本作「数」。〔四〕來：叢刊本作「来」。

朝中措〔一〕

探梅早春亭，踰鳳栖嶺，至三山閣，折花而歸〔二〕。用歐公《朝中措》腔，作「照江梅」詞，寄任蘊明。蘊明嘗許緣檄載侍兒見過〔三〕，又于漢籍伎有目成者〔四〕，因以爲戲

郎官湖上探春迴〔五〕。初見照江梅。過盡竹溪流水，無人知道花開。　佳人何處，江南夢遠，殊未歸來〔六〕。喚取小叢教看，隔江煙雨樓臺〔七〕。

【校記】

〔一〕秦刻本、叢刊本均無，據四庫本補。四庫本題「朝中措」，此段文字爲題下雙行小注。

〔二〕歸：叢刊本作「帰」。〔三〕緣：四庫本作「緑」，叢刊本作「縁」。兒：叢刊本作「児」。

〔四〕于：明鈔本作「於」。伎：四庫本、叢刊本作「岐」。目：四庫本、叢刊

本作「自」。〔五〕迴：叢刊本作「逥」。〔六〕歸：叢刊本作「帰」。〔七〕煙：四
庫本、叢刊本作「烟」。樓：叢刊本作「楼」。臺：叢刊本作「臺」。

西江月

拾翠亭前水滿，郎官湖上春迴〔一〕。儀龍新碾試瓊盃。更覺春江有味。拄杖行穿翠篠，吹花醉繞江梅〔二〕。故園心事老相催。此意陶潛能會。

【校記】

〔一〕迴：叢刊本作「逥」。〔二〕醉：叢刊本作「酔」。

又

雲觀三山清露，長生萬鬣青松。瓊瑒珠珥下秋空。一笑滿天鸞鳳。霧鬢新梳紺綠〔一〕，霞衣舊佩柔紅。更邀豪俊馭南風。此意平生飛動。

【校記】

〔一〕綠：四庫本、叢刊本作「緑」。

【輯評】

况周頤《蕙風詞話》卷二，一九：其……《西江月》云：「瓊瑰珠珥下秋空，一笑滿天鸞鳳。」皆警句，可誦。

如夢令〔一〕

春水湖塘深處。竹暗沙洲無路。閒伴落花來〔二〕，卻信東風歸去〔三〕。且住。且住。細看兩山煙雨〔四〕。

【校記】

〔一〕夢：叢刊本作「夣」。〔二〕閒：明鈔本作「閑」，曹批「竹坨傳鈔本亦作『閑』」。〔三〕卻：花：竹坨傳鈔本、四庫本作「梅」，曹批「明鈔本亦作『梅』」。來：叢刊本作「来」。四庫本、叢刊本作「却」。歸：叢刊本作「皈」。〔四〕煙：四庫本、叢刊本作「烟」。

又

半夜山空月皎。不見玉人清曉。長歎一聲雲杪〔一〕。碧水滿闌塘，竹外一枝風裊。奇妙。奇妙。

【校記】

〔一〕歗：四庫本作「嘯」。

水龍吟

郎官湖〔一〕

碧山横繞清湖，茂林秀麓波光裏。南宫老大，西洲漂蕩，危亭重倚。步雨行雲〔二〕，餌風飲霧，平生遊戲。笑此中空洞，都無一物，有神妙，浩然氣。掃盡雲南夢北，看三江、五湖秋水。狂歌兩解〔三〕，清樽一舉，超然千里。江漢蒼茫，故人何處，山川良是。待白蘋露下，青天月上，約騎鯨起。

【校記】

〔一〕郎官湖：竹垞傳鈔本、四庫本、叢刊本無。〔二〕步雨行雲：竹垞傳鈔本、四庫本作「雨步雲行」，曹批「明鈔本亦作『雨步雲行』」，叢刊本改作「雨步雲行」。〔三〕解：叢刊本作「觧」。

浪淘沙

拍手趂西風。驚起乖龍。青山緑水古今同〔一〕。惟有一輪山上月〔二〕，長照江中。一點落金鐘〔三〕。渾似虛空。道人不住有雲峯〔四〕。但是人家清酒甕，行處相逢。

【校記】

〔一〕綠：四庫本、叢刊本作「緑」。〔二〕惟：四庫本、叢刊本作「唯」。〔三〕鐘：竹坨傳鈔本作「锺」。〔四〕峯：四庫本、叢刊本作「峰」。

吕居仁

吕本中，字居仁，金華人。有《東萊集》二十二卷。

【輯評】

王灼《碧雞漫志》卷第二：陳去非……吕居仁……佳處亦各如其詩。

曾季貍《艇齋詩話》：本中長短句，渾然天成，不減唐、《花間》之作。

沈雄《古今詞話·詞評》上卷：吕本中字居仁，紹興中進士，除右史，多論國事得失，見宋綱目。常集江西宗派詩。其所詠「春盡茅簷低著燕，日高田水故飛鷗」，見《紫薇集》。杜伯高、仲高出其門，爲集《東萊詞》。

馮金伯《詞苑萃編》卷之五引《嘯翁詞評》：居仁直忤柄臣，深居講道，而小詞乃工穩清潤至此。

黄蘇《蓼園詞評》：寫村居樂趣，骨秀神清，玲玲高韻，由其天機勝也。朗吟一過，覺陶淵明歸去來詞後，有此傑作。

采桑子〔一〕

恨君不似江樓月〔二〕，南北東西。南北東西。只有相隨無别離〔三〕。　恨君却似江樓月〔四〕，暫滿還虧。暫滿還虧。待得團團是幾時。

【校記】

〔一〕采：明鈔本、四庫本、叢刊本作「採」。〔二〕樓：叢刊本作「楼」。〔三〕隨：四庫本、叢刊本作「随」。〔四〕卻：叢刊本作「却」。樓：叢刊本作「楼」。

【輯評】

沈雄《古今詞話·詞品》上卷：兩句一樣爲疊句，一促拍，一曼聲。《瀟湘神》《法駕導引》，一氣流注者，促拍也。東坡引「雄心消一半，雄心消一半」，不爲申明上意，而兩意全該者，曼聲也。體如是也。若吕居仁之「恨君不似江樓月，南北東西。南北東西。只有相隨無別離」是承上接下，偶然戲爲之耳。

又

亂紅夭綠風吹盡〔一〕，小市疎樓〔二〕。細雨輕鷗。總向離人恨裏收〔三〕。　年年春好年年病，妾自西遊〔四〕。水自東流。不似殘花一樣愁。

【校記】

〔一〕亂：叢刊本作「乱」。綠：四庫本、叢刊本作「緑」。〔二〕樓：叢刊本作「楼」。

〔三〕總：叢刊本作「揔」。〔四〕遊：叢刊本作「游」。

西江月

渺渺風吹月上，濛濛霧挾霜迴〔一〕。百年心事老相催。人在夕陽落外。有夢常嫌去遠〔二〕，無書可恨來遲〔三〕。一盃濁酒兩篇詩。小檻黄花共醉。

【校記】

〔一〕挾：四庫本、叢刊本作「挟」。迴：叢刊本作「廻」。〔二〕夢：叢刊本作「夣」。〔三〕來：叢刊本作「来」。

又 熟水詞

酒罷悠揚醉興〔一〕，茶烹喚起醒魂〔二〕。卻嫌仙劑點甘辛〔三〕。衝破龍團氣韻〔四〕。金鼎清泉乍瀉，香沉微惜芳薰。玉人歌斷恨輕分。歡意厭厭未盡。

【校記】

〔一〕醉：叢刊本作「酔」。〔二〕魂：叢刊本作「䰟」。〔三〕卻：四庫本、叢刊本作「却」。〔四〕韻：叢刊本作「韵」。

朝中措

病香無力傍欄干〔一〕。風雨送春還。一枕曉來清夢〔二〕，無人說似西山。

匆匆笑語，時時邂逅〔三〕，草草盃盤〔四〕。莫謂雜花時候〔五〕。便忘梅蘂衝寒。

【校記】

〔一〕傍：叢刊本作「旁」。欄：竹垞傳鈔本、四庫本作「闌」。〔二〕來：叢刊本作「来」。

〔三〕逅：叢刊本作「后」。〔四〕盃：叢刊本作「杯」。〔五〕謂：

夢：叢刊本作「㝱」。

四庫本作「爲」。

南歌子

驛路侵斜月，溪橋度曉霜。短籬殘菊一枝黃。正是亂山深處、過重陽〔一〕。

旅枕元無夢〔二〕，寒更每自長。只言江左好風光。不道中原歸思、轉凄涼〔三〕。

【校記】

〔一〕亂：叢刊本作「乱」。〔二〕夢：叢刊本作「㝱」。〔三〕歸：叢刊本作「皈」。

虞美人

梅花自是于春嫩〔一〕。不是春來晚〔二〕。看伊開在衆花前。便道與春無分、結因緣〔三〕。　風前月下頻相就。笑我如伊瘦。幾回衝雨過疎籬〔四〕。已見一番青子、綴殘枝。

【校記】

〔一〕于：明鈔本、四庫本作「於」。〔二〕來：叢刊本作「来」。〔三〕緣：四庫本、叢刊本作「縁」。〔四〕回：叢刊本作「囬」。

又

平生臭味如君少。自是君難老。似儂憔悴更誰知。只道心清不似、少年時〔一〕。　春風也到江南路。小檻花深處〔二〕。對人不是憶姚黃。實是舊時風味、老難忘〔三〕。

【校記】

〔一〕清：竹坨傳鈔本、四庫本、叢刊本作「情」，曹批「明鈔本亦作『情』」。〔二〕小：四庫本作「少」。叢刊本原作「少」校作「小」。〔三〕實：四庫本、叢刊本作「寔」。

浣溪沙

暝日溫風破淺寒。短青無數簇幽欄〔一〕。三年春在病中看。中酒心情渾似夢，探花時候不曾閒。幾年芳信隔秦關〔二〕。

【校記】

〔一〕數：叢刊本作「数」。〔二〕關：叢刊本作「関」。

又

共飲昏昏到暮鴉〔一〕。不須春日念京華。邇來沉醉是生涯〔二〕。不是對君猶惜醉〔三〕，只嫌春病卻憐他〔四〕。願爲蜂採落殘花。

【校記】

〔一〕暮：四庫本、叢刊本作「莫」。〔二〕邇：叢刊本作「迩」。來：叢刊本作「来」。醉：叢刊本作「酔」。〔三〕醉：叢刊本作「酔」。〔四〕嫌：明鈔本作「緣」，曹批「竹垞傳鈔本亦作『緣』」，四庫本作「緣」。卻：四庫本、叢刊本作「却」。憐：叢刊本作「怜」。

長相思

要相忘。不相忘。玉樹郎君月豔娘。幾回曾斷腸〔一〕。　欲下牀〔二〕。卻上牀〔三〕。上得牀來思舊鄉〔四〕。北風吹夢長。

【校記】

〔一〕回：叢刊本作「囬」。〔二〕牀：叢刊本作「床」。〔三〕卻：四庫本、叢刊本作「却」。〔四〕牀：叢刊本作「床」。來：叢刊本作「来」。

減字木蘭花

去年今夜。同醉月明花樹下〔一〕。此夜江邊。月暗長堤柳暗船。　故人同處〔二〕。帶我離愁江外去。來歲花前〔三〕。又是今年憶昔年〔四〕。

【校記】

〔一〕醉：叢刊本作「醉」。〔二〕同：明鈔本、四庫本、叢刊本作「何」。〔三〕來：叢刊本作「来」。〔四〕又是：四庫本作「人似」。昔：明鈔本、四庫本、叢刊本作「去」。曹批「竹垞傳鈔本亦作『何』『似』『去』等字，惟『又』字作『人』字，疑誤」。

【輯評】

許昂霄《詞綜偶評》補録：淡語自佳。

況周頤《蕙風詞話》續編卷一，六：宋周端臣《木蘭花慢》句云：「料今朝別後，它時有夢，應夢今朝。」呂居仁《減字木蘭花》云：「來歲花前。又是今年憶昔年。」命意政同，而遣詞各極其妙。

菩薩蠻

客愁不到西池路。殘春又逐花飛去。今日傍池行。新荷昨夜生。　故人千慮繞。不到書來少〔一〕。去住隔關河〔二〕。長亭風雨多。

【校記】

〔一〕來：叢刊本作「来」。　〔二〕關：叢刊本作「関」。

又

高樓只在斜陽裏〔一〕。春風淡蕩人聲喜。攜客不嫌頻〔二〕。使君如酒醇。　花光人不會。月色須君醉〔三〕。月色與花光。共成今夜長。

【校記】

〔一〕高：四庫本作「髙」。樓：叢刊本作「楼」。裏：叢刊本作「裡」。〔二〕攜：四庫本作「攜」，叢刊本作「携」。〔三〕醉：叢刊本作「醉」。

又

登樓一望南山雪。使君風味如新月。月向雪前明。主人今夜情。平生相與意。老病猶堪記。對酒爲君歡。酒盃嫌未寬。

踏莎行

雪似梅花，梅花似雪。似和不似都奇絶。惱人風味阿誰知，請君問取南樓月〔一〕。記得舊時，探梅時節。老來舊事無人説〔二〕。爲誰醉倒爲誰醒〔三〕，到今猶恨輕離别。

【校記】

〔一〕樓：叢刊本作「楼」。〔二〕來：叢刊本作「来」。〔三〕醉：叢刊本作「醉」。

清平樂

故人何處。同在江南路。百種舊愁分不去。枉被落花留住〔一〕。　舊愁百種誰知。除非是見伊時。最是一春多病，等閒過了酴醿〔二〕。

【校記】

〔一〕留：叢刊本作「畱」。　〔二〕閒：明鈔本作「閑」，曹批「竹垞傳鈔本亦作『閑』」。

漁家傲

小院悠悠春未遠。牡丹昨夜開猶淺。珍重使君簾盡捲。風欲轉。綠陰掩映闌干晚〔一〕。　記得舊時清夜短。洛陽芳訊時相伴。一朵姚黃鬆髻滿〔二〕。情未展。新來衰病無人管〔三〕。

【校記】

〔一〕綠：四庫本、叢刊本作「緑」。　〔二〕鬆：四庫本作「鬆」。　〔三〕來：叢刊本作「来」。

生查子

殘春霧雨餘，小院黄昏後。説道覓新詞，把酒來相就〔一〕。酴醾插髻雲，歲歲長如舊。不是做詞遲，卻怕添伊瘦〔二〕。

【校記】

〔一〕來：叢刊本作「来」。

〔二〕卻：四庫本、叢刊本作「却」。

毛澤民

毛滂，字澤民，衢州人。有《東堂集》十卷，《東堂詞》一卷。

【輯評】

蔡絛《鐵圍山叢談》：昔我先人魯公遭逢聖主，立政建事，以致康泰，每曲曲期間。有毛滂澤民者，有時名，上十詞，甚偉麗，而驟得進用。

陳振孫《直齋書録解題》二一《歌詞類》：本以「斷魂分付潮回去」見賞東坡得名，而他詞雖工，未有能及此者。

賀裳《皺水軒詞筌》：毛澤民「酒濃春入夢，窗破月尋人」，此晚唐五律佳境也。

沈雄《古今詞話·詞評》上卷：毛滂字澤民，爲武康縣令，更葺廨舍。自言庭院蕭然，饒食晏眠無所事，於東堂之上作《驀山溪》以見意，有《東堂集》。柯寓匏曰：澤民詩「酒濃香入夢，窗破月尋人」，真詞家佳境也。初爲杭州法曹掾，爲東坡延譽，以此得名。

永瑢等《四庫全書總目》卷一九八《詞曲類》：滂詞情韻特勝，陳振孫謂滂他詞雖工，終無及蘇軾所賞一首者，亦隨人之見，非篤論也。

水調歌頭　元會曲

九金增宋重，八玉變秦餘。千年清浸先淨、河洛出圖書。一段昇平光景〔一〕，不但五星循軌，萬點共連珠。垂衣本神聖，補袞妙工夫。朝元去，鏘環珮，冷雲衢。芝房雅奏儀鳳、矯首聽笙竽〔二〕。天近黃麾仗曉，春早紅鸞扇暎〔三〕，遲日上金鋪〔四〕。萬歲南山色，不老對唐虞。

【校記】

〔一〕昇：明鈔本作「升」。〔二〕笙竽：叢刊本作「星歌」，鮑校作「笙竽」。〔三〕鸞：叢刊本作「鳶」。〔四〕遲：曹批「竹垞傳鈔本脱『遲』字」。

【輯評】

張德瀛《詞徵》卷五：毛澤民《元會曲》，賦《水調歌頭》云：「一段昇平光景，不但五星循軌，萬點共聯珠。」自注曰：「崇寧、大觀之間，太史數奏，五星循軌，衆星順鄉，靡有碎亂。」向伯恭江北舊詞《滿庭芳》題云：「政和癸巳滁陽作。」其年京師大雪，故其宣和辛丑《虞美人》詞云：「去年雪滿長安樹。望斷揚州路。」它若曾純甫之福唐平蕩海寇，宴犒將士席上作，張于湖之聞采石戰勝，陳同甫之送章德茂大卿使虜，皆可於史傳中參證同異。

浣溪沙　詠梅

月樣嬋娟雪樣清。索强先占百花春。於中獨底好精神〔一〕。　多恨肌膚元自瘦，半殘粧粉不忺勻〔二〕。十分全似那人人。

【校記】

〔一〕於：叢刊本作「扵」。底：叢刊本作「厎」。〔二〕忺：四庫本、叢刊本作「炊」。

又

初春汎舟，時北山積雪盈尺而水南梅林盛開

水北煙寒雪似梅〔一〕。水南梅鬭雪千堆。月明南北兩瑤臺〔二〕。　雪近卻如天上坐〔三〕，魂清疑向斗邊來〔四〕。梅花多處載春回。

【校記】

〔一〕煙：四庫本、叢刊本作「烟」。〔二〕臺：叢刊本作「臺」。〔三〕卻：竹垞傳鈔本、四庫本作「恰」，曹批「明鈔本亦作『恰』」。叢刊本作「却」。〔四〕魂：叢刊本作「䰟」。來：叢刊本作「来」。

又 泛舟

銀字笙簫小小童。梁州吹過柳橋風。阿誰勸我玉盃空。小醉徑須眠錦瑟，夜歸不用簇紗籠〔一〕。畫船簾捲月明中〔二〕。

【校記】

〔一〕歸：叢刊本作「帰」。〔二〕畫：叢刊本作「画」。船：四庫本作「舡」。

【輯評】

先著、程洪，胡念貽《詞潔輯評》卷一：（毛滂「銀字笙簫小小童」）趙令畤、賀方回之亞，毛澤民亦「三影郎中」之次也。清超絶俗，詞中故自難。

玉樓春 立春日

小園半夜東風轉。吹破冰池雲母面〔一〕。曉披閶闔見朝陽，和向碧階添幾線〔二〕。小煙弄柳晴先[illegible]〔三〕。殘雪禁梅香尚淺。慇懃洗拂舊東君，多少韶華都借看。

【校記】

〔一〕母：叢刊本作「毋」。〔二〕和：竹垞傳鈔本作「知」，曹批「明鈔本『知』作『和』

先：誤」。叢刊本作「私」。〔三〕煙：四庫本、叢刊本作「烟」。弄：叢刊本作「美」。明鈔本、四庫本、叢刊本作「光」，曹批「竹垞傳鈔本亦作『光』，惟『光』與『尚』不對」。

惜分飛

富陽水寺，秋夕望月

山轉沙回江漸小〔一〕。望盡冷煙衰草〔二〕。夢斷瑤臺曉〔三〕。楚雲何處英英好。古寺黄昏人悄悄。簾捲寒堂月到。不會思量了。素光看盡桐陰少。

【校記】

〔一〕回：叢刊本作「囬」。漸：四庫本作「聲」，曹批「明鈔本『漸』作『聲』誤，竹垞傳鈔本亦作『聲』」。〔二〕煙：四庫本、叢刊本作「烟」。〔三〕臺：叢刊本作「臺」。

【輯評】

王弈清等《歷代詞話》卷五引周煇：毛澤民《惜分飛》詞，語盡而意不盡，意盡而情不盡。

又

富陽僧舍，代作別語

淚濕闌干花著露〔一〕。秋到眉峯碧聚〔二〕。此恨平分取。更無言語空相覷。短雨殘雲無意緒。寂寞朝朝暮暮。今夜山深處。斷魂分付潮回去〔三〕。

【校記】

〔一〕著：叢刊本作「着」。〔二〕秋：竹坨傳鈔本、四庫本作「愁」，曹批「明鈔本『愁』作『秋』誤」。峯：四庫本、叢刊本作「峰」。〔三〕魂：叢刊本作「寬」。回：叢刊本作「囬」。

【輯評】

周煇《清波雜志》卷九：秦少游發郴州，反顧有所屬，其詞曰：「霧失樓臺」云云。山谷云：「語意極似劉夢得楚、蜀間語。」「淚濕闌干花著露」云云，毛澤民元祐間罷杭州法曹至阜陽所作贈別詞也。因是受知東坡。語盡而意不盡，意盡而情不盡，何酷似少游也？乾道間舅氏張仁仲宰武康，煇往，見留三日，便覽東堂之勝。蓋澤民嘗宰是邑，於彼老士人家見別語墨蹟。

張宗橚《詞林紀事》引樓敬思書毛滂「惜分飛」詞後：《東堂集》「淚濕闌干」詞，花庵詞客採入《唐宋絶妙詞》。其詞話云：「元祐中，東坡守錢塘，澤民爲法曹掾，秩滿辭去。是夕宴客，有妓歌此詞，坡問誰所作？妓以毛法曹對。坡語坐客曰：『郡寮有詞人不及知，某之罪也。』翌日，折柬追還，留連數日。澤民因此得名。」余謂黄昇宋人，其援據不應若是之疏也。按蘇公詩集有《次韻毛滂法曹感雨詩》：「公子豈我徒，衣鉢傳一簞。定非郊與島，筆勢江湖寬。悲吟古寺中，穿帷雪漫漫。他年記此味，芋火對嬾殘。」所謂古寺，度即富陽之寺也。公以郊、島目滂，以韓自況，衣鉢云云，傾倒者致矣。然則蘇公知滂不在《惜分飛》詞，而滂之受知于蘇公，又豈待《惜分飛》哉。

沈際飛《草堂詩餘正集》：第一個相别情態，一筆描來，不可思議。

沈雄《古今詞話·詞辨》上卷引《樂府舊聞》：東坡守杭，毛滂爲法曹掾，與一妓善。秩滿當辭，留連惜别。明日，東坡宴客，妓即歌《惜分飛》以侑酒云……東坡問是誰作，妓愀然以毛法曹對。東坡語坐客曰：「郡寮有詞人而不及知，某之罪也。」折柬追還，爲之延譽，滂以此得名。

葉申薌《本事詞》卷上：子瞻守杭時，毛澤民爲法曹，公以衆人遇之。澤民與營妓瓊芳善，届秩滿去官，作《惜分飛》詞以志别云……適子瞻宴客，瓊芳輒歌此詞。子瞻詢爲誰作，以澤民對。子瞻歎曰：「郡僚中有詞人而不知，是吾過也。」折簡追回，款洽數月。毛澤民頗工樂府，《惜分飛》一闋，爲東坡所賞，聲采遂著。其顧曲之贈亦多，嘗於衢守孫公素席上，侑歌者以七急拍七拜勸酒，爲賦《剔銀燈》云：「簾下風光自足。春到席間屏曲。瑶甕酥融，羽觴蜡鬥，花映酃湖寒緑。汨羅愁獨。又何似、紅圍翠簇。　聚散悲歡箭速。不易一杯相屬。頻剔銀燈，别聽牙板，尚有龍膏堪續。羅熏繡馥。錦瑟畔、低迷醉玉。」又夜集陳興宗館中，其愛姬侑觴，爲賦《踏莎行》云：「天質嬋娟，妝光蕩漾。御酥做出嬌模樣。夭桃繁杏本妖妍，文鴛彩鳳能偎傍。　艾緑濃香，鵝黄新釀。緣雲清切歌聲上。夜寒不近繡芙蓉，醉中只覺春相向。」又官妓有名小者乞詞，爲賦《虞美人》云：「柳枝却學腰支裊。好似江東小。春風吹緑上眉峰。秀色欲流不斷眼淚融。　簪前月上燈花墮。風遞餘香過。小歡雲散已難收。到處冷煙寒雨爲君愁。」又戲贈醉妓，爲賦《青玉案》云：「玉人爲我殷勤醉。向醉裡，添姿媚。偏著冠兒釵欲墜。桃花氣暖，露濃煙重，不自禁春意。　緑榆陰下東行水。漸漸近，凄凉地。明月侵床愁不睡。眉兒吃皺，爲誰無語，閣住陽關淚。」

張德瀛《詞徵》卷五：「淚濕闌干花著露，愁倒眉峯碧聚。」周煇《清波雜誌》釋之云：闌干，淚臉也，見《鄴侯家傳》。愁倒眉峯碧聚，乃張泌《思越人》「想黛眉愁聚春碧」。

西江月 縣圃小酌

煙雨半藏楊柳〔一〕，風光初到桃花。玉人細細酌流霞。醉裏將春留下〔二〕。柳畔鴛鴦作伴，花邊蝴蝶爲家。醉翁醉裏也隨他〔三〕。月在柳橋花榭〔四〕。

【校記】

〔一〕煙：四庫本、叢刊本作「烟」。〔二〕醉：叢刊本作「酔」。裏：叢刊本作「裡」。畱：叢刊本作「留」。〔三〕醉：叢刊本作「酔」。隨：叢刊本作「随」。〔四〕在：四庫本作「石」。

又 長安秋夜，與諸君飲，分題作

雨後裌衣初冷，霜前細菊渾斑。觚稜清月繡團環。萬里長安秋晚。槽下内家玉滴，盤中江國金丸。春容著面作微殷〔一〕。燭影紅搖醉眼。

【校記】

〔一〕著：叢刊本作「着」。

又　茶詞

席上芙蓉待暵，花間驟裹還嘶。勸君不醉且無歸〔一〕。歸去因誰惜醉。　雪點餅心未老，乳堆盞面初肥。畱連能得幾多時〔二〕。兩腋清風喚起。

【校記】

〔一〕醉：叢刊本作「醉」。歸：叢刊本作「埽」。下同。　〔二〕畱：叢刊本作「留」。

青玉案　新涼

芙蕖花上濛濛雨。又冷落、池塘暮。何處風來搖碧戶。捲簾凝望，淡煙疎柳〔一〕，翡翠穿花去。　玉京人去無由駐。忍獨在、凭闌處。試問綠窗秋到否〔二〕。可人今夜，新涼一枕，無計相分付。

【校記】

〔一〕煙：四庫本、叢刊本作「烟」。　柳：叢刊本作「雨」，鮑校作「柳」。　〔二〕緑：四庫本、叢刊本作「綠」。　窗：四庫本作「牕」，叢刊本作「窓」。

踏莎行〔一〕　臘梅

粟玉玲瓏〔二〕，雍酥浮動。芳跗染得胭脂重。風前蘭麝作香寒，枝頭煙雪和春凍〔三〕。蜂翅初開，密房香弄。佳人寒睡愁和夢〔四〕。鵝黄衫子茜羅裙〔五〕，風流不與江梅共。

【校記】

〔一〕莎：四庫本作「沙」。　〔二〕粟：四庫本作「粟」。　〔三〕煙：四庫本、叢刊本作「烟」。　〔四〕夢：叢刊本作「夣」。　〔五〕鵝：四庫本、叢刊本作「鵞」。

曾公衮

曾紆，字公衮，南豐人。有《空青遺文》十卷。

【輯評】

楊慎《詞品》卷之四：曾紆，字公衮，號空青先生，子宣之子。清樾軒一詩名世，詞亦佳。

秋霽

木落山明，莫江碧，樓倚太虛寥廓〔一〕。素手飛觴，釵頭笑取，金英滿浮桑落。鬢雲漫約〔二〕。酒紅拂破香腮薄。細細酌。簾外任教、月轉畫闌角。當年快意登臨，異鄉節物，難禁離索。故人遠、凌波何在，惟有殘英共寂寞。愁到斷腸無處著〔三〕。寄寒香與，憑渠問訊佳時〔四〕，弄粉吹花〔五〕，爲誰梳掠。

【校記】

〔一〕樓：叢刊本作「楼」。〔二〕漫：明鈔本，叢刊本作「幔」，曹批「竹垞傳鈔本亦作『慢』」。〔三〕著：叢刊本作「着」。〔四〕憑：叢刊本作「凴」。四庫本作「凂」。

〔五〕弄：叢刊本作「𢍏」。

念奴嬌

片帆暮落。正前村梅蘂，愁人如雪。東陌西溪長記得，疎影横斜時節。六出冰姿，玉人微步〔一〕，笑裏輕輕折。蘭房同醉，暗香曾共私竊。回頭萬水千山〔二〕，一枝重見處，離腸千結。料想臨鸞消瘦損〔三〕，時把啼紅偷浥。怎得伊來〔四〕，許多幽恨，共撚青梢説〔五〕。如今千里斷腸，空對明月。

【校記】

〔一〕步：四庫本、叢刊本作「涉」。〔二〕回：四叢刊本作「囬」。〔三〕鸞：叢刊本作「鴬」。〔四〕怎：四庫本、竹垞傳鈔本作「待」，曹批「明鈔本『待』作『怎』」。來：叢刊本作「来」。〔五〕梢：叢刊本作「稍」。

又

江城春晚，正海棠臨水，嫣然幽獨。秀色天姿眞富貴〔一〕，何必金盤華屋。月下無人，雨中有淚，絶豔仍清淑。豐肌得酒，嫩紅微透輕縠。曉日霧靄林深，佳人春睡思，朦朦初足。笑出疎籬，端可厭，桃李漫山麄俗。啣子飛來〔二〕，鴻鵠何在，千里移西蜀。明朝酒醒，亂紅那忍輕觸〔三〕。

【校記】

〔一〕眞：四庫本、叢刊本作「真」。〔二〕來：叢刊本作「来」。〔三〕亂：叢刊本作「乱」。

洞仙歌

相如當日，曾奏淩雲賦。落筆縱横妙風雨。記揚鞭輦路，同醉金明〔一〕，窮勝賞，不管重城已暮。舊遊如夢覺，零落朋儕，遺墨淋漓尚如故。況神州北望，今已邱墟〔二〕，傷白璧、久埋黄土。但空似、靈光巋然存，悵朗月清風，更無元度〔三〕。

【校記】

〔一〕醉：叢刊本作「醉」。〔二〕邱：四庫本、叢刊本作「丘」。〔三〕元：四庫本作「玄」，缺末筆。

臨江仙〔一〕

後院短墻臨綠水〔二〕。春風急管繁絃。問誰親按小嬋娟。玉堂眞學士〔三〕，琳館地行仙。　安得此身來此處〔四〕，依稀一夢梨園。江南刺史漫垂涎。據鞍腸已斷，何況到尊前。

【校記】

〔一〕仙：叢刊本作「僊」。〔二〕緑：四庫本、叢刊本作「緑」。〔三〕眞：四庫本、叢刊本作「真」。〔四〕身：竹垞傳鈔本、四庫本、叢刊本作「聲」，曹批「明鈔本亦作『聲』」。來：叢刊本作「来」。

【輯評】

楊慎《詞品》卷之四：其《臨江仙》……亦佳。惜全篇未稱。

上林春

東里梅繁，豪健放樂〔一〕，醉倒花前狂客。艷粧微步，攀條弄粉，凌波遍尋青陌。暗香墮靨〔二〕，更飄近、霧鬟蟬額。倒金荷、念流光易失，幽姿堪惜。

惜花心、未甘鬢白〔三〕。南枝上、又見尋芳消息〔四〕。舊遊回首〔五〕，前歡如夢〔六〕，誰知等閒拋擲〔七〕。稠紅亂蘂〔八〕，漫開遍、楚江南北〔九〕。獨消魂〔一〇〕，念誰寄、故園春色。

【校記】

〔一〕健：叢刊本作「徤」。〔二〕墮：叢刊本作「堕」。〔三〕鬢：四庫本作「髩」，叢刊本作「鬂」。〔四〕又：叢刊本作「天」，校作「又」。〔五〕回：叢刊本作「囬」。〔六〕歡：四庫本、叢刊本作「懽」。夢：叢刊本作「夣」。〔七〕閒：明鈔本作「閑」，曹批「竹垞傳鈔本亦作『閑』」。〔八〕亂：叢刊本作「乱」。〔九〕漫：四庫本、叢刊本作「漫」。〔一〇〕魂：四庫本、叢刊本作「䰟」。

菩薩蠻

山光冷浸清溪底。溪光直到柴門裏。卧對白蘋洲。欹眠數釣舟。溪山無限好。恨不相逢早。老病獨醒多。如此良夜何。

【輯評】

楊慎《詞品》卷之四：《菩薩蠻》：「山光冷浸清江底。江光只到柴門裡。卧對白蘋洲。欹眠數釣舟。」亦佳。惜全篇未稱。

謁金門

風淅瀝〔一〕。簾外雪花初積。夢破小窗人寂寂〔二〕。寒微無處敵〔三〕。强起飲君涓滴。清淚醉來霑臆〔四〕。岐路只今多擁隔。弟兄無信息。

【校記】

〔一〕瀝：四庫本作「瀝」。〔二〕夢：叢刊本作「夣」。窗：四庫本作「窻」，叢刊本作「窓」。〔三〕微：竹坨傳鈔本、四庫本、叢刊本作「威」，曹批「明鈔本亦作『威』」。

〔四〕醉：叢刊本作「醉」。來：叢刊本作「来」。

品令

紋漪漲綠〔一〕。疎靄連孤鶩。一年春事，柳飛輕絮，笋添新竹。寂寞幽花，獨殿小園嫩綠〔二〕。登臨未足。悵遊子、歸期促〔三〕。他年清夢千里，猶到城陰溪曲。應有凌波，時爲故人凝目。

【校記】

〔一〕〔二〕綠：四庫本、叢刊本作「緑」。〔三〕歸：叢刊本作「歸」。

李景元

李甲，字景元，華亭人。

【輯評】

王灼《碧雞漫志》卷第二：李景元……晁次膺、万俟雅言，皆有佳句，就中雅言又絶出。然六人者，源流從柳氏來，病於無韻。

沈雄《古今詞話·詞評》上卷：華亭李甲字景元，宋之詞人也。

望雲涯引

秋容江上〔一〕，岸花老，蘋洲白。露濕蒹葭〔二〕，浦嶼漸增寒色。閒漁唱晚〔三〕，鷺鴈驚飛處〔四〕，映遠磧。數點輕帆〔五〕，送天際歸客〔六〕。鳳臺人散〔七〕，漫回首〔八〕。沉消息〔九〕。素鯉無憑〔一〇〕，樓上暮雲凝碧〔一一〕。時向西風下，認遠笛。宋玉悲懷，未信金樽消得。

【校記】

〔一〕容：秦刻本注「一作『空』」。　〔二〕濕：叢刊本作「温」，鮑校作「濕」。　〔三〕閒：

明鈔本作「閑」，曹批「竹垞傳鈔本亦作『閑』」。〔四〕鴈：四庫本作「雁」。〔五〕數：叢刊本作「数」。〔六〕歸：叢刊本作「歸」。〔七〕臺：叢刊本作「臺」。〔八〕回：叢刊本作「囬」。〔九〕沉：四庫本作「沈」。〔一〇〕憑：四庫本作「凴」。〔一一〕秦：刻本注「《詞緯》有『危樓靜倚』四字」。樓：叢刊本作「楼」。

弔嚴陵〔一〕

蕙蘭香泛，孤嶼潮平，鷩鷗散雪。迤邐點破，澄江秋色。暝靄向斂，疎雨乍收，染出藍峯千尺〔二〕。魚舍孤煙鎖寒磧〔三〕。畫鷁翠帆旋解〔四〕，輕艤晴霞岸側。正念往悲酸〔五〕，懷鄉慘切〔六〕。何處引羌笛。追惜。當時富春佳地，嚴光釣址空遺迹。華星沉後〔七〕，扁舟泛去，瀟洒閑名圖籍〔八〕。離觴弔終寓目〔九〕，意斷魂消淚滴〔一〇〕。漸洞天晚〔一一〕，迴首暮雲千里碧〔一二〕。

【校記】

〔一〕弔：叢刊本作「吊」。〔二〕峯：四庫本、叢刊本作「峰」。〔三〕魚：明鈔本、四庫本、叢刊本作「漁」，曹批「竹垞傳鈔本亦作『漁』」。煙：四庫本、叢刊本作「烟」。〔四〕畫：叢刊本作「画」。解：叢刊本作「觧」。〔五〕往：四庫本、叢刊本作「徃」。

〔六〕鄉：叢刊本作「郎」。〔七〕沉：四庫本作「沈」。〔八〕閑：四庫本作「閒」。

〔九〕終：秦刻本注「一作『古』」。〔一〇〕斷：叢刊本作「日」，四庫本作「闌」。」

〔一一〕晚：秦刻本注「一作『曉』」，四庫本作「曉」。〔一二〕迴：叢刊本作「迴」。里：

竹垞傳鈔本、四庫本、叢刊本作「古」，曹批「明鈔本亦作『古』」。

夢玉人引

漸東風暖，隴梅殘，霽雲碧。嫩草柔條，又迴江城春色〔一〕。乍促銀籤，便篆香紋蠟有餘迹〔二〕。愁夢相兼，儘日高無力〔三〕。這些離恨，依然是、酒醒又如織〔四〕。料伊情懷〔五〕，也應向人端的。何故近日，全然無消息。問伊看伊〔六〕，教人到此，如何休得。

【校記】

〔一〕迴：叢刊本作「迴」。〔二〕蠟：四庫本、叢刊本作「蝎」。〔三〕高：叢刊本作「高」。〔四〕然：明鈔本作「前」。〔五〕情懷：四庫本作「懷惜」，叢刊本作「懷情」。

〔六〕伊：明鈔本作「問」。

過秦樓〔一〕

賣酒壚邊〔二〕，尋芳原上，亂花飛絮悠悠〔三〕。已蝶稀鶯散，便擬把長繩，繫日無由〔四〕。謾道草忘憂。也徒將、酒解閑愁〔五〕。正江南春盡，行人千里，蘋滿汀洲。有翠紅徑裏，盈盈似簇〔六〕，芳茵禊飲，時笑時謳。當暖風遲景，任相將永日，爛熳從遊〔七〕。誰信盛狂中，有離情、忽到心頭。向鐏前擬問，雙燕來時〔八〕，曾過秦樓〔九〕。

【校記】

〔一〕〔九〕樓：叢刊本作「楼」。〔二〕壚：四庫本、叢刊本作「爐」。〔三〕亂：叢刊本作「乱」。〔四〕無：曹批「明鈔本『系日』下作『□』，竹垞傳鈔本『繫』下作『□』，亦缺字」。〔五〕解：叢刊本作「鮮」。閑：四庫本作「閒」。〔六〕似：四庫本、叢刊本作「侶」。〔七〕熳：四庫本作「漫」。從：秦刻本注「一作『狂』」。〔八〕雙：叢刊本作「雙」。來：叢刊本作「来」。

帝臺春〔一〕

芳草碧色。萋萋遍南陌。暖絮亂紅〔二〕，也知人〔三〕，春愁無力。憶得盈盈拾翠侶，共攜賞、鳳城寒食〔四〕。到今來〔五〕，海角逢春，天涯爲客。愁旋釋。還似織。淚暗拭。又偷滴。謾竚立、倚遍危欄〔六〕，儘黄昏，也只是、暮雲凝碧。拚則而今已拚了，忘則怎生便忘得。又還問鱗鴻，試重消息〔七〕。

【校記】

〔一〕臺：叢刊本作「臺」。〔二〕亂：叢刊本作「乱」。〔三〕秦刻本注「一本有『似』字」。〔四〕攜：四庫本、叢刊本作「携」。〔五〕來：叢刊本作「来」。〔六〕竚立：秦刻本注「一本無『竚立』二字」。欄：竹垞傳鈔本、四庫本作「闌」。〔七〕秦刻本注「一本有『尋』字」。竹垞傳鈔本、四庫本「重」下有「尋」，叢刊本鮑校補「尋」字。

【輯評】

潘游龍《古今詩餘醉》：「拚則」二句，詞意極淺，正未許淺人解得。

沈雄《古今詞話·詞辨》下卷引《堯山堂外紀》：唐元宗賦春恨《帝臺春》，爲長調之佳作者。如「飛絮亂紅，也似知人無氣力。謾倚偏危欄，儘黄昏，也只是暮雲凝碧。拚則而今已拚了，忘則怎生便忘得。」按元宗時，尚無此等婉變極妍之語。及《詞綜》辯之，爲華亭李甲作，非元宗作也。《詞評》李甲字景元，即訛爲中主李景之作，一如李重元「憶王孫」四首，便推爲後主詞也。

上卷：《帝臺春》一詞，舊刻李景爲唐元宗所製久矣，近代朱彝尊始出而正之。余暇日曾讀《帝臺春》數過，今偶得《望雲涯引》而并歸之。

擊梧桐

杳杳春江濶〔一〕。收細雨、風蹙波聲無歇〔二〕。雁去汀洲暖，岸蕪靜，翠染遥山一抹。羣鷗聚散，征航來去〔三〕，隔水相望楚越。對此、凝情久，念往歲上國〔四〕，嬉遊時節。　鬬草園林〔五〕，賣花巷陌。觸處風光奇絕。正恁濃歡裹〔六〕，悄不意、頓有天涯離别〔七〕。看那梅生翠實，柳飄狂絮，沒箇人共折〔八〕。把而今、愁煩滋味，教向誰說。

【校記】

〔一〕濶：四庫本作「闊」。　〔二〕叢刊本作「杳杳春江收濶。細雨風蹙波聲無歇」。

〔三〕航：四庫本作「船」。　來：叢刊本作「来」。　〔四〕往：四庫本作「徃」。　〔五〕鬬：叢刊本作「鬭」。

〔六〕裹：竹垞傳鈔本作「□」。　〔七〕悄：叢刊本作「誚」。　〔八〕箇：

叢刊本作「个」。

幔捲紬〔一〕

絶羽沉鱗〔二〕，埋花葬玉，杳杳悲前事。對一盞寒燈，數點沉螢，悄悄畫屏〔三〕，巫山十二。蕣臉星眸〔四〕，蕙情蘭性，一旦成流水。便縱有、甘泉妙手，鴻都方士何濟〔五〕。　香閨寶砌。臨粧處〔六〕，迤邐苔痕翠。更不忍看伊，繡殘鴛侶〔七〕，而今尚有，啼紅粉漬。好夢不來〔八〕，斷雲飛去，黯黯情無際。謾飲盡香醪，奈向愁腸，消遣無計。

【校記】

〔一〕綢：叢刊本作「紬」。　〔二〕沉：四庫本作「沈」。　〔三〕數：叢刊本作「数」。

沉：四庫本作「流」。　畫：叢刊本作「画」。　〔四〕蕣臉：四庫本、叢刊本作「瞬驗」。

〔五〕鴻：四庫本、叢刊本作「洪」。　〔六〕處：秦刻本注「一本無『處』字」。　〔七〕侶：

秦刻本注「一作『履』」。　〔八〕來：叢刊本作「来」。

望春回

霽霞散曉，射水村漸明，漁火方絶〔一〕。灘露夜潮痕，注湅懶凄咽。征鴻來時應負書〔二〕，見疎柳、更憶伊同折。異鄉憔悴，那堪更逢〔三〕，歲窮時節。

東風暗回暖律〔四〕。算坼遍江梅〔五〕，消盡岩雪〔六〕。唯有這愁腸，也依舊千結。私言竊語些誓約〔七〕，便眠思夢想無休歇。這些離恨，除非對著、說似明月〔八〕。

【校記】

〔一〕絶：秦刻本注「一作『滅』」。〔二〕來：叢刊本作「来」。應負書：秦刻本注「一作『有信負』，一作『附』」。〔三〕逢：秦刻本注「一作『値』」。〔四〕回：叢刊本作「囬」。〔五〕坼：叢刊本作「折」。〔六〕岩：四庫本、叢刊本作「嵒」。〔七〕些：秦刻本注「一作『曾』」。〔八〕著：叢刊本作「着」。

向伯恭

向子諲，字伯恭，自號薌林，臨江人。有《酒邊詞》一卷。

【輯評】

沈雄《古今詞話·詞評》上卷引《樂府紀聞》：臨江向伯恭，宋之外戚也，立朝忠節。胡安國、張九成輩極嘉與之。忤檜相意，致仕家居，自號薌林居士。作《滿庭芳》自慶云：「須知道，天教尤物，相伴老江鄉。」作《減字木蘭花》絕筆云：「真香妙質，不耐世間風與日。」《酒邊詞》四卷。引胡致堂曰：薌林居士，步趨蘇堂而嚌其胾者也。

王奕清等《歷代詞話》卷六：向子諲有《梅花引》，戲代李師明作，即所謂「花如頰。眉如葉。小時笑弄階前月」是也。又有席上贈侍兒輕輕者《殢人嬌》云：「白似梨花，柔如柳絮。蝴蝶兒鎮長一處。春風駘蕩，驀然吹去。爭得倩、柔緑半空惹住。波上精神，掌中態度。分明是彩雲團做，當年飛燕，從今休數。只恐是、高唐夢中神女。」

郭麐《靈芬館詞話》卷二：宋之詞人向子諲、史邦卿，皆成家者。然史以附韓侂胄爲士論所賤。向以貴臣戚里，卓然方格，迕檜而歸，其人品相去遠矣。《酒邊詞》二卷，其中贈伎之作最多，其名如小桃、小蘭、輕輕、賀全真、陳宋鄰、趙總憐、王稱心，不一而足，所謂承平王孫故態者耶。

葉申薌《本事詞》卷下：向子諲伯恭，自號薌林居士，故都貴戚，工于樂章。有《酒邊詞》，自分爲江南新詞、江北舊詞。文采風流，恒多顧曲之贈。其在宋景晋待制宴席，和曾吉甫韻，贈其侍姬小蘭、小桃者《浣溪沙》云：「緑遶紅圍宋玉牆。幽蘭林下正芬芳。桃花氣暖玉生香。　誰道廣平心似鐵，艷妝高韻兩難忘。蘇州老矣不能狂。」其贈錢卿侍人輕輕者《殢人嬌》云：「白似梨花……」其與何文縝、倪巨濟、王元東、蘇叔黨，宴張子寶家，贈其侍人賀全真者《玉樓春》云：「雲窗霧閣春風透。蝶遶蜂圍花氣漏。惱人風味恰如梅，倚醉腰肢全似柳。　細傳一曲情偏厚。淡掃兩山緑底皺。歸時好月已成空，只有真香猶滿袖。」其贈以扇乞詞趙總憐《浣溪沙》云：「艷趙傾燕花裏仙。烏絲闌寫永和年。有時閑弄醒心絃。　茗盌分雲微醉後，紋楸斜倚髻鬟偏。風流模樣總堪憐。」趙蓋能棋、分茶、寫字、彈琴也。其贈道裝郭小娘《南歌子》云：「縹緲雲間質，輕盈波上身。瑶林玉樹出風塵。不是野花凡草等閑春。　翠羽雙垂珥，烏紗巧製巾。經珠不動兩眉顰。須信鉛華消盡見天真。」

清平樂

詠木犀，贈韓叔夏

吳頭楚尾。踏破芒鞋底。萬壑千岩秋色裏。不奈惱人風味。　如今老我薌林。世間百不關心〔一〕。獨喜愛香韓壽，能來同醉花陰〔二〕。

【校記】

〔一〕百：四庫本作「有」。　關：叢刊本作「閞」。

〔二〕來：叢刊本作「来」。　醉：叢

刊本作「醉」。

鷓鴣天

紫禁煙花一萬重〔一〕。鰲山宫闕倚晴空。玉皇端拱彤雲上，人物嬉遊陸海中。星轉斗，駕迴龍〔二〕。五侯池館醉春風。而今白髮三千丈，愁對寒燈數點紅。

【校記】

〔一〕煙：四庫本、叢刊本作「烟」。　〔二〕迴：叢刊本作「廻」。

虞美人　和趙正之韻，時正之被召

淮陽堂上曾相對。笑把姚黄醉〔一〕。十年離亂有深憂〔二〕。白髮蕭蕭同見、渚江秋。　履聲細聽知何處。欲上星辰去。清寒初溢暮雲收。更看碧天如水、月如流。

【校記】

〔一〕醉：叢刊本作「酔」。　〔二〕亂：叢刊本作「乱」。

又　示栖隱寧老

澄江霽月清無對。魯酒何須醉。人憐貧病不堪憂〔一〕。誰識此心如月、正含秋。再三勞漉方知處〔二〕。試向波心去〔三〕。迢迢空刼勿能收。漫道從來天地、與同流〔四〕。

【校記】

〔一〕憐：叢刊本作「怜」。〔二〕勞：竹垞傳鈔本、四庫本、叢刊本作「澇」，曹批「明鈔本亦作『澇』」。〔三〕向：竹垞傳鈔本作「問」。〔四〕來：叢刊本作「来」。與：叢刊本作「与」。

【輯評】

況周頤《蕙風詞話》卷二，二四：填詞第一要襟抱。唯此事不可彊，并非學力所能到。向伯恭《虞美人》過拍云：「人憐貧病不堪憂。誰識此心如月正涵秋。」宋人詞中，此等語未易多覯。

卜算子〔一〕　中秋和東坡

雨意挾風回〔二〕，月色兼天靜。心與秋空一樣清〔三〕，萬象森如影。何處一聲鐘，令我發深省。獨立滄浪忘卻歸〔四〕，不覺霜華冷〔五〕。

【校記】

〔一〕算：叢刊本作「筭」。〔二〕回：叢刊本作「回」。〔三〕與：叢刊本作「与」。〔四〕卻：四庫本、叢刊本作「却」。〔五〕覺：四庫本作「如」，叢刊本作「耐」。歸：叢刊本作「歸」。

又　雙原避地作

時菊碎榛叢，地僻柴門靜。誰道村中好客稀，明月和清影。　天地一蘧廬，夢事慵思省，若箇知余懶是眞〔一〕，心已如灰冷。

【校記】

〔一〕眞：四庫本、叢刊本作「真」。

又

竹裏一枝梅，雨洗娟娟淨〔一〕。疑是佳人日暮來，綽約風前影。　新恨有誰知，舊事何堪省。夢遶陽臺寂寞回〔二〕，半被殘香冷〔三〕。

【校記】

〔一〕淨：四庫本、叢刊本作「靜」。〔二〕臺：叢刊本作「臺」。回：叢刊本作「囬」。

〔三〕秦刻本注「《酒邊詞》作『沾袖餘香冷』」。被：竹垞傳鈔本作「夜」。

阮郎歸〔一〕 乙卯鄱陽道中作〔二〕

江南江北雪漫漫。遥思易水寒。同雲深處是三關〔三〕。斷腸山又山。天可老，海能翻〔四〕。消除此恨難。頻聞遣使問平安。幾時鑾輅還〔五〕。

【校記】

〔一〕歸：叢刊本作「帰」。〔二〕鄱：四庫本、叢刊本作「潘」。〔三〕同：四庫本作「彤」。關：叢刊本作「関」。〔四〕翻：四庫本作「飜」。〔五〕鑾：叢刊本作「鑾」。

【輯評】

馮煦《蒿庵論詞》：《酒邊詞》，紹興乙卯大雪行鄱陽道中《阮郎歸》一闋，爲二帝在北作也。眷戀舊君，與鹿虔扆之金鎖重門，謝克家之依依宫柳，同一辭旨怨亂，不知壽皇見之，亦有慨於心否，宜爲賊檜所嫉也。終是愛君，獨一瓊樓玉宇之蘇軾哉。彼以詞黠宕不可爲者，殆第見屯田、山谷諸作，而未見此耳。

滿庭芳　木犀詞，約去非、希箕、養眞同賦〔一〕

月窟蟠根，雲巖分種，絶知不是塵凡。琉璃翦葉〔二〕，金粟綴花繁。黄菊周旋避舍，友蘭蕙、羞殺山礬〔三〕。清香遠，秋風十里，鼻觀已先參。　　酒闌。聽我語，平生半是，江北江南。經行處無窮，綠水青山〔四〕。常被此花相惱，思共老、結屋中間。不因爾，薌林底事，游戲到人寰。

【校記】

〔一〕箕：竹垞傳鈔本作「真」。　眞：四庫本、叢刊本作「真」，竹垞傳鈔本作「直」。曹批「謂陳去非、朱希真、蘇養直也，明鈔本作『希箕、養真』，而秦刻承其誤，幸《雅詞》並存去非、希真、養直《清平樂》詞可證」。　〔二〕翦：四庫本、叢刊本作「剪」。　〔三〕礬：竹垞傳鈔本、四庫本、叢刊本作「樊」。　〔四〕綠：四庫本、叢刊本作「渌」。　青山：叢刊本「山青」改作「青山」。

【輯評】

王灼《碧雞漫志》卷第二：向伯恭用《滿庭芳》曲賦木犀，約陳去非、朱希真、蘇養直同賦，「月窟蟠根，雲巖分種」者是也。然三人皆用《清平樂》和之。去非云：「黄衫相倚，萃葆層層底。八月南風日美，弄影山腰水尾。楚人未識孤妍。離騷遺恨千年。無住庵中新事，一枝喚起幽禪。」希真云：「人間花少。菊小芙蓉老。冷淡仙人偏得道。買定西風一笑。前身元是江梅。黄姑點破冰肌。只有暗香猶在，飽參清似南枝。」養直云：「斷崖流水。香度青林底。元配騷人蘭與芷。不數春風桃李。淮南叢桂小山。詩翁合得躋攀。身到十洲三島，心游萬壑千巖。」後伯恭再賦木犀，亦寄《清平樂》贈韓璜叔夏云：「吴頭楚尾。踏破芒鞋底。萬壑千巖秋色裏。不奈惱人風味。如今老我薌林。世間百不關心。獨喜愛香韓壽，能來同醉花陰。」韓和云：「秋光如水。釀作鵝黄蟻。散入千巖佳樹裏。惟許脩門人醉。輕鈿重上風鬟。不禁月冷霜寒。步障深沈歸去，依然愁滿江山。」初劉原父亦于《清平樂》賦木犀云：「小山叢桂。最有人留意。拂葉攀花無限思。雨濕濃香滿袂。别來過了秋光。翠簾昨夜新霜。多少月宫閒地，姮娥借與微芳。」同一花一曲，賦者六人，必有第其高下者。

西江月 游洞庭東西山，將有天台雁蕩之行，獲拜御書薌林之賜，呈子發、元長、去非翰林三學士〔一〕

得意穿雲度水，及時斫玉分金〔二〕。茲遊了卻未來心〔三〕。怪我歸遲一任〔四〕。

居士何如學士，翰林休笑薌林。箇中眞味少知音〔五〕。不是清狂太甚。

【校記】

〔一〕發：竹垞傳鈔本作「登」。　翰林三：四庫本作「三翰林」。　〔二〕斫：叢刊本作「研」。

〔三〕卻：四庫本、叢刊本作「却」。　〔四〕歸：叢刊本作「歸」。　〔五〕薌林、個中：竹垞傳鈔本作「□□□□」。　眞：四庫本、叢刊本作「真」。

更漏子

題趙伯山青白軒，時王豐父、劉長因同賦〔一〕

竹孤青，梅釅白。更著使君清絶〔二〕。梅似竹，竹如君。須知德有隣〔三〕。

月同高〔四〕，風同調。月底風前一笑。翻碎影，度微香。與人風味長〔五〕。

【校記】

〔一〕曹批「明鈔本作『時云』，脱去『王豐父、劉長因同賦』八字。竹垞傳鈔本亦作『時云』，無『王豐父』等八字」。四庫本無「軒」後九字。叢刊本作「時云」，無後八字。　〔二〕著：叢刊本作「着」。　〔三〕隣：竹垞傳鈔本、四庫本作「鄰」。　〔四〕高：四庫本、叢刊本作「高」。　〔五〕與：叢刊本作「与」。

浣溪沙

歲除，集二老句〔一〕

爆竹聲中一歲除。東風送暖入屠蘇〔二〕。曈曈曉色上林廬。老去怕看新歷日〔三〕，退歸擬學舊桃符〔四〕。青春不染白髭鬚。

【校記】

〔一〕秦刻本注「《酒邊詞》二老謂荆公、東坡」。〔二〕蘇：叢刊本作「蘓」。〔三〕歷：叢刊本作「曆」。〔四〕歸：叢刊本作「帰」。

又

木犀花開，不數日謝去。每恨不能挽畱〔一〕。近得海上方，可作爐熏耐久〔二〕

醉裏驚從月窟來〔三〕。睡餘如夢蕊宫迴〔四〕。碧雲時度小崔嵬。疑是海仙憐我老，不論時節遣花開，從今休數返魂梅〔五〕。

【校記】

〔一〕畱：叢刊本作「留」。〔二〕爐：叢刊本作「炉」。熏：叢刊本、四庫本作「燻」。〔三〕裏：叢刊本作「裡」。來：叢刊本作「来」。〔四〕回：叢刊本作「囬」。〔五〕數：

叢刊本作「数」。

生查子

與客醉花下，落蕊忽墮酒盃中〔一〕。

月姊倚秋風，香度青林杪。吹墮酒盃中〔二〕，笑靨撩人小。薌林萬事休，獨此情未了。醉裏又題詩，不覺花前老。

【校記】

〔一〕蕊：四庫本作「蘂」。墮：叢刊本作「隋」。盃：四庫本作「杯」。〔二〕墮：叢刊本作「隋」。

謝無逸

謝逸，字無逸，臨川人。有《溪堂集》十卷，《溪堂詞》一卷。

【輯評】

王灼《碧雞漫志》卷第二：謝無逸字字求工，不敢輒下一語，如刻削通草人，都無筋骨，要是力不足。然則獨無逸乎。曰，類多有之，此最著者爾。

沈雄《古今詞話·詞評》上卷：謝逸字無逸，臨川進士，有《溪堂詞》。《復齋漫録》曰：臨川謝無逸，嘗過黄州杏花村館，題江神子於驛壁。過者索筆於館卒，卒苦之，因以泥塗焉。其爲人所賞重可知。《柳塘詞話》曰：無逸弟邁，字幼槃，有《竹有詞》。但見贈弈妓宋瑶《減字木蘭花》云：「風篁度曲。倦倚銀屏初睡足。清簟疎簾。金鴨香消懶去舔。纖纖露玉。風雹縱横飛鈿局。頻斂雙蛾。凝竚無言密意多。」

王奕清等《歷代詞話》卷六引沈際飛：謝無逸《花心動》一詞，句句比方，用小鴨鶴鳴篇體也。

馮金伯《詞苑萃編》卷之四《品藻》（汲古閣溪堂詞跋）：《溪堂詞》六十三闋，皆小令，輕倩可人。　卷之九《指摘》：時本《溪堂詞》卷，《蝶戀花》以迄禫尾《望江南》，共詞六十有三闋，近來吴門鈔本多《花心動》一闋，其詞云：「風裏楊花。輕薄性，銀燭高燒心熱。香餌懸鈎，魚不輕吞，辜負弔兒虚設。桑蠶到老絲長絆，針刺眼、淚流成血。思量起、拈枝花朵，果兒難結。

海樣情深忍撇。似夢裏相逢，不勝歡悅。出水雙蓮，摘取一枝，可惜并頭分拆。猛期月滿會姮娥，誰知是、出生新月。折翼鳥，甚是於飛時節。」疑是贋筆，不敢溷入，附記以俟識者。

黄蘇《蓼園詞評》：按無逸，臨川人。第進士，意其筮仕在湖湘間耶。詞意不過寫其宦情淡泊耳。筆墨瀟灑，自饒一種幽俊之致。

馮煦《蒿庵論詞》：溪堂温雅有致，於此事蘊釀甚深。子晋祇稱其輕倩，猶爲未盡。樵隱勝處不減溪堂，惟情味差薄耳。

菩薩蠻

暄風遲日春光鬧。蒲桃水碧搖輕棹。兩岸草煙低〔一〕。青山啼子規。歸來愁未寢〔二〕。黛淺眉痕沁。花影轉廊腰。紅添酒面潮。

【校記】

〔一〕煙：四庫本、叢刊本作「烟」。〔二〕歸：叢刊本作「歸」。來：叢刊本作「来」。

南歌子

雨洗溪光淨，風吹柳帶斜〔一〕。畫橋朱戶玉人家〔二〕。簾外一眉新月、浸梨花。

金鴨香凝袖，銅花燭映紗〔三〕。鳳盤宫錦小屏遮。夜静寒生春笋、理琵琶。

【校記】

〔一〕吹：叢刊本鮑校作「掀」。　〔二〕畫：叢刊本作「画」。　橋：叢刊本鮑校作「樓」。

〔三〕花：叢刊本作「荷」改作「花」。

【輯評】

許昂霄《詞綜偶評》：前段言簾外，后段言簾内。（銅花燭映紗）庾子山賦：「銅荷承淚蠟。」

馮金伯《詞苑萃編》卷之六《品藻》：元遺山集金人詞爲中州樂府，頗多深裘大馬之風，惟劉迎《烏夜啼》最佳。詞云：「離恨遠縈楊柳，夢魂長遶梨花。青衫記得章臺月，歸路玉鞭斜。翠鏡啼痕印袖，紅墻醉墨籠紗。相逢不盡生平事，春思入琵琶。」「菱鑑玉篦秋月，惠爐銀葉朝雲。宿醒人困屏山夢，煙樹小江村。翠甲未消蘭恨，粉香不斷梅魂。離愁分付殘春雨，花外泣黄昏。」予觀謝無逸《南柯子》後半云：「金鴨香凝袖，銅荷燭影紗。鳳蟠宫錦小屏遮。夜静寒生春筍、理琵琶。」風調彷彿，才人之見，殆無分於南北也。

謁金門

簾外雨。洗盡楚鄉殘暑。白鷺影邊霞一縷。紺碧江天暮。　沉水煙横香霧〔一〕。茗盌淺浮瓊乳。卧聽鷓鴣啼竹塢。竹風清院宇。

【校記】

〔一〕沉：四庫本作「沈」。煙：四庫本作「烟」。

如夢令

花落鶯啼春暮。陌上綠楊飛絮〔一〕。金鴨晚香寒，人在洞房深處。無語。無語。葉上數聲疎雨。

【校記】

〔一〕綠：四庫本、叢刊本作「緑」。

又

門外桃花流水。日暖杜鵑聲碎〔一〕。蕃馬小屏風，一枕華堂春睡。如醉。如醉。正是困人天氣。

【校記】

〔一〕碎：叢刊本作「砕」。

虞美人

碧梧翠竹交加影。角簟紗幮冷。疎雲淡月媚橫塘。一陣荷花風起、入簾香。雁橫天末無消息。水閣吳山碧〔一〕。刺桐花上蝶翩翩〔二〕。惟有夜凉清夢、到郎邊。

【校記】

〔一〕閣：竹坨傳鈔本、叢刊本作「濶」，曹批「明鈔本亦作『濶』」。四庫本作「闊」。〔二〕刺：叢刊本補「刺」。

又

角聲吹散梅梢雪。疎影黄昏月。落英點點拂闌干。風送清香滿院、作輕寒。花瓷羯鼓催行酒。紅袖掺纖手〔一〕。曲聲未徹寶盃空〔二〕。飲罷香薰翠被、錦屏中。

【校記】

〔一〕掺：四庫本作「槮」。叢刊本作「掺」。〔二〕盃：四庫本、叢刊本作「杯」。

漁家傲

秋水無痕清見底。蓼花汀上西風起。一葉小舟煙霧裹〔一〕。蘭棹艤〔二〕。柳條帶雨穿雙鯉〔三〕。　自嘆直鈎無處使。笛聲吹散雲山翠〔四〕。鱠落霜刀紅縷細〔五〕。新酒美。醉來獨枕蓑衣睡〔六〕。

【校記】

〔一〕煙：四庫本作「烟」。叢刊本作「輕」，鮑校作「煙」。〔二〕棹：叢刊本作「橈」，鮑校作「棹」。〔三〕雙：叢刊本作「隻」。〔四〕散：四庫本作「徹」。〔五〕霜：曹批「明鈔本『霜』作『雙』誤，竹垞傳鈔本亦作『雙』」。叢刊本作「雙」，鮑校作「霜」，四庫本作「雙」。〔六〕來：叢刊本作「来」。

【輯評】

黄蘇《蓼園詞評》引沈際飛：兩條穿鯉，霜刀落鱠，冷中取熱，漁父不落寞也。又曰：古之漁隱，大抵感時憤事，胸中有大不得已者也，豈在漁哉，自歎直鈎，老漁知心。按無逸第進士後，郁郁不得志，嘗作《花心動》詞。中有句曰：「香餌懸鈎，魚不輕吞，辜負鈎兒虛設。」其即「直鈎無處使」之意乎。此詞借漁父以寫其牢落自慰自解，亦不得已有託而逃者乎，可思其志。

清平樂

曉風殘角〔一〕。月裏梅花落〔二〕。宿酒醒時滋味惡。翠被輕寒漠漠。　夢回一點相思〔三〕。遠山暗蹙愁眉〔四〕。不覺肌膚瘦玉，但知帶減腰圍。

【校記】

〔一〕角：四庫本作「月」。〔二〕月：四庫本作「角」。叢刊本「月角」改作「角月」。

〔三〕回：曹批「竹垞傳鈔本『回』作『魂』」，叢刊本作「囬」。〔四〕愁：叢刊本鮑校作「雙」。

驀山溪

霜清木落。深院簾櫳靜。池面捲煙波〔一〕，瑩寒冰、一奩明鏡。修雲拂檻〔二〕，疎翠晚嬋娟，水雲收。山霧斂〔三〕。野水江天迥〔四〕。紅綃醉玉〔五〕。酒面風前醒。簾幕護輕寒〔六〕，錦屏空、爊爐燼冷〔七〕。星横參昴，梅徑月黄昏，清夢覺，淺眉顰〔八〕，牕外横疎影〔九〕。

【校記】

〔一〕煙：四庫本、叢刊本作「烟」。〔二〕修：四庫本作「脩」。雲：四庫本作「筠」。

〔三〕水雲收山霧歛：叢刊本改作「山霧歛水雲收」。〔四〕水：秦刻本注「一作『澗』」，叢刊本鮑校作「闊」。〔五〕綃：秦刻本注「一作『消』」。〔六〕簾：叢刊本鮑校作「羅」。〔七〕燻：竹垞傳鈔本、四庫本作「薰」。〔八〕秦刻本注「照《溪堂詞》改正」，曹批「竹垞傳鈔本作『淺眉顰清夢覺』，故秦刻校改；明鈔本亦作「淺眉顰清夢覺』」。四庫本作「淺眉顰清夢覺」，叢刊本改作「清夢覺淺眉顰」。〔九〕疎：叢刊本鮑校作「斜」。

玉樓春

弄晴數點梅梢雨〔一〕。門外畫橋寒食路。杜鵑飛破草間煙〔二〕，蛺蝶惹殘花底露。　臂韝紅錦嗚腰鼓。寒雁影斜天上柱〔三〕。粧成不管露桃嗔〔四〕，舞罷從教風柳妬。

【校記】

〔一〕弄：叢刊本作「弄」。數：叢刊本作「数」。梅：秦刻本注「一作『梨』」，叢刊本鮑校作「梨」。〔二〕煙：四庫本、叢刊本作「烟」。〔三〕秦刻本注「案《西溪詞》云『東君著意憐樊素，一段韶華都付與。』二句不同」。〔四〕嗔：四庫本作「嗔」。

武陵春〔一〕

畫燭籠紗紅影亂，門外紫騮嘶。分破雲團月影虧〔二〕。雪浪皺清漪。　捧椀纖纖春笋瘦〔三〕，乳霧泛冰瓷。兩腋風輕拂袖飛〔四〕。歸去酒醒時〔五〕。

【校記】

〔一〕叢刊本鮑校補題「茶」。　〔二〕虧：四庫本作「虧」。　〔三〕笋：四庫本作「筍」。

〔四〕叢刊本「腋風」間鮑校加「清」。　〔五〕歸：叢刊本作「帰」。

浪淘沙

料峭小桃風。凝澹春容。寶燈山列半天中。麗服靚裝攜手處〔一〕，語笑忽忽。　酒滴小槽紅。一飲千鍾〔二〕。金蓮擎燭絳紗籠〔三〕。歸去笙歌喧院落〔四〕，月照簾櫳。

【校記】

〔一〕裝：曹批「竹垞傳鈔本『裝』作『裘』」。四庫本、叢刊本作「裘」。　攜：四庫本、叢刊本作「携」。　〔二〕鍾：叢刊本作「鐘」。　〔三〕金蓮：叢刊本鮑校作「銅荷」。　〔四〕歸：

叢刊本作「歸」。

南鄉子

淺色染春衣。衣上雙雙小雁飛〔一〕。袖捲藕絲寒玉瘦〔二〕，彈棊。贏得花前酒一巵。　冰雪染胭脂〔三〕。絳蠟香濃落日西〔四〕。唱徹陽關人欲去〔五〕，依依。醉眼橫波翠黛低。

【校記】

〔一〕雙：叢刊本作「隻」。

〔二〕藕絲：竹垞傳鈔本無，曹批「竹垞傳鈔本『袖卷』下脱二字」。叢刊本作「簾」，鮑校作「藕絲」。

〔三〕染胭脂：叢刊本作「染燕脂」，鮑校作「拂燕脂」。四庫本「胭」作「燕」。

〔四〕濃：竹垞傳鈔本、四庫本作「融」，曹批「明鈔本亦作『融』」。叢刊本鮑校作「融」。

〔五〕闕：叢刊本作「関」。

醉落魄

霜砧聲急。蕭蕭疎雨梧桐濕。無言獨倚闌干立〔一〕。簾捲黄昏，一陣西風入。　年時畫閣佳賓集〔二〕。玉人檀板當筵執。銀瓶已斷絲繩汲。莫話前歡，忍對屏山泣。

【校記】

〔一〕闌：叢刊本作「欄」。　〔二〕畫：叢刊本作「画」。　閣：明鈔本作「閤」。　佳：竹垞傳鈔本、四庫本作「嘉」，曹批「明鈔本亦作『嘉』」。

鵲橋仙

蝶飛煙草〔一〕，鶯啼雲樹，滿院垂楊陰綠〔二〕。輕風飄盡杏花紅〔三〕，更吹皺、□池面縠〔四〕。　珠簾日晚，銀屏人散，樓上醉橫雙竹〔五〕。一春若道不相思，緣底事、紅綃褪玉〔六〕。

【校記】

〔一〕煙：四庫本、叢刊本作「烟」。　〔二〕陰：底本缺。秦刻本注「《溪堂詞》作『陰』」。四庫本、叢刊本作「陰」，據補。　綠：四庫本、叢刊本作「緑」。　〔三〕盡：叢刊本鮑校作「散」。　〔四〕秦刻本注「《溪堂詞》作『池波如縠』」。曹批「竹垞傳鈔本『吹皺』下脱一字」。四庫本、叢刊本作「池波如縠」。　〔五〕樓：叢刊本作「楼」。　醉：竹垞傳鈔本作「最」，曹批「明鈔本『最』作『醉』」；叢刊本作「最」，鮑校作「醉」。　雙：秦刻本注「《溪堂詞》作

『霜』」，叢刊本作「隻」。〔六〕緣：四庫本、叢刊本作「緣」。事：明鈔本作「□」。

踏莎行

柳絮風輕，梨花雨細。春陰院落簾垂地。碧溪影裏小橋横，青帘市上孤煙起〔一〕。鏡約關情〔二〕，琴心破睡。輕寒漠漠侵鴛被。酒醒霞散臉邊紅〔三〕，夢回山蹙眉間翠。

【校記】

〔一〕煙：四庫本、叢刊本作「烟」。〔二〕關：叢刊本作「関」。〔三〕霞：秦刻本缺。曹批「明鈔本『醒』下有脱字，竹垞傳鈔本亦同」；四庫本、叢刊本作「霞」；秦刻本注「《溪堂詞》作『霞』」。據補。

採桑子

楚山削玉雲中碧，影落沙汀。秋水澄凝。一抹江天雁字横〔一〕。金錢滿地西風急，紅蓼煙輕〔二〕。簾外砧聲。驚起青樓夢不成。

【校記】

〔一〕天：叢刊本作「邊」，鮑校作「天」。〔二〕煙：四庫本、叢刊本作「烟」。

江城子

一江秋水碧灣灣。繞青山。玉連環。簾幕低垂，人在畫屏間〔一〕。閒抱琵琶尋舊曲〔二〕，彈未了，意瓓珊〔三〕。飛鴻數點拂雲端〔四〕。倚欄看。楚天寒〔五〕。擬倩西風，吹夢到長安。恰似梨花春帶雨，愁滿眼，淚闌干。

【校記】

〔一〕畫：叢刊本作「画」。〔二〕閒：明鈔本作「閑」，曹批「竹垞傳鈔本亦作『閑』」。抱：四庫本作「把」。〔三〕瓓：竹垞傳鈔本、四庫本、叢刊本作「闌」，曹批「明鈔本『闌』作『瓓』」。〔四〕數：叢刊本作「数」。〔五〕天：叢刊本作「山」，鮑校作「天」。

鷓鴣天

桐葉成陰拂畫簷〔一〕。清風涼處捲疎簾。紅綃舞袖縈腰柳，綠玉眉心媚臉蓮〔二〕。愁滿眼，水連天。香牋小字倩誰傳。梅黃楚岸垂垂雨，草碧吳江淡淡煙〔三〕。

【校記】

〔一〕晝：叢刊本作「画」。〔二〕緑：四庫本、叢刊本作「緑」。〔三〕煙：四庫本、叢刊本作「烟」。

浣溪沙

樓閣簾垂乳燕飛〔一〕。圓荷細細點清漪〔二〕。薰風破夢晚凉時〔三〕。　玉軫琴邊蘭思遠，霜紈扇裏翠眉低。揉藍衫子鬧蜂兒〔四〕。

【校記】

〔一〕樓：叢刊本作「楼」。〔二〕漪：秦刻本注「《溪堂詞》作『溪』」。〔三〕夢：叢刊本作「夣」。晚：竹垞傳鈔本、四庫本、叢刊本作「説」，曹批「明鈔本『説』作『晚』」。〔四〕子：叢刊本作「手」。兒：叢刊本作「児」。

菩薩蠻

縠紋波面浮鸂鶒〔一〕。蒲芽聳出參差碧〔二〕。滿院落梅香。柳梢初弄黄。　衣輕紅袖皺。香困花枝瘦〔三〕。睡起玉釵横。隔簾聞曉鶯。

【校記】

〔一〕瀨：四庫本、叢刊本作「鶒」。〔二〕「出」「參」間叢刊本加「水」。〔三〕香：秦刻本注《溪堂詞》作『春』，叢刊本鮑校作「春」。

朱希眞

朱敦儒，字希眞，洛陽人。有《樵歌》三卷。

【輯評】

王灼《碧雞漫志》卷第二：陳去非……朱希真……佳處亦各如其詩。

胡仔《苕溪漁隱詞話》卷二：凡作詩詞，要當如常山之蛇，救首救尾，不可偏也。如晁無咎作中秋洞仙歌辭，其首云：「青煙羃處，碧海飛金鏡。永夜閑階卧桂影。」固已佳矣。其後云：「待都將許多明，付與金樽，投曉共流霞傾盡。更攜取胡床上南樓，看玉做人間，素秋千頃。」若此可謂善救首尾者也。至朱希真作中秋《念奴嬌》，則不知出此。其首云：「插天翠柳，被何人、推上一輪明月。照我藤床凉似水，飛入瑶臺銀闕。」亦已佳矣。其後云：「洗盡凡心，滿身清露，冷浸蕭蕭髪。明朝塵世，記取休與人説。」此兩句全無意味。收拾得不佳，遂并全篇其氣索然矣。

楊愼《詞品》卷之四：朱希真，名敦儒，博物洽聞，東都名士也。天資曠遠，有神仙風致。其《西江月》二首，詞淺意深，可以警世之役役於非望之福者。《草堂》入選矣。

沈雄《古今詞話·詞話》上卷：朱希真名敦儒，天資曠達，有神仙風致。居東都日，作《鷓鴣天》自述云：「曾批給雨支風券，屢上留雲借月章。」有朋儕詣之，聞笛聲自煙波起，頃之，棹小舟與客俱歸。室中懸琴築阮咸之屬，籃缶貯果實脯醢，皆平日所留意者。南渡後，作《鷓鴣天》遺興云：「道人還了鴛鴦債，紙帳梅花醉夢間。」是真素心之士。若《名媛集》之朱希真，適徐必用，徐商久不歸，亦作警悟風情自解。別是一人，豈得同日而語。《詞評》上卷花庵詞客曰：希真爲東都名士，天資曠逸，擅詞名。從駕南渡，《西江月》二首，可以警世之役役於非望之福者。張正夫曰：希真賦月詞：「插天翠柳，被何人推上一輪明月。」賦梅詞：「横枝銷瘦一如無，但空裹疎花數點。」詞意奇絶，似不食人間煙火。

黄蘇《蓼園詞評》引汪叔耕：希真詞多塵外之想。雖雜以微塵，而其情氣自不可設。按希真，洛陽人。以薦起賜進士出身，爲秘書省正字，兼兵部郎官。遷兩浙東路提點刑獄。上書乞休，居嘉湖。詞品清超。希真急流勇退，人品自爾清高。

沈曾植《菌閣瑣談》引汪叔耕《方壺詩餘·自敘》云：「余於詞，所喜愛三人焉。蓋至東坡而一變，其豪妙之氣，隱隱然流出言外，天然絶世，不假振作。二變而爲朱希真，多塵外之想，雖雜以微塵，而清氣自不可没。三變而爲辛稼軒，乃寫其胸中事，尤好稱淵明。此詞之三變也」。

陳廷焯《白雨齋詞話》卷一：朱希真「春雨如塵」一闋，饒有古意。至《漁父》五篇，雖爲皋文所賞，然譬彼清流之中，雜以微塵。如四章結句「有何人留得」、五章結句「有何人相識」，一經道破，轉嫌痕跡，不如并删去爲妙。余最愛其次章結句云：「昨夜一江風雨，都不曾聽得。」此中真樂，未許俗人問津。又三章結句：「經過子陵灘半，得梅花消息。」静中生動，妙合天機，亦先生晚遇之兆。

張德瀛《詞徵》卷五：朱希真詞品高潔，妍思幽窅，殆類儲光羲詩體，讀其詞，可想見其人。然希真守節不終，首鼠兩端，貽譏國史，視魏了翁、徐仲車諸人，相距遠矣。

水龍吟

放船千里淩波去，略爲吴山留顧〔一〕。雲屯水府，濤隨神女〔二〕，九江東注。北客蒼然，壯心偏感，年華將暮。念伊嵩舊隱，巢由故友，南柯夢，遽如許。回首妖氛未掃〔三〕。問人間、英雄何處。奇謀報國，可憐無用，塵昏白羽。鐵鎖橫江，錦帆衝浪，孫郎良苦。但愁敲桂櫂〔四〕，悲吟梁父〔五〕，淚流如雨〔六〕。

【校記】

〔一〕留：叢刊本作「留」。〔二〕隨：叢刊本作「随」。〔三〕回：叢刊本作「囬」。〔四〕敲：四庫本作「敵」。〔五〕父：竹垞傳鈔本、四庫本、叢刊本作「月」，曹批「明鈔本亦作『月』」。〔六〕淚：四庫本、叢刊本作「泪」。

【輯評】

楊慎《詞品》卷之四：其《水龍吟》末云：「奇謀報國，可憐無用，塵昏白羽。鐵鎖橫江，錦帆衝浪，孫郎良苦。」亦可知其爲人矣。

念奴嬌

見梅驚笑〔一〕，問經年何處，收香藏白。似語如愁，卻問我、何苦紅塵久客〔二〕。觀裏栽桃，仙家種杏〔三〕，到處成疎隔。千林無伴，淡然獨傲霜雪。　且與管領春回〔四〕，孤標爭肯接、雄蜂雌蝶〔五〕。豈是無情，知受了、多少凄涼風月。寄驛人遥，和羹心在，忍使芳塵歇。東風寂寞，可人誰爲攀折。

【校記】

〔一〕笑：叢刊本作「咲」。〔二〕卻：四庫本、叢刊本作「却」。〔三〕仙：叢刊本作「僊」。〔四〕與：叢刊本作「与」。回：叢刊本作「囬」。〔五〕肯：叢刊本作「肎」。

【輯評】

黄蘇《蓼園詞評》：觀「受了多少凄涼風月」句，或有不能見用，不得已而託於求退者乎。且讀至「和羹心在」，可以知其志矣。希真作梅詞最多，以其性之所近也。此作尤奇犄無匹。起處作問答語，便自起雋異常。次闋起處，亦自高雅。「豈是無情」一折，意更周密。結語黯然。

驀山溪

瓊蔬玉蘂。久寄清虚裏〔一〕。春到碧溪東，下白雲、尋桃問李。彈簧吹葉，嬾傍少年場〔二〕，遺楚佩〔三〕，覓秦簫，踏破青鞋底。　河橋酒熟〔四〕，誰解留儂醉〔五〕。兩袖拂飛花〔六〕，空一春、凄凉憔悴。東風誤我，滿帽洛陽塵，喚飛鴻，遮落日〔七〕，歸去煙霞外〔八〕。

【校記】

〔一〕裏：叢刊本作「裡」。　〔二〕場：竹垞傳鈔本作「嬉」，曹批「明鈔本『嬉』作『場』」。

〔三〕遺：竹垞傳鈔本、四庫本作「追」。　〔四〕橋：四庫本作「傳」，叢刊本作「傳」，鮑校作「橋」。曹批「竹垞傳鈔本『河橋』句作『傳酒熟』，盖既脱『河』字，又誤『橋』爲『傳』也」。

〔五〕解：叢刊本作「鮮」。　畱：叢刊本作「留」。　〔六〕兩袖：曹批「竹垞傳鈔本『兩袖』作『兩細』，『兩』疑『雨』字誤」。　〔七〕落：四庫本作「前」；叢刊本作「前」，鮑校作「落」。　〔八〕歸：叢刊本作「帰」。　煙：四庫本、叢刊本作「烟」。

清平樂 詠木犀

人間花少〔一〕。菊小芙蓉老。冷淡仙人偏得道。買住西風一笑。前身應是江梅。黄姑點破冰肌〔二〕。只有暗香猶在，飽參清似南枝〔三〕。

【校記】

〔一〕花：四庫本作「老」。〔二〕點：明鈔本作「□」，曹批「竹垞傳鈔本『黄姑』下亦『□』」。〔三〕秦刻本注「案《樵歌》作『飽參清露薔薇』。《全芳備祖》作『參差清似南枝』」。

憶秦娥

西江碧。江亭夜燕天涯客。天涯客。一梧相屬〔一〕，此夕何夕。燭殘花冷歌聲急。秦關漢苑無消息〔二〕。無消息。宫樓吹角〔三〕，故人難覓。

【校記】

〔一〕梧：四庫本作「杯」。〔二〕關：叢刊本作「関」。〔三〕宫：秦刻本注「《樵歌》作『戍』」，叢刊本鮑校作「戍」。樓：叢刊本作「楼」。

醉落托〔一〕

海山翠疊〔二〕。夕陽殿、雨雲堆雪。鷓鴣聲裏蠻花發〔三〕。我共扁舟，江上兩萍葉。東風落酒愁難說。誰教春夢分胡越。碧城芳草應銷歇〔四〕。曾識劉郎，惟有半灣月〔五〕。

【校記】

〔一〕托：四庫本作「魄」。〔二〕疊：四庫本作「疊」，叢刊本作「叠」。〔三〕蠻：叢刊本作「蛮」。〔四〕草：叢刊本作「艸」。〔五〕灣：明鈔本、四庫本作「彎」，曹批「竹垞傳鈔本亦作『彎』」。

醜奴兒〔一〕

一番海角凄涼夢，卻到長安〔二〕。翠帳犀簾〔三〕。依舊屏斜十二山。玉人爲我調秦瑟，顰黛低鬟。雲散香殘。風雨蠻溪半夜寒〔四〕。

【校記】

〔一〕兒：叢刊本作「児」。〔二〕卻：四庫本、叢刊本作「却」。〔三〕犀：四庫本作

「屏」。　〔四〕鑾：叢刊本作「蛮」。

卜算子〔一〕

江上見新年，年夜聽春雨。有箇人人領略春〔二〕，粉淡紅輕注〔三〕。深勸玉東西，低唱黄金縷。撚底梅花總是愁〔四〕，酒盡人歸去〔五〕。

【校記】

〔一〕算：叢刊本作「筭」。　〔二〕略：叢刊本作「畧」。　〔三〕淡：四庫本作「澹」。

〔四〕總：叢刊本作「揔」。　〔五〕歸：叢刊本作「皈」。

採桑子

扁舟去作江南客，旅鴈孤雲〔一〕。萬里煙塵〔二〕。回首中原淚滿巾〔三〕。碧山相映汀洲冷，楓葉蘆根〔四〕。日落波平。愁損辭鄉去國人〔五〕。

【校記】

〔一〕鴈：四庫本作「店」。　〔二〕煙：四庫本、叢刊本作「烟」。　〔三〕回：叢刊本作「囬」。　淚：叢刊本作「泪」。　〔四〕蘆：叢刊本作「蘿」，鮑校作「蘆」。　〔五〕辭：叢刊本作「辞」。

柳梢青

狂踪怪迹〔一〕。誰料半老，天涯爲客。帆展霜風，船隨江月〔二〕，山寒波碧。如今著處添愁〔三〕，怎忍看、魚西鴈北〔四〕。洛浦鶯花〔五〕，伊川雲水，何如歸得〔六〕。

【校記】

〔一〕踪：四庫本作「蹤」。怪：叢刊本作「恠」。〔二〕船：四庫本作「舡」。隨：叢刊本作「随」。〔三〕著：叢刊本作「着」。〔四〕魚：曹批「明鈔本『魚』作『參』，竹垞傳鈔本亦作『參』」。四庫本作「參」。鴈：四庫本作「雁」。〔五〕鶯：叢刊本作「鸎」。〔六〕如：四庫本作「時」，叢刊本鮑校作「時」。歸：叢刊本作「歸」。

減字木蘭花

古人誤我。獨舞西風雙淚墮〔一〕。鶴去無蹤。木落西陵返照紅〔二〕。人間難住。擲下酒桮何處去。樓鎖鐘殘〔三〕。山北山南兩點煙〔四〕。

【校記】

〔一〕雙：叢刊本作「雙」。墮：叢刊本作「隨」。〔二〕返照：四庫本作「照晚」。

〔三〕樓：叢刊本作「楼」。〔四〕煙：叢刊本作「烟」。

又

劉郎已老。不管桃花依舊笑〔一〕。要聽琵琶。重院鶯啼覓謝家。曲終人醉。多似潯陽江上淚。萬里東風。國破山河落照紅。

【校記】

〔一〕笑：叢刊本作「咲」。

鵲橋仙

嫦娥怕鬧〔一〕，銀蟾傳令，且與遮鸞翳鳳〔二〕。直須人睡俗塵清，放雲漢、冰輪徐動。山翁散髮〔三〕，披衣松下，琴奏瑤池三弄〔四〕。曲終鶴警露華寒，笑濁世、饒伊做夢。

【校記】

〔一〕嫦：明鈔本作「常」。　閙：四庫本作「鬧」。　〔二〕與：四庫本作「無」，叢刊本作「与」。　〔三〕翁：四庫本作「前」。　〔四〕弄：叢刊本作「美」。

又

竹西散策，花陰圍坐，可恨來遲幾日〔一〕。披香不覺玉壺空，破酒面、飛紅半濕。　悲歌醉舞，九人而已〔二〕，總是天涯倦客〔三〕。東風吹淚故園春〔四〕，問我輩、何時去得。

【校記】

〔一〕來：叢刊本作「来」。　〔二〕九：竹垞傳鈔本、四庫本作「幾」，曹批「明鈔本『幾』作『九』」。　〔三〕總：叢刊本作「揔」。　〔四〕淚：叢刊本作「泪」。

鷓鴣天

曾爲梅花醉不歸〔一〕。佳人挽袖乞新詞。輕紅遍寫鴛鴦帶〔二〕，濃碧爭斟翡翠卮。　人已老，事皆非。花前不飲淚沾衣。如今但欲關門睡〔三〕，一任梅花作雪飛。

【校記】

〔一〕歸：叢刊本作「歸」。〔二〕鴦：叢刊本作「央」。〔三〕關：叢刊本作「関」。

又

唱得梨園絶代聲。前朝惟數李夫人〔一〕。自從驚破霓裳後，楚奏吳歌扇裏新。秦嶂雁，越溪砧。西風北客兩飄零。樽前忽聽當時曲，側帽停杯淚滿襟〔二〕。

【校記】

〔一〕數：叢刊本作「数」。〔二〕杯：四庫本、叢刊本作「盃」。

感皇恩

曾醉武陵溪〔一〕，竹深花好。玉珮雲環共春笑。主人好事，坐客雨巾風帽〔二〕。日斜青鳳舞、金樽倒〔三〕。歌斷渭城，月沉星曉〔四〕。海上歸來故人少〔五〕。舊遊重到，但有夕陽荒草。恍然眞一夢、人空老〔六〕。

【校記】

〔一〕陵：四庫本作「林」。〔二〕巾：四庫本作「中」。叢刊本作「中」，鮑校作「巾」。〔三〕鳳：明鈔本、竹垞傳鈔本、四庫本作「鸞」，叢刊本作「鳶」，秦刻本注「原本作『鸞』誤，據《樵歌》改」。〔四〕沉：四庫本作「沈」。〔五〕歸：叢刊本作「帰」。來：叢刊本作「来」。〔六〕眞：四庫本、叢刊本作「真」。

相見歡

東風吹盡江梅。橘花開。舊日吳王宮殿長青苔。今古事。英雄淚。老相催。常恨夕陽西去晚潮迴。

【輯評】

楊慎《詞品》卷之四：其《相見歡》云……亦可知其爲人矣。

木蘭花慢〔一〕

折芙蓉弄水〔二〕，動玉珮〔三〕，起秋風。正柳外閒雲〔四〕，溪頭淡月，映帶疎鐘。人間厭謫墮久〔五〕，恨蜺旌未返碧樓空。直與時人度日，自憐懷抱誰同〔六〕。

當時種玉五雲東。露冷夜耕龍。念瑞草成畦，瓊蔬未採〔七〕，人照衰容〔八〕。誰知素心未已，望青都絳闕有無中〔九〕。寂寞歸來隱處〔一〇〕，夢聽帝樂融融〔一一〕。

【校記】

〔一〕慢：四庫本、叢刊本作「幔」。〔二〕弄：叢刊本作「美」。〔三〕玉：竹垞傳鈔本作「雲」。〔四〕閒：明鈔本作「閑」，曹批「竹垞傳鈔本亦作『閑』」。〔五〕墮：叢刊本作「隨」。〔六〕憐：叢刊本作「怜」。〔七〕瓊：叢刊本作「瓊」。〔八〕人照：叢刊本鮑校作「塵染」。〔九〕青：曹批「『青都』似當作『清都』」。〔一〇〕歸：叢刊本作「歸」。處：叢刊本鮑校作「几」。〔一一〕夢：明鈔本缺，曹批「竹垞傳鈔本『隱處』下作『：』，亦缺字也」。四庫本作「虔」。秦刻本注「《樵歌》作『隱几夢聽長樂晨鐘』」。

沈文伯〔一〕

沈會宗，字文伯。

【校記】

〔一〕四庫本作「沈會宗」，仍在第一首詞下。

【輯評】

胡仔《苕溪漁隱叢話》卷一：賈耘老舊有水閣，在苕溪之上，景物清曠。東坡作守時，屢過之，題詩畫竹於壁間。沈會宗又爲賦小詞云：「景物因人成勝概。滿目更無塵可礙。等閑簾幕小欄干。衣未解。心先快。明月清風如有待。　誰信門前車馬隘。別是人間閑世界。坐中無物不清涼。山一帶。水一派。流水白雲長自在。」其後水閣屢易主，今已摧毀久矣。遺址正與余水閣相近，同在一岸，景物悉如會宗之詞。故余嘗有鄙句云：「三間小閣賈耘老，一首佳詞沈會宗。無限當時好風月，如今總屬績溪翁。」蓋謂此也。

滿庭芳

柳與堤迴〔一〕，橋隨波轉〔二〕，望中如在蓬萊。水禽高下〔三〕，煙霧斂還開〔四〕。

認是仙翁住處，都不見、一點塵埃。壺天晚〔五〕，清寒帶雪，光景自徘徊。高才。廊廟手，當年平步，直到堯堦。況今朝調鼎，尤待鹽梅〔六〕。只恐身閒不久，難酉戀、花月樓臺〔七〕。看新歲，春風且送，五馬過江來〔八〕。

【校記】

〔一〕迴：叢刊本作「廻」。〔二〕隨：叢刊本作「随」。波：明鈔本、四庫本、叢刊本作「湖」，曹批「竹垞傳鈔本『波』亦作『湖』」。秦刻本注「一作『湖』」。〔三〕高：四庫本、叢刊本作「高」。〔四〕煙：四庫本、叢刊本作「烟」。〔五〕晚：竹垞傳鈔本、四庫本、叢刊本作「曉」。〔六〕鹽：叢刊本作「塩」。〔七〕酉：叢刊本作「留」。樓：四庫本作「飛」。臺：叢刊本作「臺」。〔八〕來：叢刊本作「来」。

又

雪底尋梅，冰痕觀水，晚來天氣尤寒。漸聞歌笑〔一〕，輕暖發春妍。賞盡十洲新景，依稀見、三島風煙〔二〕。判深夜〔三〕，一年月色，只是這般圓〔四〕。熙然。千里地，何妨載酒，頻上湖船。況坐中高客〔五〕，不日朝天。須信人間好處〔六〕，沒箇事、勝得樽前。東風近，侵尋桃李，別做醉貪緣〔七〕。

【校記】

〔一〕聞：明鈔本作「□」，曹批「竹垞傳傳鈔本『□』作『□』本缺字」。叢刊本此處空，四庫本作「漸」。〔二〕煙：四庫本、叢刊本作「烟」。〔三〕深：竹垞傳鈔本、四庫本作「涼」，曹批「明鈔本『涼』作『深』」。〔四〕般：明鈔本、四庫本作「番」，曹批「竹垞傳鈔本亦作『番』」。秦刻本注「一作『番』」。〔五〕高：叢刊本作「高」。〔六〕信：叢刊本作「勝」，鮑校作「筭」。〔七〕夤：四庫本作「因」，叢刊本作「寅」。緣：四庫本、叢刊本作「緣」。

又

疎木藏鐘，輕煙籠角〔一〕，幾家簾幕燈光。暮砧聲斷，空壁鎖寒螿。入袂西風陣陣，徹醉骨、都不勝涼。欄杆外，依稀嫩竹〔二〕，月色冷如霜。仙鄉。何處是，雲深路杳，不念劉郎。但畫橋流水〔三〕，依舊垂楊。要見時時便是〔四〕，一向價、只作尋常。爭知道，愁腸淚眼，獨自箇重陽〔五〕。

【校記】

〔一〕煙：四庫本、叢刊本作「烟」。〔二〕竹：明鈔本作「菊」，曹批「竹垞傳鈔本『菊』作

〔三〕畫：叢刊本作「画」。〔四〕便：竹垞傳鈔本作「□」，曹批「竹垞傳鈔本『竹』」。又脱『便』字」。是：明鈔本、四庫本、叢刊本作「見」。〔五〕箇：四庫本作「過」。

臨江仙

過盡清明三月雨，東風才到溪濱。畫工傳得已非眞〔一〕。青君著意處〔二〕，桃李未爲春〔三〕。　倚檻盈盈如欲語，就中拈足花神。自然亭館一番新。從今觀絶品，不獨洛陽人。

【校記】

〔一〕畫：叢刊本作「画」。眞：四庫本、叢刊本作「真」。〔二〕著意：叢刊本校補「着意」。〔三〕桃：叢刊本作「桒」。春：曹批「竹垞傳鈔本『春』作『倫』」。四庫本、叢刊本作「倫」。

夢玉人引

舊追遊處，思前事，儼如昔。過盡鶯花，横雨暴風初息。杏子枝頭〔一〕，又自然、别是般天色。好傍垂楊，繫畫舡橋側〔二〕。　小歡幽會，一霎時、光景也堪惜。對酒當歌，故人情分難覔。水遠山長〔三〕，不成空相憶。這歸去重來〔四〕，又卻是、幾時來得〔五〕。

【校記】

〔一〕子：四庫本、叢刊本作「花」。〔二〕畫：叢刊本作「画」。舡：四庫本作「船」。

〔三〕水遠山長：四庫本、叢刊本作「山遠水長」。〔四〕這：竹垞傳鈔本、四庫本作「逕」，叢刊本作「逗」。歸：叢刊本作「帰」。來：叢刊本作「来」。〔五〕卻：四庫本、叢刊本作「却」。來：叢刊本作「来」。

驀山溪

想伊不住。船在藍橋路。別語未甘聽，更擬問、而今是去〔一〕。門前楊柳，幾日轉西風，將行色，欲留心〔二〕，忽忽城頭鼓。　一番幽會，只覺添愁緒。邂逅卻相逢〔三〕，又還有、此時歡否。臨岐把酒，莫惜十分斟，樽前月，月中人，明夜知何處。

【校記】

〔一〕擬：秦刻本注「一作『忍』」。〔二〕留：叢刊本作「留」。〔三〕卻：四庫本、叢刊本作「却」。

漢宮春

别酒初醒。似一番夢覺，屈指堪驚。猶疑送消寄息，遇著人聽〔一〕。當初唤作，據眼前、略略看承〔二〕。及去了、從頭想伊，心下始覺寧寧。黄昏，畫角重城〔三〕。更傷高念遠〔四〕，懷抱何勝。良時好景，算來半爲愁生〔五〕。幽期暫阻，便就中、月白風清〔六〕。千萬計，年年斷除不得〔七〕，是這些情。

【校記】

〔一〕著：叢刊本作「着」。〔二〕略：明鈔本、叢刊本後「略」處空，曹批「竹垞傳鈔本作『略：』」。〔三〕畫：叢刊本作「画」。〔四〕高：叢刊本作「高」。〔五〕算：叢刊本作「筭」。來：叢刊本作「来」。〔六〕便：秦刻本注「一作『更』」。〔七〕除：四庫本、叢刊本作「深」，曹批「竹垞傳鈔本『除』作『深』誤」。

尋梅

今年早覺花信蹉〔一〕。想芳心、未應誤我。一月小徑幾回過〔二〕。始朝來尋見〔三〕，雪痕微破。眼前大抵情無那。好景色、只消些箇。春風爛熳卻且可〔四〕。是而今枝上，一朵兩朵〔五〕。

【校記】

〔一〕曹批「竹垞傳鈔本『花信』下有『初』字，恐衍」。四庫本亦有「初」。〔二〕回：叢刊本作「囬」。〔三〕來：叢刊本作「来」。〔四〕熳：四庫本作「漫」。卻：四庫本、叢刊本作「却」。〔五〕一：秦刻本注「一本作『三』」。

不見　即古憶仙姿

日過重簾未捲。裊裊欲殘香線。午醉卻醒來〔一〕，柳外一聲鶯囀。不見。不見。門掩落花深院。

【校記】

〔一〕卻：四庫本、叢刊本作「却」。來：叢刊本作「来」。

又

迴首蕪城舊苑〔一〕。還是綠深紅淺〔二〕。春意已無多，斜日滿簾飛燕。不見。不見。不見。花上雨來風轉〔三〕。

【校記】

〔一〕苑：四庫本、叢刊本作「院」。〔二〕綠：四庫本、叢刊本作「緑」。〔三〕來：叢刊本作「来」。

訴衷情

深深院宇小池塘。一徑碧梧長。青春又歸何處〔一〕，新笋綠成行〔二〕。多少事，腦人腸〔三〕。懶思量。香消一炷，睡起雯時，日過東牕〔四〕。

【校記】

〔一〕歸：叢刊本作「帰」。〔二〕綠：四庫本、叢刊本作「緑」。〔三〕腦：竹坨傳鈔本、四庫本、叢刊本作「惱」。腸：四庫本作「膓」。〔四〕牕：叢刊本作「牎」。

菩薩鬘〔一〕

相逢無處無樽酒。樽前未必皆朋舊。酒到任教傾。莫思今夜醒。明朝相別後。江上空迴首〔二〕。欲去不勝情。爲君歌數聲〔三〕。

【校記】

〔一〕鬟：四庫本作「鬟」。〔二〕迴：叢刊本作「迴」。〔三〕數：叢刊本作「数」。

又

春城迤邐層陰遶。青梅競弄枝頭小〔一〕。江色雨和煙〔二〕。行人江那邊。

好花都過了。滿地空芳草〔三〕。落日醉醒間。一春無此寒。

【校記】

〔一〕弄：叢刊本作「美」。〔二〕煙：四庫本作「烟」。〔三〕草：叢刊本作「艸」。

小重山

花過園林清蔭濃。琅玕新脫笋〔一〕，綠叢叢〔二〕。雨聲只在小池東。閑攲枕〔三〕，直面芰荷風。

長日敞簾櫳。輕塵飛不到〔四〕，畫堂空。一樽今夜與誰同〔五〕。人如玉，相對月明中〔六〕。

【校記】

〔一〕脱：竹垞傳鈔本作「□」。〔二〕緑：四庫本、叢刊本作「緑」。〔三〕閑：四庫本作「閒」。〔四〕塵：四庫本、叢刊本作「城」。〔五〕與：叢刊本作「与」。〔六〕月：叢刊本作「玉」。中：竹垞傳鈔本作「□」。

轉調蝶戀花〔一〕

谿上清明初過雨。春色無多，葉底花如許〔二〕。輕煖時聞燕雙語〔三〕。等閑飛入誰家去〔四〕。短墻東畔新朱戶。前日花前，把酒人何處。髣髴橋邊船上路〔五〕。綠楊風裏黄昏鼓〔六〕。

【校記】

〔一〕戀：叢刊本作「恋」。〔二〕如許：竹垞傳鈔本作「堪數」，曹批「明鈔本作『堪□』」，四庫本作「煤度」，叢刊本空兩字。〔三〕煖：四庫本作「暖」。雙：叢刊本作「双」。〔四〕閑：四庫本、叢刊本作「閒」。〔五〕船上：竹垞傳鈔本、四庫本作「上船」，曹批「明鈔本亦作『上船』」。叢刊本改作「上船」。〔六〕綠：四庫本、叢刊本作「緑」。

又

漸近朱門香夾道〔一〕。一片笙歌，依約樓臺杪〔二〕。野色和煙滿芳草〔三〕。溪光曲曲山迴抱〔四〕。物華不逐人間老。日日春風，在處花枝好。莫恨雲深路難到。劉郎可惜歸來早〔五〕。

【校記】

〔一〕夾：叢刊本作「夹」。〔二〕樓臺：叢刊本作「楼臺」。〔三〕煙：四庫本、叢刊本作「烟」。〔四〕迴：叢刊本作「廻」。〔五〕歸：叢刊本作「帰」。來：叢刊本作「来」。

陳子高

陳克，字子高，臨海人。有《赤城詞》一卷。

【輯評】

王灼《碧雞漫志》卷第二：……陳子高、洪覺範佳處亦各如其詩。

陳振孫《直齋書録解題》卷二一《歌詞類》：子高詞格頗高，晏、周之流亞也。

楊慎《詞品》卷之四：陳子高名克，天台人。有《赤城詞》一卷，甚工致流麗。《草堂詞》「愁脈脈」一篇，子高詞也，今刻失其名。

蔣一葵《堯山堂外紀》卷五七：陳子高贈別有句云：「淚眼生憎好天色，離觴偏觸病心情。」又題望夫石云：「望夫處，江悠悠。化爲石，不回頭。山頭日日風和雨，行人歸來後。」并稱其警撥。

周濟《介存齋論詞雜著》：子高不甚有重名，然格韻絶高，昔人謂晏、周之流亞；晏氏父子俱非其敵，以方美成，則又擬不以倫，其温、韋高弟乎。比温則薄，比韋則悍，故當出入二氏之門。

陳廷焯《白雨齋詞話》卷一：陳子高詞婉雅閒麗，暗合温、韋之旨。晁無咎、毛澤民、万俟雅言等，遠不逮矣。

臨江仙

枕帳依依殘夢，齋房忽忽餘醒。薄衣團扇繞堦行〔一〕。曲闌幽樹，看得綠成陰〔二〕。　簷雨爲誰凝咽，林花似我飄零。微吟休作斷腸聲。流鶯百囀，解道此時情〔三〕。

【校記】

〔一〕繞：四庫本作「遶」。叢刊本作「遶」。　〔二〕綠：四庫本、叢刊本作「緑」。　〔三〕解：叢刊本作「鮮」。

又

四海十年兵不解〔一〕，胡塵直到江城〔二〕。歲華銷盡客心驚。疎髯渾似雪，衰涕欲生冰〔三〕。　送老虀鹽何處是〔四〕，我緣應在吳興〔五〕。故人相望若爲情。別愁深夜雨，孤影小窗燈〔六〕。

【校記】

〔一〕解：叢刊本作「鮮」。　〔二〕胡：四庫本作「征」。　〔三〕衰：叢刊本作「哀」。

〔四〕鹽：叢刊本作「塩」。〔五〕緣：四庫本、叢刊本作「縁」。〔六〕窗：四庫本作「牕」，叢刊本作「窓」。

漁家傲

寶瑟塵生郎去後。綠窗閑卻春風手〔一〕。淺色宮羅新染就。晴時後〔二〕。裁縫細意花枝鬭〔三〕。象尺熏爐移永晝〔四〕。粉香浥浥薔薇透〔五〕。晚鏡看來渾似舊〔六〕。沉吟久。箇儂爭得知人瘦。

【校記】

〔一〕綠：四庫本、叢刊本作「緑」。窗：四庫本作「牕」，叢刊本作「窓」。閑：四庫本、叢刊本作「閒」。卻：四庫本、叢刊本作「却」。〔二〕後：四庫本作「候」，叢刊本鮑校作「候」。〔三〕鬭：叢刊本作「鬪」。〔四〕爐：叢刊本作「炉」。〔五〕浥：竹垞傳鈔本脱後「浥」。〔六〕晚鏡：竹垞傳鈔本作「□景」，曹批「明鈔本『□景』作『晚鏡』」；四庫本、叢刊本作「晚景」。

攤破浣溪沙〔一〕

鬆慢梳頭淺畫眉〔二〕。亂鶯殘夢起多時〔三〕。不道小庭花露濕，翦酴醿〔四〕。簾額好風低燕子，窗油晴日打蜂兒〔五〕。翠袖粉牋閒弄筆〔六〕，寫新詩。

【校記】

〔一〕曹批「明鈔本無『攤破』二字」。叢刊本此闋在《浣溪沙》六首之後。〔二〕鬆：四庫本作「鬆」。慢：四庫本作「漫」。畫：叢刊本作「画」。〔三〕亂：叢刊本作「乱」。起：叢刊本作「起」。〔四〕翦：四庫本、叢刊本作「剪」。〔五〕窗：四庫本作「牕」，叢刊本作「窓」。兒：叢刊本作「児」。〔六〕閒：明鈔本作「閑」，曹批「竹垞傳鈔本亦作『閑』」，叢刊本作「閑」。

浣溪沙

淺畫香膏拂紫綿〔一〕。牡丹花重翠雲偏。手挼梅子並郎肩。病起心情終是怯〔二〕，困來模樣不禁憐〔三〕。旋移鍼線小窗前〔四〕。

【校記】

〔一〕畫：叢刊本作「画」。〔二〕怯：竹垞傳鈔本作「懶」，曹批「明鈔本『懶』作『怯』」。〔三〕來：叢刊本作「来」。〔四〕鍼：四庫本、叢刊本作「針」。窗：四庫本作「牕」，叢刊本作「窓」。

又

香霧空濛墮彩蟾〔一〕。傾城催映出重簾〔二〕。光搖銀燭夜厭厭〔三〕。何物與儂供醉眼〔四〕，半黄梅子帶紅鹽〔五〕。粉融香潤玉纖纖。

【校記】

〔一〕墮：叢刊本作「堕」。〔二〕催：四庫本作「掩」。〔三〕光搖：竹垞傳鈔本、秦刻本作「□□」，叢刊本空兩字。據四庫本補。〔四〕醉：叢刊本作「酔」。〔五〕鹽：叢刊本作「塩」。

又

淡墨花枝掩薄羅。嫩藍裙子窣湘波。水晶新樣碾風荷。問著似羞還似惡〔一〕，惱來成笑不成歌〔二〕。芙蓉帳裏奈君何。

【校記】

〔一〕著：叢刊本作「着」。〔二〕來：叢刊本作「来」。笑：叢刊本作「咲」。

又

短燭熒熒照碧窗〔一〕。重重簾幙護梨霜。幽歡不怕夜偏長。羅襪鈿釵紅粉醉〔二〕，曲屏深幔綠橙香〔三〕。征鴻離遠斷人腸〔四〕。

【校記】

〔一〕窗：四庫本作「牕」，叢刊本作「窓」。〔二〕醉：叢刊本作「酔」。〔三〕綠：四庫本、叢刊本作「緑」。〔四〕遠：四庫本作「雁」。

又

小院春來百草青〔一〕。拂墻桃李已飄零。絶知春意總無憑〔二〕。盧女嫁時終薄命，徐娘身老謾多情。洗香吹粉轉娉婷。

【校記】

〔一〕來：叢刊本作「来」。〔二〕總：叢刊本作「捴」。憑：四庫本作「凴」。

又

窗紙幽幽不肯明〔一〕。寒更忍作斷腸聲。背人殘燭卻多情〔二〕。合下心期唯有夢，如今魂夢也無憑〔三〕。幾行閑淚莫縱横〔四〕。

【校記】

〔一〕窗：四庫本作「牕」，叢刊本作「窓」。〔二〕卻：四庫本、叢刊本作「却」。〔三〕憑：四庫本作「凴」。〔四〕閑：四庫本作「閒」。淚：叢刊本作「泪」。

謁金門

花滿院。飛去飛來雙燕〔一〕。紅雨入簾寒不卷。曉屏山六扇。翠袖玉笙悽斷。脈脈兩蛾愁淺〔二〕。消息不知郎近遠。一春長夢見。

【校記】

〔一〕來：叢刊本作「来」。雙：叢刊本作「双」。〔二〕脈：叢刊本作「脉」。

【輯評】

沈雄《古今詞話·詞品》下卷：「斷送一生惟有酒，破除萬事無過酒」，韓昌黎句。山谷僅去其一字，爲《西江月》：「斷送一生惟有，破除萬事無過。」此并用之，襲而愈工也。「拂水雙飛來去燕，曲檻小屏山六扇」，和魯公語也。陳子高衍爲《謁金門》長短句云：「花滿院。飛去飛來雙燕。紅雨入簾寒不卷。曉屏山六扇。」此以詞填詞，長短而有致也。

俞陛雲《唐五代兩宋詞選釋》：此詞前後闋分寫情景，以高渾出之，不事雕飾，五代遺韻也。

又

柳絲碧〔一〕。柳下人家寒食。鶯語匆匆花寂寂〔二〕。玉堦春蘚濕〔三〕。閑凭薰籠無力〔四〕。心事有誰知得。檀炷繞窗燈背壁〔五〕。畫簷殘雨滴〔六〕。

【校記】

〔一〕絲：叢刊本作「丝」。〔二〕鶯：叢刊本作「鶯」。〔三〕濕：叢刊本作「湿」。

〔四〕閑：四庫本作「閒」。〔五〕窗：四庫本作「牕」，叢刊本作「窓」。〔六〕畫：叢刊本作「画」。

【輯評】

張宗橚《詞林紀事》卷一〇引盧申之：子高《菩薩蠻》云：「幾處簸錢聲，緑窗春夢輕。」《謁金門》云：「檀炷繞窗燈背壁，畫簷殘雨滴。」殊覺其香蒨。

又

深院靜。塵暗曲房淒冷。黄葉滿堦風不定。無端吹酒醒。露濕小園幽徑〔一〕。悄悄啼姑相應〔二〕。半被餘薰殘燭影。夜長人獨冷〔三〕。

【校記】

〔一〕濕：叢刊本作「湿」。〔二〕姑：竹垞傳鈔本、四庫本作「蛄」，曹批「明鈔本『蛄』作『姑』」。〔三〕秦刻本注「重押冷字韻」。

又

春漏促。誰見兩人心曲。罨畫屏風銀蠟燭。淚珠紅蔌蔌〔一〕。懊惱歡娱不足。只許夢中相逐。今夜月明何處宿。畫橋春水緑〔二〕。

【校記】

〔一〕淚：叢刊本作「泪」。 〔二〕綠：四庫本、叢刊本作「緑」。

又

春草碧。憶著去年寒食〔一〕。白紵紅裙香遠襲〔二〕。折花閑調客〔三〕。 好在江南江北。燕子不傳消息。醉眼騰騰羞面赤〔四〕。斷腸儂記得。

【校記】

〔一〕著：叢刊本作「着」。 〔二〕遠襲：竹垞傳鈔本、叢刊本、秦刻本缺，據四庫本補。

〔三〕閑：曹批「竹垞傳鈔本『閑』作『闌』」，四庫本、叢刊本作「閒」。 〔四〕醉：叢刊本作「酔」。

又

羅帳薄。縹緲綺疏飛閣。紅地團花金解絡〔一〕。香囊垂四角。 盡日春風簾幙。誰見綠屏纖弱〔二〕。雲壓枕函釵自落〔三〕。無端春夢惡〔四〕。

【校記】

〔一〕解：叢刊本作「鮮」。　〔二〕綠：四庫本、叢刊本作「緑」。　〔三〕釵：四庫本作「斜」。　〔四〕惡：竹垞傳鈔本作「□」。

又

愁脈脈〔一〕。目斷江南江北。煙樹重重芳信隔〔二〕。小樓山幾尺。　細草孤雲斜日。一向弄晴天色。簾外落花飛不得。東風無氣力。

【校記】

〔一〕脈：叢刊本作「脉」。　〔二〕煙：四庫本、叢刊本作「烟」。

【輯評】

楊慎《詞品》卷之四：《草堂詞》「愁脈脈」一篇，子高詞也，今刻失其名。

黄蘇《蓼園詞評》：按「落花到地聽無聲」，怨矣。曰「飛不得」，其怨更深。首闋言事多阻隔，次闋言少吹噓之力，總是爲身世而感也。

李佳《左庵詞話》卷上：陳子高詞「簾外落花飛不得，東風無氣力。」……皆佳。

又

春寂寂。綠暗溪南溪北〔一〕。溪水沉沉天一色。鳥飛春樹黑。　隔斷小樓吹笛〔二〕。醉裏看朱成碧〔三〕。愁滿眼前遮不得。可憐雙鬢白〔四〕。

【校記】

〔一〕綠：四庫本、叢刊本作「緑」。　〔二〕隔：竹垞傳鈔本、四庫本、叢刊本作「膈」，曹批「明鈔本亦作『膈』」。　樓：叢刊本作「楼」。　〔三〕醉：叢刊本作「酔」。　〔四〕憐：叢刊本作「怜」。　雙：叢刊本作「双」。

虞美人

踏青不用青裙女〔一〕。日夜歌聲苦。風流墨綬强躋攀。喚起潛蛟飛舞、破天慳〔二〕。　公庭休更重門掩。細聽催詩點。一尊已詠北窗風〔三〕。卧看雪兒纖手、剝蓮蓬〔四〕。（張宰祈雨有感）〔五〕

【校記】

〔一〕前「青」：竹垞傳鈔本、四庫本作「車」，叢刊本鮑校作「車」。曹批「明鈔本亦作『車』」。

〔二〕起：叢刊本作「起」。　蛟：竹垞传鈔本作「龍」，曹批「明鈔本『潛龍』仍作『潛蛟』」。

〔三〕窗：四庫本「牕」，叢刊本作「窓」。　〔四〕兒：叢刊本作「児」。　剝：四庫本、叢刊本作「剥」。　〔五〕曹批「竹垞傳鈔本無『張宰祈雨有感』六字」。

又

小山戢戢盆池淺。芳樹陰陰轉〔一〕。紅闌干上剌薔薇〔二〕。蝴蝶飛來飛去、兩三枝〔三〕。　繡裙斜立腰肢困。翠黛縈新恨〔四〕。風流蹤跡使人猜〔五〕。過了鬬鷄時節、合歸來〔六〕。

【校記】

〔一〕轉：秦刻本、四庫本、叢刊本注「一作『見』」，曹批「竹垞傳鈔本『轉』下亦注『一作見』三字」。　〔二〕闌：四庫本作「欄」。　〔三〕來：叢刊本作「来」。　〔四〕恨：叢刊本校補。　〔五〕蹤：叢刊本作「踪」。　〔六〕鬬：叢刊本作「鬪」。　歸：叢刊本作「帰」。

又

綠陰滿院簾垂地〔一〕。落絮縈香砌。池光不定藥闌低。閑並一雙鸂鶒、沒人時〔二〕。

舊歡黯黯成幽夢。帳捲金泥重。日虹斜處暗塵飛。脈脈小窗孤枕、鏡花移〔三〕。

【校記】

〔一〕綠：叢刊本作「緑」。〔二〕閑：四庫本作「閒」。雙：叢刊本作「双」。鶒：四庫本作「鷀」。〔三〕脈：叢刊本作「脉」。窗：四庫本作「牕」，叢刊本作「窓」。

菩薩蠻

柳條窣窣閑庭院〔一〕。錦波繡浪春風轉。紅日上闌干。晚來花更寒〔二〕。

綠檀金隱起〔三〕。翠被香煙裏〔四〕。幽恨有誰知。空梁落燕泥。

【校記】

〔一〕閑：四庫本作「閒」。〔二〕來：叢刊本作「来」。〔三〕綠：四庫本作「緑」。

〔四〕煙：四庫本、叢刊本作「烟」。

又

赤欄橋盡香街直。籠街細柳嬌無力。金碧上青空。花晴簾影紅。黄衫飛白馬。日日青樓下〔一〕。醉眼不逢人〔二〕。午香吹暗塵。

【校記】

〔一〕樓：叢刊本作「楼」。〔二〕醉：叢刊本作「酔」。

又

池塘淡淡浮鸂鶒〔一〕。杏花吹盡垂楊碧。天氣度清明。小園新雨晴。緑窗描繡罷〔二〕。笑語酴醿下。圍坐賭青梅。困從雙臉來〔三〕。

【校記】

〔一〕鶒：四庫本作「鶫」。〔二〕緑：四庫本、叢刊本作「绿」。窗：四庫本作「牎」，叢刊本作「窓」。繡：四庫本、叢刊本作「綉」。〔三〕雙：叢刊本作「双」。來：叢刊本作「来」。

又

綠蕪墻遶青苔院〔一〕。中庭日淡芭蕉卷。蝴蝶上堦飛。烘簾自在垂。

玉鈎雙語燕〔二〕。寶甃楊花轉。幾處簸錢聲。綠窗春睡輕〔三〕。

【校記】

〔一〕綠：四庫本、叢刊本作「绿」。〔二〕雙：叢刊本作「双」。〔三〕綠：四庫本、叢刊本作「绿」。窗：四庫本作「牕」，叢刊本作「窓」。

【輯評】

卓人月《詞統》：一「輕」字全首具靈。

張宗橚《詞林紀事》卷一〇引盧申之：子高《菩薩蠻》云：「幾處簸錢聲，綠窗春夢輕。」殊覺其香蒨。

張惠言《詞選》：此自寓。

譚獻《譚評詞辯》：風簾自在垂，以見不聞不見之無窮也。

又

柳條到地鶯聲滑〔一〕。鴛鴦睡穩清溝潤。九曲轉朱闌。花深人對閒。日長刀尺罷。試履櫻桃下〔二〕。鬗髻玉釵風〔三〕。雲輕線腳紅〔四〕。

【校記】

〔一〕鶯：叢刊本作「莺」。〔二〕履：竹垞傳鈔本作「屐」，曹批「明鈔本『屐』作『履』」；叢刊本鮑校作「屐」。〔三〕鬗：四庫本作「鬖」。〔四〕腳：四庫本、叢刊本作「脚」。

又

綠陰寂寂櫻桃下〔一〕。盆池劣照薔薇架〔二〕。簾影假山前。映堦紅葉翻〔三〕。芭蕉籠碧砌。猧子中庭睡。香徑沒人來〔四〕。拂墻花又開。

【校記】

〔一〕綠：四庫本作「绿」。下：叢刊本作「小」。〔二〕劣：四庫本作「静」。〔三〕葉：叢刊本鮑校作「藥」。翻：四庫本作「飜」。〔四〕來：叢刊本作「来」。

點絳唇

曲陌春風，誰家姊妹同墻看。映花烘㶿〔一〕。困入茸茸眼。細馬輕衫，倚醉偷回面〔二〕。垂楊轉。墜鞭鄣扇〔三〕。白地肝腸斷。

【校記】

〔一〕㶿：竹垞傳鈔本作「□」。〔二〕醉：叢刊本作「醉」。回：叢刊本作「囬」。

〔三〕鄣：四庫本作「却」，叢刊本作「揮」。

好事近

尋徧石亭春〔一〕，黯黯暮山明滅。竹外小溪深處，倚一枝寒月。淡雲疎雨苦無情。得折便須折。醉帽鳳鬟歸去〔二〕，有餘香愁絕。

【校記】

〔一〕徧：四庫本作「遍」。〔二〕醉：叢刊本作「醉」。歸：叢刊本作「皈」。

千秋歲

柏舟高躡〔一〕。晚歲宜遐福。門戶壯，疏湯沐。青袍圍白髮，端錦縹犀軸〔二〕。仙桂長，交柯卻映蟠桃熟〔三〕。縹緲長江曲。入破瓊簫逐〔四〕。香霧滿，飛華屋。玉鈎涼月掛，水麝芙蓉馥〔五〕。千萬壽，酒中倒卧南山綠〔六〕。

【校記】

〔一〕柏：四庫本作「栢」。躡：四庫本、叢刊本、承啓堂本作「躅」。〔二〕端：四庫本作「瑞」。縹：四庫本作「標」。〔三〕卻：四庫本、叢刊本作「却」。〔四〕瓊：竹垞傳鈔本、叢刊本、秦刻本缺，據四庫本補。〔五〕水：竹垞傳鈔本、四庫本、叢刊本作「冰」。〔六〕綠：四庫本作「緑」。

鷓鴣天

禁瘮餘寒酒半醒〔一〕。蒲萄力軟被愁侵〔二〕。鯉魚不寄江南信，綠盡菖蒲春水深〔三〕。疑夢斷，愴離襟〔四〕。重簾複幙靜愔愔。赤闌干外梨花雨，還是去年寒食心。

【校記】

〔一〕瘮：四庫本作「火」。〔二〕蒲：四庫本作「葡」。〔三〕緑：四庫本、叢刊本作「緑」。〔四〕襟：四庫本、叢刊本作「衿」。

又

芳樹陰陰脱晚紅。餘香不斷玉釵風。薄情夫婿花相似〔一〕。一片西飛一片東。金翡翠，繡芙蓉。從教纖媚笑牀空〔二〕。揉藍衫子休無賴〔三〕，只與離人結短封。

【校記】

〔一〕婿：叢刊本作「壻」。〔二〕笑：叢刊本作「咲」。牀：叢刊本作「床」。〔三〕揉：叢刊本作「操」，鮑校作「揉」。

又

小市橋彎更向東〔一〕。便門長記舊相逢。踏青會散鞦韆下，鬌影衣香怯晚風〔二〕。悲往事〔三〕，向孤鴻。斷腸腸斷舊情濃〔四〕。梨花院落黄茅店，繡被春寒此夜同。

【校記】

〔一〕彎：叢刊本作「穿」，鮑校作「彎」。〔二〕髩：四庫本、叢刊本作鬓。〔三〕往：四庫本、叢刊本作「徃」。〔四〕情：叢刊本作「時」，鮑校作「情」。

豆葉黄

粉墻丹桂柳絲中〔一〕。簾箔輕明花影重。午醉醒來一面風〔二〕。綠忽忽〔三〕。幾顆櫻桃葉底紅。

【校記】

〔一〕桂：明鈔本、四庫本作「柱」，曹批「竹垞傳鈔本『柱』作『桂』」。叢刊本鮑校作「柱」。

〔二〕醉：叢刊本作「酔」。〔三〕綠：四庫本、叢刊本作「緑」。

又

樹頭初日鵓鳩鳴〔一〕。野店山橋新雨晴。短褐無泥竹杖輕。水泠泠。梅片飛時春草青。

【校記】

〔一〕鵓：明鈔本作「勃」，曹批「竹垞傳鈔本『勃』作『鵓』」。

又

鞦韆人散小庭空。麝冷燈昏愁殺儂。獨有閑堦兩袖風〔一〕。月朧朧。一樹梨花細雨中。

【校記】

〔一〕閑：四庫本作「閒」。

趙子發

趙君舉，字子發。

鷓鴣天

約畧應飛白玉槃〔一〕。明樓漸放滿輪寒。天垂萬丈清光外，人在三秋爽氣間。聞葉吹，想風鬟。浮空彷彿女乘鸞〔二〕。此時不合人間有，盡入嵩山靜夜看。

【校記】

〔一〕畧：四庫本作「料」，叢刊本鮑校作「料」。　〔二〕鸞：叢刊本作「鵉」。

洞仙歌

荒山明月，下有雲來去。深夜纖毫靜可數〔一〕。問古今底事，畱此空光〔二〕，脩月戶、猶是當年玉斧〔三〕。　思君持羽扇，來伴微吟〔四〕，水珮風環飲松露〔五〕。待勾漏丹成，約與輕飛，人間世、不知歸處〔六〕。更長嘯、餘聲振林谿，見亂紅驚飛〔七〕，半嵓花雨。

【校記】

〔一〕數：叢刊本作「数」。　〔二〕雷：叢刊本作「留」。　〔三〕脩：四庫本作「修」。

〔四〕來：叢刊本作「来」。　〔五〕珮：四庫本作「佩」。　環：四庫本作「鬟」。　〔六〕不：明鈔本作「□」，曹批「竹垞傳鈔本『不』字亦作『□』」。　歸：叢刊本作「帰」。　〔七〕亂：叢刊本作「乱」。

桃源憶故人

芳菲已有東風露。寒著輕羅未去〔一〕。午夜鸞車鶴馭〔二〕。散入千蓮步〔三〕。

粉香度曲嬉遊女。草草相逢無處〔四〕。腸斷淚零無數〔五〕。洒作花稍雨〔六〕。

【校記】

〔一〕著：叢刊本作「着」。　〔二〕鸞：叢刊本作「鵉」。　鶴：叢刊本作「隺」。　〔三〕千：曹批「竹垞傳鈔本『千』作『青』」。　〔四〕處：竹垞傳鈔本、四庫本、叢刊本作「據」，曹批「明鈔本亦作『據』」。　〔五〕淚：叢刊本作「泪」。　數：叢刊本作「数」。　〔六〕稍：竹垞傳鈔本、四庫本作「梢」。

浣溪沙

疎蔭搖搖趂岸移。鷺鷗點點過帆飛。船分水打嫩沙回〔一〕。　斷夢不知人去處，卷簾還有燕來時〔二〕。日斜風緊轉灣西。

【校記】

〔一〕回：叢刊本作「囬」。　〔二〕來：叢刊本作「来」。

南歌子

天末疑無路，波翻欲御風〔一〕。此身忽在玉壺中。醉倒不知、南北與西東〔二〕。　獵獵遙鳴草，颼颼靜打篷。與君回櫂碧雲濃〔三〕。不是思歸、只爲酒船空〔四〕。

【校記】

〔一〕翻：四庫本、叢刊本作「飜」。　〔二〕醉：叢刊本作「醉」。倒：叢刊本作「到」。西東：叢刊本作「東西」。　〔三〕回：叢刊本作「囬」。　〔四〕歸：叢刊本作「歸」。

又

人有紉蘭佩，雲無出岫心。扁舟來入碧濤深〔一〕。坐見楚咻、兒女變齊音〔二〕。但醉雙鉼玉〔三〕，從渠六印金〔四〕。此時何處可幽尋。風定津頭、白日照平林〔五〕。

【校記】

〔一〕來：叢刊本作「来」。〔二〕兒：叢刊本作「児」。變：叢刊本作「变」。〔三〕醉：叢刊本作「酔」。雙：叢刊本作「双」。〔四〕六：四庫本作「亦」。〔五〕津：叢刊本作「律」。日：明鈔本、四庫本、叢刊本作「月」，曹批「竹垞傳鈔本亦作『月』」。

點絳唇

野岸孤舟，斷橋明月穿流水。鴈聲嘹嚦〔一〕。雙落行人淚〔二〕。去歲吾家，曾插黃花醉〔三〕。今那是。杖藜西指。看即成千里。

【校記】

〔一〕鴈：四庫本作「雁」。嚦：竹垞傳鈔本、四庫本作「唳」，曹批「明鈔本亦作『唳』」。

〔二〕雙：叢刊本作「双」。　〔三〕醉：叢刊本作「酔」。

虞美人

飛雲流水來無信〔一〕。花發年年恨。小桃如臉柳如眉〔二〕。記得那人模樣、舊家時。　樓高映步拖金縷〔三〕。香濕黄昏雨。如今不見欲憑書〔四〕。門外水平波煖、一雙魚〔五〕。

【校記】

〔一〕來：叢刊本作「来」。　〔二〕眉：叢刊本作「眉」。　〔三〕樓：叢刊本作「楼」。

高：叢刊本作「高」。　〔四〕憑：四庫本作「凴」。　〔五〕雙：叢刊本作「双」。

惜分飛

數點雨聲驚殘暑〔一〕。簾外秋光容與。重換熏爐炷〔二〕。漸低羅幙香成霧。　今夜夜涼情幾許。莫向屏山取取〔三〕。卻笑陽臺女〔四〕。楚人空有高唐賦〔五〕。

【校記】

〔一〕數：叢刊本作「数」。　〔二〕爐：叢刊本作「炉」。　〔三〕取：秦刻本注「上『取』

字疑誤」，四庫本上「取」作「認」。〔四〕卻：四庫本、叢刊本作「却」。笑：叢刊本作「咲」。臺：叢刊本作「臺」。〔五〕有：秦刻本、叢刊本缺。竹垞傳鈔本作「有」，曹批「明鈔本『有』作『□』」。四庫本作「詠」。據竹垞傳鈔本補。

阮郎歸〔一〕

馬蹄踏月響空山。梅生煙壑寒〔二〕。水妃去後淚痕乾。天風吹珮蘭。　紉香久，怕花殘。與君聊據鞍。一枝欲寄北人看。如今行路難。

【校記】

〔一〕歸：叢刊本作「歸」。〔二〕煙：四庫本、叢刊本作「烟」。

曹元寵

曹組，字元寵，潁昌人。有《箕潁集》二十卷。

【輯評】

王灼《碧雞漫志》卷第一：今有過鈞容班教坊問曰：「某宜何歌？」必曰：「汝宜唱田中行、曹元寵小令。」卷第二：元祐間，王齊叟彦齡，政和間，曹組元寵，皆能文，每出長短句，膾炙人口。彦齡以滑稽語河朔。組潦倒無成，作《紅窗迥》及雜曲數百解，聞者絶倒，滑稽無賴之魁也。夤緣遭遇，官至防禦使。同時有張衮臣者，組之流，亦供奉禁中，號曲子張觀察。其後祖述者益衆，嫚戲汙賤，古所未有。組之子，知閤門事勛，字公顯，亦能文。嘗以家集刻板，欲蓋父之惡。近有旨下揚州，毁其板云。　長短句雖至本朝盛，而前人自立，與真情衰矣。東坡先生非心醉于音律者，偶爾作歌，指出向上一路，新天下耳目，弄筆者始知自振。今少年妄謂東坡移詩律作長短句，十有八九不學柳耆卿，則學曹元寵，雖可笑，亦毋用笑也。

胡仔《苕溪漁隱詞話》卷二：曹元寵本善作詞，特以《紅窗迥》戲詞，盛行於世，遂掩其名。如《望月婆羅門》一詞，亦豈不佳。詞云：「漲雲暮卷，漏聲不到小簾櫳。銀河淡掃澄空。皓月當軒高掛，秋入廣寒宫。正金波不動，桂影朦朧。　佳人未逢。歎此夕，與誰同。望遠傷懷對景，霜滿愁紅。南樓何處，想人在長笛一聲中。凝淚眼、泣盡西風。」此詞語病，在「霜滿愁紅」之句，時太早爾。曾端伯編《雅詞》，乃以此爲楊如晦作，非也。王士禎《花草蒙拾》：詞本詩而劣於詩者，「笛聲人倚樓」，止去趙倚樓二字，何翅效顰捧心。苕溪漁隱載曹元寵望月詞「南樓何處，想人在長笛一聲中」，視此差演迤有致。曹即以《紅窗迥》擅名者。

點絳脣　詠御射

秋勁風高〔一〕，暗知斗力添弓面。靶分筠幹。月到天心滿。白羽流星，飛上黃金盌。胡沙鴈〔二〕。雲邊驚散。壓盡天山箭。

【校記】

〔一〕高：叢刊本作「高」。　〔二〕胡：四庫本作「平」。　鴈：四庫本作「雁」。

【輯評】

佚名《桐江詩話》：潁昌曹緯彥文，弟組彥章，俱有俊才。彥文釋褐即故，彥章多依棲中貴人門下。一日，徽廟苑中射弓，左右薦至，對御作射弓詞《點絳脣》一闋……今人但知彥章善謔，不知其才，良可惜也。彥章後字元寵，兄弟幼孤，母王氏教養成就。王氏亦能詩，嘗有《雪中觀妓詩》云：「梁王宴罷下瑤臺，窄窄紅靴步雪來。恰似陽春三月暮，楊花飛處牡丹開。」

又

疎柳殘蟬，助人離思斜陽外。淡煙疎靄〔一〕。節物隨時改〔二〕。水已無情，風更無情瞰。蘭舟解〔三〕。水流風快。回首人何在〔四〕。

【校記】

〔一〕煙：四庫本、叢刊本作「烟」。〔二〕時：秦刻本注「一作『愁』」。明鈔本作「愁」，曹批「竹坨傳鈔本『愁』作『時』」。隨：叢刊本作「随」。〔三〕解：叢刊本作「鮮」。〔四〕回：叢刊本作「囬」。人何：四庫本、叢刊本作「何人」。

又

密炬高燒〔一〕，寶刀時翦金花碎〔二〕。照人歡醉〔三〕。也照人無睡。待得灰心，陪盡千行淚〔四〕。籠紗裏〔五〕。夜涼如水。猶喜長成對。

【校記】

〔一〕高：叢刊本作「髙」。〔二〕翦：四庫本、叢刊本作「剪」。〔三〕醉：叢刊本作「酔」。〔四〕淚：叢刊本作「泪」。〔五〕紗：四庫本作「約」。

如夢令

門外緑陰千頃〔一〕。兩兩黄鸝相應〔二〕。睡起不勝情〔三〕，行到碧梧金井。人静。人静。風動一枝花影。

【校記】

〔一〕緑：四庫本、叢刊本作「緑」。〔二〕應：四庫本作「映」。〔三〕情：竹垞傳鈔本作「愁」。

【輯評】

沈雄《古今詞話·詞品》下卷：「人静。人静。風弄一枝花影。」曹元寵《如夢令》句，因有寵于徽宗。

《詞評》上卷引《松窗録》：曹元寵六舉不第，著《鐵硯篇》自勵。宣和中成進士，有寵于徽宗，曾賞其《如夢令》「風弄一枝花影」句，《點絳唇》「暮山無數，歸雁愁邊度」句，徽宗又手書「眉峯碧」以問之。

薛礪若《宋詞通論》：元寵詞極清幽婉麗，頗具淮海、東堂二家之長。他的《如夢令》《點絳唇》《好事近》等詞，皆清幽絶塵，柔媚多姿，即列于柳、秦大作家之林，亦毫無遜色。

撲蝴蝶〔一〕

人生一世，思量爭甚底。花開十日，已隨塵共水〔二〕。且看欲盡花枝，未厭傷多酒盞。何須細推物理。幸容易。有人爭奈，只知名與利。朝朝日日，忙忙刼刼地。待得一晌閑時〔三〕，又卻三春過了〔四〕，何如對花沉醉〔五〕。

【校記】

〔一〕秦刻本注「案一名《撲蝴蝶近》，有七十七字，有七十五字。趙師俠詞與此同，『幸容易』三字屬前段。惟吕渭老以三字屬後段，下四字一句，較曹、趙詞多兩字。邵叔齊及無名氏皆然。或别爲一體，故名《撲蝴蝶近》也」。〔二〕隨：叢刊本作「随」。〔三〕晌：明鈔本、四庫本、叢刊本作「餉」，曹批「竹垞傳鈔本亦作『餉』」。閑：四庫本作「閒」。〔四〕卻：四庫本、叢刊本作「却」。〔五〕沉：四庫本作「沈」。醉：叢刊本作「酔」。

憶少年

年時酒伴，年時去處，年時春色。清明又近也，卻天涯爲客〔一〕。念過眼、光陰難再得。想前歡、盡成陳迹。登臨恨無語，把闌干暗拍〔二〕。

【校記】

〔一〕卻：四庫本、叢刊本作「却」。　〔二〕暗：秦刻本作「□」，注「一本『拍』字上空一字，《詞譜》作『暗』」。竹坨傳鈔本、四庫本作「暗」，曹批「明鈔本『暗』作『□』」。叢刊本無。據補。

【輯評】

《欽定詞譜》卷六：此即晁詞體，惟换頭句添一字，作八字句異。万俟詠詞「上隴首、凝眸天四闊」，孫道絢詞「正雨後、梨花幽艷白」，并與此同。《詞律》謂無第二首可訂，非也。

驀山溪

護霜雲際〔一〕，遠日明芳樹〔二〕。竹外一枝斜，想佳人、天寒日暮〔三〕。黄昏小院，無處著清香〔四〕，風細細，雪垂垂，何况江頭路。　月邊疎影，夢到消魂處〔五〕。結子欲黄時，又須作、廉纖細雨。孤芳一世，供斷有情愁，銷瘦損，東陽也，試問花知否。

【校記】

〔一〕霜：曹批「竹坨傳鈔本『霜』作『山』，似當據改」。　〔二〕秦刻本注「一作『洗妝眞態，不在鉛華御』」。 〔三〕佳：曹批「明鈔本『佳』作『得』」。叢刊本作「得」，鮑校作「佳」。
〔四〕著：叢刊本作「着」。 〔五〕魂：四庫本作「䰟」。

【輯評】

楊慎《詞品》卷之二：曹元寵梅詞：「竹外一枝斜，想佳人天寒日暮。」用東坡「竹外一枝斜更好」之句也。徽宗時禁蘇學，元寵又近幸之臣，而暗用蘇句，其所謂掩耳盜鈴者。噫，姦臣醜正惡直，圖爲勞爾。曹元寵梅詞……甚工，而結句落韻殊不强人意，曹蓋富於才而貧於學也。

沈際飛《草堂詩餘正集》：微思遠致，愧粘題裝飾者，結句自清俊脱塵。

許昂霄《詞綜偶評》：（竹外一枝斜，想佳人天寒日暮）幾于合杜、蘇而一之矣。此首或以爲白石作，然玩結處數語，氣格軟弱，其非姜作可知。

馮金伯《詞苑萃編》卷之四《品藻》：曹組詠梅詞皆有佳句。其《驀山溪》云：「竹外一枝斜，想佳人天寒日暮。」用東坡「竹外一枝斜更好」句，可謂入神。

黄蘇《蓼園詞評》：按此詞佳處，不在「一枝斜」句。佳在前後段跳脱處，情景交融，語多雋永耳。前段梅不御「鉛華」，如佳人安于寂寞院落也。人尚不自見，況風雨「江頭」，誰知其清香乎。次闋言不獨花開冷淡，即「結子欲黄」，尚多如塵之雨。蓋伊一生，惟供人之有情者見而生愁，今我亦瘦如「東陽」，花知之乎。語語超雋，自是一篇拔俗文字。

又

草薰風暖，樓閣籠輕霧〔一〕。墻短出花梢，映誰家、綠楊朱戶〔二〕。尋芳拾翠，綺陌自青春，江南遠，踏青時，誰念方羈旅。　昔遊如夢，空憶橫塘路。羅袖舞臺風〔三〕，想桃花、依然舊樹。一懷離恨，滿眼欲歸心〔四〕，山連水，水連雲，悵望人何處。

【校記】

〔一〕樓：叢刊本作「楼」。〔二〕綠：四庫本作「緑」。〔三〕臺：叢刊本作「臺」。

〔四〕歸：叢刊本作「帰」。

相思會

人無百年人，剛作千年調。待把門關鐵鑄〔一〕，鬼見失笑〔二〕。多愁早老。惹盡閑煩惱〔三〕。我醒也，枉勞心，謾計較。　麄衣淡飯，贏取暖和飽。住箇宅兒〔四〕，只要不大不小。常教潔淨，不種閒花草〔五〕。據見定〔六〕，樂平生，便是神仙了。

【校記】

〔一〕關：叢刊本作「関」。〔二〕見：竹垞傳鈔本作「兒」，曹批「明鈔本『兒』作『见』」。

〔三〕閑：四庫本作「閒」。〔四〕兒：叢刊本作「児」。〔五〕閒：明鈔本作「閑」，曹批「竹垞傳鈔本亦作『閑』」。〔六〕定：秦刻本注「一作『在』」。

品令

乍寂寞。簾櫳靜、夜久寒生羅幙。窗兒外、有箇梧桐樹〔一〕。早一葉、兩葉落。獨倚屏山欲寐，月轉驚飛烏鵲。促織兒、聲響雖不大〔二〕。敢教賢、睡不著〔三〕。

【校記】

〔一〕窗：四庫本作「牕」，叢刊本作「窓」。兒：叢刊本作「児」。箇：四庫本、叢刊本作「个」。〔二〕兒：叢刊本作「児」。〔三〕著：叢刊本作「着」。

【輯評】

《欽定詞譜》卷九：此即曹詞體，惟换頭句七字，多一字，前後段第三句七字，各少一字異。

況周頤《蕙風詞話》續編卷一，七：曹元寵《品令》歇拍云：「促織兒、聲響雖不大，敢教賢睡不著。」「賢」字作「人」字用，蓋宋時方言。至今不嫌其俗，轉覺其雅。

小重山

簾捲東風日射窗〔一〕。小山庭院靜，接回廊〔二〕。疎疎晴雨弄斜陽。憑欄久〔三〕，墻外杏花香〔四〕。時節好尋芳。多情懷酒伴，憶懽狂。歸鴻應已度瀟湘〔五〕。音書杳，前事忍思量。

【校記】

〔一〕窗：四庫本作「牕」，叢刊本作「窓」。〔二〕回：叢刊本作「囬」。〔三〕憑：四庫本作「凴」。〔四〕香：四庫本、叢刊本作「芳」。〔五〕歸：叢刊本作「帰」。

又

陌上花繁鶯亂啼〔一〕。驊騮金絡腦〔二〕，錦障泥。尋芳行樂憶當時。聯鑣處，飛鞚綠楊堤〔三〕。春物又芳菲。情如風外柳，只依依。空憐佳景負歸期〔四〕。愁心切，惟有夢魂知。

【校記】

〔一〕亂：叢刊本作「乱」。〔二〕驪：叢刊本作「驪」。〔三〕綠：四庫本、叢刊本作「緑」。〔四〕憐：叢刊本作「怜」。歸：叢刊本作「帰」。

青玉案

碧山錦樹明秋霽。路轉陡、疑無地。忽有人家臨曲水。竹籬茅舍，酒旗沙岸〔一〕，一簇成村市。凄凉只恐鄉心起〔二〕。鳳樓遠、回頭謾凝睇〔三〕。何處今宵孤館裏。一聲征鴈〔四〕，半窗殘月〔五〕，總是離人淚〔六〕。

【校記】

〔一〕旗：四庫本作「旂」。〔二〕凄：四庫本作「悽」。〔三〕樓：叢刊本作「楼」。回：叢刊本作「囬」。〔四〕鴈：四庫本作「雁」。〔五〕窗：四庫本作「牕」，叢刊本作「窻」。〔六〕總：叢刊本作「捴」。

鷓鴣天

輦路熏風起綠槐〔一〕。都人凝望滿天街。雲韶杳杳鳴鞘肅，芝蓋亭亭障扇開〔二〕。

微雨過，絶纖埃。内家車子走輕雷。千門不敢垂簾看，總上銀鈎等駕來〔三〕。

【校記】

〔一〕綠：四庫本、叢刊本作「緑」。〔二〕葢：四庫本作「蓋」，叢刊本作「盖」。〔三〕總：叢刊本作「総」。鈎：四庫本作「鉤」。來：叢刊本作「来」。

漁家傲

水上落紅時片片。江頭雪絮飛繚亂〔一〕。渺渺碧波天漾遠。平沙[illegible]。花風一陣蘋香滿。晚來醉著無人喚〔二〕。殘陽已在青山半。睡覺只疑花改岸〔三〕。擡頭看。元來弱纜風吹斷。

【校記】

〔一〕繚：竹垞傳鈔本作「撩」。亂：叢刊本作「乱」。〔二〕醉：叢刊本作「酔」。著：叢刊本作「着」。〔三〕疑：四庫本作「驚」，叢刊本作「覺」。

阮郎歸〔一〕

簷頭風珮響丁東。簾疎燭影紅。鞦韆人散月溶溶〔二〕。樓臺花氣中〔三〕。

春酒醒，夜寒濃。繡衾誰與同。只愁夢短不相逢。覺來羅帳空。

【校記】

〔一〕歸：叢刊本作「歸」。〔二〕韆：叢刊本作「鞓」。〔三〕樓：叢刊本作「楼」。臺：叢刊本作「臺」。

臨江仙

青瑣窗深紅獸暝〔一〕，燈前共倒金尊〔二〕。數枝梅浸玉壺春〔三〕。雪明渾似曉，香重欲成雲。戶外馬嘶催客起，席間歡意留人〔四〕。從他微霰落紛紛。不妨吹酒面，歸去醒餘醺〔五〕。

【校記】

〔一〕窗：四庫本作「牕」，叢刊本作「窓」。〔二〕尊：四庫本作「樽」。〔三〕數：叢刊本作「数」。〔四〕留：叢刊本作「留」。〔五〕歸：叢刊本作「歸」。

鷓鴣天

淺笑輕顰不在多〔一〕。遠山微黛接橫波。情吞醽醁千鍾酒，心醉飛瓊一曲歌〔二〕。

人欲散，奈愁何。更看朱袖拂雲和。夜深醉墨淋浪處〔三〕，書遍香紅擁項羅〔四〕。

【校記】

〔一〕笑：叢刊本作「咲」。〔二〕醉：叢刊本作「酔」。〔三〕醉：叢刊本作「酔」。〔四〕項：四庫本、叢刊本作「頂」。〔三〕浪：竹垞傳鈔本、四庫本作「漓」；叢刊本作「琅」，鮑校作「漓」。

青門飲

山靜煙沉〔一〕，岸空潮落〔二〕，晴天萬里，飛鴻南渡〔三〕。冉冉黄花，翠翹金鈿，還是倚風凝露。歲歲青門飲，盡龍山高陽儔侶〔四〕。舊賞成空，回首舊遊〔五〕，人在何處。此際誰憐萍泛。空自感光陰，暗傷羈旅。醉裏悲歌〔六〕，夜深驚夢〔七〕，無奈覺來情緒〔八〕。孤館昏還曉，厭時聞南樓鐘鼓〔九〕。淚眼臨風〔一〇〕，腸斷望中歸路〔一一〕。

【校記】

〔一〕煙：四庫本、叢刊本作「烟」。沉：四庫本作「沈」。〔二〕岸：叢刊本作「岍」。

〔三〕渡：竹垞傳鈔本、四庫本作「度」，曹批「明鈔本亦作『度』」。〔四〕高：叢刊本作「高」。〔五〕回：四庫本、叢刊本作「囬」。〔六〕醉：叢刊本作「醉」。〔七〕深：曹批「竹垞傳鈔本『深』作『多』」，四庫本、叢刊本作「游」。〔八〕無奈：秦刻本注「原本空二字，據别本補」。叢刊本空两字。竹垞傳鈔本作「□□」，曹批「明鈔本『驚夢』下亦作『□□』」。四庫本作「無那」。〔九〕秦刻本注：「别本有『但』字。」來：叢刊本作「来」。〔一〇〕淚：叢刊本作「泪」。〔一一〕歸：叢刊本作「歸」。樓：叢刊本作「楼」。

青玉案

田園有計歸須早〔一〕。在家縱貧亦好。南來北去何日了〔二〕。光陰送盡，可憐青鬢，暗逐流年老。　寂寥孤館殘燈照。鄉思驚時夢初覺〔三〕。落月蒼蒼關河曉〔四〕。一聲鷄唱，馬嘶人起，又上長安道。

【校記】

〔一〕歸：叢刊本作「歸」。〔二〕秦刻本注「一作『南去北來』」。〔三〕夢：曹批「竹垞傳鈔本脱『夢』字」。〔四〕關：叢刊本作「関」。

好事近

茆舍竹籬邊，雀噪晚枝時節。一陣暗香飄處，已難禁愁絶。江南得地故先開，不待有飛雪。腸斷幾回山路〔一〕，恨無人攀折。

【校記】

〔一〕回：叢刊本作「囬」。

【輯評】

馮金伯《詞苑萃編》卷之四《品藻》：曹組詠梅詞皆有佳句。其《好事近》云：「一陣暗香飄處，已不勝愁絶。」亦何減孤山風致。

醉花陰〔一〕

九陌寒輕春尚早。燈火都門道。月下步蓮人，薄薄香羅，峭窄春衫小。梅粧淺淡風蛾裊〔二〕。隨路聽嬉笑〔三〕。無限面皮兒〔四〕，雖則不同，各是一般好。

【校記】

〔一〕醉：叢刊本作「酔」。〔二〕淺淡：四庫本作「深淺」，叢刊本「淺深」改作「深淺」。

〔三〕随：叢刊本作「随」。 笑：叢刊本作「咲」。 〔四〕兒：叢刊本作「児」。

點絳唇

小小朱橋，柳邊人過橫塘路。細風時度。碧浪痕痕去〔一〕。草軟沙平〔二〕，穩襯尋幽步。花深處〔三〕。亂紅飛舞〔四〕。回首春城暮〔五〕。

【校記】

〔一〕碧：竹垞傳鈔本、秦刻本作「□」，叢刊本空一字。據四庫本補。〔二〕草：叢刊本作「艸」。〔三〕花深：竹垞傳鈔本、秦刻本、叢刊本作「□□」。據四庫本補。〔四〕亂：叢刊本作「乱」。〔五〕回：叢刊本作「囘」。

又

雲透斜陽，半樓紅影明窗戶〔一〕。暮山無數〔二〕。歸鴈愁還去〔三〕。十里平蕪，花遠重重樹。空凝竚。故人何處。可惜春將暮。

【校記】

〔一〕樓：叢刊本作「楼」。 窗：四庫本作「牕」，叢刊本作「牎」。〔二〕數：叢刊本作

〔三〕歸：叢刊本作「歸」。鴈：四庫本作「雁」。還：竹坨傳鈔本、四庫本作「數」。

作「邊」，曹批「明鈔本亦作『邊』」。

【輯評】

沈雄《古今詞話·詞評》上卷：有寵于徽宗，曾賞其《如夢令》「風弄一枝花影」句，《點絳唇》「暮山無數，歸雁愁邊度」句。徽宗又手書《眉峯碧》以問之。

又

沉醉歸來〔一〕，洞房燈火閑相照〔二〕。夜寒猶峭。信意和衣倒。春夢雖多，好夢長長少。紗窗曉〔三〕。風幃人悄〔四〕。花外空啼鳥。

【校記】

〔一〕歸：叢刊本作「歸」。〔二〕閑：四庫本作「閒」。〔三〕窗：四庫本作「牕」，叢刊本作「窓」。〔四〕風：竹坨傳鈔本、四庫本、叢刊本作「鳳」，曹批「明鈔本亦作『鳳』」。

水龍吟 牡丹

曉天穀雨晴時，翠羅護日輕煙裏〔一〕。酴醾徑暝，柳花風淡，千葩濃麗。三月春光，上林池館，西都花市。看輕盈隱約，何須解語〔二〕，凝情處，無窮意。金殿筠籠歲貢。最姚黄、一枝嬌貴。東風既與，花王芍藥，須爲近侍。歌舞筵中，滿裝歸帽〔三〕，斜簪雲髻〔四〕。有高情未已，齊燒絳蠟〔五〕，向闌邊醉〔六〕。

【校記】

〔一〕煙：四庫本、叢刊本作「烟」。〔二〕解：叢刊本作「觧」。〔三〕歸：叢刊本作「皈」。〔四〕簪：四庫本作「簪」。〔五〕高：四庫本、叢刊本作「髙」。未已齊：明鈔本、叢刊本作「□□□」，曹批「竹垞傳鈔本『高情』下亦空三格」。蠟：竹垞傳鈔本作「燭」。〔六〕醉：叢刊本作「酔」。

聲聲慢

重簷飛峻，麗綵横空，繁華壯觀都城。雲母屏開、八面人在青冥。凭闌瑞煙深處〔一〕，望皇居、遥識蓬瀛〔二〕。回環閣道〔三〕，五花相鬭〔四〕，壓盡旗亭。歌酒長春不夜，金翠照羅綺，笑語盈盈〔五〕。陸海人山，輻輳萬國歡聲。登臨四時總好〔六〕，况花朝、月白風清。豐年樂，歲熙熙、且醉太平〔七〕。

【校記】

〔一〕煙：四庫本、叢刊本作「烟」。〔二〕瀛：四庫本、叢刊本作「瀛」。〔三〕回：叢刊本作「囬」。〔四〕相鬬：四庫本作「閩相」，叢刊本作「相閗」。〔五〕笑：叢刊本作「咲」。〔六〕總：叢刊本作「揔」。〔七〕醉：叢刊本作「酔」。

蝶戀花〔一〕

簾捲眞珠深院靜〔二〕。滿地槐陰，鏤日如雲影〔三〕。午枕花前情思凝。象牀冰簟光相映〔四〕。過面風情如酒醒〔五〕。沉水瓶寒〔六〕，帶綆來金井〔七〕。滌盡煩襟無睡興。闌干六曲還重凭。

【校記】

〔一〕戀：叢刊本作「恋」。〔二〕眞：四庫本、叢刊本作「真」。〔三〕鏤：叢刊本作「镂」。〔四〕牀：四庫本、叢刊本作「床」。〔五〕情：明鈔本、叢刊本作「清」，曹批「竹垞傳鈔本『清』亦作『情』，誤」。〔六〕沉：四庫本作「沈」。〔七〕來：叢刊本作「来」。

浣溪沙

柳絮池臺淡淡風〔一〕。碧波花岫小橋通〔二〕。雲連麗宇倚晴空。　芳草綠楊人去住〔三〕，短墻幽徑燕西東。攀條弄蕋得從容〔四〕。

【校記】

〔一〕臺：叢刊本作「臺」。〔二〕岫：竹垞傳鈔本、四庫本作「嶼」，曹批「明鈔本亦作『嶼』」。〔三〕綠：四庫本、叢刊本作「緑」。〔四〕蕋：四庫本作「蘂」。

點絳唇

水飯

霜落吳江，萬畦香稻來場圃〔一〕。夜村舂黍。草屋寒燈雨。　玉粒長腰，沉水溫溫注。相留住〔二〕。共抄雲子〔三〕，更聽歌聲度。

【校記】

〔一〕來：叢刊本作「来」。〔二〕畱：叢刊本作「留」。〔三〕抄：叢刊本作「杪」。

又

一片南雲，定知來做巫山雨。歌聲纔度。只向風中住。惱亂襄王〔一〕，無限牽情處。長天暮。又還飛去。目斷陽臺路〔二〕。

【校記】

〔一〕亂：叢刊本作「乱」。

〔二〕臺：叢刊本作「臺」。

魏夫人

魏夫人，曾文肅布之室，紆之母。封魯國夫人。

【輯評】

蔣一葵《堯山堂外紀》卷五四：朱淑真同時有魏夫人者，曾子宣内子也，亦能詩。嘗置酒邀淑真，命小鬟隊舞，因索詩，以「飛雪滿群山」爲韻。淑真醉中援筆賦五絶云：「管弦催上錦裀時，體態輕盈只欲飛。若使明皇當日見，阿蠻無計怳楊妃。」「香茵穩襯半鈎月，往來凌波雲影滅。弦催緊拍促將遍，兩袖翻然作回雪。」「柳腰不被春拘管，鳳轉鸞回霞袖緩。舞徹伊州力不禁，筵前撲簌花飛滿。」「占斷京華第一春，清歌妙舞實超群。只愁到曉人星散，化作巫山一段雲。」「燭花影裡粉姿閑，一點愁侵兩點山。不怕帶他飛燕妒，無言逐拍省弓彎。」

沈雄《古今詞話·詞話》上卷引朱晦庵：本朝婦人能詞者，惟李易安、魏夫人二人而已。」《詞評》林曰：李易安、魏夫人，使在衣冠之列，當與秦七、黄九争雄，不徒擅名閨閣也。」黄玉上卷：端伯《雅編》曰「魏夫人，曾子宣丞相内子，有《江城子》《卷珠簾》諸曲」。

王奕清等《歷代詞話》卷六：魏夫人，曾子宣丞相内子，有《江城子》《卷珠簾》諸曲，膾炙人口。

馮金伯《詞苑萃編》卷之二《旨趣》引《詞筌》：詞雖以險麗爲工，實不及本色語之妙。如李易安「眼波纔動被人猜」，蕭淑蘭「去也不教知，怕人留戀伊」，魏夫人「爲報歸期須及早，休誤妾、一春閒」，孫光憲「留不得，留得也應無益」，嚴次山「一春忍上高樓，爲怕見、分攜處」，觀此種句，覺「紅杏枝頭春意鬧」尚書，安排一個字，費許大氣力。

丁紹儀《聽秋聲館詞話》卷八：宋時詞學盛行，然夫婦均有詞傳，僅曾布、方喬、陸游、易祓、戴復古五家。方、戴、易，姓氏且無考，戴、陸更系怨耦，易妻詞亦甚怨抑，惟子宣與魏夫人克稱良匹。他如趙明誠妻李易安盛以詞名，而明城詞無傳。趙德麟詞甚工，其妻王夫人祇傳「白藕作花風已秋。不堪殘醉更回頭。晚雲帶雨歸飛急，去作西窗一夜愁。」一詩而已。琴鳴瑟應，天固若是靳惜耶。喬，樂至人，大觀間秀才。妻紫竹，失其姓，《生查子》云：「思郎無見期，獨坐離情慘。閉户約花開，花落輕風颭。　生怕是黄昏，庭竹和煙黯。斂翠恨無涯，强把蘭釭點。」又寄喬，《踏莎行》後闋云：「花月移陰，簷香失裊。望郎不到心如擣。避人回倚小屏山，斷魂還向牆陰繞。」喬贈紫竹，《生查子》云：「晨鶯不住啼，故喚愁人起。無力曉妝慵，閒弄荷錢水。欲呼女伴來，鬬草花陰裏。嬌極不成狂，更向屏山倚。」放翁妻唐氏不得於姑，遂至解縭，未幾愁怨死。《齊東野語》録其別後答寄《釵頭鳳》：「世情薄。人情惡。雨送黄昏花易落。曉風乾。淚痕殘。欲箋心事，獨倚斜闌。難，難，難。　人成各。今非昨。病魂常似秋千索。角聲寒。夜闌珊。怕人尋問，掩淚妝歡。瞞，瞞，瞞。」祓字彦祥，長沙人，嘉泰間進士，有《山齋集》。初任前廊，久不歸，妻寄以《一翦梅》云：「染淚修書寄玉郎。貪却前廊。忘却回廊。功名成就不還鄉。石做心腸。鐵做心腸。　紅日三竿未理妝。虚度韶光。瘦損容光。相思何日得成雙。羞對鴛鴦。懶繡鴛鴦。」復古字式之，天台人，有《石屏詞》。贅江右某氏，年餘方言已娶，須歸省，氏知被紿，賦詞以贈云：「惜多才，憐薄命，無計可留汝。揉碎花箋，忍寫斷腸句。道旁楊柳依依，千絲萬縷。抵不得、一分愁緒。指月盟言，不是夢中語。後回君若重來，不相忘處。把杯酒、澆奴墳土。」後人取詞中第二語，名以憐薄命。細繹句調，乃《祝英臺近》，脱去换頭三句耳。《詞綜》僅選魏夫人詞，諸女作均未録。《補遺》亦遺之。至元時趙文敏管夫人，明時楊升庵黄夫人，林子羽張紅橋，葉仲韶沈宛君，沈君庸張倩倩，閨房酬唱，世艷稱之，此外亦不多覯。我朝自李梅公侍郎朱遠山夫人後，指不勝屈矣。

陳廷焯《詞壇叢話》：宋婦人能詩詞者不少，易安爲冠，次則朱淑真，次則魏夫人也。

陳廷焯《白雨齋詞話》卷二：朱晦庵謂宋代婦人能文者，惟魏夫人及李易安二人而已。魏夫人詞筆頗有操邁處，雖非易安之敵，然亦未易才也。卷六：宋閨秀詞，自以易安爲冠。朱子以魏夫人與之并稱。魏夫人祇堪出朱淑真之右，去易安尚遠。

好事近

雨後晚寒輕〔一〕，花外早鶯啼歇。愁聽隔溪殘漏，正一聲凄咽〔二〕。不堪西望去程賒，離腸萬回結〔三〕。不似海棠陰下，按凉州時節。

【校記】

〔一〕晚：竹垞傳鈔本、四庫本、叢刊本作「曉」，曹批「明鈔本亦作『曉』」。〔二〕凄：四庫本作「悽」。〔三〕回：叢刊本作「囬」。

阮郎歸〔一〕

夕陽樓外落花飛〔二〕。晴空碧四垂。去帆回首已天涯〔三〕。孤煙捲翠微〔四〕。樓上客〔五〕，鬢成絲〔六〕。歸來未有期〔七〕。斷魂不忍下危梯〔八〕。桐陰月影移。

【校記】

〔一〕歸：叢刊本作「帰」。〔二〕〔五〕樓：叢刊本作「楼」。〔三〕回：四庫本作「迴」，叢刊本作「囬」。〔四〕煙：四庫本、叢刊本作「烟」。〔六〕鬢：四庫本作「鬓」。〔七〕歸：叢刊本作「歸」。來：竹垞傳鈔本、四庫本作「期」，曹批「明鈔本亦作『期』」；叢刊本作「来」。〔八〕魂：叢刊本作「䰟」。

減字木蘭花

西樓明月〔一〕。掩映梨花千樹雪。樓上人歸〔二〕。愁聽孤城一雁飛。玉人何處。又見江南春色暮。芳信難尋。去後桃花流水深。

【校記】

〔一〕樓：叢刊本作「楼」。　〔二〕樓：叢刊本作「楼」。　歸：叢刊本作「帰」。

又〔一〕

落花飛絮。杳杳天涯人甚處。欲寄相思。春盡衡陽雁漸稀。　離腸淚眼〔二〕。腸斷淚痕流不斷〔三〕。明月西樓〔四〕。一曲欄干一倍愁〔五〕。

【校記】

〔一〕四庫本此詞在《定風波》之下。曹批「明鈔本此闋在《定風波》之下，《菩薩蠻》『東風已緑』詞上，竹垞傳鈔本同」。　〔二〕淚：四庫本作「酒」，叢刊本作「泪」。　〔三〕淚：叢刊本作「泪」。　〔四〕樓：叢刊本作「楼」。　〔五〕一曲：曹批「竹垞傳鈔本『一曲』二字脱」。

菩薩蠻〔一〕

溪山掩映斜陽裏。樓臺影動鴛鴦起〔二〕。隔岸兩三家〔三〕。出墻紅杏花。　緑楊堤下路〔四〕。早晚溪邊去〔五〕。三見柳綿飛。離人猶未歸〔六〕。

【校記】

〔一〕鑾：叢刊本作「蛮」。〔二〕樓臺：叢刊本作「楼臺」。鴛鴦：叢刊本作「夗央」。〔三〕岸：叢刊本作「岍」。三：四庫本作「王」。〔四〕綠：四庫本、叢刊本作「緑」。〔五〕溪：四庫本作「谿」。〔六〕歸：叢刊本作「帰」。

【輯評】

王奕清等《歷代詞話》卷六：其尤雅正者，則有《菩薩蠻》……深得《國風卷耳》之遺。

謝章鋌《賭棋山莊詞話》卷一一：即婦人女子，誼篤所天，論其常，魏夫人之《菩薩蠻》，紫竺之《生查子》，孫氏之《憶秦娥》，易彥祥妻之《一翦梅》，章文虎妻之《臨江仙》，深得《國風卷耳》之遺。

又〔一〕

東風已綠瀛洲草〔二〕。畫樓簾捲清霜曉〔三〕。清絕比湖梅〔四〕。花開未滿枝。長天音信斷。又見南歸雁〔五〕。何處是離愁。長安明月樓〔六〕。

【校記】

〔一〕曹批「明鈔本此二闋在《減字木蘭花》『落花飛絮』詞下，《點絳唇》之上，竹垞傳鈔本同」，四庫本同明鈔本、竹垞傳鈔本。〔二〕綠：四庫本、叢刊本作「緑」。瀛：四庫本、叢刊本作「瀛」。〔三〕畫：叢刊本作「画」。樓：叢刊本作「楼」。〔四〕比：四庫本作「北」。〔五〕歸：叢刊本作「帰」。雁：叢刊本作「鴈」。〔六〕樓：叢刊本作「楼」。

又

紅樓斜倚連溪曲〔一〕。樓前溪水凝寒玉〔二〕。蕩颺木蘭船。船中人少年。荷花嬌欲語。笑入鴛鴦浦〔三〕。波上暝煙低〔四〕。菱歌月下歸〔五〕。

【校記】

〔一〕〔二〕樓：叢刊本作「楼」。〔三〕笑：叢刊本作「咲」。〔四〕煙：四庫本、叢刊本作「烟」。〔五〕歸：叢刊本作「帰」。

定風波〔一〕

不是無心惜落花。落花無意戀春華〔二〕。昨日盈盈枝上笑〔三〕。誰道。今朝吹去落誰家。把酒臨風千種恨。難問。夢回雲散見無涯〔四〕。妙舞清歌誰是主。回顧〔五〕。高城不見夕陽斜〔六〕。

【校記】

〔一〕曹批「明鈔本原次《減字木蘭花》『西樓明月』詞後，接《菩薩蠻》《定風波》《減字木蘭花》《菩薩蠻》《點絳唇》《武陵春》，秦刻依調合併，未免失次。爲記於此。」又批「竹垞傳鈔本次第與明鈔本悉同。」〔二〕戀：叢刊本作「恋」。〔三〕笑：叢刊本作「咲」。〔四〕〔五〕回：叢刊本作「回」。〔六〕高：叢刊本作「髙」。

點絳唇

波上清風，畫船明月人歸後〔一〕。漸銷殘酒。獨自凭闌久。　聚散匆匆，此恨年年有。重回首〔二〕。淡煙疎柳〔三〕。隱隱蕪城漏。

【校記】

〔一〕畫：叢刊本作「画」。船：叢刊本作「舡」。歸：叢刊本作「帰」。〔二〕回：叢刊本作「回」。〔三〕煙：四庫本、叢刊本作「烟」。

武陵春

小院無人簾半捲，獨自倚欄時〔一〕。寬盡春來金縷衣〔二〕。憔悴有誰知〔三〕。

玉人近日書來少，應是怨來遲。夢裏長安早晚歸〔四〕。和淚立斜暉〔五〕。

【校記】

〔一〕欄：竹垞傳鈔本作「闌」。〔二〕來：叢刊本作「来」。縷：叢刊本作「縷」。〔三〕悴：叢刊本作「悴」。〔四〕裏：叢刊本作「裡」。歸：叢刊本作「歸」。〔五〕淚：叢刊本作「泪」。

李易安

李清照，字易安。濟南人。李格非之女，趙明誠之室。有《漱玉詞》一卷。

【輯評】

王灼《碧雞漫志》卷第二：易安居士，京東路提刑李格非文叔之女，建康守趙明誠德甫之妻，自少年便有詩名，才力華贍，逼近前輩，在士大夫中以不多得，若本朝婦人，當推詞采第一。趙死後再嫁某氏，訟而離之，晚节流蕩無歸。作長短句能曲折盡人意，清巧尖新，姿態百出，閭巷荒淫之語，肆意落筆，自古搢紳之家能文婦女，未見如此無顧籍也。

周煇《清波雜志》：頃見易安族人言明誠在建康日，易安每值天大雪，即頂笠披蓑，循城遠覽，以尋詩得句，必邀其夫賡和，明誠每苦之也。

楊慎《詞品》卷之二：宋人中填詞，李易安亦稱冠絶。使在衣冠，當與秦七、黄九争雄，不獨雄於閨閣也。其詞名《漱玉集》，尋之未得。《聲聲慢》一詞，最爲婉妙。其詞云：「尋尋覓覓，冷冷清清，凄凄慘慘戚戚。乍暖還寒時候，最難將息。三杯兩盞淡酒，怎敵他、晚來風急。鴈過也，正傷心，卻是舊時相識。　滿地黄花堆積。憔悴損，如今有誰堪摘。守著窗兒，獨自怎生得黑。梧桐更兼細雨，到黄昏，點點滴滴。這次第，怎一箇愁字了得。」荃翁張端義《貴耳集》云：此詞首下十四箇疊字，乃公孫大娘舞劍手。本朝非無能詞之士，未曾有下十四箇疊字者。乃用《文選》諸賦格。「守著窗兒，獨自怎生得黑。」此「黑」字不許第二人押。又「梧桐更兼細雨，到黄昏點點滴滴」，四疊字又無斧痕，婦人中有此，殆間氣也。晚年自南渡後，懷京洛舊事，賦元宵《永遇樂》詞云：「落日鎔金，暮雲合璧。」已自工緻。至於「染柳煙輕，吹梅笛怨，春意知幾許」，氣象更好。後疊云：「於今憔悴，風鬟霜鬢，怕見夜間出去。」皆以尋常言語，度入音律。鍊句精巧則易，平淡入妙者難。山谷所謂以故爲新，以俗爲雅者，易安先得之矣。

劉體仁《七頌堂詞繹》：柳七最尖穎，時有俳狎，故子瞻以是呵少游。若山谷亦不免，如我不和太擱就類，下此則蒜酪體也。惟易安居士「最難將息，怎一個愁字了得」，深妙穩雅，不落蒜酪，亦不落絶句，真此道本色當行第一人也。

沈謙《填詞雜説》：男中李後主，女中李易安，極是當行本色。

王士禎《花草蒙拾》：張南湖論詞派有二：一曰婉約，一曰豪放。僕謂婉約以易安爲宗，豪放惟幼安稱首，皆吾濟南人，難乎爲繼矣。

永瑢等《四庫全書總目》卷一九八《詞曲類》一：清照以一婦人而詞格乃抗衡周、柳，雖篇帙無多，固不能不實而存之，爲詞家一大宗矣。

沈雄《古今詞話·詞評》上卷：李别號易安居士，適趙明誠。明誠在太學，朔望出質衣，取半千錢市碑文菓實歸，相對玩味吟和過日。李有《漱玉集》。《詞話》上卷引朱晦庵：本朝婦人能詞者，惟李易安、魏夫人二人而已。黄玉林曰：李易安、魏夫人，使在衣冠之列，當與秦七、黄九争雄，不徒擅名閨閣也。

李調元《雨村詞話》卷三：易安在宋諸媛中，自卓然一家，不在秦七、黄九之下。詞無一首不工，其鍊處可奪夢窗之席，其麗處直參片玉之班，蓋不徒俯視巾幗，直欲壓倒鬚眉。

田同之《西圃詞説》：詞中本色語，如李易安「眼波才動被人猜」，蕭淑蘭「去也不教知，怕人留戀伊」，孫光憲「留不得、留得也應無益」，嚴次山「一春不忍上高樓，爲怕見分攜處」，觀此種句，即可悟詞中之真色生香。且「怕人留戀伊」，「爲怕見分攜處」，兩「怕」字用來妙不可言，若用一「恐」字，亦未嘗説不去，然毫釐差，則千里謬矣。蓋詞中雅俗字，原可互相勝負，非文理不背，即可通用，此僅可爲解人道也。

周濟《介存齋論詞雜著》：閨秀詞惟清照最優，究苦無骨。

李佳《左庵詞話》：李易安《漱玉詞》，匪特閨閣無此清才，即求之詞家能手亦罕。《聲聲慢》云：「尋尋覓覓，冷冷清清，凄凄慘慘戚戚。乍暖還寒時候，最難將息。三杯兩盞淡酒，怎敵他、晚來風急。雁過也，正傷心，却是舊時相識。　滿地黄花堆積。憔悴損、如今有誰堪摘。守著窗兒，獨自怎生得黑。梧桐更兼細雨，到黄昏、點點滴滴。這次第，怎一個愁字了得。」連用十餘迭字，此格爲清照所創，難得妥帖，毫不牽强。

沈曾植《菌閣瑣談》：易安跌宕昭彰，氣度極類少游，刻摯且兼山谷，篇章惜少，不過窺豹一斑。閨房之秀，故文士之豪也。才鋒大露，被謗殆亦因此。自明以來，墮情者醉其芬馨，飛想者賞其神駿，易安有靈，後者當許爲知己。漁洋稱易安、幼安爲濟南二安，難乎爲繼，易安爲婉約主，幼安爲豪放主，此論非明代諸公所及。

陳廷焯《詞壇叢話》：李易安詞，風神氣格，冠絶一時，直欲與白石老仙相鼓吹。婦人能詞者，代有其人，未有如易安之空絶前後者。宋婦人能詩詞者不少，易安爲冠，次則朱淑真，次則魏夫人也。

陳廷焯《白雨齋詞話》卷二：李易安詞，獨闢門徑，居然可觀。其源自從淮海、大晟來，而鑄語則多生造。婦人有此，可謂奇矣。朱晦庵謂宋代婦人能文者，惟魏夫人及李易安二人而已。魏夫人詞筆頗有操邁處，雖非易安之敵，然亦未易才也。卷五：閨秀工爲詞者，前則李易安，後則徐湘蘋。明末葉小鸞，較勝於朱淑真，可爲李、徐之亞。卷六：兩宋詞家各有獨至處，流派雖分，本原則一。惟方外之葛長庚，閨中之李易安，别于周、秦、姜、史、蘇、辛外，獨樹一幟。而亦無害其爲佳，可謂難矣。然畢竟不及諸賢之深厚，終是托根淺也。葛長庚詞，脱盡方外氣。李易安詞，却未能脱盡閨閣氣。然以兩家較之，仍是易安爲勝。

張德瀛《詞徵》卷六：男中李後主，女中李易安，極是當行出色，前此太白，故稱詞家三李，此沈去矜説也。

南歌子

天上星河轉，人間簾幕垂。凉生枕簟淚痕滋〔一〕。起解羅衣、聊問夜何其。

翠貼蓮蓬小，金銷藕葉稀。舊時天氣舊時衣。只有情懷、不似舊家時。

【校記】

〔一〕淚：叢刊本作「泪」。

轉調滿庭芳

芳草池塘〔一〕，綠陰庭院〔二〕，晚晴寒透窗紗〔三〕。誰開金鏁〔四〕，管是客來唦。寂寞樽前席上，惟□□海角天涯〔五〕。能畱否〔六〕，酴醾落盡，猶賴有殘葩〔七〕。當年曾勝賞，生香薰袖，活火分茶，儘如龍嬌馬〔八〕，流水輕車。不怕風狂雨驟。恰才稱煮酒殘花〔九〕。如今也不成懷抱，得似舊時那。

【校記】

〔一〕草：叢刊本作「艸」。〔二〕綠：四庫本、叢刊本作「緑」。〔三〕窗：四庫本作「牕」，叢刊本作「窓」。〔四〕誰開：叢刊本空兩字，竹坨傳鈔本、秦刻本作「□□」，據四庫本補。鏁：四庫本作「鎻」，叢刊本作「𨰲」。〔五〕惟□□：叢刊本「惟」下空一字，竹坨傳鈔本作「惟□□」，四庫本作「春歸去」。〔六〕畱：四庫本、叢刊本作「留」。〔七〕殘葩：叢刊本空兩字，竹坨傳鈔本、秦刻本作「□□」，據四庫本補。〔八〕儘如：竹坨傳鈔本、秦刻本作「□□」，叢刊本空兩字，據四庫本補。嬌：四庫本作「驕」，叢刊本似改作「驕」。〔九〕殘：四庫本作「看」。

漁家傲

天接雲濤連曉霧。星河欲轉千帆舞。髣髴夢魂歸帝所〔一〕。聞天語。殷勤問我歸何處〔二〕。我報路長嗟日暮。學詩謾有驚人句。九萬里風鵬正舉。風休住。蓬舟吹取三山去。

【校記】

〔一〕髣髴：四庫本作「彷彿」。夢：叢刊本作「夣」。歸：叢刊本作「歸」。〔二〕殷勤：四庫本作「慇懃」。歸：叢刊本作「歸」。

【輯評】

梁啓超《飲冰室評詞》：（天接雲濤連曉霧）此絶似蘇辛派，不類《漱玉集》中語。

如夢令

常記溪亭日暮。沉醉不知歸路〔一〕。興盡晚回舟〔二〕，誤入藕花深處。爭渡。爭渡。驚起一灘鷗鷺。

【校記】

〔一〕沉：四庫本作「沈」。　醉：叢刊本作「醉」。　歸：叢刊本作「歸」。　〔二〕回：叢刊本作「囬」。

又

昨夜雨疎風驟。濃睡不消殘酒。試問捲簾人，卻道海棠依舊〔一〕。知否。知否。應是綠肥紅瘦〔二〕。

【校記】

〔一〕卻：四庫本、叢刊本作「却」。　〔二〕綠：四庫本、叢刊本作「緑」。

【輯評】

胡仔《苕溪漁隱叢話》前集卷一六：近時婦人能文詞如李易安，頗多佳句。小詞云：「緑肥紅瘦」此語甚新。

蔣一葵《堯山堂外紀》卷五四：李易安又有《如夢令》云……當時文士莫不擊節稱賞，未有能道之者。

王奕清等《歷代詞話》卷六引黄昇：前輩稱易安「緑肥紅瘦」爲佳句，余謂「寵柳嬌花」語亦甚奇俊，前此未有能道之者。

李佳《左庵詞話》：「試問捲簾人，却道海棠依舊。知否。知否。應是緑肥紅瘦。」語意清新，的是詞家吐屬。

黄蘇《蓼園詞評》引沈際飛：「知否」二字，疊得可味。「緑肥紅瘦」，創獲自婦人，大奇。按一問極有情，答以「依舊」，答得極澹，跌出「知否」二句來。而「緑肥紅瘦」，無限凄婉，却又妙在含蓄。短幅中藏無數曲折，自是聖於詞者。

陳廷焯《白雨齋詞話》卷六：詞人好做精艷語。李易安之「緑肥紅瘦」「寵柳嬌花」等類。造句雖工，然非大雅。

況周頤《玉棲述雅》：「昨夜雨疏風驟。濃睡不消殘酒。試問捲簾人，却道海棠依舊。」晁次膺《清平樂》：「莫把珠簾垂下，妨他雙燕歸來。」并膾炙人口之句。

多麗 詠白菊

小樓寒〔一〕，夜長簾幕低垂。恨蕭蕭、無情風雨〔二〕，夜來揉損瓊肌〔三〕。也不似、貴妃醉臉〔四〕，也不似、孫壽愁眉。韓令偷香，徐娘傅粉，莫將比擬未新奇。細看取、屈平陶令，風韻正相宜。微風起〔五〕，清芬醞藉，不減酴醾。

漸秋闌、雪清玉瘦，向人無限依依。似愁凝、漢臯解佩〔六〕，似淚灑、紈扇題詩〔七〕。朗月清風，濃煙暗雨〔八〕，天教憔悴度芳姿〔九〕。縱愛惜、不知從此，留得幾多時〔一〇〕。人情好，何須更憶，澤畔東籬。

【校記】

〔一〕樓：叢刊本作「楼」。　〔二〕恨：叢刊本作「葉」，鮑校作「恨」。　〔三〕來：叢刊本作「来」。　〔四〕醉：叢刊本作「酔」。　〔五〕微：叢刊本作「酸」，鮑校作「微」。　〔六〕解：叢刊本作「鮮」。　〔七〕淚：叢刊本作「泪」。　〔八〕煙：四庫本、叢刊本作「烟」。　〔九〕悴：叢刊本作「悴」。　〔一〇〕留：四庫本、叢刊本作「留」。

揉、瓊：叢刊本作「採」「瑤」，鮑校作「揉」「瓊」。

菩薩蠻〔一〕

風柔日薄春猶早〔二〕。夾衫乍著心情好〔三〕。睡起覺微寒。梅花鬢上殘。

故鄉何處是。忘了除非醉〔四〕。沉水卧時燒。香消酒未消。

【校記】

〔一〕蠻：叢刊本作「蛮」。　〔二〕薄：四庫本作「暮」。　〔三〕著：叢刊本作「着」。

〔四〕醉：叢刊本作「酔」。

又

歸鴻聲斷殘雲碧〔一〕。背窗雪落爐煙直〔二〕。燭底鳳釵明。釵頭人勝輕。　角聲催曉漏。銀漢回牛斗〔三〕。春意看花難。西風留舊寒〔四〕。

【校記】

〔一〕歸：叢刊本作「歸」。〔二〕窗：四庫本作「牕」，叢刊本作「窓」。爐：叢刊本作「炉」。煙：四庫本、叢刊本作「烟」。〔三〕銀漢：叢刊本空兩字，竹垞傳鈔本、秦刻本作「□□」，據四庫本補。回：叢刊本作「囬」。〔四〕留：叢刊本作「留」。

浣溪沙

莫許盃深琥珀濃〔一〕。未成沉醉意先融〔二〕。輕寒已應晚來風〔三〕。　瑞腦香消魂夢斷，碎寒金小髻鬟鬆〔四〕。醒時空對燭花紅〔五〕。

【校記】

〔一〕許：四庫本作「訝」。琥：叢刊本作「瑦」。〔二〕沉：四庫本作「沈」。醉：叢刊本作「醉」。〔三〕輕寒：叢刊本空兩字，竹垞傳鈔本、秦刻本作「□□」，據四庫本補。

來：叢刊本作「来」。〔四〕碎：曹批「『碎』恐『辟』字之誤，明鈔本正作『辟』。竹坨傳鈔本『辟』作『碎』」；叢刊本作「砕」。〔五〕燭：竹坨傳鈔本、四庫本、叢刊本作「菊」，曹批「明鈔本『菊』作『燭』」。

又

小院閑窗春色深〔一〕。重簾未捲影沉沉〔二〕。倚樓無語理瑤琴。　遠岫出山催薄暮〔三〕，細風吹雨弄輕陰〔四〕。梨花欲謝恐難禁。

【校記】

〔一〕閑：四庫本作「閒」。窗：四庫本作「牕」，叢刊本作「窓」。〔二〕沉沉：竹坨傳鈔本作「沉□」，四庫本作「沈沈」。〔三〕山：竹坨傳鈔本作「雲」，曹批「明鈔本『雲』作『山』」。〔四〕弄：叢刊本作「美」。

又

淡蕩春光寒食天。玉爐沉水裊殘煙〔一〕。夢回山枕隱花鈿〔二〕。　海燕未來人鬭草〔三〕，江梅已過柳生綿。黃昏疏雨濕秋千。

【校記】

〔一〕爐：叢刊本作「炉」。沉：四庫本作「沈」。煙：四庫本、叢刊本作「烟」。〔二〕回：四庫本作「迴」，叢刊本作「囬」。〔三〕來：叢刊本作「来」。鬭：叢刊本作「鬪」。

鳳凰臺上憶吹簫

香冷金猊，被翻紅浪，起來人未梳頭〔一〕。任寶奩閒掩〔二〕，日上簾鈎〔三〕。生怕閒愁暗恨〔四〕，多少事、欲說還休。今年瘦〔五〕，非干病酒〔六〕，不是悲秋。明朝〔七〕，這回去也〔八〕，千萬遍陽關〔九〕，也即難留〔一〇〕。念武陵春晚〔一一〕，雲鎖重樓。記取樓前綠水〔一二〕，應念我、終日凝眸。凝眸處，從今更數〔一三〕，幾段新愁。

【校記】

〔一〕人未：秦刻本注「别本作『慵自』」，叢刊本鮑校作「慵自」。〔二〕寶：叢刊本作「宝」。〔三〕鈎：四庫本作「鉤」。〔四〕叢刊本鮑校作「生怕見花開花謝」。閒：明鈔本作「閑」，曹批「竹垞傳鈔本亦並作『閑』」。〔五〕叢刊本鮑校「年」「瘦」間加「来」字。〔六〕叢刊本鮑校補「酒」。〔七〕明朝：秦刻本注「别本作『休休』」。〔八〕回：叢刊本作「囬」。〔九〕關：叢刊本作「関」。〔一〇〕留：叢刊本作「留」。〔一一〕晚：叢刊本鮑校作「曉」。〔一二〕綠：四庫本作「緑」；叢刊本作「緑」，鮑校作「流」。〔一三〕更數：叢刊本鮑校作「又添」。秦刻本注「别本作『更添一段』」。四庫本「數」作「添」。

【輯評】

楊慎《詞品》：「欲説還休」與「怕傷郎又還休道」同意。

李攀龍《草堂詩餘雋》評語：寫其一腔臨别心神，新瘦新愁，真如秦女樓頭，聲聲有和鳴之奏。

沈際飛《草堂詩餘正集》：懶説出妙。瘦爲甚的？千萬遍痛甚？又云：清風朗月，陡化爲楚雨巫雲；阿閣洞房，立變爲離亭别墅，至文也。

王又華《古今詞論》引張祖望詞論：詞雖小道，第一要辨雅俗，結構天成。而中有艷語、雋語、奇語……惟有樓前流水，如巧匠運斤，毫無痕迹，方爲妙手。「應念我、終日凝眸」癡語也。

陳廷焯《雲謠集》卷一〇：「新來瘦」三語，婉轉曲折，煞是妙絶。筆致絶佳，餘韻尤勝。

一翦梅〔一〕

紅藕香殘玉簟秋。輕解羅裳〔二〕，獨上蘭舟。雲中誰寄錦書來〔三〕，雁字回時〔四〕，月滿西樓〔五〕。　花自飄零水自流。一種相思，兩處閑愁〔六〕。此情無計可消除，纔下眉頭〔七〕，卻上心頭〔八〕。

【校記】

〔一〕翦：四庫本、叢刊本作「剪」。〔二〕解：叢刊本作「鮮」。〔三〕來：叢刊本作「来」。〔四〕回：叢刊本作「囬」。〔五〕西：秦刻本注「一本無『西』字」，曹批「明鈔本無『西』字」。樓：叢刊本作「楼」。〔六〕閑：曹批「明鈔本無『閑』字」，四庫本作「閒」。〔七〕曹批「竹垞傳鈔本『西』字、『閑』字皆有之，惟『纔』亦作『才』」，四庫本作「才」。〔八〕卻：四庫本、叢刊本作「却」。

【輯評】

伊士珍《瑯嬛記》卷中：趙明誠、易安結縭未久，明誠即負笈遠游。易安殊不忍别，覓錦帕，書《一剪梅》詞以送之。

王士禎《花草蒙拾》：俞仲茅小詞「輪到相思没處辭。眉間露一絲。」視易安「纔下眉頭，却上心頭」，可謂此兒善盜。然易安亦從范希文「都來此事，眉間心事，無計相回避」語脱胎。李特工耳。易安「纔下眉頭，却上心頭」，可謂憔悴支離矣。

沈雄《古今詞話·詞辯》下卷引周永年：《一剪梅》，惟易安作爲善。劉後村換頭亦用平字，於調未叶。若「雲中誰寄錦書來」，與「此情無計可消除」，「來」字、「除」字不必用韻，似俱出韻。但「雁字回時，月滿樓」，「樓」字上失一「西」字。劉青田「雁短人遥可奈何」，樓上似不必增「西」

字。今南曲止以前段作引子，詞家復就單調別名剪半，將法曲之被管絃者，漸不可詰矣。

葉申薌《本事詞》卷上：趙明誠德甫幼時，其父挺之將爲擇婦。偶晝寢，夢誦一書，覺來惟記三句云：「言與司合，安上已脱，芝芙草拔。」以告其父，乃爲之解曰：「汝殆得能詞之婦耳。言與司合是『詞』字，安上已脱是『女』字，芝芙草拔是『之夫』二字，非謂汝爲詞女之夫乎。」迨後李格非以女妻之，即易安也。果有文章。結褵未久，趙即負笈遠游，易安殊不忍別，乃覓錦帕書《一剪梅》以贈別。

陳廷焯《白雨齋詞話》卷二：易安佳句，如《一剪梅》起七字云：「紅藕香殘玉簟秋。」精秀特絶，真不食人間煙火者。

蝶戀花〔一〕

淚濕羅衣脂粉滿〔二〕。四疊陽關〔三〕，唱到千千遍。人道山長山又斷。蕭蕭微雨聞孤館。　惜別傷離方寸亂〔四〕。忘了臨行，酒盞深和淺。好把音書憑過鴈〔五〕。東萊不似蓬萊遠〔六〕。

【校記】

〔一〕曹批「明鈔本此詞上半闋接《訴衷情》，下半闋在《鷓鴣天》之上。此詞下半闋及『暖雨晴風』一闋在《醉花陰》之上」。戀：叢刊本作「恋」。〔二〕濕：叢刊本作「湿」。〔三〕疊：

四庫本作「疊」，叢刊本作「叠」。關：叢刊本作「関」。〔四〕亂：叢刊本作「乱」。〔五〕憑：四庫本作「凭」。鴈：四庫本作「雁」。〔六〕東萊：四庫本作「東來」。

又

暝雨晴風初破凍〔一〕。柳眼梅腮，已覺春心動〔二〕。酒意詩情誰與共。淚融殘粉花鈿重〔三〕。乍試夾衫金縷縫。山枕斜欹，枕損釵頭鳳。獨抱濃愁無好夢。夜闌猶翦燈花弄〔四〕。

【校記】

〔一〕暝：四庫本作「暖」。雨晴：曹批「明鈔本『晴』作『清』」，四庫本作「雨清」，叢刊本作「日晴」，鮑校作「雨和」。〔二〕心：叢刊本鮑校作「風」。〔三〕淚：叢刊本作「泪」。〔四〕翦：四庫本、叢刊本作「剪」。

【輯評】

王又華《古今詞論》引賀黄公詞論：寫景之工者，如尹鶚「盡日醉尋春，歸來月滿身」，李重光「酒惡時拈花蕊嗅」，李易安「獨抱濃愁無好夢，夜闌猶剪燈花弄」，劉潛夫「貪與蕭郎眉語，不知舞錯伊州」，皆入神之句。

鷓鴣天

寒日蕭蕭上鎖窗〔一〕。梧桐應恨夜來霜〔二〕。酒闌更喜團茶苦，夢斷偏宜瑞腦香。　秋已盡，日猶長。仲宣懷遠更凄涼〔三〕。不如隨分尊前醉〔四〕，莫負東籬菊蕊黄〔五〕。

【校記】

〔一〕鎖：四庫本作「鎻」。窗：四庫本作「牕」，叢刊本作「窓」。〔二〕來：叢刊本作「来」。〔三〕凄：四庫本作「悽」。〔四〕隨：叢刊本作「随」。尊：四庫本作「樽」。醉：叢刊本作「酔」。〔五〕蕊：四庫本作「蘂」。

小重山

春到長門春草青〔一〕。江梅些子破〔二〕，未開勻。碧雲籠碾玉成塵〔三〕。留曉夢〔四〕，驚破一甌春〔五〕。　花影壓重門。疎簾鋪淡月，好黄昏。二年三度負東君。歸來也〔六〕，著意過今春〔七〕。

【校記】

〔一〕草：叢刊本作「艸」。　〔二〕江：四庫本作「紅」。　〔三〕籠：明鈔本、四庫本、叢刊本作「龍」，曹批「竹坨傳鈔本『籠』亦作『龍』」。　〔四〕留：叢刊本作「留」。　曉：竹坨傳鈔本、四庫本作「晚」，曹批「明鈔本亦作『晚』」。　〔五〕甌春：叢刊本鮑校作「溪雲」。　〔六〕歸來：叢刊本作「歸来」。　〔七〕著：叢刊本作「着」。

怨王孫

湖上風來波浩渺。秋已暮，紅稀香少〔一〕。水光山色與人親，說不盡、無窮好。蓮子已成荷葉老。清露洗、蘋花汀草。眠沙鷗鷺不回頭〔二〕，似也恨、人歸早〔三〕。

【校記】

〔一〕香：秦刻本等均無。據《花草粹編》補。　〔二〕回：叢刊本作「囬」。　〔三〕歸：叢刊本作「歸」。

臨江仙〔一〕

庭院深深深幾許〔二〕，雲窗霧閣常扃〔三〕。柳梢梅萼漸分明。春歸秣陵樹〔四〕，人客建安城〔五〕。感月吟風多少事，如今老去無成〔六〕。誰憐憔悴更彫零〔七〕。試燈無意思，踏雪沒心情。

【校記】

〔一〕四庫本《怨王孫》接《醉花陰》，此詞在最後。〔二〕後「深」：曹批「竹垞傳鈔本脱『深』字」；叢刊本亦脱，校補。〔三〕窗：四庫本作「牕」，叢刊本作「窓」。〔四〕歸：叢刊本作「歸」。〔五〕建：叢刊本作「遠」。〔六〕如：四庫本作「於」。〔七〕悴：叢刊本作「忰」。

【輯評】

李清照《臨江仙并序》：歐陽公作《蝶戀花》有「深深深幾許」之句，予酷愛之。用其語作「庭院深深」數闋，其聲即舊《臨江仙》也。

醉花陰〔一〕

薄霧濃雲愁永晝〔二〕。瑞腦銷金獸。佳節又重陽〔三〕，玉枕紗厨〔四〕，半夜凉初透〔五〕。　東籬把酒黄昏後。有暗香盈袖。莫道不銷魂〔六〕，簾捲西風，人似黄花瘦。

【校記】

〔一〕醉：叢刊本作「醉」。〔二〕霧：竹垞傳鈔本作「雨」。〔三〕佳：明鈔本、四庫本作「時」，曹批「竹垞傳鈔本『佳』亦作『時』」。〔四〕厨：四庫本作「幮」。〔五〕凉：竹垞傳鈔本、四庫本作「秋」，曹批「明鈔本亦作『秋』」。〔六〕魂：四庫本作「䰟」。

【輯評】

胡仔《苕溪漁隱叢話》卷六〇：「簾捲西風，人比黄花瘦」，此語亦婦人所難到也。

伊士珍《瑯嬛記》卷中：易安以重陽《醉花陰》詞函致明誠。明誠歎賞，自愧弗逮，務欲勝之，一切謝客，忘食忘寢者三日也，得五十闋，雜易安作以示友人陸德夫。德夫玩之再三曰：「只三句絶佳。」明誠詰之，答曰：「莫道不銷魂，簾捲西風，人似黄花瘦。」政易安作也。

柴虎臣《古今詞論》：語情則紅雨飛愁，黄花比瘦，可謂雅暢。

葉申薌《本事詞》卷上：李易安以重陽《醉花陰》詞寄德甫……德甫得詞，思欲勝之。廢寢食者三日，得詞五十闋，雜易安作，以示陸德夫。陸吟玩良久曰：「只『莫道不銷魂』三句最佳，餘不及也。」

李佳《左庵詞話》：「莫道不銷魂，簾捲西風，人似黄花瘦。」語意清新，的是詞家吐屬。

陳廷焯《白雨齋詞話》：深情苦調，元人詞曲往往宗之。

王闓運《湘倚樓詞評》詞選前編：此語若非出女子自寫照，則無意致。「比」字各本皆作「似」，類書引反不誤。

好事近

風定落花深，簾外擁紅堆雪。長記海棠開後，正是傷春時節。　酒闌歌罷玉樽空，青缸暗明滅〔一〕。魂夢不堪幽怨，更一聲啼鴂。

【校記】

〔一〕缸：四庫本、叢刊本作「紅」。

訴衷情〔一〕

夜來沉醉卸粧遲〔二〕。梅萼插殘枝。酒醒熏破，惜春夢遠〔三〕，又不成歸〔四〕。

人悄悄，月依依。翠簾垂。更挼殘蘂，更撚餘香，更得些時。〔五〕

【校記】

〔一〕秦刻本注「案《訴衷情》有單調，有雙調，此詞名《訴衷情令》，一名《漁父家風》。張元幹、嚴仁皆同」。〔二〕來：叢刊本作「来」。沉：四庫本作「沈」。醉：叢刊本作「醉」。

〔三〕惜：四庫本無「惜」字，曹批「竹垞傳鈔本無『惜』字」。〔四〕歸：叢刊本作「歸」。

〔五〕秦刻本詞後注「案《訴衷情》有單調，有雙調，皆與此詞不同。惟《訴衷情令》相合，但前段第三句六字，第四句五字，此詞前段五句，下三句皆作四字一句，較譜多一字。或傳寫誤增，或當時本有此體，然宋人皆無此填者。附注俟考」。曹批「明鈔本此詞上半闋『夜來』至『熏破』接《臨江仙》『庭院深深』詞，在《行香子》之上，『春夢遠』至『些時』接《蝶戀花》『淚濕羅衣』詞，上半闋在《鷓鴣天》之上。可見『熏破』之下，『春夢』之上，其間無『惜』字，此『惜』字乃《蝶戀花》『惜別傷離』之『惜』，誤衍於此。去此『惜』字，則與各調皆合矣」。

行香子〔一〕

草際鳴蛩。驚落梧桐。正人間天上愁濃。雲階月地〔二〕，關鎖千重〔三〕。縱浮槎來〔四〕，浮槎去，不相逢。　星橋鵲駕〔五〕，經年纔見，想離情別恨難窮。

牽牛織女，莫是離中。甚霎兒晴，霎兒雨，霎兒風〔六〕。

【校記】

〔一〕四庫本無此詞。　曹批「又案明鈔本原次《蝶戀花》下爲《醉花陰》《好事近》《訴衷情》。《訴衷情》下爲《鷓鴣天》《小重山》《怨王孫》《臨江仙》。《臨江仙》下爲《行香子》，傳寫雖誤，尚可推求而得，秦刻未免失之」。　又批「竹垞傳鈔本《蝶戀花》『淚濕羅衣』詞後空一行，始接《訴衷情》《鷓鴣天》《小重山》《怨王孫》，《怨王孫》後書《臨江仙》三字，再空四行接《蝶戀花》『暖雨清風』詞及《醉花陰》《好事近》，《好事近》後書《訴衷情》三字，其詞爲《臨江仙》『庭院深』二闋而無《行香子》詞」。　〔二〕地：叢刊本作「色」。　〔三〕闕：叢刊本作「関。」

〔四〕來：叢刊本作「来」。　〔五〕鵲：叢刊本作「鶴」。　〔六〕兒：叢刊本作「児」。

《樂府雅詞》卷下終〔一〕

【校記】

〔一〕叢刊本無。　終：四庫本無。

《樂府雅詞》跋

一、朱彝尊跋

吳興陳伯玉《書錄解題》載曾端伯所編《樂府雅詞》十二卷、拾遺二卷。予從藏書家偏訪之，未獲也。既而抄自上元焦氏，則僅上中下三卷及拾遺二卷而已。繹其自序，稱三十有四家，合三卷，詞人止有此數，信爲足本無疑。卷首冠以《調笑絶句》，云是九重傳出，此大晟樂之遺音矣。《轉踏》之義，《碧雞漫志》所未詳。《九張機》詞，僅見于此，而《高麗史·樂志》：「文宗二十七年十一月，教坊女弟子楚英奏新傳《九張機》，用弟子十人。」則其節度猶具，所謂禮失而求諸野也。《道宮薄媚·西子詞》，排偏之後，有入破、虚催、衮偏、催拍、歇拍、煞衮，其音義不傳。拾遺則以調編次第。曩見雞澤殷伯巖、曲周王湛求、永年申和孟隨叔言：作長短句必曰《雅詞》，蓋詞以雅爲尚。得是編，《草堂詩餘》可廢矣。秀水朱彝尊。

二、秦恩復跋

宋曾慥，字端伯，自號至游子。溫陵人。丞相懷之從兄。官至太府卿。奉祠退居銀峰，多所撰述。有《類説》六十卷，《道樞》二十卷，《集仙傳》十二卷，《宋百家詩選》一百卷，《樂府雅詞》三卷、拾遺二卷。存於今者，惟《類説》及《雅詞》而已。《雅詞》卷數與《直齋書録解題》合。竹垞老人誤以《文獻通考》爲《解題》，作十二卷，其實非也。三卷計三十有四家，去取之意未爲定論。《拾遺》所收並及李後主、毛祕監之作，則又不止於宋人矣。惟卷首載《轉踏調笑》《九張機》《道宮薄媚》諸詞，爲他選所未及。而南宋以後詞人，藉此書十存其五六。即藏書家亦罕著録，傳寫既久，舛謬滋甚，原本書字不書名，畧爲注明，以資尋覽。《拾遺》内如張耒《滿庭芳》，後段起句之添字，且用短韻；沈唐《霜葉飛》，句讀與各家不同；俞秀老《阮郎歸》之減字；無名氏《瀟湘靜》後段起句之不押韻；無名氏《卓牌兒》前後段之減字少押韻；無名氏《燕歸梁》與各家句讀不同，皆詞家所當參攷者也。刻成爲質其疑義如此。嘉慶丙子，夏四月小滿後二日，小淮海居士秦恩復跋。

《樂府雅詞》拾遺上〔一〕

【校記】

〔一〕曹批「明鈔本作『《雅詞》拾遺上』，竹垞傳鈔本則有『樂府』二字，秦刻據之」。四庫本作「樂府雅詞拾遺卷上」，下署「宋曾慥編」。

聲聲慢〔一〕　春

宮梅粉淡，岸柳金勻，皇州乍慶春迴。鳳闕端門，棚山彩建蓬萊〔二〕。沉沉洞天向晚，寶輿還、花滿鈞臺〔三〕。輕煙裏〔四〕，算誰將金蓮〔五〕，陸地齊開。觸處笙歌鼎沸，香韉趂雕輪，隱隱輕雷。萬家簾幕，千步錦繡相挨。銀蟾皓月如晝〔六〕，共乘歡、爭忍歸來〔七〕。疎鐘斷〔八〕，聽行歌猶在禁街。

【校記】

〔一〕秦刻本注「《聲聲慢》二調、《念奴嬌》一調，皆宋徽宗作」。　〔二〕棚：秦刻本注「一作『竈』」。〔三〕臺：叢刊本作「臺」。〔四〕煙：四庫本、叢刊本作「烟」。裏：叢刊本作「裡」。〔五〕算：叢刊本作「筭」。〔六〕皓月：秦刻本注「一作『夜色』」。〔七〕歸：明鈔本、叢刊本、四庫本作「慵」，曹批「竹垞傳鈔本亦作『慵』」。來：叢刊本作「来」。〔八〕鐘：叢刊本鮑校補。

又　梅〔一〕

欺寒衝暝，占早爭春〔二〕，江梅已破南枝。向晚陰凝，偏宜映月臨池。天然瑩肌秀骨，笑等閒、桃李芳菲。勞夢想〔三〕，似玉人羞懶，弄粉粧遲〔四〕。長記行歌聲斷，猶堪恨無情，塞管頻吹。寄遠丁寧，折贈隴首相思。前村夜來雪裏〔五〕，殢東君、須索饒伊。爛熳也〔六〕，算百花猶自未知。

【校記】

〔一〕梅：曹批「明鈔本無『梅』字，竹垞傳鈔本同」。〔二〕春：秦刻本注「一作『先』」。〔三〕夢：叢刊本作「夣」。〔四〕弄：叢刊本作「弄」。〔五〕來：叢刊本作「来」。〔六〕熳：四庫本作「漫」。

念奴嬌

御製

雅懷素態，向閑中天與〔一〕，風流標格。綠鏁窗前湘簟展〔二〕，終日風清人寂。玉子聲乾，紋楸色靜，星點連還直〔三〕。跳凡日月，算應局上銷得〔四〕。全似落浦斜暉〔五〕，寒鴉游鷺，亂點沙汀磧〔六〕。妙算神機須信道，國手都無勍敵。玳席歡餘，芸堂香煖〔七〕，贏取專良夕〔八〕。桃源歸路，爛柯應笑凡客。

【校記】

〔一〕閑：四庫本、叢刊本作「閒」。〔二〕綠：四庫本、叢刊本作「緑」。鏁：四庫本作「瑣」。窗：四庫本、叢刊本作「窓」。〔三〕還：四庫本作「環」。〔四〕秦刻本注「『楸』字下原本缺十六字」，叢刊本亦空。曹批「明鈔本校云脱一行，計十六字。竹垞傳鈔本『揪』字旁注『下落十六字』」。〔五〕落：明鈔本、四庫本作「洛」，曹批「竹垞傳鈔本『落』亦作『洛』」。〔六〕磧：叢刊本作「漬」。〔七〕煖：四庫本、叢刊本作「暖」。〔八〕贏：叢刊本作「嬴」。

南歌子

席近渾如遠，簾高故放低〔一〕。偏它能畫鬪頭眉〔二〕。戴頂燒香鋪翠、小冠兒〔三〕。　酒伴殘粧在，花隨秀髩垂〔四〕。薄羅小扇寫新詩。解下雙雙羅帶、要重題〔五〕。

【校記】

〔一〕高：四庫本作「高」。〔二〕鬪：叢刊本作「鬭」。〔三〕兒：叢刊本作「児」。〔四〕隨：叢刊本作「随」。髩：四庫本作「鬢」。〔五〕解：四庫本、叢刊本作「觧」。雙：叢刊本作「隻」。

又

象戲紅牙局，琵琶綠錦條〔一〕。小窗方簟困香醪〔二〕。簾外拂簷宮柳、翠陰交。　煙媚鸎鸎近，風微燕燕高〔三〕。更將乳酪伴櫻桃。要共那人一遞、一匙抄。

【校記】

〔一〕綠：四庫本、叢刊本作「緑」。條：竹垞傳鈔本、四庫本、叢刊本作「絛」，曹批「明鈔本亦作『絛』。　〔二〕窗：四庫本、叢刊本作「窻」。　〔三〕燕：四庫本作「鷰」。　高：叢刊本作「高」。

又

小小生金屋，盈盈向鳳幃。斜枝石竹繡羅衣。爲怕春來風日、卷簾稀〔一〕。金殿承恩久，蘭堂得夢迴〔二〕。薰爐空惹御香歸〔三〕。今夜花前還是、日平西。

【校記】

〔一〕來：叢刊本作「来」。　卷：叢刊本補。　〔二〕夢：四庫本、叢刊本作「夣」。　迴：明鈔本、四庫本作「遲」，曹批「竹垞傳鈔本『遲』作『迴』，蓋秦所據」。　〔三〕爐：叢刊本作「炉」。

又

閣兒雖不大〔一〕，都無半點俗。窗兒根底數竿竹〔二〕。畫展江南山景、兩三幅〔三〕。彝鼎燒異香〔四〕，膽瓶插嫩菊。翛然無事淨心目。共那人人相對、弈碁局〔五〕。

【校記】

〔一〕閣：四庫本、叢刊本作「閤」。　兒：叢刊本作「皃」。　〔二〕窗：四庫本、叢刊本作「窓」。　〔三〕畫：叢刊本作「画」。　〔四〕彝：四庫本作「彞」，叢刊本作「彛」。　〔五〕碁：四庫本作「棊」。

又

風動槐龍舞，花深禁漏傳。一竿紅日照花塼。走馬晨暉門裏、快行宣。百五開新火〔一〕，清明尚禁煙〔二〕。魚符不請便朝天。醉裏歸來疑是、夢游僊〔三〕。

【校記】

〔一〕火：叢刊本作「人」。　〔二〕煙：叢刊本作「烟」。　〔三〕醉：叢刊本作「酔」。　夢：四庫本、叢刊本作「夣」。

虞美人

蘇軾〔一〕

深深庭院清明過。桃杏紅初破。柳絲搭在玉闌干。簾外蕭蕭風雨、做輕寒〔二〕。晚晴臺榭生明媚。欲判花前醉。酒闌無事月侵廊〔三〕。獨自行來行去、好思量。

【校記】

〔一〕竹垞傳鈔本、四庫本、叢刊本無。〔二〕風：秦刻本注「一作『微』」。〔三〕無事：秦刻本注：「一作『人靜』」。

感皇恩

暖律破寒威，春回宮柳〔一〕。晴景初曦上元候。禁城煙火〔二〕，移下一天星斗。素娥凝碧漢、明如晝〔三〕。繡轂雷轉〔四〕，錦韉飛驟〔五〕。九踏笙歌按新奏。勝游方凝，忽聽曉鐘銀漏。兩兩歸去也、應回首〔六〕。

【校記】

〔一〕回：四庫本作「囘」。〔二〕煙：四庫本、叢刊本作「烟」。〔三〕娥：明鈔本作「蛾」，曹批「竹垞傳鈔本『蛾』作『娥』」。〔四〕轂：四庫本作「輪」。〔五〕韉：竹垞傳鈔本、叢刊本作「韀」。〔六〕應：竹垞傳鈔本作「□」，曹批「明鈔本亦作『□』」。四庫本作「重」。回：四庫本、叢刊本作「囬」。

傳言玉女

袁裪〔一〕

眉黛輕分，慣學玉眞梳掠〔二〕。豔容可畫，那精神怎貌〔三〕。鮫鮹映玉〔四〕，鈿帶雙穿纓絡〔五〕。歌音清麗，舞腰柔弱。宴罷瑤池，御風跨皓鶴。鳳凰臺上〔六〕，有蕭郎共約。一面笑開，向月斜褰朱箔。東園無限，好花羞落。

【校記】

〔一〕竹垞傳鈔本、四庫本、叢刊本無。〔二〕眞：四庫本、叢刊本作「真」。〔三〕貌：四庫本作「索」，叢刊本作「皃」。〔四〕鮹：四庫本作「綃」。〔五〕雙：叢刊本作「隻」。〔六〕臺：四庫本、叢刊本作「臺」。

【輯評】

馮金伯《詞苑萃編》卷之二二《紀事》引《續骫骳説》：政和中，袁裪爲教妨判官撰文字，一日，爲蔡京《傳言玉女》詞云：「淡淡梳妝，愛學女真梳掠。艷容可畫，那精神怎貌，鮫綃映玉。鈿帶雙穿纓絡。歌音清麗，舞腰柔弱。宴罷瑤池，御風跨皓鶴。鳳凰臺上，有蕭郎共約。一面笑開，向月斜褰朱箔。東園無限好花羞落。」上見之，改「女真」二字爲「漢宮」，而人莫解。蓋當時已與女真盟於海上，而中外未知，帝思其語，故竄易之也。

魚遊春水〔一〕

秦樓東風裏。燕子還來尋舊壘。餘寒微透，紅日薄侵羅綺。嫩筍才抽碧玉簪〔二〕，細柳輕窣黃金蕊〔三〕。鶯囀上林，魚遊春水〔四〕。屈曲欄干遍倚〔五〕。又是一番新桃李〔六〕。佳人應念歸期〔七〕，梅粧淡洗。鳳簫聲杳沉孤雁，目斷澄波無雙鯉。雲山萬重，寸心千里。

【校記】

〔一〕遊：四庫本作「游」。〔二〕簪：四庫本作「簪」。〔三〕蕊：四庫本作「蘂」。

〔四〕遊：四庫本、叢刊本作「游」。〔五〕欄：四庫本作「闌」。〔六〕新：曹批「明鈔本『新』作『將』，竹垞傳鈔本『将』作『新』」。〔七〕秦刻本注「一作『應怪歸遲』」。

【輯評】

楊湜《古今詞話》：東都防河卒於汴河上掘地得石刻，有詞一闋，不題其目。臣僚進上，上喜其藻思絢麗，欲命其名，遂摭詞中四字，名曰《魚游春水》，令教坊倚聲歌之……詞凡九十四字，而風花鶯燕動植之物曲盡之，此唐人語也。後之狀物寫情，不及之矣。

吴曾《能改齋漫録》卷一六《樂府》：政和中，一中貴人使越州回，得詞于古碑陰，無名無譜，不知何人作也。録以進御，命大晟府填腔，因詞中語，賜名《魚游春水》。

胡仔《苕溪漁隱叢話》後集卷三九引《復齋漫録》：政和中，一中貴人使越州回，得詞于古碑陰，無名無譜，不知何人作也。録以進御，命大晟府填腔，因詞中語，賜名《魚游春水》……《古今詞話》云：「東都防河，卒於汴河上掘地，得石刻，有詞一闋，不題其目。臣僚進上，上喜其藻思絢麗，欲命其名，遂摭詞中四字，名曰《魚游春水》，令教坊倚聲歌之。詞凡九十四字，而風花鶯燕動植之物曲盡之，此唐人語也，後之狀物寫情，不及之矣。」二説不同，未詳孰是。

黄蘇《蓼園詞評》：落落寫來，詞旨韻雅，無一纖巧語。自是秀色天成，風情和篤。《復齋漫録》以爲唐人語，不爲無見。

況周頤《蕙風詞話》續編卷一，六四：無名氏《魚游春水》云：「秦樓東風裏。燕子還來尋舊壘。餘寒猶峭，紅日薄侵羅綺。嫩草方抽碧玉茵。媚柳輕拂黄金縷。鶯囀上林，魚游春水。」李元膺《洞仙歌》云：「雪雲散盡，放曉晴庭院。楊柳於人便青眼。更風流多處，一點梅心相映遠。約略顰輕笑淺。」詞中此等意境，余極喜之。潘瀛選《新荷葉》云：「日麗風柔，水邊天氣鮮新。閒坐斜橋，數完幾折溪痕。酒旗戲鼓，怯餘寒、未滿前村。小紅怎乳，鶯聲一巷纔勻。　節過收燈，風光尚未踰旬。粉糝疏籬，誰家香玉粼粼。雛晴嫩霽，似垂髫、好女盈盈。江南煙景，殢人猶在初春。」此詞亦詔令可誦。

五綵結同心

珠簾垂戶。金索懸窗〔一〕，家接浣紗溪路〔二〕。相見桐陰下，一鈎月、恰在鳳凰栖處〔三〕。素瓊撚就宮腰小。花枝裊、盈盈嬌步。新粧淺，滿腮紅雪，綽約片雲欲度。　塵寰豈能畱住〔四〕。唯只愁、化作綵雲飛去。蟬翼衫兒〔五〕，薄冰肌瑩，輕罩一團香霧。彩牋巧綴相思苦。脈脈動、憐才心緒〔六〕。好作箇、秦樓活計〔七〕，吹簫伴侶〔八〕。

【校記】

〔一〕窗：四庫本、叢刊本作「窓」。　〔二〕紗：四庫本、叢刊本作「沙」。　〔三〕栖：四庫本作「棲」。　〔四〕畱：四庫本作「留」，叢刊本作「畄」。　〔五〕蟬：叢刊本作「蝉」。　〔六〕脈：四庫本、叢刊本作「脉」。　〔七〕箇：四庫本作「入」，叢刊本作「个」。　兒：叢刊本作「児」。　樓：叢刊本作「楼」。　〔八〕秦刻本注「原本末句只四字，一本增『要待』二字」。

清平樂

盛氣光引爐煙〔一〕，素草寒生玉佩。應是天仙狂醉〔三〕。亂把白雲揉碎。

【校記】

〔一〕來：叢刊本作「来」。〔二〕爐：叢刊本作「炉」。煙：四庫本、叢刊本作「烟」。

〔三〕仙：四庫本、叢刊本作「上」。

翻香令

蘇軾〔一〕

金爐猶煖麝煤殘。惜香愛把寶釵翻。重勻處，餘薰在，這一般氣味勝從前〔二〕。背人偷蓋小重山〔三〕。更拈沉水與同然。且圖得氤氳久，爲情深、嫌怕斷頭煙。

【校記】

〔一〕竹垞傳鈔本、四庫本、叢刊本無。〔二〕氣：叢刊本鮑校補。〔三〕蓋：四庫本、叢刊本作「蓋」。

【輯評】

《钦定詞譜》卷一二：此調始自蘇軾，取詞中第二句「惜香愛把寶釵翻」句爲名。

侍香金童

梁寅〔一〕

寶臺蒙綉〔二〕，瑞獸高三尺。玉殿無風煙自直〔三〕。迤邐傳杯盈綺席〔四〕。苒苒菲菲，斷處凝碧。是龍涎鳳髓，惱人情意極。想韓壽、風流應暗識。去似綵雲無處覓。惟有多情，袖中畱得〔五〕。

【校記】

〔一〕竹垞傳鈔本、四庫本、叢刊本無。〔二〕綉：四庫本、叢刊本作「繡」。〔三〕煙：四庫本、叢刊本作「烟」。〔四〕傳杯：秦刻本注「原本作『傍懷』」，明鈔本、竹垞傳鈔本、四庫本、叢刊本作「傍懷」。〔五〕畱：四庫本作「留」，叢刊本作「畱」。

踏莎行令〔一〕

寇平叔準〔二〕

春色將闌，鶯聲漸老。紅英落盡青梅小。畫堂人靜雨濛濛〔三〕，屏山半掩餘香裊〔四〕。密約沉沉，離心杳杳。菱花塵滿慵將照〔五〕。倚樓無語欲銷魂〔六〕，長空黯淡連芳草〔七〕。

【校記】

〔一〕此闋上曹批「明鈔本作『《樂府雅詞》拾遺卷之二』，疑卷二以上皆御製及宫掖流傳之作，故别自爲卷。竹垞傳鈔本無『《樂府雅詞》拾遺卷之二』九字，於《侍香金童》後直接《踏莎行令》，蓋已失宋時舊式，不如明鈔本遠矣」。〔二〕準：四庫本、叢刊本無。〔三〕畫：叢刊本作「画」。〔四〕掩：叢刊本作「捲」。〔五〕花：曹批「竹垞傳鈔本『菱』下脱『花』字」。〔六〕樓：叢刊本作「楼」。銷魂：明鈔本、四庫本作「魂銷」，曹批「竹垞傳鈔本亦作『魂銷』」。〔七〕草：叢刊本作「艸」。

【輯評】

黄蘇《蓼園詞評》：郁紆之思，無所發洩，惟借閨情以抒寫。古人用意多如是。「春色」二句，喻年漸老也。「梅小」，喻職卑也。「屏山」「香裊」，見香氣徒郁結也。「密約」二句，比啓納之心也。「菱花」，喻心難照也。至末句則總而言，見離間者多也。文情郁勃，意致沈深。

折新荷引

趙閲道抃〔一〕

雨過迴廊〔二〕，圓荷嫩緑新抽〔三〕。越女輕盈，畫橈穩泛蘭舟。芳容豔粉，紅香透、脈脈嬌羞〔四〕。菱歌隱隱漸遥，依約回眸〔五〕。堤上郎心，波間粧影遲留〔六〕。不覺歸時〔七〕，淡天碧襯蟾鈎。風蟬噪晚，餘霞際、幾點沙鷗。漁笛、不道有人，獨倚危樓〔八〕。

【校記】

〔一〕扑：明傳鈔本、四庫本、叢刊本無。〔二〕迴：四庫本作「廻」。廊：明鈔本作「塘」，曹批「竹垞傳鈔本『塘』作『廊』」。〔三〕綠：四庫本、叢刊本作「緑」。〔四〕脈：四庫本、叢刊本作「脉」。〔五〕回：四庫本、叢刊本作「囘」。〔六〕留：四庫本作「留」，叢刊本作「畄」。〔七〕歸：叢刊本作「帰」。〔八〕樓：叢刊本作「楼」。

蘇幕遮〔一〕

范仲淹〔二〕

碧雲天，黄葉地。秋色連波，波上寒煙翠〔三〕。山映斜陽天接水〔四〕。芳草無情，更在斜陽外〔五〕。黯芳魂，追芳意〔六〕。夜夜除非，好夢留人睡〔七〕。明月樓高愁獨倚〔八〕。酒入愁腸，化作相思淚。

【校記】

〔一〕蘇：四庫本、叢刊本作「蘓」。〔二〕竹垞傳鈔本、四庫本、叢刊本無。〔三〕寒：

秦刻本注「一作『含』」。煙：四庫本、叢刊本作「烟」。〔四〕山：竹垞傳鈔本作「□」，四庫本無，叢刊本空一字。曹批「明鈔本脱『山』字」。〔五〕曹批「竹垞傳鈔本於『斜陽外』下空一格接『楚臺歸路』四字，以下接《點絳脣》『秋氣微凉』詞及《倦尋芳慢》《清平樂》《減字木蘭花》《鷓鴣天》《滿庭芳》『裂楮裁筠』詞，而於『湯餅一齋盂』下接『黯芳魂』調，至《洞仙歌》『江皋』，字誤甚」。〔六〕芳意：秦刻本注一作『旅思』」。〔七〕夢：叢刊本作「夣」。疁：四庫本作「留」，叢刊本作「畱」。〔八〕樓：叢刊本作「楼」。高：叢刊本作「髙」。愁：秦刻本注「一作『休』」。

【輯評】

鄒祗謨《遠志齋詞衷》：范希文《蘇幕遮》一闋，前段多入麗語，後段純寫柔情，遂成絶唱。

許昂霄《詞綜偶評》：（「酒入愁腸」二句）鐵石心腸人亦作此消魂語。

張惠言《張惠言論詞》：此去國之情。

馮金伯《詞苑萃編》卷之四：范文正公《蘇幕遮》詞……公之正氣塞天地，而情語入妙至此。

黄蘇《蓼園詞評》引沈際飛曰：「芳草更在斜陽外」，「行人更在青山外」，兩句不厭百回讀。又曰：人但言睡不得爾，除非「好夢留人」，反言愈切。按文正一生并非懷土之士，所爲鄉魂旅思以及愁腸思淚等語，似沾沾作兒女想，何也。觀前闋可以想其寄託。開首四句，不過借秋色蒼茫，以隱抒其憂國之意。「山映斜陽」三句，隱隱見世道不甚清明，而小人更爲得意之象。「芳草」喻小人，唐人已多用之也。第二闋，因心之憂愁，不自聊賴，始動其鄉魂旅思。而夢不安枕，酒皆化淚矣，其實憂愁非爲思家也。文正當宋仁宗之時，歇歷中外，身肩一國之安危。雖其時不無小人，究係隆盛之日。而文正乃憂愁若此，此其所以先天下之憂而憂矣。

李佳《左庵詞話》卷上：范希文賦《蘇幕庶》云……希文，宋一代名臣，詞筆婉麗乃爾。比之宋廣平賦梅花，才人何所不可。不似世人之頭巾氣重，無與風雅也。

譚獻《復堂詞話》：（起句「碧雲天」）大筆振迅。

瀟湘憶故人慢〔一〕

王和甫安禮〔二〕

薰風微動，方櫻桃弄色，萱草成窠〔三〕。翠帷敞輕羅〔四〕。試冰簟初展，幾尺湘波。疎簾廣厦〔五〕，寄瀟洒、一枕南柯。引多少、夢中歸緒〔六〕，洞庭雨棹煙簑〔七〕。　驚迴處，閒晝永，但時時，燕雛鶯友相過〔八〕。正綠影婆娑〔九〕。况庭有幽花，池有新荷。青梅煮酒，幸隨分、贏得高歌〔一〇〕。功名事，到頭終在〔一一〕，歲華忍負清和。

【校記】

〔一〕憶：秦刻本注「一作『逢』」，明鈔本、竹垞傳鈔本、四庫本作「逢」。

〔二〕安禮：明

鈔本、四庫本、叢刊本無。〔三〕窠：秦刻本注「一作『窩』」。〔四〕羅：明鈔本、竹垞傳鈔本、四庫本、叢刊本無。〔五〕簾：明鈔本作「簷」。〔六〕夢：四庫本、叢刊本作「夣」。歸：叢刊本作「帰」。〔七〕曹批「竹垞傳鈔本亦無『羅』字、『影』字、『終』字」，并脱『灑一枕南柯引多少梦中歸緒洞庭雨棹』十六字。惟『簷』作『簾』。煙：叢刊本作「烟」。〔八〕燕：四庫本作「鷰」。〔九〕綠：四庫本、叢刊本作「緑」。影：竹垞傳鈔本、四庫本、叢刊本無。婆：四庫本作「漊」。〔一〇〕隨：叢刊本作「随」。高：叢刊本作「髙」。〔一一〕終：明鈔本、竹垞傳鈔本、四庫本、叢刊本無。

【輯評】

黃蘇《蓼園詞評》：寫夏日清況，栩栩欲活，饒具深致，耐人玩味。

洞仙歌〔一〕

溶溶洩洩，似飄揚愁緒。不是因風等閑度〔二〕。道無心用甚，卻又情多〔三〕，行未駐，還作高陽暮雨〔四〕。　襄王情尚淺，會少離多，空自朝朝又暮暮。腸斷曉光中，一縷歸時〔五〕，銷散後、不知何處。試密鏁、瓊樓洞房深〔六〕，與遮斷江皋，楚臺歸路〔七〕。

【校記】

〔一〕仙：四庫本作「僊」。〔二〕閑：四庫本作「閒」。〔三〕卻：四庫本、叢刊本作「却」。〔四〕高陽：曹批『高陽』疑當作『高唐』，竹垞傳鈔本亦作『高陽』。〔五〕縷：叢刊本作「縷」。歸：叢刊本作「帰」。〔六〕鏁：四庫本作「鎖」。樓：叢刊本作「楼」。〔七〕歸：叢刊本作「帰」。

點絳唇

趙抃〔一〕

秋氣微涼，夢迴明月穿簾幙〔二〕。井梧蕭索。正繞南枝鵲。寶瑟塵生，金鴈空零落。情無託。鬢雲慵掠。不似君恩薄〔三〕。

【校記】

〔一〕竹垞傳鈔本、叢刊本無。四庫本作「趙閱道」。〔二〕迴：四庫本作「迴」，叢刊本作「廻」。幙：四庫本作「幕」。〔三〕君：秦刻本注「一作『尹』」。

倦尋芳慢

中吕宫

王元澤雱〔一〕

露晞向曉〔二〕，簾幙風輕〔三〕，小院閑晝〔四〕。翠逕鶯來，驚下亂紅鋪綉〔五〕。

倚危墻，登高榭，梅棠經雨臙脂透〔六〕。算韶華〔七〕，又因循過了，清明時候。倦游誮、風光滿目〔八〕，好景良辰，誰共攜手〔九〕。恨被榆錢，買斷兩眉長鬭〔一〇〕。憶高陽，人散後〔一一〕，落花流水仍依舊。這情懷〔一二〕，對東風，盡成銷瘦。

【校記】

〔一〕雱：竹坨傳鈔本、四庫本、叢刊本無。〔二〕曉：四庫本作「晚」。〔三〕幙：四庫本、叢刊本作「幕」。〔四〕閑：四庫本作「閒」。〔五〕亂：叢刊本作「乱」。綉：四庫本、叢刊本作「繡」。〔六〕梅：四庫本、叢刊本作「海」。臙：四庫本、叢刊本作「燕」。〔七〕算：叢刊本作「筭」。〔八〕誮：四庫本、叢刊本作「燕」。〔九〕攜：四庫本作「攜」，叢刊本作「携」。〔一〇〕鬭：叢刊本作「鬪」。〔一一〕憶：秦刻本注「別本有『得』字」。〔一二〕情懷：叢刊本作「懷情」，改为「情懷」。

【輯評】

楊慎《詞品》卷之三：王雱，字元澤，半山之子。或議其不能作小詞，乃援筆作《倦尋芳》詞一首，《草堂詞》所載「露晞向曉」是也。自此絶不作。

黄蘇《蓼園詞評》引沈際飛：「榆錢」二句，可謂費力。史邦卿「做冷欺花」，「將烟困柳」，殆尤甚焉。然俱險麗出俗。或議元澤不能作小詞，援筆爲之，居然名流。後絶不作。

清平樂

劉原甫

小山叢桂。最有留人意〔一〕。拂葉攀花無限思。雨濕濃香滿袂。別來過了秋光。翠簾昨夜新霜。多少月宫閑地〔二〕，姮娥與借微芳。

【校記】

〔一〕留：四庫本作「留」，叢刊本作「留」。〔二〕閑：四庫本作「閒」。

【輯評】

王灼《碧雞漫志》卷第二：向伯恭用《滿庭芳》曲賦木犀，約陳去非、朱希真、蘇養直同賦，「月窟蟠根，雲巖分種」者是也。然三人皆用《清平樂》和之。去非云：「黄衫相倚，萃葆層層底。八月南風日美，弄影山腰水尾。楚人未識孤妍。離騷遺恨千年。無住庵中新事，一枝唤起幽禪。」希真云：「人間花少。菊小芙蓉老。冷淡仙人偏得道。買定西風一笑。前身元是江梅。黄姑點破冰肌。只有暗香猶在，飽參清似南枝。」養直云：「斷崖流水。香度青林底。元配騷人蘭與芷。不數春風桃李。淮南叢桂小山。詩翁合得躋攀。身到十洲三島，心游萬壑千巖。」後伯恭再賦木犀，亦寄《清平樂》贈韓璜叔夏云：「吴頭楚尾。踏破芒鞋底。萬壑千巖秋色裏。不奈惱人風味。如今老我薌林。世間百不關心。獨喜愛香韓壽，能來同醉花陰。」韓和云：「秋光如水。釀作鵝黄蟻。

散入千巖佳樹裏。惟許脩門人醉。輕鈿重上風鬟。不禁月冷霜寒。步障深沈歸去，依然愁滿江山。」初劉原父亦于《清平樂》賦木犀云……同一花一曲，賦者六人，必有第其高下者。

減字木蘭花

張文潛耒〔一〕

箇人風味。只有梅花些子似。每到開時。滿眼春愁只自知。霞裙僊珮。姑射神人風露態。蜂蝶休忙。不與春風一點香。

【校記】

〔一〕耒：竹垞傳鈔本、四庫本、叢刊本無。

鷓鴣天

同前〔一〕

傾蓋相逢汝水濱〔二〕。須知見面過聞名。馬頭雖去無千里，酒盞才傾且百分。喏得失〔三〕，一微塵。莫教冰炭損精神〔四〕。北扉西禁須公等，金榜當年第一人。

【校記】

〔一〕叢刊本無，鮑校補。四庫本作「張文潛」。

〔二〕蓋：四庫本作「蓋」，叢刊本作「盖」。

〔三〕喏：竹垞傳鈔本作「笑」，曹批「明鈔本『笑』作『喏』，『喏』疑『笑』之譌」。叢刊本作「嗟」。〔四〕炭：四庫本、叢刊本作「岸」。

滿庭芳

同前〔一〕

裂楮裁[illegible]，虛明瀟洒，製成方丈屠蘇〔二〕。草蒲團坐〔三〕，中置一山鑪〔四〕。拙似春林鳩宿，易于□、秋野鶉居〔五〕。誰相對，時煩孟婦，石鼎煮寒蔬。嗟吁。人生隨分足〔六〕，風雲變化，尺蠖伸舒〔七〕。且偷取閑時，向此躊躇〔八〕。謾□□金建厦〔九〕，繁華夢、畢竟空虛〔一〇〕。爭如且、寒爐厨火〔一一〕，湯餅一齋盂。〔一二〕

【校記】

〔一〕叢刊本無，鮑校補。四庫本作「張文潛」。〔二〕蘇：叢刊本作「穌」。〔三〕草蒲團：明鈔本作「草草團蒲坐」，曹批「竹垞傳鈔本脱第二個『草』字」。四庫本作「草團蒲」，叢刊本鮑校作「草團蒲」。〔四〕鑪：明鈔本作「壚」。〔五〕于□：明鈔本「于」作「於」，曹批「明鈔本『于』下無『□』，竹垞傳鈔本『于』下亦無『□』，餘略同」。四庫本「于」接「秋」，叢刊本空。〔六〕隨：叢刊本作「隨」。〔七〕變化尺蠖：叢刊本空，竹垞傳鈔本作「□

□□」，秦刻本作「□□□□」。據四庫本補。〔八〕躪：四庫本作「躏」。〔九〕謾□□：四庫本作「誇道金」。叢刊本「謾」後空。〔一〇〕夢：四库本、叢刊本作「夣」。〔一一〕盧：叢刊本空，秦刻本作「□」，據四庫本補。〔一二〕秦刻本注「此詞脱字甚多，後段起句多二字，且用短韻，與他作不同」。

又

北苑先春，琅函寶韞，帝所分落人間。綺窗纖手〔一〕，一縷破雙團〔二〕。雲裏游龍無鳳〔三〕，香霧靄、飛入琱盤。華堂靜，松風雲竹，金鼎沸潺湲。門闌。車馬動，浮黃嫩日，小袖高鬟〔四〕。便胸臆輪困〔五〕，肺腑生寒。喚起謫仙醉倒，翻湖海，傾瀉濤瀾。笙歌散，風簾月幕，禪榻鬢絲斑〔六〕。

【校記】

〔一〕窗：叢刊本作「窓」。〔二〕縷：叢刊本作「縷」。雙：叢刊本作「雙」。〔三〕無：竹垞傳鈔本、四庫本、叢刊本作「舞」，曹批「明鈔本亦作『舞』」。〔四〕高：四庫本作「高」。〔五〕困：叢刊本作「菌」。〔六〕鬢：四庫本、叢刊本作「鬢」。

瑤池宴令

廖明略〔一〕

飛花成陣。春心困。寸寸。別腸多少愁悶。無人問。偷啼自搵。殘粧粉。抱瑤琴、尋出新韻。玉纖趂。南風未解幽慍〔二〕。低雲髩〔三〕。眉峰斂暈。嬌和恨〔四〕。

【校記】

〔一〕秦刻本詞尾注「此詞本東坡作」。四庫本作「廖明畧」，叢刊本鮑校補「廖明畧」。〔二〕解：四庫本、叢刊本作「解」。〔三〕髩：四庫本、叢刊本作「鬓」。〔四〕和：曹批「竹垞傳鈔本『和』亦作『秋』」，四庫本、叢刊本作「秋」。

霜葉飛

沈唐〔一〕

霜林凋晚，危樓迥，登臨無限秋思。望中閒想〔二〕，洞庭波面〔三〕，亂紅初墜。更蕭索風吹渭水〔四〕。長安飛舞千門裏。變景催芳樹〔五〕，唯賸有蘭衰暮叢〔六〕，菊殘餘蘂。回念花滿華堂，美人一去〔七〕，鎮掩香閨經歲〔八〕。又觀珠露，碎點蒼苔〔九〕，敗梧飄砌。謾贏得相思淚眼〔一〇〕，東君早作歸來計〔一一〕。便

莫惜丹青手〔一二〕，重與芳菲，萬紅千翠。〔一三〕

【校記】

〔一〕叢刊本無，鮑校補。　〔二〕閒：四庫本作「間」。　〔三〕洞：叢刊本鮑校補。

〔四〕水：竹垞傳鈔本作「□」。四庫本此下注「缺」，其詞亂入下卷《宴桃源》。　〔五〕明鈔本、竹垞傳鈔本、叢刊本「變」下空一字。明鈔本「催」作「摧」。四庫本作「變淑景催芳樹」。

〔六〕賸：竹垞傳鈔本作「□」，曹批「明鈔本無『賸』字」。四庫本、叢刊本無。　〔七〕回、華：曹批「明鈔本無『回』字、『華』字，『美人』上有『時自』字」，竹垞傳鈔本「回」「華」作「□」。叢刊本同明鈔本。四庫本無「華」。　〔八〕鎮：叢刊本作「鎮」。　〔九〕點：竹垞傳鈔本作「滴」。　〔一〇〕羸：叢刊本作「羸」。　眼：竹垞傳鈔本作「□」。　〔一一〕歸：叢刊本作「帰」。　〔一二〕便：竹垞傳鈔本作「但」，曹批「下卷《宴桃源》調羼『長安』至『萬紅千翠』其中有『時自』字，『眼』字，『但』作『便』」。　〔一三〕秦刻本注「案此詞前後段四五六句，皆作四字句，與各家句讀不同」。

蝶戀花〔一〕

司馬槱

家在錢唐江上住〔二〕。花落花開，不管流年度。燕子啣將春色去。紗窗幾陣黄梅雨〔三〕。　斜插犀梳雲半吐。檀板朱唇，唱徹黄金縷〔四〕。望斷行雲無覓處。夢回明月生春浦〔五〕。

【校記】

〔一〕曹批「竹垞傳鈔本脱《蝶戀花》至《永遇樂》過片『寬袖布衫著』七行，錯寫在下卷《宴桃源》調後」。四庫本同竹垞傳鈔本，注「缺」。〔二〕唐：叢刊本作「塘」。〔三〕窗：叢刊本作「窓」。〔四〕縷：叢刊本作「縷」。〔五〕回：叢刊本作「囬」。

【輯評】

葉申薌《本事詞》卷上：司馬槱才仲在洛下時，偶晝寢，夢一麗姝搴帷而歌曰：「妾在錢塘江上住。花落花開，不管流年度。燕子銜將春色去。紗窗幾陣黄梅雨。」才仲喜其詞，因詢曲調名，答曰：「黄金縷也。」後才仲以東坡薦，得錢塘幕官。秦觀少章時爲錢塘尉，才仲爲少章道其事。少章即續之云：「斜插犀梳雲半吐。檀板輕敲，唱徹黄金縷。夢斷彩雲無覓處。夜凉明月生南浦。」

永遇樂〔一〕

功名閑事〔二〕，利祿休問〔三〕，莫繫心上。幸有衣食，隨緣過得〔四〕，著甚乾勞攘〔五〕。風前月下，三盃兩盞，撞著卽莫與放〔六〕。且與箇、山莊道友〔七〕，退閑故人來往〔八〕。

新來做得，一箇寬袖布衫〔九〕，著來也暢〔一〇〕。出戶迎賓，入城幹事，恰似王保長。我咱忺後〔一一〕，神歌鬼舞，任爾萬般毀謗〔一二〕。死來後、一家一箇〔一三〕，那底怎向。

【校記】

〔一〕四庫本注「缺」，從「來也暢」後又有。　〔二〕閑：四庫本作「閒」。　〔三〕禄：四庫本、叢刊本作「禄」。　〔四〕緣：四庫本、叢刊本作「緑」。　〔五〕〔六〕〔一〇〕著：四庫本、叢刊本作「着」。　〔七〕箇：四庫本、叢刊本作「个」。　〔八〕閑：四庫本作「閒」。往：叢刊本作「徃」。　〔九〕箇：叢刊本作「个」。　〔一一〕忺：四庫本作「歡」。〔一二〕爾：竹坨傳鈔本、四庫本作「你」，曹批「明鈔本亦作『你』」。叢刊本作「尔」。〔一三〕來：叢刊本作「来」。　箇：叢刊本作「个」。

洞仙歌

呂直夫〔一〕

征鞍帶月，濃露沾襟袖。馬上輕衫峭寒透。望翠峰深淺，憶著眉兒〔二〕，腰支嫋，忍看風前細柳。別時頻囑付，早寄書來，能趂清明到家否〔三〕。這言語，便夢裏、也在心頭〔四〕。重相見，不知伊瘦我瘦〔五〕。縱百卉千花已離披，也趂得、酴醾牡丹時候〔六〕。

【校記】

〔一〕叢刊本鮑校補。〔二〕著：四庫本、叢刊本作「着」。兒：叢刊本作「児」。〔三〕趂：秦刻本注「一作『及』」。〔四〕便：叢刊本補。裏：叢刊本作「裡」。〔五〕我：秦刻本注「一作『儂』」。〔六〕也：秦刻本注「一作『須』」。

阮郎歸〔一〕

俞秀老紫芝〔二〕

釣魚船上謝三郎〔三〕。雙髩已蒼蒼〔四〕。蓑衣未必清貴，不肯換金章。汀草畔〔五〕，浦花旁。靜鳴榔〔六〕。自來好箇〔七〕，漁父家風，一片瀟湘。〔八〕

【校記】

〔一〕秦刻本注「案此調與《訴衷情令》相合」。〔二〕紫芝：竹垞傳鈔本、四庫本、叢刊本無。〔三〕船：叢刊本作「舡」。〔四〕雙：叢刊本作「雙」。髩：四庫本、叢刊本作「鬢」。〔五〕汀：竹垞傳鈔本作「江」，曹批「明鈔本『江』作『汀』」。〔六〕榔：叢刊本作「桹」。〔七〕箇：叢刊本作「个」。〔八〕秦刻本注「此詞前段第三句六字，後段第三句三字，四、五、六句，每句四字，與他詞異」。

念奴嬌

送王長卿赴河澗司錢〔一〕　趙承之

舊遊何處，記金湯形勝，蓬瀛佳麗。淥水芙蓉〔二〕，元帥與賓僚，風流濟濟。萬柳庭邊〔三〕，雅歌堂上，醉倒春風裏〔四〕。十年一夢，覺來煙水千里。惆悵送子重遊，南樓依舊不，朱欄誰倚。要識當時，惟是有明月，曾陪珠履。量減盃中，雪添頭上，甚矣吾衰矣。酒徒相問，爲言憔悴如此。

【校記】

〔一〕四庫本、叢刊本無。〔二〕淥：四庫本、叢刊本作「渌」。〔三〕庭：明鈔本似作「亭」，曹批「竹垞傳鈔本『亭』作『庭』」。〔四〕春：竹垞傳鈔本作「東」，曹批「明鈔本『東』作『春』」。

【輯評】

黄蘇《蓼園詞評》：按承之，衛城人。元祐中進士。宣和中，以右文殿修撰知鄧州，召爲大府卿卒。此詞或係出爲鄧州後作。送王長卿，因有傷今追昔之感。尚屬聚散常情。結處「甚矣吾衰」，似爲有激之言。或目擊靖康之難而有所激乎。

虞美人

張敏叔景修〔一〕

春風曾見桃花面。重見勝初見。兩枝獨佔小春開。應怪劉郎迷路、又重來〔二〕。旁人應笑髯公老。獨愛花枝好。世間好景不長圓。莫放笙歌歸院、且樽前〔三〕。

【校記】

〔一〕景修：竹垞傳鈔本、四庫本、叢刊本無。〔二〕來：叢刊本作「来」。〔三〕歸：叢刊本作「帰」。

選冠子

同前〔一〕

嫩水挼藍，遥堤映翠，半雨半煙橋畔〔二〕。鳴禽弄舌，蔓草縈心，偏稱謝家池館。紅粉墻頭，柳搖金縷，纖柔舞腰低軟。被和風搭在闌干〔三〕，終日繡簾誰捲。春易老，細葉舒眉，輕花吐絮，漸覺緑陰垂暖〔四〕。章臺繫馬〔五〕，灞水維舟，追念鳳城人遠。惆悵陽關故國〔六〕，盃酒飄零，惹人腸斷。恨青青客舍，江頭風笛，亂雲空晚。

【校記】

〔一〕叢刊本鮑校補，四庫本作「張敏叔」。〔二〕煙：四庫本、叢刊本作「烟」。〔三〕闌：四庫本作「欄」。〔四〕緑：四庫本、叢刊本作「緑」。垂暖：秦刻本注「一作『成幔』」。〔五〕臺：叢刊本作「臺」。〔六〕秦刻本注「一作『故國陽關』」。關：四庫本作「關」，叢刊本作「関」。

感皇恩

趙循道企〔一〕

騎馬踏紅塵，長安重到。人面依前似花好。舊歡才展，又被新愁分了。未成雲雨夢，巫山曉。千里斷腸，關山古道〔二〕。回首高城似天杳〔三〕。滿懷離恨，付與落花啼鳥。故人何處也，青春老。

【校記】

〔一〕企：竹垞傳鈔本、四庫本、叢刊本無。〔二〕關：叢刊本作「関」。〔三〕回：四庫本作「回」。高：叢刊本作「高」。

虞美人令

李方叔廌〔一〕

玉闌干外清江浦〔二〕。渺渺天涯雨。好風如扇雨如簾。時見岸花汀草、漲痕添。青林枕上關山路〔三〕。卧想乘鸞處〔四〕。碧蕪千里信悠悠。惟有霎時凉夢、到南州。

【校記】

〔一〕廌：竹垞傳鈔本、四庫本、叢刊本無。〔二〕闌：四庫本作「欄」。〔三〕關：四庫本作「關」，叢刊本作「関」。〔四〕鸞：叢刊本作「鵉」。

【輯評】

况周頤《蕙風詞話》卷二，一三：李方叔《虞美人》過拍云：「好風如扇雨如簾，時見岸花汀草、漲痕添。」春夏之交，近水樓臺，碻有此景。「好風」句絶新，似乎未經人道。歇拍云：「碧蕪千里思悠悠。惟有霎時凉夢、到南州。」尤極淡遠清疏之致。

花心動

劉無言燾〔一〕

偏憶江梅〔二〕，有塵表丰神，世外標格〔三〕。低傍小橋，斜出疎籬，似向隴頭曾識。暗薌孤韻冰霜裏，初不怕、春寒要勒〔四〕。問桃杏、賢瞞怎生〔五〕，向前爭得。省共蕭娘去摘〔六〕。玉纖映瓊枝，照人一色。澹粉暈酥，多少工夫〔七〕，到得壽陽宮額。再三留待東君看〔八〕，管都將、別花不惜〔九〕。但只恐、南樓又三弄笛〔一〇〕。

【校記】

〔一〕燾：竹垞傳鈔本、四庫本、叢刊本無。　〔二〕梅：竹垞傳鈔本、四庫本、叢刊本作「南」，曹批「明鈔本『南』作『梅』」。　〔三〕世：叢刊本作「些」。　〔四〕要：四庫本作「邀」。　〔五〕賢瞞：四庫本作「盈門」。　〔六〕去：竹垞傳鈔本作「□」，叢刊本作「夫」，鮑校作「笑」，四庫本作「手」。　〔七〕工夫：四庫本作「飛來」。　〔八〕留：四庫本作「留」，叢刊本作「畄」。　〔九〕秦刻本注「一本無『看』字，『管』字屬上句」。「一本有『那』字，一本作『都拌醉』」。　〔一〇〕南：四庫本作「高」。　樓：叢刊本作「楼」。

八寶粧〔一〕

同前〔二〕

門掩黃昏，畫堂人寂〔三〕，暮雨乍收殘暑。簾捲疎星庭戶悄〔四〕，隱隱嚴城鐘鼓〔五〕。空街煙暝半開，斜月朦朧〔六〕，銀河澄澹風淒楚〔七〕。還是鳳樓人遠〔八〕，桃源無路。惆悵夜久星繁，碧雲望斷，玉簫聲在何處。念誰伴、茜裙翠袖，共攜手、瑤臺歸去〔九〕。對修竹、森森院宇。曲屏香暖凝沉炷。問對酒當歌，情懷記得劉郎否。

【校記】

〔一〕秦刻本注「一作『李甲』作」。叢刊本未分段。〔二〕四庫本作「劉無言」，叢刊本作「仝前」。〔三〕畫：叢刊本作「画」。〔四〕庭：四庫本、叢刊本作「門」。〔五〕鐘：四庫本、叢刊本作「鍾」。鼓：叢刊本作「皷」。〔六〕月：叢刊本作「日」。〔七〕澹：四庫本、叢刊本作「淡」。〔八〕樓：叢刊本作「楼」。〔九〕攜：四庫本作「攜」，叢刊本作「携」。臺：叢刊本作「臺」。歸：叢刊本作「帰」。

轉調滿庭芳〔一〕

同前〔二〕

風急霜濃，天低雲淡，過來孤鴈聲切〔三〕。鴈兒且住〔四〕，略聽自家說〔五〕。你是離羣到此，我共那人纔相別〔六〕。松江岸，黄蘆影裏，天更待飛雪。聲聲腸欲斷〔七〕，和我也、淚珠點點成血。這一江流水〔八〕，流也嗚咽。告你高飛遠舉〔九〕，前程事、永沒磨折。須知道、飄零聚散〔一〇〕，終有見時節。

【校記】

〔一〕滿庭芳：竹垞傳鈔本作「□□□」。〔二〕四庫本作「刘無言」，叢刊本作「仝前」。〔三〕來：叢刊本作「来」。〔四〕兒：叢刊本作「児」。〔五〕略：四庫本作「畧」。〔六〕纔：明鈔本、四庫本、叢刊本作「才」，曹批「竹垞傳鈔本亦作『才』」。秦刻本注「一作『我共個人人纔別』」。〔七〕斷：叢刊本作「断」。〔八〕這：叢刊本無。〔九〕高：叢刊本作「高」。〔一〇〕須知道：秦刻本注「一作『休煩惱』」。飄：明鈔本作「漂」，曹批「竹垞傳鈔本『漂』作『飄』」。

綠頭鴨〔一〕

周格非

隴頭泉，未到隴下輕分。一聲聲、凄涼嗚咽，豈堪側耳重聞。細思量、那時攜手〔二〕，畫樓高、簾幕黄昏〔三〕。月不長圓，雲多輕散，天應偏妬有情人。自別後，小窗幽院〔四〕，無處不銷魂〔五〕。羅衣上、殘粧未減，猶帶啼痕。

自一從、瓶沉簪折〔六〕，杳知欲見無因。也渾疑、事如春夢〔七〕，又只愁、人是朝雲。破境分來〔八〕，朱絃斷後，不堪獨自對芳罇。試與問、多才誰更，匹配得文君〔九〕。須知道、東陽瘦損，不爲傷春。

【校記】

〔一〕綠：四庫本、叢刊本作「緑」。〔二〕攜：四庫本作「攜」，叢刊本作「携」。〔三〕畫：叢刊本作「画」。高：四庫本、叢刊本作「高」。〔四〕窗：四庫本、叢刊本作「窓」。〔五〕銷：四庫本作「消」。魂：叢刊本作「䰟」。〔六〕簪：四庫本作「簮」。〔七〕夢：叢刊本作「夣」。〔八〕來：叢刊本作「来」。〔九〕匹：叢刊本作「疋」。

西江月

程欽之〔一〕

堦下寶鞍羅帕，門前絳蠟紗籠〔二〕。留連佳客悵怱怱〔三〕。賴有新團小鳳。瓊碎黃金碾裏，乳浮紫玉甌中。歸來襲襲袖生風〔四〕。齒頰餘甘入夢。

【校記】

〔一〕明鈔本名後有「憐」字，曹批「竹垞傳鈔本無『憐』字」。〔二〕蠟：四庫本、叢刊本作「臈」。〔三〕留：四庫本作「留」，叢刊本作「畄」。悵：明鈔本、四庫本作「恨」，曹批「竹垞傳鈔本『悵』亦作『恨』」。怱：四庫本作「匆」。〔四〕來：叢刊本作「来」。襲襲：四庫本作「習習」。

又

燈火樓臺欲下〔一〕，笙歌院落將歸。冰蠶金縷勝瑠璃〔二〕。春筍捧來纖細。
飲罷高陽人散〔三〕，曲終巫峽雲飛。千方修合鬬新奇〔四〕。須帶別離滋味。

【校記】

〔一〕樓：叢刊本作「楼」。〔二〕縷：叢刊本作「縷」。瑠：四庫本作「瑠」，叢刊本作「瑠」。〔三〕高：叢刊本作「髙」。〔四〕鬬：叢刊本作「鬭」。

虞美人

何文縝㮚〔一〕

分香帕子揉藍膩〔二〕。欲去慇懃惠〔三〕。重來只約牡丹時〔四〕。莫遣花枝相妬、故開遲〔五〕。
別來看盡閑桃李〔六〕。日日欄干倚〔七〕。催花無計問東風。夢作一雙蝴蝶、遶芳叢。

【校記】

〔一〕縝：叢刊本作「縝」。㮚：竹垞傳鈔本、四庫本、叢刊本無。〔二〕膩：秦刻本注「原本作『翠』」。明鈔本、竹垞傳鈔本、四庫本、叢刊本作「翠」。〔三〕懃：四庫本、叢刊本作「勤」。〔五〕相妬：秦刻本注「原本作『知後』」。明鈔本、竹垞傳鈔本、四庫本、叢刊本作「知後」。〔六〕來：叢刊本作「来」。閑：四庫本作「閒」。〔七〕欄：四庫本作「闌」。

〔四〕來：叢刊本作「来」。

【輯評】

王灼《碧雞漫志》卷第二：何文縝在館閣時，飲一貴人家，侍兒惠柔者，解帕子爲贈，約牡丹開再集。何甚屬意，歸作《虞美人》曲，曲中隱其名……何書此曲與趙詠道，自言其張本云。

葉申薌《本事詞》卷上：何卓文縝，以狀頭而居翰苑。襟期瀟洒，羣仰風標。一日，宴于貴戚家，其佐觴之侍姬惠柔者，慧黠人也，慕何丰采，竊解羅帕爲贈，約以牡丹時再集。何歸，爲賦《虞美人》……是詞亦暗藏「惠柔」二字。

西江月　贈友人家侍兒名鶯鶯者〔一〕

李伯紀綱〔二〕

意態何如涎涎〔三〕，輕盈只恐飛飛。華堂偏傍主人棲。好與安巢穩戲。攬斷樓中風月〔四〕，且看掌上腰支。謫仙詞賦少陵詩。萬語千言總記〔五〕。

【校記】

〔一〕鶯鶯：明鈔本作「燕燕」，四庫本作『鶯鶯』。曹批「竹垞傳鈔本題作『鶯鶯』，遂誤爲『鶯鶯』。當作『燕燕』，故用漢《五行志》事」。〔二〕綱：竹垞傳鈔本、四庫本、叢刊本無。

〔三〕涏涏：竹垞傳鈔本作「涏涏」，叢刊本作「珽珽」。曹批「『涏涏』，宋本《漢書》作『涏涏』，竹垞傳鈔本作『涏涏』正與相合」。〔四〕樓：叢刊本作「楼」。〔五〕總：叢刊本作「揔」。

漢宮春

李漢老邴〔一〕

瀟洒江梅，向竹梢疎處〔二〕，橫兩三枝。東君也不愛惜，雪壓風欹。無情燕子，怕春寒、輕失花期〔三〕。卻是有、南來塞鴈〔四〕，年年長見開時。清淺小溪如練，問玉堂何似，茅舍疎籬。傷心故人去後，冷落新詩。微雲淡月，對孤芳、分付伊誰〔五〕。空自倚、清香未減，風流不在人知〔六〕。

【校記】

〔一〕邴：竹垞傳鈔本、四庫本、叢刊本無。〔二〕梢：叢刊本作「稍」。〔三〕春、輕：竹垞傳鈔本、四庫本、叢刊本作「輕」「長」。來：叢刊本作「来」。〔四〕卻：四庫本、叢刊本作「却」。〔五〕孤芳、伊：竹垞傳鈔本、四庫本、叢刊本作「江山」「他」。〔六〕清香、風流：竹垞傳鈔本、四庫本、叢刊本作「風流」「清香」。曹批「竹垞傳鈔本如此，疑秦刻據《苕溪漁隱叢話》前集改，特『稀』處，『風欹歸雁他誰』等處，又不全從胡元任本，何也。明鈔本亦作『輕』『寒』『長』『失』『江山』『风流』『清香』，与竹垞傳鈔本畧同」。（恐有筆誤）

【輯評】

楊慎《詞品》卷之二：李漢老名邴，號雲龕居士。父昭玘，元祐名士，東坡門生。漢老才學，世其家者也。其《漢宮春》梅詞入選最佳。漢老詠美人寫字云：「雲情散亂未成篇，花骨欹斜終帶軟。」亦新美可喜。

王奕清等《歷代詞話》卷六引《玉照新志》：李邴少年日作《漢宮春》詞，膾炙人口。所謂「問玉堂何似，茅舍疎籬」者是也。政和間，自書省丁憂歸山東，服終造朝，舉國無與立談者。方悵無計，時王黼爲首相，忽遣人招至東閣，開宴延之上坐，出其家姬數十人，皆絶色也，酒半，羣唱是詞以侑觴，大醉而歸。數日，有館閣之命，不數年遂入翰苑。

許昂霄《詞綜偶評》：（李邴《漢宮春》）圓美流轉，何減美成。（「東風也不愛惜」六句）三層俱用旁寫。（問玉堂何似，茅舍疎籬）舊人詩句：「白玉堂前一樹梅。」

況周頤《蕙風詞話》卷四，一七：李邴少日作《漢宮春》，膾炙人口。時王黼爲首相，忽招至東閣，開宴，延之上坐。出家姬數十人，皆絶色。酒半，群唱是詞侑觴，大醉而歸。數日有館閣之命。不數年，遂入翰苑。是皆以詞得官矣。

洞仙歌

李邴〔一〕

一團嬌軟，是將春揉做。撩亂隨風到何處〔二〕。自長亭人去後，煙草萋迷〔三〕，歸來了〔四〕，裝點離愁無數〔五〕。　飄揚，無箇事〔六〕，剛被縈牽〔七〕，長是黄昏怕微雨。記那回，深院靜簾幕低垂，花陰下霎時留住〔八〕。又只恐、伊家太輕狂，驀地和春，帶將歸去〔九〕。

【校記】

〔一〕李邴：竹垞傳鈔本、四庫本、叢刊本無。　〔二〕亂：叢刊本作「乱」。　〔三〕煙：四庫本、叢刊本作「烟」。　〔四〕歸：叢刊本作「帰」。　〔五〕數：叢刊本作「数」。　〔六〕箇：叢刊本作「个」。　〔七〕縈：叢刊本作「萦」。　〔八〕留：四庫本作「留」，叢刊本作「畄」。　〔九〕歸：叢刊本作「帰」。

【輯評】

張侃《拙軒詞話》：李漢老《洞仙歌》「一團嬌軟，是將春揉做，撩亂隨風到何處。」此有腔調散語，非工於詞者不能到。

轉調二郎神

徐幹臣仲〔一〕

悶來彈雀，又攬碎一簾花影〔二〕。謾試著春衫〔三〕，還思纖手，薰徹金爐燼冷〔四〕。動是愁多如何向，但怪得新來多病。想舊日沈腰，而今潘鬢〔五〕，不堪臨鏡。重省。別來淚滴〔六〕，羅衣猶凝。料爲我厭厭，日高傭起〔七〕，長托春酲未醒〔八〕。鴈翼不來〔九〕，馬蹄輕駐〔一〇〕，門掩一庭芳景〔一一〕。空竚立、盡日闌干倚遍，晝長人靜。

【校記】

〔一〕臣：四庫本、叢刊本作「目」。　仲：明鈔本、四庫本無，叢刊本鮑補作「神」，曹批「竹坨傳鈔本無『仲』字」。曹批「宋葛剛《三續千字文》注引『空佇立、盡日闌干倚徧』，作周美成詞，未知何故。此與《絶妙好詞》因皆謂徐幹臣作也」。　〔二〕碎：竹坨傳鈔本、四庫本、叢刊本作「破」。　〔三〕謾：四庫本作「漫」。　著：四庫本、叢刊本作「着」。　〔四〕爐：明鈔本作「壚」。　〔五〕髩：四庫本「簾」下作「風花影」。　〔五〕髩：四庫本作「鬢」，叢刊本作「鬓」。

〔六〕淚：四庫本、叢刊本作「泪」。　〔七〕高：叢刊本作「高」。　〔八〕托：明鈔本、四庫本作「託」。　〔九〕來：叢刊本作「来」。　〔一〇〕輕：明鈔本作「難」，曹批「竹坨傳鈔本『難』作『輕』」。　〔一一〕掩：叢刊本作「閉」。

【輯評】

張侃《拙軒詞話》：徐幹臣侍兒既去，作《轉調二郎神》，悉用平日侍兒所道底言語。史志道與幹臣善，一見此詞，從跡其所在而歸之。

宴清都

何籀〔一〕

細草沿堦軟〔二〕。遲日薄、惠風輕靄微暖〔三〕。春工斬惜，桃紅尚小，柳芽猶短。羅幃繡幙高卷〔四〕。又早是、歌慵笑懶。凭畫樓，那更天遠〔五〕，山遠水遠人遠。　堪嘆傅粉疎狂〔六〕，竊香俊雅，無計拘管。青絲絆馬〔七〕，紅巾寄羽〔八〕，甚處迷戀〔九〕。無言淚珠零亂〔一〇〕。翠袖滴、重重漬徧〔一一〕。故要知、別後思量〔一二〕，歸時覷見〔一三〕。

【校記】

〔一〕籀：四庫本、叢刊本作「籒」。　〔二〕沿：四庫本、叢刊本作「浛」。　堦：叢刊本作「墳」。　〔三〕惠：明鈔本、叢刊本作「蕙」，曹批「竹垞傳鈔本亦作『蕙』」。　〔四〕繡：四庫本、叢刊本作「繍」。　幙：四庫本、叢刊本作「幕」。　〔五〕畫：叢刊本作「画」。　樓：叢刊本作「楼」。　〔六〕嘆：四庫本作「怨」。　〔七〕絲：叢刊本作「丝」。　絆：叢刊本作「伴」。　〔八〕羽：竹垞傳鈔本作「淚」，曹批「明鈔本亦作『淚』」。叢刊本作「泪」。

〔九〕戀：叢刊本作「恋」。　〔一〇〕淚：叢刊本作「泪」。　亂：叢刊本作「乱」。

〔一一〕滴：四庫本作「儘」。　〔一二〕知：四庫本作「得」。　〔一三〕歸：叢刊本作「帰」。　覷：四庫本、叢刊本作「覻」。

水調歌頭

帆落松陵浦，枯柳纜瓊艘。杖策無人獨步，浪壓百花嬌〔一〕。我掛風裳衣珮〔二〕。不須臾，一笑波寒月白〔三〕。餘韻觸驚濤。絶景有誰賞，霧幙閉三高〔四〕。千古事，一蕭條。鱸魚縱有澤荒〔五〕，甫里失溪橋〔六〕。更吾名高業茂〔七〕。終歸荒田野草〔八〕。且穩一枝巢。舉酒酹空濶，煙遠路迢迢〔九〕。

【校記】

〔一〕嬌：明鈔本、四庫本、叢刊本作「橋」，曹批「竹垞傳鈔本亦作『橋』，恐秦刻誤改」。〔三〕笑：叢刊本作「咲」。

〔二〕衣：竹垞傳鈔本、四庫本、叢刊本作「水」，曹批「明鈔本亦作『水』」。

〔四〕幙：四庫本、叢刊本作「幕」。高：叢刊本作「高」。〔五〕鱸：叢刊本作「鲈」。

〔六〕溪：叢刊本作「溪」，鮑校作『溪』，四庫本作「虹」。〔七〕吾：叢刊本鮑校作「我」。

高：叢刊本作「高」。〔八〕歸：叢刊本作「帰」。〔九〕迢迢：竹垞傳鈔本作「迢□」。

鳳棲梧

洪覺範惠洪〔一〕

碧瓦籠晴煙霧繞〔二〕。水殿西偏，小立聞啼鳥。風度女墻吹語笑。南枝破臘應開了。　道骨不凡江瘴曉。春色通靈，醫得花重少〔三〕。爆暵釀寒空杳杳〔四〕。江城晝角催殘照。

【校記】

〔一〕惠洪：竹垞傳鈔本、四庫本、叢刊本無。　〔二〕煙：四庫本、叢刊本作「烟」。

〔三〕重：四庫本作「多」。　〔四〕爆暵：秦刻本缺，竹垞傳鈔本、四庫本、叢刊本作「爆暵」，曹批「明鈔本亦作『爆暵』」。據補。又墨批「忠案『□□』據《陽春白雪》乃『曝暵』二字」。

千秋歲

用少游韻，題崔徽子〔一〕

半身屏外。睡覺唇紅退。春思亂〔二〕，芳心碎。空餘簪髻玉，不見流蘇帶〔三〕。試與問，今人秀整誰宜對〔四〕。　湘浦曾同會。手搴輕羅蓋〔五〕。疑是夢，今猶在。十分春易盡，一點情難改。多少事，卻隨恨遠連雲海〔六〕。

【校記】

〔一〕竹垞傳鈔本、四庫本、叢刊本無題。〔二〕亂：叢刊本作「乱」。〔三〕蘇：叢刊本作「蘓」。〔四〕今：四庫本作「箇」。〔五〕搴：四庫本作「攀」。〔六〕卻：明鈔本作「都」，曹批「竹垞傳鈔本『都』作『卻』」。四庫本、叢刊本作「却」。

青玉案　元夕

凝祥宴罷曲歌吹。晝轂走〔一〕，香塵起。冠壓花枝馳萬騎。馬行燈鬧，鳳樓簾捲〔二〕，陸海鰲山對。　當年曾看天顏醉。御盃舉〔三〕，歡聲沸。時節雖同悲樂異。海風吹夢〔四〕，嶺猿啼月，一枕思歸淚〔五〕。

【校記】

〔一〕晝：四庫本作「盡」。〔二〕棲：竹垞傳鈔本、四庫本作「樓」。〔三〕盃：四庫本、叢刊本作「杯」。〔四〕夢：叢刊本作「夣」。〔五〕歸：叢刊本作「帰」。

點絳唇

流水泠泠，斷橋横路梅枝亞。雪花初下。全似江南畫。　白壁青錢，欲買春無價。歸來也〔一〕，風吹平野，一點香隨馬〔二〕。

【校記】

〔一〕歸：叢刊本作「帰」。來：叢刊本作「来」。〔二〕隨：叢刊本作「随」。

【輯評】

楊慎《詞品》卷之二：洪覺範詠梅《點絳唇》詞……梅詞如此清俊，亦僅有者，惜入草堂之選。

馮金伯《詞苑萃編》卷之五《品藻》：朱新仲南渡後待制填詞，嘗雪中至西湖看梅，作《點絳唇》詞……西湖詠梅者多矣，而不爲雕琢，自然大雅，首推此詞。

眼兒媚

宋退翁齊愈〔一〕

霏霏疎影轉征鴻。人語暗香中。小橋斜渡，西亭深院，水月朦朧〔二〕。　人間不是藏春處，玉笛曉霜空。江南樹樹，黄垂密雨，緑漲薰風〔三〕。

【校記】

〔一〕齊愈：竹坨傳鈔本、四庫本、叢刊本無。　〔二〕朦：叢刊本作「濛」。　〔三〕綠：四庫本、叢刊本作「緑」。

【輯評】

馮金伯《詞苑萃編》卷之四《品藻》引《宣和遺事》：宣和中，宋齊愈爲太學官，徽宗召對曰：「卿文章新奇，可作梅詞進呈，須是不經人道語。」齊愈立進《眼兒媚》……徽宗稱善。次日諭近臣曰：「宋齊愈梅詞，非惟不經人道，且自開花説至結子黄熟，并天氣亦言之，可謂盡致矣。」

青玉案

蔣宣卿璨

三年枕上吳中路。遣黄耳、隨君去〔一〕。欲過松江呼小渡。莫驚鷗鷺，四橋都是，老子經行處。　輞川圖上看春暮〔二〕。長憶高人右丞句〔三〕。作箇歸期天未許〔四〕。春衫猶是，小蠻鍼線〔五〕，曾濕西湖雨。〔六〕

【校記】

〔一〕隨：叢刊本作「随」。　〔二〕上：明鈔本作「□」，曹批「竹坨傳鈔本亦作『□』，下『有』字作『看』，明鈔本『看』作『有』當是形近而譌」。叢刊本空一字。　〔三〕高：叢刊本

〔四〕箇：叢刊本作「个」。〔五〕鍼：四庫本、叢刊本作「針」。〔六〕秦作「高」。刻本注「見東坡詞」。

浣溪沙

孫仲翼覿〔一〕

弱骨輕肌不耐春。一枝江路玉梅新。巡簷索笑爲何人。素影徘徊波上月，碎香搖蕩竹間雲〔二〕。酒醒人散夢仙村。

【校記】

〔一〕叢刊本鮑校補。〔二〕間：叢刊本作「閒」。

洞仙歌

劉偉明弇〔一〕

凄凉楚弄〔二〕，行客腸曾斷。濤卷秋容晴淮何〔三〕。去年時、還是今日孤舟，煙浪裏〔四〕，身與江雲共遠。別來丹枕夢〔五〕，幾過滄洲，皓月而今爲誰滿。薄倖苦無端，悮卻嬋娟〔六〕，有人在玉樓天半。最不憒、西風破帆來，甚時節，收拾望中心眼。

【校記】

〔一〕弇：竹垞傳鈔本、四庫本、叢刊本無。〔二〕弄：竹垞傳鈔本作「岸」，曹批「明鈔本『岸』作『弄』」。〔三〕淮何：秦刻本缺。竹垞傳鈔本、叢刊本作「淮何」，曹批「明鈔本『□□』亦作『淮何』」。竹垞傳鈔本如此，疑『淮甸』之誤，『何』與『甸』形近也。邢子才所以以思誤書爲適。」據補。四庫本作「淮晚」。〔四〕煙：四庫本、叢刊本作「烟」。〔五〕來：叢刊本作「来」。丹枕：曹批「明鈔本『丹枕』疑當作『單枕』」。夢：四庫本、叢刊作「夣」。〔六〕卻：四庫本、叢刊本作「却」。

婆羅門引

楊如晦景

帳雲暮捲，漏聲不到小簾櫳。銀漢夜洗晴空。皓月當軒高挂〔一〕，秋入廣寒宮。正金波不動，桂影玲瓏。佳人未逢。悵此夕、與誰同。對酒當歌，追念霜滿秋紅〔二〕。南樓何處〔三〕，想人在、横笛一聲中〔四〕。凝望眼、立盡西風。〔五〕

【校記】

〔一〕當：叢刊本作「堂」。挂：四庫本、叢刊本作「掛」。〔二〕秋：竹垞傳鈔本、四庫本、叢刊本作「愁」。曹批「明鈔本亦作『愁紅』」。「此詞《苕溪漁隱叢話》後集所載亦作『霜滿愁紅』，與竹垞傳鈔本同。胡元任且謂爲時太平，是無語病，則當作『愁紅』審矣。秦刻注此曹組《望月詞》即據《叢話》」。〔三〕樓：叢刊本作「楼」。〔四〕想：竹垞傳鈔本、四庫本、叢刊本作「愁」，曹批「明鈔本『想』字亦作『愁』」。〔五〕秦刻本注「此曹組《望月詞》」。

聲聲慢　木犀

李似之彌遜〔一〕

龍涎燒就，沉水薰成，分明亂屑瓊瑰〔二〕。一朵才開，人家十里先知。此花大卽不大，有許多、瀟洒清奇。較量盡、諸勝如茉莉，趂得酴醿。　更被秋光掇送，微放些月照，著陣風吹〔三〕。惱殺多情，猛判沉醉酬伊。朝朝暮暮守定，儘忙時、也不相離。睡夢裏〔四〕，膽瓶兒、枕畔數枝。

【校記】

〔一〕彌遜：四庫本作「彌道」，叢刊本作「弥道」。〔二〕亂：叢刊本作「乱」。〔三〕著：四庫本、叢刊本作「着」。〔四〕夢：四庫本、叢刊本作「夢」。

菩薩蠻

江城烽火連三月。不堪對酒江亭別。休作斷腸聲。老來無淚傾。　風高帆影疾〔一〕。目送舟痕碧。錦字幾時來〔二〕。熏風無鴈回〔三〕。

【校記】

〔一〕高：叢刊本作「髙」。〔二〕來：叢刊本作「来」。〔三〕回：四庫本作「囘」，叢刊本作「囬」。

相思令

林和靖

吳山青。越山青。兩岸青山相對迎。爭忍有離情。　君淚盈。妾淚盈。羅帶同心結未成。江邊潮已平〔一〕。

【校記】

〔一〕邊：四庫本作「頭」。

【輯評】

楊慎《詞品》卷之三：林君復惜別《長相思》詞……甚有情致。

馮金伯《詞苑萃編》卷之四《品藻》：林處士妻梅子鶴，可稱千古高風矣。乃其《長相思》惜別詞……何等風致，閒情一賦，詎必玉瑕珠纇耶。

陳廷焯《詞壇叢話》：詞雖不避艷冶，亦不可流於穢褻。嘗見趙忠簡詞，有「夢回鴛帳餘香嫩」之句。司馬温公詞，有「相見争如不見，有情還似無情」之句。范文正詞，有「眉間心上，無計相迴避」之句。韓魏公詞，有「愁無際，武陵凝睇，人遠波空翠」之句。寇萊公詞，有「柔情不斷如春水」之句。林和靖詞，有「羅帶同心結未成」之句。趙清獻詩，亦有「春窗惱春思，一枕杜鵑啼」之句。數公勳德才望，昭昭千古，而所作小詞，非不盡態極妍，然不涉穢語，故不爲法秀道人師呵。後學每以之藉口，競作麗辭。不知惟立品如數公，乃可偶一爲之。若後生小子沾沾然於此求工，鮮不爲心術之累。

陳廷焯《白雨齋詞話》卷五：閒情之作，雖屬詞中下乘，然亦不易工。蓋摹色繪聲，礙難著筆。第言姚冶，易近纖佻。兼寫幽貞，又病迂腐。然則何爲而可，曰：「根柢於風騷，涵泳于温、韋，以之作正聲也可，以之作艷體亦無不可。」古人詞如毛熙震之「暗思閑夢，何處逐雲行。」晏元獻之「樓頭殘夢五更鐘，花底離愁三月雨。」林和靖之「羅帶同心結未成。江頭潮已平。」……均不失爲風流酸楚。今人不知作詞之難，至於艷詞，更以爲無足輕重，率爾操觚，揚揚得意，不自知可恥。此關雎所以不作也，此鄭聲之所以盈天下也，此則余之所大懼也。

南歌子

仲殊

十里清山遠，潮平路帶沙。數聲啼鳥怨年華〔一〕。又是凄凉時候、在天涯。白露收殘暑，清風襯晚霞。綠楊堤畔鬧荷花〔二〕。記得年時沽酒、那人家。

【校記】

〔一〕數：叢刊本作「数」。〔二〕綠：四庫本、叢刊本作「緑」。

減字木蘭花〔一〕

誰將妙筆。寫就素縑三百匹。天下應無。此是錢唐江上圖〔二〕。一般奇絶。雲淡天低秋夜月。費盡丹青。只這些兒畫不成。

【校記】

〔一〕秦刻本、竹垞傳鈔本、四庫本、叢刊本注「或云仲殊作」。〔二〕唐：竹垞傳鈔本、四庫本、叢刊本作「塘」。

小重山

祖可

誰向江頭遺恨濃。碧波流不斷，楚山重。柳煙和雨隔疎鐘〔一〕。黄昏後，羅幙更朦朧〔二〕。桃李小園空。阿誰猶笑語〔三〕，拾殘紅。珠簾捲盡落花風。人不見，春在緑蕪中〔四〕。

【校記】

〔一〕煙：四庫本、叢刊本作「烟」。〔二〕幙：四庫本、叢刊本作「幕」。〔三〕笑：叢刊本作「咲」。〔四〕緑：四庫本、叢刊本作「綠」。

燭影搖紅

題安陸浮雲樓〔一〕

廖世美

靄靄春空，畫樓森聳凌雲渚〔二〕。紫薇登覽最關情〔三〕，絶妙誇能賦。惆悵相思遲暮。記當日、朱闌共語。塞鴻難問，岸柳何窮，别愁紛絮。催促年光，舊來流水知何處〔四〕。斷腸何必更殘陽，極目傷平楚。晚霽波聲帶雨。悄無人、舟横野渡。數峯江上〔五〕，芳草天涯，參差煙樹〔六〕。

【校記】

〔一〕浮：四庫本作「淩」。　樓：叢刊本作「楼」。　〔二〕畫：叢刊本作「画」。　〔三〕闕：叢刊本作「関」。　〔四〕來：叢刊本作「来」。　〔五〕數：叢刊本作「数」。　峯：四庫本作「峰」。　〔六〕煙：四庫本、叢刊本作「烟」。

【輯評】

況周頤《蕙風詞話》卷二，二〇：廖世美《燭影摇紅》過拍云：「塞鴻難問，岸柳何窮，别愁紛絮。」神來之筆，即已佳矣。换頭云：「催促年光，舊來流水知何處？斷腸何必更殘陽，極目傷平楚。晚霽波聲帶雨，悄無人、舟横野渡。」語淡而情深，令子野、太虚輩爲之，容或未必能到。此等詞一再吟誦，輒沁人心脾，畢生不能忘。《花庵絶妙詞選》中，真能不愧「絶妙」二字，如世美之作，殊不多觀。

好事近

落日水鎔金，天淡暮煙凝碧〔一〕。樓上誰家紅袖〔二〕。靠闌干無力。鴛鴦相對浴紅衣〔三〕，短棹弄長笛。驚起一雙飛去。聽波聲拍拍。〔四〕

【校記】

〔一〕煙：四庫本、叢刊本作「烟」。　〔二〕樓：叢刊本作「楼」。　〔三〕鴦：叢刊本作「央」。　〔四〕秦刻本注「一云『李鷹作』」。

踏青遊

王晉卿詵〔一〕

金勒狨鞍，西城嫩寒春曉。路漸入、垂楊芳草。過平堤，穿綠逕〔二〕，幾聲啼鳥。是處裏，誰家杏花臨水，依約靚粧窺照。極日高原〔三〕，東風露桃煙島〔四〕。望十里、紅圍綠遶〔五〕。更相將、乘酒興，幽情多少。待向晚、從頭記將歸去〔六〕，說與鳳樓人道〔七〕。

【校記】

〔一〕明鈔本無「詵」，曹批「竹垞傳鈔本無『王晉卿』三字」。四庫本、叢刊本全無。　〔二〕〔五〕綠：四庫本、叢刊本作「緑」。　〔三〕日：明鈔本、四庫本、叢刊本作「目」，曹批「竹垞傳鈔本『日』亦作『目』」。　〔四〕煙：四庫本、叢刊本作「烟」。　〔六〕向：四庫本作「回」。　〔七〕樓：叢刊本作「楼」。

小重山

汪彦章藻〔一〕

月下潮生紅蓼汀。殘霞都斂盡，四山青。柳梢風急墮流螢〔二〕。隨波去〔三〕，點點亂寒星〔四〕。　別語記丁寧。如今能間隔，幾長亭。夜來秋氣入銀屏〔五〕。梧桐雨，還恨不同聽。

【校記】

〔一〕藻：竹垞傳鈔本、四庫本、叢刊本無。　〔二〕梢：叢刊本作「稍」。墮：叢刊本作「墮」。

〔三〕隨：叢刊本作「隨」。　〔四〕星：叢刊本作「生」，鮑校作「星」。　〔五〕來：叢刊本作「来」。

【輯評】

沈雄《古今詞話·詞辯》上卷引《柳塘詞話》：汪藻詞亦美贍，一時不爲流傳者，曾爲張邦昌雪罪表故也。乃其《小重山》秋閨云：「月下潮生紅蓼汀。殘霞都斂盡，四山青。柳梢風急墮流螢。隨波去，點點亂寒星。」却從庾信「秋風驅亂螢」不及寒星句來，而景自勝。過變云：「別語記丁寧。如今能間隔，幾長亭。夜來秋氣入銀屏。梧桐雨，還恨不同聽。」又從小杜「銀燭秋光冷畫屏」不及夜長句來，而情自勝。

點絳唇　蘇過〔一〕

清月娟娟，夜寒江靜山銜斗。起來搔首。梅影橫窗瘦〔二〕。好箇霜天〔三〕，閑著傳盃手〔四〕。君知否。曉鴉啼後。歸夢濃於酒〔五〕。

【校記】

〔一〕竹坨傳鈔本、四庫本、叢刊本無。　〔二〕窗：四庫本、叢刊本作「窓」。　〔三〕箇：四庫本、叢刊本作「个」。　〔四〕閑：四庫本作「閒」。　著：四庫本、叢刊本作「着」。　盃：四庫本、叢刊本作「杯」。　〔五〕於：明鈔本、四庫本、叢刊本作「如」，曹批「竹坨傳鈔本亦作『如』」。　秦刻本注「案《古今詞話》云：蘇叔黨有『新月娟娟』『高柳蟬嘶』二首，時禁蘇氏文章，故隱其名，以爲汪彥章作，《雅詞》以此附於浮溪《小重山》詞後，不著名氏」。

南歌子　送淮漕向伯恭　楊時可适〔一〕

怨草迷南浦，愁花傍短亭。有情歌酒莫催行。看取無情花草、也關情〔二〕。

舊日臨岐曲，而今忍淚聽〔三〕。淮山何在暮雲凝。待倩春風吹夢、過江城〔四〕。

【校記】

〔一〕适：竹垞傳鈔本、四庫本、叢刊本無。〔二〕闕：叢刊本作「関」。〔三〕淚：四库本作「泪」。〔四〕春：曹批「竹垞傳鈔本脱『春』字」。

菩薩蠻

李元卓

一枝絳蠟香梅軟〔一〕。宜春小勝玲瓏翦〔二〕。拂曉上瑶釵。春從鬢底來〔三〕。菱花頻自照。粉面驚春早。淡拂遠山眉。爲誰今日宜。

【校記】

〔一〕蠟：四庫本、叢刊本作「蝎」。〔二〕翦：四庫本、叢刊本作「剪」。〔三〕鬢：四庫本、叢刊本作「鬓」。底：四庫本作「庢」。來：叢刊本作「来」。

清平樂

向伯恭韻木犀〔一〕

韓叔夏

秋光如水。釀作鵝黄蟻。散入千嵓佳樹裏〔二〕。唯許修門人醉。翠鈿重上風鬟〔三〕。不禁月冷霜寒。步障深沉歸去，依然愁滿江山。

【校記】

〔一〕恭：四庫本作「英」。〔二〕樹：秦刻本注「一作『桂』」。〔三〕翠：秦刻本作「□」，注「一作『輕』」。竹垞傳鈔本、四庫本、叢刊本作「翠」，據補。曹批「明鈔本『翠』作『□』」。

西江月　廣帥席上　顏持約

草草書傳錦字，厭厭夢繞梅花〔一〕。海山無計住星槎。腸斷芭蕉影下。缺月舊時庭院，飛雲到處人家。而今贏得鬢先華〔二〕。說著多情已怕〔三〕。

【校記】

〔一〕夢：叢刊本作「夣」。〔二〕贏：四庫本、叢刊本作「蠃」。鬢：四庫本、叢刊本作「鬂」。〔三〕著：四庫本、叢刊本作「着」。

南鄉子　吴大年億〔一〕

江上雪初消，暝日晴煙弄柳條〔二〕。認得裙腰芳草綠〔三〕，魂消〔四〕。曾折梅花過斷橋。潘鬢爲誰彫〔五〕。長恨金閨閉阿嬌。遙想晚粧呵手罷，天嬈。更傍朱唇暝玉簫。

【校記】

〔一〕億：明鈔本、竹垞傳鈔本、四庫本、叢刊本無。〔二〕煙：四庫本、叢刊本作「烟」。

〔三〕裙：四庫本、叢刊本作「裠」。緑：竹垞傳鈔本、四庫本、叢刊本作「路」，曹批「明鈔本亦作『路』」。〔四〕消：明鈔本、四庫本作「銷」，曹批「竹垞傳鈔本亦作『銷』」。

〔五〕鬢：叢刊本作「鬂」。

減字木蘭花

薔薇葉暗。滿架濃陰風不亂。午酒才醒。歷歷黄鸝枕上聽〔一〕。此情難遣。不比紅蕉心易展。要識離愁。只似楊花不自由。

【校記】

〔一〕歷：四庫本作「歴」。

浣溪沙 酴醾

夢入瑤臺千步芳〔一〕。萬妃相向玉爲裝〔二〕。同心鞶帶翠羅長。濃豔只宜供枕席，醉魂長是傍壺觴〔三〕。紺紗囊薄爲誰香〔四〕。

【校記】

〔一〕臺：叢刊本作「臺」。〔二〕萬：叢刊本作「万」。〔三〕醉：叢刊本作「酔」。〔四〕紺：四庫本作「絳」。魂：四庫本、叢刊本作「䰟」。

又

白玉樓中白雪歌〔一〕。更將白紵襯春羅。軟紅香裏最么麽。桃葉桃根隨處有〔二〕，江南江北見來多〔三〕。風前月底奈愁何。

【校記】

〔一〕樓：叢刊本作「楼」。〔二〕隨：叢刊本作「随」。〔三〕來：叢刊本作「来」。

燭影搖紅

上晁具道〔一〕　吴億〔二〕

樓雪初消〔三〕，麗譙吹罷單于晚〔四〕。使君千炬起班春〔五〕，歌吹香風暖。十里珠簾盡捲〔六〕。正人在、蓬壺閬苑。賣薪買酒，立馬傳觴，昇平重見。誰識鰲頭〔七〕，去年曾侍傳柑宴。至今衣袖帶天香，行處氤氳滿。已是春宵苦短。且莫遣、歡遊意懶。細聽歸路〔八〕，璧月光中，玉簫聲遠。

【校記】

〔一〕具：四庫本、叢刊本作「共」。〔二〕竹：竹垞傳鈔本、四庫本、叢刊本無。〔三〕樓：叢刊本作「楼」。〔四〕單：叢刊本作「单」。〔五〕班：四庫本作「斑」。〔六〕十：四庫本、叢刊本作「千」。〔七〕鰲：竹垞傳鈔本、四庫本作「遨」，曹批「明鈔本亦作『遨』」。〔八〕聽：曹批「竹垞傳鈔本脱『聽』字」。歸：四庫本作「蹄」。

臨江月〔一〕 聞郡守移傳薌林

竹裹行厨草草，花邊繫馬匆匆〔二〕。使君移傳意何窮。兒童隨騎火〔三〕，猿鶴避歌鐘。梅雪自欺舞態，燭花先放春紅。酒醒人散夜堂空。慇懃松上月〔四〕，獨照老仙翁。

【校記】

〔一〕月：四庫本、叢刊本作「仙」。〔二〕匆：四庫本作「忽」。〔三〕隨：叢刊本作「随」。〔四〕懃：叢刊本作「勤」。

好事近

蔣元韻子雲〔一〕

葉暗乳鴉啼，風定老紅猶落。蝴蝶不隨春去〔二〕，入薰風池閣。　休歌金縷勸金巵，酒病煞如昨。簾捲日長人靜，任楊花飄泊。

【校記】

〔一〕子：明鈔本作「口」，竹垞傳鈔本、四庫本、叢刊本作「石」。　〔二〕隨：叢刊本作「随」。

阮郎歸

山池芳草綠初勻〔一〕。柳寒眉尚顰〔二〕。東風吹雨細於塵〔三〕。一庭花臉皴。　鸎共蝶，怨還嗔〔四〕。眼前無好春。這番天氣愁殺人〔五〕。人愁旋旋新。

【校記】

〔一〕綠：四庫本、叢刊本作「緑」。　〔二〕眉：叢刊本作「眉」。　〔三〕於：叢刊本作「扵」。　〔四〕嗔：四庫本、叢刊本作「嗔」。　〔五〕愁殺：明鈔本、四庫本作「殺愁」，叢刊本改作「殺愁」，曹批「竹垞傳鈔本亦作『殺愁』，秦刻誤倒」。

烏夜啼〔一〕

蔣子雲〔二〕

小桃落盡殘紅。恨東風。又是一番春事，不從容。翠屏掩，芳信斷，轉愁濃。可惜日長閑暇〔三〕，小簾櫳。

【校記】

〔一〕夜：叢刊本作「亱」。〔二〕蔣子雲：竹垞傳鈔本、四庫本、叢刊本無。〔三〕閑：四庫本作「閒」。

殢人嬌

張彦實智宗〔一〕

深院海棠，誰倩春工染就。映窗戶〔二〕，爛如錦繡。東君何意，便風狂雨驟。堪恨處、一枝未曾到手。今日乍晴，匆匆命酒〔三〕。猶及見、臙脂半透。殘紅幾點，明朝知在否。問何似、去年看花時候〔四〕。

【校記】

〔一〕智宗：竹垞傳鈔本、四庫本、叢刊本無。〔二〕窗：四庫本、叢刊本作「窓」。〔三〕匆：四庫本作「怱」。〔四〕年看：叢刊本補。

又

張方仲〔一〕

多少臙脂〔二〕，匀成點就。千枝亂攢紅堆繡〔三〕。花無長好，更光陰去驟。對景憶良朋，故應招手。曾記年時〔四〕，花間把酒。任淋浪、春衫濕透。文園今病，問遠能來否〔五〕。卻道有酴醿〔六〕，牡丹時候。〔七〕

【校記】

〔一〕曹批「明鈔本有『張方仲』三字」，叢刊本鮑校補。〔二〕臙：四庫本作「胭」。

〔三〕亂：叢刊本作「乱」。〔四〕記：四庫本、叢刊本作「説」。〔五〕遠：秦刻本注「一作『速』」。〔六〕卻：四庫本、叢刊本作「却」。〔七〕秦刻本注「前段第二句較前詞少二字，且同用一韻，恐有脱字」。

西江月

贈人博山

范智聞

紫素全如玉琢，清音不假金粧。海沉時許試芬芳。髣髴雲飛仙掌。煙縷不愁凄斷，寶釵還與商量。佳人特特爲翻香。圖得氤氲重上。

浣溪沙

春院無人花自香。飛來蜂蝶意何狂。玉鈎簾捲日偏長〔一〕。　笑又不成愁未是，曲屏閒倚繡鴛鴦〔二〕。歸時應供晚來粧〔三〕。

【校記】

〔一〕玉：竹垞傳鈔本作「□」。　〔二〕閒：明鈔本、叢刊本作「閑」，曹批「竹垞傳鈔本亦作『閑』」。鴦：叢刊本作「央」。　〔三〕晚來：秦刻本缺，叢刊本空两字。竹垞傳鈔本「供□□」作「作夜來」，曹批「明鈔本作『歸時應供來來粧』，惟上『來』字誤」。據四庫本補。

點絳唇

孫肖之

煙洗風梳〔一〕，司花先放江梅吐。竹村沙路。脈脈搖寒雨〔二〕。　醉魄吟魂〔三〕，無著清香處〔四〕。愁如縷。繫春不住。又折冰枝去。

【校記】

〔一〕煙：四庫本、叢刊本作「烟」。　〔二〕脈：四庫本、叢刊本作「脉」。　〔三〕吟：四庫本作「冷」。　〔四〕著：四庫本、叢刊本作「着」。

長相思令〔一〕

雲一髻。玉一梭。淡淡衫兒薄薄羅〔二〕。輕顰雙黛螺〔三〕。　秋風多。雨相和。窗外芭蕉三兩窠〔四〕。夜長人奈何。

【校記】

〔一〕秦刻本注「一作李后主詞」。兒：叢刊本作「児」。

〔二〕淡淡：曹批「明鈔本作『浅淡』，竹垞傳鈔本作『淡淡』」。

〔三〕雙：叢刊本作「隻」。

〔四〕窗：四庫本、叢刊本作「窓」。

透碧霄

查荎〔一〕

艤蘭舟。十分端是載離愁。練波送遠，屏山遮斷，此去難留〔二〕。相從爭奈心期久，要屢變霜秋〔三〕。歎人生、杳似萍浮〔四〕。又翻成輕別。都將深恨，付與東流。　想斜陽影裏〔五〕，寒煙明處〔六〕，雙槳去悠悠〔七〕。愛渚梅幽香動，須採掇，倩纖柔。豔歌粲發，誰傳餘韻，來說仙遊〔八〕。念故人、留此遐州〔九〕。但春風老後，秋月圓時，獨倚西樓〔一〇〕。

【校記】

〔一〕荎：四庫本、叢刊本作「莖」。〔二〕罶：四庫本作「留」，叢刊本作「畱」。〔三〕變：竹垞傳鈔本、四庫本、叢刊本作「更」。〔四〕萍浮：叢刊本作「浮萍」。〔五〕裏：叢刊本作「裡」。〔六〕煙：四庫本、叢刊本作「烟」。〔七〕雙：叢刊本作「隻」。去：曹批「竹垞傳鈔本脱『去』字」，四庫本、叢刊本作「來」。〔八〕來：叢刊本作「来」。〔九〕罶：四庫本、叢刊本作「留」。〔一〇〕西樓：秦刻本注遊：四庫本作「游」。「一作『江樓』」。

【輯評】

楊慎《詞品》卷之四：此查荎《透碧霄》詞也，所謂一不為少。

丁紹儀《聽秋聲館詞話》卷一：宋曹勳作《透碧霄》詞一百十七字，較柳永、查荎所填一百十二字體，句讀迴異。萬氏未見曹集，致未收入又一體。柳、查二作，字句相同，而查作尤佳。其詞……换頭三語，真是繪水繪聲之筆。《詞綜》録此詞。「宛似」作「杳似」，「滯此」作「留此」，似不如「宛」字「滯」字。又「採掇」句本作「須采掇，倩纖柔」，六字折腰，與柳詞「空恁嚲轡垂鞭」，句法小異。《詞律》謂文義亦有可疑，若作「采掇須倩纖柔」，則理順語協，宜從之。

卜算子

李敦詩

南北利名人，常恨家居少。每到春時聽子規，無不傷懷抱。好去向長安，細與公卿道。待得功成名遂時，不似歸來早。

【輯評】

丁紹儀《聽秋聲館詞話》卷二十云：詞宜尚雅，始自曾端伯手編樂府，以《雅詞》名，顧所選有不儘然者……又如李敦詩《卜算子》云……殊淺陋無味。

憶眞妃〔一〕

康仲伯

怱怱一望關河〔二〕。聽離歌。艇子急催雙槳、下清波〔三〕。淋浪醉。闌干淚〔四〕。奈情何。明日畫橋西畔、暮雲多〔五〕。

【校記】

〔一〕眞：四庫本、叢刊本作「真」。〔二〕關：叢刊本作「関」。〔三〕雙：叢刊本作「雙」。〔四〕闌：四庫本作「欄」。〔五〕畫：叢刊本作「画」。

南鄉子

李郭共仙舟。準擬蘇臺爛熳遊〔一〕。風雪爲誰留住也〔二〕，滄洲。一尺銀沙未肯收〔三〕。無語只關愁〔四〕。强殢金巵不計籌。想得人人梳洗懶，粧樓。低窣簾兒不上鈎。

【校記】

〔一〕蘇：叢刊本作「蘓」。臺：四庫本、叢刊本作「臺」。熳：四庫本作「漫」。〔二〕留：四庫本作「留」，叢刊本作「留」。〔三〕收：明鈔本作「休」，曹批「竹垞傳鈔本『休』作『收』」。〔四〕關：叢刊本作「関」。

鳳棲梧

姑射仙人遊汗漫〔一〕。白鳳翩翩，銀海光凌亂。龜手兒童貪戲玩〔二〕。風簷更折梅梢看〔三〕。漠漠銀沙平晚岸。笑擁寒簑，聊作漁翁伴。横玉愁雲吹不斷。歸舟又載蘋花滿

【校記】

〔一〕仙：明鈔本作「真」，曹批「竹坨傳鈔本『真』作『仙』」。〔二〕戲：四庫本作「戲」。

〔三〕簷：曹批「竹坨傳鈔本『簷』作『簾』」。

歸自謠〔一〕

愁冉冉。目送書空鴻數點〔二〕。落霞風翦江分染〔三〕。勝處屏雲猶未掩。羞娥斂。紅潮怕上春風臉〔四〕。

【校記】

〔一〕自：四庫本作「國」。〔二〕數：叢刊本作「数」。〔三〕翦：四庫本、叢刊本作「剪」。〔四〕臉：竹坨傳鈔本、四庫本、叢刊本作「面」，曹批「明鈔本『面』作『臉』」。曹批「此《歸自謠》似用歐陽永叔韵者，恐『面』字當如秦刻作『臉』矣。以詞言之，則『面』字自佳也」。

卜算子〔一〕

曾約再來時，花暗春風樹。今日人來花未開，春未知人處。坐客有疎狂。

綵筆題新語。渾爲玉人頹玉山，忘了陽關路〔二〕。

【校記】

〔一〕算：四庫本作「筭」。〔二〕關：叢刊本作「関」。

又

煙鬟綰層巔〔一〕，雲葉生寒樹。斜日行人窈窕村〔二〕，愁陣縱橫處。細細寫蠻牋〔三〕，[illegible]寄相思語〔四〕。會倩春風展柳眉，回馬章臺路〔五〕。

【校記】

〔一〕煙：四庫本、叢刊本作「烟」。巔：四庫本作「巓」。〔二〕窈：四庫本、叢刊本作「窅」。〔三〕蠻：叢刊本作「蛮」。〔四〕衜：竹垞傳鈔本、四庫本作「道」，曹批「明鈔本『道』作『衜』」。四庫本「寄」作「盡」，叢刊本作「衜思」。〔五〕回：四庫本作「囘」，叢刊本作「回」。臺：叢刊本作「臺」。

又

春淺借和風，吹綠亭皐樹〔一〕。依約屏開出紫雲〔二〕，入格風流處。便做鐵心腸，也爲梅花語。欲共東君更挽畱〔三〕，巧棧煙霞路〔四〕。

【校記】

〔一〕綠：四庫本、叢刊本作「緑」。〔二〕開：明鈔本作「間」，曹批「竹垞傳鈔本『間』作『開』」。〔三〕畱：四庫本、叢刊本作「留」。〔四〕煙：四庫本、叢刊本作「烟」。

好事近

花神

瀟洒小樓東〔一〕，斜亞一枝梅雪〔二〕。若在玉溪仙館，更風流奇絶。應爲護芳心，付與何人折。行客幾回搔首，認暗香浮月。

【校記】

〔一〕樓：叢刊本作「楼」。〔二〕亞：叢刊本作「下」，鮑校作「亞」。

昭君怨

程觀過過〔一〕

試問愁來何處。門外山無重數。芳草不知人。翠連雲。欲看不忍重看〔二〕。心事只堪腸斷。腸斷宿孤村。雨昏昏。

【校記】

〔一〕過：竹垞傳鈔本、四庫本、叢刊本無後「過」。〔二〕重：曹批「明鈔本無『重』字，竹垞傳鈔本同」，四庫本無。

滿江紅 梅〔一〕

程過〔二〕

春欲來時〔三〕，長是與、梅花有約。又還是〔四〕、竹林深處，一枝開卻〔五〕。對酒漸驚身老大，看花應念人離索。但十分沉醉囑東君〔六〕，長如昨。荒草渡，孤舟泊。山歛黛，天垂幕。黯銷魂無奈〔七〕，暮雲殘角。便好折來和雪戴，莫教酒醒隨風落〔八〕。待慇懃畱取寄相思〔九〕，誰堪托。

【校記】

〔一〕梅：明鈔本無。〔二〕竹垞傳鈔本、四庫本、叢刊本無。〔三〕來：叢刊本作「来」。〔四〕又：曹批「明鈔本無『又』字」。〔五〕卻：四庫本、叢刊本作「却」。〔六〕沉：竹垞傳鈔本作「堪」，曹批「竹垞傳鈔本『沉』作『堪』，疑『堪』即『湛』之誤。古以『湛湛』爲『沉沉』也。明鈔本『堪』正作『湛』」。四庫本、叢刊本作「湛」。〔七〕魂：四庫本作「䰟」。〔八〕隨：叢刊本作「随」。〔九〕懃：叢刊本作「勤」。畱：四庫本作「留」，叢刊本作「畄」。

【輯評】

先著、程洪，胡念貽《詞潔輯評》卷三：粗服亂頭，却勝他瑚鏤者。

謁金門

程過〔一〕

江上路。依約數家煙樹〔二〕。一枕歸心村店暮〔三〕。更亂山深處〔四〕。夢過江南芳草渡。曉色又催人去。愁似遊絲千萬縷〔五〕。倩東風約住。

【校記】

〔一〕竹坨傳鈔本、四庫本、叢刊本無。〔二〕數：叢刊本作「数」。煙：四庫本、叢刊本作「烟」。〔三〕暮：曹批「明鈔本脱『暮』字，竹坨傳鈔本同」。叢刊本空一字，四庫本作「度」。〔四〕亂：叢刊本作「乱」。〔五〕遊：叢刊本作「游」。

《樂府雅詞》拾遺上卷終

〔一〕明鈔本作「《樂府雅詞》拾遺」，四庫本作「《樂府雅詞》拾遺卷上」。

《樂府雅詞》拾遺下〔一〕

【校記】

〔一〕明鈔本作「《樂府雅詞》拾遺下卷之一」，曹批「竹垞傳鈔本無『卷之一』三字」。四庫本作「《樂府雅詞》拾遺卷下　宋曾慥编」。

寶鼎現

康與之〔二〕

夕陽西下，暮靄紅溢〔三〕，香風羅綺。乘麗景、華燈爭放〔三〕，濃焰燒空連錦砌。覩皓月、浸嚴城如畫〔四〕，花影寒籠絳蕊〔五〕。漸掩映、芙蕖萬頃〔六〕，迤邐齊開秋水。　太守無限行歌意。擁麾幢、光動珠翠〔七〕。傾萬井、歌臺舞榭，瞻望朱輪駢鼓吹〔八〕。控寶馬、耀貔貅千騎，銀燭交光數里〔九〕。似亂簇、寒星萬點〔一〇〕，擁入蓬壺影裏〔一一〕。　來伴宴閣多才〔一二〕，環豔粉、瑤簪珠履〔一三〕。恐看看、丹詔催奉，宸遊燕侍〔一四〕。便趁早、占通宵醉〔一五〕。緩引笙歌妓〔一六〕。任畫角、吹老寒梅〔一七〕，月滿西樓十二〔一八〕。

【校記】

〔一〕竹坨傳鈔本無。四庫本注「曼洞作」。叢刊本原無，鮑補「康伯可」。〔二〕溢：叢刊本作「隘」。〔三〕麗：秦刻本注「一作『夜』」，明鈔本、竹坨傳鈔本、四庫本作「夜」。〔四〕覩：竹坨傳鈔本、四庫本作「觀」。浸：竹坨傳鈔本、四庫本作「照」。曹批「明鈔本亦作『觀』『照』」。畫：叢刊本作「画」。〔五〕蕊：四庫本作「蘂」。〔六〕掩映：明鈔本、四庫本作「隱隱」。蕖：叢刊本作「蓉」。萬頃：明鈔本作「向晚」。曹批「竹坨傳鈔本亦作『隱隱』『芙蕖向晚』」。〔七〕麾：竹坨傳鈔本、四庫本作「旌」。珠：秦刻本注「一作『金』」，竹坨傳鈔本、明鈔本、四庫本作「金」。曹批「明鈔本作『旌幢』」。〔八〕朱：竹坨傳鈔本、四庫本作「車」，明鈔本亦作『車』。軿：明鈔本、四庫本作「軿」。鼓：四庫本作「皷」。〔九〕燭：明鈔本作「蠟」、四庫本作「蠋」。〔一〇〕亂：秦刻本注「一作『爛』」。明鈔本、竹坨傳鈔本、四庫本作「爛」。寒：明鈔本、四庫本作「流」。〔一一〕擁：竹坨傳鈔本、四庫本作「引」。曹批「竹坨傳鈔本亦作『軿』『蠟』『流』『引』诸字」。〔一二〕來伴：秦刻本注「一本起句四字，無『來伴』二字。趙長卿詞正同」。叢刊本無。宴閣：竹坨傳鈔本、四庫本作「燕閤」。〔一三〕環：竹坨傳鈔本、四庫本作「偎」。簪：四庫本作「簮」。〔一四〕看看：明鈔本作「著看」，曹批「竹坨傳鈔本亦作『著看』」。催奉：秦刻本注「一作

『歸春』，屬上句」。明鈔本、四庫本作「歸奉」。〔一五〕趂早：竹垞傳鈔本、四庫本作「正好」。通：秦刻本注「一作『春』」，明鈔本、四庫本作「春」。〔一六〕緩引：明鈔本、四庫本作「莫放」。秦刻本注「一作『莫放笙歌起』」，明鈔本作「莫放笙歌起」。妓：明鈔本、竹垞傳鈔本作「起」。〔一七〕老：秦刻本注「一作『徹』」。明鈔本、四庫本作「徹」。〔一八〕滿：竹垞傳鈔本、四庫本作「落」。曹批「明鈔本亦作『燕閣』『偎』『正好』『落』等字」。

杜韋娘

華堂深院，霜籠月彩生寒暈〔一〕。度翠幄、風觸梅香噴，漸歲晚、春光將近〔二〕。惹離恨萬種，多情易感，歡難聚少愁成陣。擁紅爐，鳳枕慵欹、銀燈挑盡〔三〕。當此際，爭忍前期後約，度歲無憑準。對好景、空積相思恨。但自覺、懨懨方寸〔四〕。擬蠻牋象管〔五〕，丹青妙手〔六〕，寫出寄與伊教信。儘千工萬巧，唯有心期難問。

【校記】

〔一〕彩：明鈔本、四庫本、叢刊本作「采」。〔二〕漸：叢刊本作「斬」。〔三〕鳳：四庫本作「風」。〔四〕懨：明鈔本、四庫本、叢刊本作「厭」。〔五〕蠻：叢刊本作「蛮」。

〔六〕妙：明鈔本、四庫本、叢刊本作「好」。曹批「竹垞傳鈔本亦作『采』『厭厭』『好』诸字」。

摸魚兒

被誰家、數聲絃管，驚回好夢難省〔一〕。起來無語疎雨過，芳草嫩苔侵徑。春晝永。遲日暮，碧沼浪浸紅樓影〔二〕。卷簾人靜。被風觸，一葉兩葉，杏花零亂對殘景〔三〕。依前是，撩撥春心堪恨。檀郎言約無定。不知何處貪歡笑，恣縱酒迷歌逞。珠淚迸〔四〕。自別後，每憶翠黛憑誰整。芳年相稱。又到得今來〔五〕，卻成病了〔六〕，羞懶對鸞鏡〔七〕。

【校記】

〔一〕回：叢刊本作「囬」。夢：叢刊本作「夣」。〔二〕浸紅：四庫本作「侵江」。〔三〕亂：叢刊本作「乱」。〔四〕淚：四庫本、叢刊本作「泪」。〔五〕來：叢刊本作「来」。〔六〕卻：四庫本、叢刊本作作「却」。〔七〕鸞：叢刊本作「鵉」。

天香

王觀〔一〕

霜瓦鴛鴦〔二〕，風簾翡翠，今年早是寒少〔三〕。矮釘明窗〔四〕，側開朱戶，斷莫亂教人到〔五〕。重陰未解〔六〕，雲共雪、商量不了。青帳垂氈要密，紅爐收圍宜小〔七〕。　呵梅弄粧試巧。綉羅衣、瑞雲芝草〔八〕。伴我語時同語，笑時同笑〔九〕。已被金樽勸倒。又唱箇新詞故相惱〔一〇〕。盡道窮冬，元來恁好。

【校記】

〔一〕竹垞傳鈔本、四庫本、叢刊本無。〔二〕鴦：叢刊本作「央」。〔三〕秦刻本注「一作『較是寒早』」。〔四〕窗：四庫本、叢刊本作「窓」。〔五〕亂：叢刊本鮑校補。〔六〕解：叢刊本作「觧」。〔七〕收圍：秦刻本注「一作『圍炭』」，竹垞傳鈔本「收」作「放」。〔八〕綉：四庫本、叢刊本作「繡」。〔九〕笑：叢刊本後「笑」作「咲」。〔一〇〕箇：叢刊本作「个」。

【輯評】

馮金伯《詞苑萃編》卷之四《品藻》引《古今詞話》：王逐客冬景《天香》詞……涪翁見而賞之，且曰：「此曲一處所一物色，無一不是嚴冬蕭索之境，但仔細詳味之，略無半點寒酸憔悴之意，亦善於造語者矣。」　引《碧雞漫志》：王逐客才豪，其新麗處與輕狂處，皆足驚人。

滿庭芳

五斗相逢，千鍾一飲，古今樂事無過。香生銀甕〔一〕，浮蟻浴春波。瀲灩光凝醆面，輕風皺、淺碧宮羅〔二〕。乘歡處，傾罍痛飲，珠貫引清歌。云何。君不飲，良辰美景，聚少離多。忍怎放春風〔三〕，容易蹉跎。但願一樽常共，花陰下。急景如梭。須乘醉〔四〕，雕鞍歸去〔五〕，爭看醉顏酡。

【校記】

〔一〕甕：四庫本、叢刊本作「瓮」。〔二〕皺：叢刊本作「皱」。〔三〕忍怎：四庫本作「爭忍」。〔四〕乘：四庫本作「承」。〔五〕雕：叢刊本作「彫」。

瀟湘靜

晝簾微捲香風逗〔一〕，正明月乍圓時候。金盤露冷，玉爐篆消〔二〕，漸紅鱗生酒。嬌唱倚繁絃〔三〕，瓊枝碎、輕迴雲袖〔四〕。風臺歌短〔五〕，銅壺漏永，人欲醉、夜如晝。　因念流年迅景，被浮名，暗辜歡偶。人生大抵，離多會少，更相將白首。何似猛尋芳，都莫問積金過斗。歌闌宴闋，雲窗鳳枕〔六〕，釵橫

廝透。〔七〕

【校記】

〔一〕畫：叢刊本作「画」。　逗：四庫本、叢刊本作「透」。　〔二〕消：秦刻本注「一作『燼』」。　〔三〕倚：曹批「竹垞傳鈔本『倚』作『倩』」，四庫本作「倩」，叢刊本鮑校作「倩」。　〔四〕迴：四庫本作「迴」，叢刊本作「廻」。　〔五〕風：四庫本作「鳳」。　臺：四庫本、叢刊本作「臺」。　歌：秦刻本注「一作『焰』」。　〔六〕窗：四庫本、叢刊本作「窓」。　〔七〕秦刻本注「案史達祖詞後段起句六字，作三字句，分兩句且押韻與此不同」。

十月桃

東籬菊盡，徧園林敗葉，滿地寒荄。露井平明，破香籠粉初開。佳人共喜芳意，呵手翦、密插鸞釵〔一〕。無言有豔，不避繁霜，變作春媒。問武陵溪上誰栽。分付與、南園舞榭歌臺〔二〕。恰似凝酥襯玉，點綴裝裁。東君自是爲主，先暖信、律管飛灰。從今雪裏〔三〕，第一番花，休話江梅。

【校記】

〔一〕呵：叢刊本補。　翦：四庫本、叢刊本作「剪」。　鸞：叢刊本作「鳶」。　〔二〕臺：

叢刊本作「臺」。〔三〕裏：四庫本、叢刊本作「裡」。

漢宮春

江月初圓，正新春夜永，燈市行樂。芙蕖萬朵，向晚爲誰開卻〔一〕。層樓畫閣〔二〕，盡捲上、東風簾幕。羅綺擁、歡聲和氣，驚破柳梢梅萼。暗塵浮動，正魚龍曼衍，戲車交作。高牙影裏〔三〕，緩控玉羈金絡。鉛華間錯，更一部、笙歌圍著〔四〕。香散處、厭厭醉聽，南樓畫角〔五〕。

【校記】

〔一〕卻：四庫本、叢刊本作「却」。〔二〕樓：叢刊本作「楼」。畫：叢刊本作「画」。〔四〕著：閣：明鈔本作「閤」。〔三〕高：叢刊本作「髙」。裏：叢刊本作「裡」。四庫本、叢刊本作「着」。〔五〕樓：叢刊本作「楼」。畫：叢刊本作「画」。

又

梅萼知春，見南枝向煖〔一〕，一朵初芳。冰清玉麗，自然賦得天香。煙庭水榭〔二〕，更無花、爭染春光。休更說、桃夭杏冶，年年蝶鬧蜂忙。立馬竚、凝情久，念美人自別，鱗羽茫茫。臨岐記伊，尚帶宿酒殘粧。雲疎雨濶，怎知人、千里思量。除是託、多情驛使〔三〕，殷勤折寄仙鄉。

【校記】

〔一〕煖：四庫本、叢刊本作「暖」。〔二〕煙：四庫本、叢刊本作「烟」。〔三〕驛：四庫本、叢刊本作「駅」。

又

玉減香銷，被嬋娟誤我，臨鏡粧慵。無聊强開强解〔一〕，蹙破眉峯。憑高望遠〔二〕，但斷腸、殘月初鐘。須信道、承恩在貌〔三〕，如何教妾爲容。風暖鳥聲和碎〔四〕，更日高院靜〔五〕，花影重重。愁來待只殢酒〔六〕，酒困愁濃〔七〕。長門怨感，恨無金、買賦臨邛。翻動念、年年女伴，越溪共採芙蓉。

【校記】

〔一〕解：四庫本、叢刊本作「觧」。〔二〕高：叢刊本作「髙」。〔三〕秦刻本「恩」下注「《花草粹編》添『不』字」。〔四〕暖：四庫本作「煖」。和：秦刻本注「一作『如』」。〔五〕高：四庫本、叢刊本作「髙」。〔六〕來：叢刊本作「来」。〔七〕困：明鈔本作

「□」，竹垞傳鈔本作「薄」，四庫本作「醒」。

燭影摇紅

周邦彦〔一〕

丹臉輕勻，黛眉巧畫宫粧淺〔二〕。風流天賦與精神，全在嬌波轉。早是縈心可慣。更那堪、頻頻顧盼。幾回席上，見了還休，爭如不見。燭影摇紅，夜闌飲散春宵短。當時誰解唱陽關〔三〕，離恨天涯遠。無奈雲收雨散。凭欄干、東風淚眼。海棠開後，燕子來時〔四〕，黄昏庭院。

【校記】

〔一〕竹垞傳鈔本、四庫本、叢刊本無，曹批「此秦刻據《能改齋漫録》題作周邦彦，《清真詞》《片玉集》皆無此闋」。〔二〕畫：叢刊本作「画」。〔三〕解：四庫本、叢刊本作「觧」。

闋：叢刊本作「関」。〔四〕燕：四庫本作「鷰」。來：叢刊本作「来」。

【輯評】

吴曾《能改齋漫録》卷一七《樂府》：王都尉有憶故人詞云：「燭影摇紅，向夜闌，乍酒醒，心情懶。尊前誰爲唱陽關，離恨天涯遠。無奈雲沉雨散。憑闌杆，東風淚眼。海棠開後，燕子來時，黄昏庭院。」徽宗喜其詞意，猶以不豐容宛轉爲恨，遂令大晟府别撰腔。周美成增損其詞，而以首句爲名，謂之《燭影摇紅》。況周頤《蕙風詞話》卷二，一六：元人製曲，幾於每句皆有襯字。取其能達句中之意，而付之歌喉，又抑揚頓挫，悦人聽聞。所謂遲其聲以媚之也。兩宋人詞閒亦有用襯字者。王晉卿云：「燭影摇紅向夜闌，乍酒醒、心情懶。」「向」字、「乍」字是襯字。據《詞譜》：《燭影摇紅》第二句七字，應仄平仄仄平平仄。周美成云：「黛眉巧畫宮妝淺」，不用襯字，與换頭第二句同。

風流子

張耒〔一〕

木葉亭皐下〔二〕，重陽近、又是搗衣秋。奈愁入庾腸〔三〕，老侵潘鬢，謾簪黄菊〔四〕，花也應羞。楚天晚，白蘋煙盡處〔五〕，紅蓼水邊頭。芳草有情，夕陽無語，鴈横南浦，人倚西樓。　玉容知安否，香牋共錦字，兩處悠悠。空恨碧雲離合，青鳥沉浮。向風前懊惱，芳心一點，寸眉兩葉，禁甚閒愁〔六〕。情到不堪言處，分付東流。

【校記】

〔一〕竹垞傳鈔本、四庫本、叢刊本無。　〔二〕秦刻本注「一作『亭皐木葉下』」。　亭：叢刊本、四庫本作「庭」。　〔三〕庾：叢刊本作「瘦」。　〔四〕簪：四庫本、叢刊本作「簪」。

〔五〕煙：四庫本、叢刊本作「烟」。　〔六〕閒：明鈔本作「閑」，曹批「竹垞傳鈔本亦作『閑』」。

又

淑景皇州滿，和風漸、催促柳花飛。過清明驟雨，五侯臺榭〔一〕，青煙散入〔二〕，新火開時。繡簾外、傍人飛燕子，映葉語黃鸝。鞦韆晝永，綺羅人散，花陰笑隔〔三〕，紅粉墻低。　青門多行樂，尋芳處、何計强逐輕肥。空對舊遊滿目，誰共開眉。遇有時繫馬，垂楊影下，風前佇立〔四〕，惆悵佳期。回望故園桃李，應待人歸。

【校記】

〔一〕臺：叢刊本作「臺」。〔二〕曹批「明鈔本作『散入青煙』」。煙：四庫本、叢刊本作「烟」。〔三〕曹批「明鈔本作『笑隔花陰』」。〔四〕曹批「明鈔本作『佇立風前』」，竹垞傳鈔本惟作『佇立風前』，餘同秦刻」。四庫本作「佇立風前」。

夏日宴黌堂

日初長。正園林換葉，瓜李飄香。簾外雨過，送一霎微凉。萍蕪逕、曲凝珠顆，襯汀沙、細簇蜂房。被晚風輕颭，圓荷翻水〔一〕，潑覺鴛鴦〔二〕。　此景最難忘。趂芳樽泛蟻〔三〕，筠篔鋪湘。蘭舟棹穩，倚何處垂楊。豈能文字成狂飲，更紅裙、問也何妨。任醉歸明月〔四〕，蝦鬚簾卷〔五〕，幾線餘霜。

【校記】

〔一〕翻：四庫本、叢刊本作「飜」。〔二〕鴦：叢刊本作「央」。〔三〕趂：竹垞傳鈔本、四庫本作「稱」，曹批「明鈔本亦作『稱』」。〔四〕歸：叢刊本作「帰」。〔五〕卷：竹垞傳鈔本、四庫本、叢刊本作「篩」，曹批「明鈔本亦作『篩』」。

漁家傲

輕拍紅牙畱客住〔一〕。韓家石鼎聯新句。珍重龍團并鳳髓。君王與。春風吹破黃金縷。往事不須憑陸羽〔二〕。且看盞面濃如乳。若是蓬萊鼇穩負〔三〕。知何處。玉川一枕清風去。

【校記】

〔一〕畱：四庫本、叢刊本作「留」。〔二〕往：叢刊本作「徃」。〔三〕鼇：四庫本、叢刊本作「鰲」。

醉春風

趙與仁〔一〕

陌上清明近。行人難借問。風流何處不來歸〔二〕，悶。悶。悶。回鴈峯前〔三〕，戲魚波上，試尋芳信。夜久蘭膏燼。春睡何曾穩。枕邊珠淚幾時乾，恨。恨。恨。惟有窗前〔四〕，過來明月，照人方寸。

【校記】

〔一〕竹垞傳鈔本、四庫本、叢刊本無。〔二〕來：叢刊本作「来」。〔三〕回：四庫本作「回」，叢刊本作「囬」。峯：叢刊本作「峰」。〔四〕窗：四庫本、叢刊本作「窓」。

卓牌兒〔一〕

當年早梅芳，曾邂逅、飛瓊侶。肌雲瑩玉，顏開嫩桃，腰支輕裊，未勝金縷。佯羞整雲鬟，頻向人、嬌波寄語。湘佩笑解〔二〕，韓香暗傳，幽歡後期難訴。夢魂頓阻〔三〕。似一枕高唐雲雨〔四〕。蕙心蘭態，知何計重遇。試問春蠶絲多少，未抵離愁半縷。凝竚。望鳳樓何處。〔五〕

【校記】

〔一〕秦刻本注「譜名《卓牌子》，一名《卓牌子慢》」。〔二〕解：四庫本、叢刊本作「鮮」。〔三〕夢魂：四庫本作「夢寬」，叢刊本「夢」作「夢」。〔四〕高：叢刊本作「高」。〔五〕秦刻本注「五十六字者，始自楊无咎。九十七字者，始自万俟咏。此詞只九十三字，且重押『縷』字，恐有脱誤」。

喜遷鶯

吴禮之〔一〕

梅霖初歇〔二〕。正海榴絳蘂，爭開佳節。角黍包金，香蒲切玉，處處玳筵羅列。鬭巧盡輸年少〔三〕，玉腕衫絲雙結〔四〕。艤綵舫，見龍舟兩兩，波心齊發。奇絶。難畫處〔五〕，激起浪花，飛作湖間雪。畫鼓轟雷〔六〕，紅旗掣電，奪得錦標方徹。向晚水天日暮〔七〕，猶見珠簾高揭〔八〕。歸棹滿〔九〕，在荷花十里〔一〇〕，一鈎新月。

【校記】

〔一〕竹垞傳鈔本、四庫本、叢刊本無。〔二〕霖：竹垞傳鈔本、四庫本、叢刊本作「雨」，曹批「明鈔本亦作『雨』」。〔三〕鬭：叢刊本作「鬪」。〔四〕衫：竹垞傳鈔本、四庫本、叢刊本作「彩」，曹批「明鈔本亦作『彩』」。　雙：叢刊本作「⿰氵隻」。〔五〕秦刻本注「此句不押韻，與蔣捷詞同」。〔六〕畫：叢刊本作「画」。〔七〕向晚：四庫本作「望中」。〔八〕高：叢刊本作「高」。〔九〕秦刻本注「一作『棹歸晚』」，四庫本作「歸棹晚」。〔一〇〕秦刻本注「一作『載荷香』」，四庫本作「載荷花」。

南鄉子〔一〕

曉日壓重簷。斗帳猶寒起未忺〔二〕。天氣困人梳洗倦，眉尖。淡畫春山不喜添〔三〕。　閑把繡絲撏〔四〕。紝得金鍼又怕拈〔五〕。陌上行人歸也未，懨懨。滿院楊花不捲簾。

【校記】

〔一〕秦刻本注「別本云『鄭文妻作』」。〔二〕忺：四庫本作「歡」；叢刊本作「歡」，鮑校作「忺」。〔三〕畫：叢刊本作「画」。〔四〕閑：四庫本作「閒」。〔五〕鍼：四庫本、叢刊本作「針」。

又　詠雙荔枝〔一〕

深結化工知〔二〕。賜與衣裳盡是緋。曾向玉盤深處光〔三〕，隈隨。兩箇心腸一片兒〔四〕。　從小便相依。酒伴歌筵不暫離。只恐被人分擘破，東西。怎得團圓似舊時。

【校記】

〔一〕雙：叢刊本作「隻」。　枝：四庫本、叢刊本作「支」。　〔二〕化：叢刊本作「花」。　〔三〕向：承啓堂本作「尚」，竹垞傳鈔本作「向」。　光：秦刻本注「『光』字誤」，竹垞傳鈔本、四庫本作「見」。曹批「明鈔本『見』作『光』，『尚』亦作『向』」。叢刊本連後二字作「曾向玉盤深處隈光随」，鮑校本作「曾向玉盤深處隈見光随」。　〔四〕箇：叢刊本作「个」。

望遠行

當時雲雨夢〔一〕，不負楚王期。翠峯中、高樓十二掩瑤扉〔二〕。儘人間歡會，只有兩心自知〔三〕。　漸玉困花柔香汗揮。歌聲翻別怨〔四〕，雲馭欲回時〔五〕。這無情紅日，何似且休西。但涓涓珠淚〔六〕，滴濕仙郎羽衣〔七〕。怎忍見雙鴛相背飛〔八〕。

【校記】

〔一〕夢：叢刊本作「夣」。　〔二〕峯：叢刊本作「峰」。　高樓：叢刊本作「高楼」。

〔三〕自：叢刊本校補。〔四〕翻：四庫本作「飜」。〔五〕回：叢刊本作「囬」。〔六〕珠淚：明鈔本、叢刊本「珠」作「朱」，以下空三字。曹批「竹垞傳鈔本『珠』作『朱』，下空十九格，始接『仙郎羽衣』句，實則當作『朱□□□』。明鈔本可證本調衹缺三字，竹垞傳鈔本誤空一行。然即此可知原出宋刊半葉八行十六字本」。四庫本作「朱露」。〔七〕滴濕：四庫本作「濕透」。〔八〕雙：叢刊本作「雙」。

【輯評】

丁紹儀《聽秋聲館詞話》卷二〇：詞宜尚雅，始自曾端伯手編樂府，以《雅詞》名，顧所選有不儘然者。如顏博文《西江月》云：「草草書傳錦字，懨懨夢繞梅花。海山無計駐仙槎。腸斷芭蕉影下。缺月舊時庭院，飛雲到處人家。而今贏得鬢先華。説著多情已怕。」又無名氏《望遠行》云……頗似柳七、黄九語。

歸田樂

水遶溪橋綠〔一〕。泛蘋汀步迷花曲。衣巾散餘馥。種竹。更洗竹詠竹題竹。日暮無人伴幽獨。光陰雙轉轂〔二〕。可惜許、等閑愁萬斛〔三〕。世間種種、只是榮和辱〔四〕。念足。又願足意足心足。忘了眉頭怎生蹙。

【校記】

〔一〕綠：四庫本作「淥」，叢刊本「淥」作「緑」互改。〔二〕雙：叢刊本作「叟」。

〔三〕閑：四庫本作「閒」。〔四〕和：叢刊本作「何」。

臨江仙

促坐重燃絳蠟〔一〕，香泉細瀉銀瓶。一甌月露照人明。清眞無俗韻〔二〕，久淡似交情。正味能銷酒力〔三〕，餘甘解助茶清〔四〕。瓊漿一飲覺身輕。藍橋知不遠，歸卧對雲英。

【校記】

〔一〕蠟：四庫本、叢刊本作「蠋」。〔二〕眞：四庫本、叢刊本作「真」。韻：叢刊本作「韵」。〔三〕銷：明鈔本、四庫本作「消」，曹批「竹垞傳鈔本亦作『消』」。〔四〕解：四庫本、叢刊本作「鮮」。

行香子

天與秋光。轉轉情傷。探金英、知近重陽。薄衣初減，綠蟻新嘗〔一〕。漸一番風，一番雨，一番凉。黄昏院落，栖栖惶惶。酒醒時、往事愁腸〔二〕。那堪永夜，明月空牀〔三〕。聞砧聲擣，蛩聲細，漏聲長。

【校記】

〔一〕緑：四庫本、叢刊本作「録」。新：曹批「竹垞傳鈔本『新』亦作『初』」，四庫本、叢刊本作「初」。〔二〕往：叢刊本作「徃」。〔三〕牀：四庫本、叢刊本作「床」。

西江月　回文〔一〕

雨過輕風弄柳，湖東映日春煙〔二〕。晴蕪平水遠連天。隱隱飛翻舞燕〔三〕。

【校記】

〔一〕回：叢刊本作「囬」。〔二〕煙：四庫本、叢刊本作「烟」。〔三〕翻：叢刊本作「飜」。

訴衷情　晏殊〔一〕

芙蓉金菊鬬芬芳〔二〕。天氣近重陽。遠村秋色如畫，細葉間疎篁。流水淡〔三〕，碧天長。路茫茫。憑高目斷〔四〕，鴻雁來時〔五〕，無限凄凉。

「竹垞傳鈔本『翫』作『玩』」。

好事近

小院看酴醾，正是盛開時節。莫惜大家沉醉。有春醅初潑〔一〕。花前月下細看來〔二〕，無物比清絶。若問此花何似。似一堆香雪。

【校記】

〔一〕潑：四庫本作「撥」。〔二〕來：叢刊本作「来」。

又

把酒對江梅，花小未禁風力。何計不教零落。爲青春留得〔一〕。故人莫問在天涯，尊前苦相憶。好把素香收取。寄江南消息。

【校記】

〔一〕畱：四庫本、叢刊本作「留」。

又

初上舞裀時〔一〕，爭看襪羅弓窄〔二〕。恰似晚霞零亂〔三〕。襯玉鈎新月。折旋歌態小腰身，分明是回雪〔四〕。生怕因風飛去。放真珠簾隔。〔五〕

【校記】

〔一〕四庫本「時」下多一「把」字。〔二〕襪：四庫本作「韈」。〔三〕零亂：叢刊本作「零瓏」，四庫本作「瓏瓏」。〔四〕回：四庫本、叢刊本作「囬」。〔五〕眞：四庫本、叢刊本作「真」。

清平樂

春光欲暮。寂寞閒庭戶〔一〕。粉蝶雙雙穿檻舞〔二〕。簾外晚天疎雨。殘粧獨倚閨幃。玉爐煙斷香微〔三〕。正是魂銷時節〔四〕，東風滿樹花飛。〔五〕

【校記】

〔一〕閒：明鈔本作「閑」，曹批「竹垞傳鈔本亦作『閑』」。〔二〕雙：叢刊本作「隻」。

〔三〕爐：叢刊本作「炉」。煙：四庫本、叢刊本作「烟」。〔四〕銷：四庫本、叢刊本作「消」。〔五〕秦刻本注「一云『毛熙震作』。」

【輯評】

尤袤《全唐詩話》：熙震有《清平樂》詞云「含愁獨倚閨幃，玉爐煙斷香微，東風滿樹花飛。」爲人們傳誦。

陳廷焯《别調集》卷一：情味宛然。

陳廷焯《白雨齋詞話》：「東風」六字精湛，凄艷。

俞陛雲《唐五代兩宋詞選釋》：此詞僅爲清穩之作，結意含蓄，自是正軌。

青門引

張先〔一〕

乍煖還輕冷〔二〕。風雨晚來方定〔三〕。庭軒寂寞近清明，殘花中酒，又是去年病〔四〕。　樓頭畫角風吹醒〔五〕。入夜重門靜。那堪更被明月，隔墻送過鞦韆影。

【校記】

〔一〕竹垞傳鈔本、四庫本、叢刊本無。〔二〕煖：四庫本作「暖」。〔三〕來：叢刊本作「来」。〔四〕去：四庫本作「中」。〔五〕樓：叢刊本作「楼」。畫：叢刊本作「画」。

【輯評】

沈際飛《草堂詩餘正集》：懷則自觸，觸則愈懷，未有觸之至此極者。

先著、程洪，胡念貽《詞潔輯評》卷一：子野雅淡處，便疑是後來姜堯章出藍之助。

黄蘇《蓼園詞評》：落寞情懷，寫來幽隽無匹，不得志於時者，往往借閨情以寫其幽思。角聲而曰「風吹醒」，「醒」字極尖刻。至末句「那堪送影」，真見描神之筆，極希微窅渺之致。

曾慥《高齋詩話》：子野嘗有詩云：「浮萍斷處見山影」，又長短句云：「雲破月來花弄影」，又云：「隔墻送過鞦韆影」，并膾炙人口。世謂「張三影」。

蔣敦復《芬陀利室詞話》卷三：道光末，余往來吴門，主張次柳凱公子家。次柳爲白也太守令子，雅喜倚聲，嘗集古來閨秀詞數百家，屬余選訂付梓未果。所著有《三影樓琴譜》。三影句，説者不一，余與之審定，爲「無數楊花過無影，隔墻送過秋千影，雲破月來花弄影」三語。次柳演其意作《洞仙歌》三首，一時和者頗衆。

周曾錦《卧廬詞話》：張子野詞「雲破月來花弄影」，「嬌柔懶起，簾壓卷花影」，「柳徑無人，墮飛絮無影」，人因目之爲「張三影」。余按子野詞，又有句云：「隔墻送過秋千影。」又云：「中庭月色正清明，無數楊花過無影。」又詩句云：「浮萍破處見山影。」語并精妙，然則不止三影也。此公專好繪影，亦是一癖。又按「柳徑無人」二句，子野詞集作「柔柳摇摇，墮輕絮無影」。

阮郎歸

秦觀〔一〕

春風吹雨遶殘枝。落花無可飛。小池寒淥欲生漪〔二〕。雨晴還日西。　簾半捲，燕雙歸〔三〕。諱愁無奈眉〔四〕。翻身整頓著殘棊〔五〕。沉吟應刼遲〔六〕。

【校記】

〔一〕竹垞傳鈔本、四庫本、叢刊本無。〔二〕淥：四庫本作「渌」。〔三〕雙：叢刊本作「雙」。〔四〕眉：叢刊本作「眉」。〔五〕著：竹垞傳鈔本作「看」。四庫本、叢刊本作「着」。〔六〕刼：明鈔本作「□」，曹批「竹垞傳鈔本『著』作『看』，『刼』字不缺」。四庫本作「劫」，叢刊本空一字。

點絳唇

公子歸來，畫堂深院叢羅綺。緑盃浮蟻〔一〕。風皺紅鱗起。　信馬斜陽，誤入桃源裏〔二〕。珠簾底。淡粧斜倚。一寸秋江水。

【校記】

〔一〕綠：四庫本作「緑」。〔二〕誤：四庫本、叢刊本作「悞」。

又

冰雪肌膚，靚粧喜作梅花面。寄情高遠。不與凡塵染〔一〕。玉立峯頭〔二〕，閑把經珠轉〔三〕。秋風便。雲收霧卷。水月光中見。

【校記】

〔一〕染：四庫本、叢刊本作「遠」。〔二〕頭：明鈔本、四庫本、叢刊本作「前」，曹批「竹垞傳鈔本亦作『前』」。〔三〕閑：四庫本作「閒」。經：秦刻本注「『經』字誤」。

海棠春

秦觀〔一〕

曉鶯窗外啼春曉〔二〕。睡未足、把人驚覺。翠被曉寒輕，寶篆沉煙裊〔三〕。宿酲未解雙娥報〔四〕。道別院、笙歌宴早。試問海棠花，昨夜開多少。

【校記】

〔一〕竹垞傳鈔本、四庫本、叢刊本無。〔二〕窗：四庫本、叢刊本作「窓」。〔三〕煙：四庫本、叢刊本作「烟」。〔四〕解：四庫本、叢刊本作「鮮」。雙娥：秦刻本注「一作『宮娥』」，四庫本作「雙蛾」，叢刊本作「叟蛾」。

眼兒媚

左譽〔一〕

樓上黄昏杏花寒〔二〕。新月小闌干。一雙燕子〔三〕，兩行歸雁〔四〕，畫角聲殘。

綺窗人在東風裏〔五〕，洒淚對春閒〔六〕。也應似舊〔七〕，盈盈秋水，澹澹春山。

【校記】

〔一〕竹垞傳鈔本、四庫本、叢刊本無。〔二〕樓：叢刊本作「楼」。〔三〕雙：叢刊本作「雙」。〔四〕雁：四庫本、叢刊本作「鴈」。〔五〕窗：四庫本、叢刊本作「窓」。〔六〕閒：明鈔本、叢刊本作「閑」，曹批「竹垞傳鈔本亦作『閑』」。〔七〕舊：叢刊本作「泪」，鮑校作「舊」。

【輯評】

葉申薌《本事詞》卷下：左譽與言策名後，佐幕錢塘。杭籍名姝張芸者，其女名穠，色藝妙天下。左甚眷之，爲賦《眼兒媚》……又：「一段離愁堪畫處，横風斜雨浥衰柳。」及帷雲剪水、滴粉搓酥諸篇，皆爲穠作也。後穠歸張俊，易姓爲章，疏封大國矣。紹興中，左因覓官行都，暇日，獨游西湖兩山間。忽逢車輿甚盛，中有麗人，搴帷顧左而顰曰：「如今試把菱花照，猶恐相逢是夢中。」左凝睇之，乃穠也。左恍然若失，即拂衣東返，一意空門。《花庵》以此詞爲阮閎休作者，誤矣。

黄蘇《蓼園詞評》：按此久别憶内詞耳。語語是意中摹想而得，意致纏綿中繪出，盡是鏡花水月。

與杜少陵「今夜鄜州月」一律同看。況周頤《蕙風詞話》卷三，七六：趙待制《蝶戀花》云：「別久嘆多音信少。應是嬌波，不似當年好。」人月圓云：「別時猶記，眸盈秋水，淚濕春羅。」并從秦淮海「也應似舊，盈盈秋水，淡淡春山」句也，可謂善於變化。

宴桃源〔一〕

落日霞消一縷。素月稜稜微吐。何處夜歸人，嘔嘎幾聲柔櫓。歸去。歸去。家在煙波深處〔二〕。

【校記】

〔一〕曹批「竹垞傳鈔本《宴桃源》調後接上卷沈唐《霜葉飛》詞，自『長安飛舞』以下，次司馬標《蝶戀花》次《永遇樂》『功名閑事』詞至『寬袖布衫著』，始入『落日霞消』云云，凡衍十四行四字。以宋本每行十六字，每半葉八行計之，恐誤釘一葉於下卷也」。四庫本同竹垞傳鈔本。

〔二〕煙：叢刊本作「烟」。

燕歸梁

帝城五夜宴遊歇〔一〕。殘燈外看殘月。都人猶在醉鄉中，聽更漏初徹。行

樂已成閑話說〔二〕。如春夢覺時節。大家重約探春行，問甚花先發。〔三〕

【校記】

〔一〕夜：竹垞傳鈔本、四庫本、叢刊本作「更」，曹批「明鈔本『更』作『夜』」。〔二〕閑：四庫本作「閒」。〔三〕秦刻本註「此詞前後段第二句、第四句與各家句讀不同」。

【輯評】

吳曾《能改齋漫録》卷一七《樂府》：李駙馬正月十九日所撰《滴滴金》詞也。京師上元，國初放燈止三夕，時錢氏納土，進錢買兩夜，其後十七、十八兩夜燈，因錢氏而添，故詞云五夜。

探春令

簾旌微動，峭寒天氣，龍池冰泮。杏花笑吐香猶淺〔一〕。又還是、春將半〔二〕。清歌妙舞從頭按。等芳時開宴。記去年對著東風〔三〕，曾許，不負鶯花願〔四〕。

【校記】

〔一〕笑：四庫本、叢刊本作「咲」。〔二〕春：叢刊本作「着」，鮑校作「春」。〔三〕著：四庫本、叢刊本作「着」。〔四〕鶯：叢刊本作「鶯」。秦刻本注「宋徽宗作」。

【輯評】

吴曾《能改齋漫録》卷一六《樂府》：徽宗天才甚高，于詩文外，尤工長短句。嘗作《探春令》。

沈雄《古今詞話·詞話》上卷引《東皋雜録》：徽宗《探春令》……一深於情景，一善於意態，即操觚專家不過如是。

祝英臺

海棠開，花影下，憶得共游戲。恰似雙鸞〔一〕，同步彩雲裏。夢回雨散雲收〔二〕，匆匆歸去〔三〕。一枕乍驚回濃睡〔四〕。甚情味。人去花亦彫零〔五〕，穠芳伴憔悴〔六〕，點點飛紅，知是去時淚〔七〕。可堪冷落黄昏，瀟瀟微雨。斷魂處〔八〕，朱闌獨倚。

【校記】

〔一〕雙鸞：叢刊本作「隻鸞」。〔二〕曹批「竹垞傳鈔本『夢回雨散雲收』句作『高唐夢斷』，雖有脱誤，似較秦刻爲勝。明鈔本亦作『高唐夢斷』，且至『甚情味』分段」。四庫本、叢刊本作「高唐夢斷」。〔三〕歸：叢刊本作「帰」。〔四〕秦刻本注「一作『驚殘春』」。回：叢刊本作「囬」。〔五〕秦刻本注「一作『花也飄』」。〔六〕秦刻本注「一作『餘香半』」。

〔七〕知：四庫本作「去」。　淚：四庫本、叢刊本作「泪」。　〔八〕魂：叢刊本作「䰟」。

鷓鴣天

黄庭堅〔一〕

塞雁初來秋影寒〔二〕。霜林風過葉聲乾。龍山落帽尋常事〔三〕，我對西風獨整冠〔四〕。　蘭可佩，菊堪飡。人情難免是悲歡。但將酩酊酬佳節，休把茱萸仔細看〔五〕。

【校記】

〔一〕竹坨傳鈔本、四庫本、叢刊本無。　〔二〕雁：叢刊本作「鴈」。　來：叢刊本作「来」。
〔三〕龍山：竹坨傳鈔本、四庫本、叢刊本作「山前」，曹批「明鈔本亦作『山前』」。　〔四〕整：四庫本、叢刊本作「正」。　〔五〕仔：四庫本作「子」。

又

向子諲〔一〕

召棣初逢兩妙年〔二〕。瑶林玉樹倚風前。踈梅影裏春同醉，紅芰香中月一舩。　長悵恨〔三〕，短因緣〔四〕。空餘蝴蝶夢相連〔五〕。誰知瘴雨蠻煙地〔六〕，重上襄王玳瑁筵。〔七〕

【校記】

〔一〕竹垞傳鈔本、四庫本、叢刊本無。〔二〕召：叢刊本鮑校作「吕」。《酒邊詞》作「□」。〔三〕悵：四庫本、叢刊本作「恨」。〔四〕緣：四庫本、叢刊本作「緑」。〔五〕夢：叢刊本作「夣」。〔六〕蠻：叢刊本作「蛮」。煙：四庫本、叢刊本作「烟」。〔七〕《酒邊詞》題注：番禺齊安郡王席上贈故人。

又〔一〕　向子諲〔二〕

只有梅花似玉容。雪窗月戶幾尊同〔三〕。見來怨眼明秋水，欲去愁眉淡遠峯。山萬疊〔四〕，水千重。一雙蝴蝶夢能通〔五〕。都將淚作梅黃雨〔六〕，盡把情爲柳絮風。

【校記】

〔一〕《酒邊詞》題「戲韓叔夏」。〔二〕竹垞傳鈔本、四庫本、叢刊本無。〔三〕窗：四庫本、叢刊本作「窓」。〔四〕疊：叢刊本作「叠」。〔五〕雙：叢刊本作「隻」。〔六〕淚：叢刊本作「泪」。梅黃：竹垞傳鈔本、四庫本、叢刊本作「黃梅」，曹批「明鈔本作『梅黃』與『柳絮』對」。

又〔一〕 向子諲〔二〕

小院深明別有天。花能笑語柳能眠〔三〕。雪肌得酒于中煖〔四〕，蓮步淩波分外妍。　釵燕重，鬌荷偏。兩山斜疊翠連娟〔五〕。朝雲無限矜春態〔六〕，暮雨情知更可憐。

【校記】

〔一〕《酒邊詞》題「與徐師川同過葉夢授家」。〔二〕竹坨傳鈔本、四庫本、叢刊本無。

〔三〕笑：叢刊本作「咲」。〔四〕于：明鈔本作「於」，曹批「竹坨傳鈔本作『于』，下『矜』字亦作『□』」。〔五〕疊：叢刊本作「叠」。〔六〕矜：明鈔本、四庫本、叢刊本作「□」，四庫本作「迷」。

憶眞妃〔一〕

林花謝了春紅。太匆匆。無奈朝來寒雨、晚來風〔二〕。　胭脂淚。相留醉〔三〕。幾時重。自是人生長恨、水長東〔四〕。

【校記】

〔一〕眞：四庫本、叢刊本作「真」。　〔二〕來：叢刊本作「来」。　風：叢刊本作「雨」，校作「風」。　〔三〕留：四庫本、叢刊本作「留」。　〔四〕自是：秦刻本注「原本『到了』二字誤」。明鈔本、竹垞傳鈔本、叢刊本作「到了」。四庫本後兩句作「幾時到重重人生長恨水長東」。秦刻本注「李後主作」。

【輯評】

譚獻《復堂詞話》：（林花謝了春紅）濡染大筆。「淚眼問花花不語，落紅飛過秋千去」，與此同妙。

夜遊宮〔一〕

是處追尋□侶〔二〕。燈光散、九衢紅霧。人在星河繁鬧處。暗相逢，惹天香，飄滿路。　游困先歸去〔三〕。奈怨別、相思情緒。閑傍小桃還獨步〔四〕。月明寒，撚宜男，無一語。

【校記】

〔一〕遊：叢刊本作「游」。　〔二〕秦刻本注「據譜應增一字，作六字句」，曹批「明鈔本『追尋』下無『□』，竹垞傳鈔本同」，四庫本、叢刊本無。　〔三〕歸：叢刊本作「帰」。　〔四〕閑：

四庫本作「閒」。還：秦刻本作「□」，竹垞傳鈔本作「□」，叢刊本空一字。據四庫本補。

楊柳枝

簌簌花飛一雨殘〔一〕。乍衣單。屏風數幅畫江山〔二〕。水雲閒〔三〕。別易會難。無計那淚潸潸〔四〕。夕陽樓上凭欄干〔五〕。望長安。

【校記】

〔一〕簌：四庫本作「蔌」。〔二〕數：叢刊本作「数」。畫：四庫本作「盡」，叢刊本作「画」。〔三〕閒：明鈔本作「閑」，曹批「竹垞傳鈔本亦作『閑』」。〔四〕淚：叢刊本作「泪」。潸：叢刊本作「潸」。〔五〕欄：四庫本作「闌」。

攤破浣溪沙

相恨相思一箇人〔一〕。柳眉桃臉自然春。別離情思，寂寞向誰論。映地殘霞紅照水，斷魂芳草碧連雲〔二〕。水邊樓上〔三〕，回首倚黃昏〔四〕。

【校記】

〔一〕箇：叢刊本作「个」。〔二〕魂：四庫本作「䰟」。〔三〕樓：叢刊本作「楼」。

〔四〕回：叢刊本作「囬」。

浣溪沙

向子諲〔一〕

水上月如姑射冰肌雪一團〔二〕。摻摻玉手弄冰紈。著人情思幾多般〔三〕。天樣遠，眼前花似鏡中看。見時容易近時難。

【校記】

〔一〕竹垞傳鈔本、四庫本、叢刊本無。〔二〕冰肌：四庫本、叢刊本作「肌膚」。〔三〕著：四庫本、叢刊本作「着」。

又

梅欲黄時朝暮雨，月重圓處短長亭。舊愁新恨若爲情。碧月光中玉漏清〔一〕。小梅疎影水邊明。似梅人醉月西傾。

【校記】

〔一〕碧：竹垞傳鈔本、四庫本作「璧」，叢刊本鮑校作「璧」。

一翦梅〔一〕

恨入椒觴暖未拈〔二〕。春葱微蘸，誰是纖纖。別來愁夜不勝長，明日從教一線添〔三〕。　夜久寒深睡未忺。舊愁新恨，占斷眉尖。一鈎斜月卻知人〔四〕，直到天明，不下疎簾。

【校記】

〔一〕秦刻本注「此詞五十九字，與李易安詞正同」。翦：四庫本、叢刊本作「剪」。〔二〕觴：四庫本作「盤」。〔三〕竹垞傳鈔本「線」下有「初」字，曹批「明鈔本無『初』字」。〔四〕卻：四庫本、叢刊本作「却」。

卜算子

垂螺近額時，只怕鶯聲老。盡日貪花鬬草忙〔一〕，不信有閒煩惱〔二〕。　鳳髩已勝釵〔三〕，恨別王孫早。若把芳心說與伊，道綠遍、池塘草〔四〕。

【校記】

〔一〕鬬：叢刊本作「鬪」。〔二〕閒：明鈔本、叢刊本作「閑」。〔三〕髩：明鈔本、四庫本、叢刊本作「髻」，曹批「竹垞傳鈔本亦作『閑』『髻』」。〔四〕綠：四庫本、叢刊本作「緑」。

又

臨鏡笑春風，不著鉛華污〔一〕。疑是西湖處士家，疎影横斜處。江淨竹娟娟，綠繞青無數〔二〕。獨許幽人仔細看〔三〕，絶勝墻東路。

【校記】

〔一〕著：四庫本、叢刊本作「着」。〔二〕綠：四庫本、叢刊本作「緑」。數：叢刊本作「数」。〔三〕仔：四庫本作「子」。

憶王孫

楊柳風前旗鼓鬧。正陌上、閑花芳草〔一〕。忍將愁眼覷芳菲，人未老、春先老。長安比日知多少。日易見、長安難到。無情若水不西流，漸迤邐、仙舟小。

【校記】

〔一〕閑：四庫本作「閒」。

減字木蘭花

千山萬水。望極不知何處是。小院迴廊〔一〕。夢去相尋未覺長〔二〕。絶憐清瘦〔三〕。雪裏梅梢春未透。常記分攜〔四〕。雨後梨花曉尚啼。

【校記】

〔一〕迴：叢刊本作「迴」。〔二〕夢：叢刊本作「夣」。去：四庫本作「裏」。〔三〕憐：四庫本作「怜」。〔四〕攜：四庫本、叢刊本作「携」。

又〔一〕

誰知瑩澈〔二〕。惟有碧天雲外月。一見風流。洗盡胸中萬斛愁〔三〕。賸燒密炬。只恐夜深花睡去。想得横陳。全是巫山一段雲。

【校記】

〔一〕《酒邊詞》作「減字木蘭花　韓叔夏席上戲作」。〔二〕澈：竹垞傳鈔本、四庫本、叢刊本作「徹」。〔三〕胸：叢刊本作「胷」。

鶴冲天

周邦彦〔一〕

梅雨霽，暑風和。高柳亂蟬多〔二〕。小欄庭檻遶池波。魚戲動新荷〔三〕。薄紗幮，輕羽扇。枕穩簟凉深院〔四〕。此時情緒此時天。無事小神仙。

【校記】

〔一〕竹垞傳鈔本、四庫本、叢刊本無。〔二〕高：叢刊本作「髙」。亂：四庫本作「乱」。〔三〕戲：四庫本作「戱」。〔四〕穩：秦刻本注「一作『冷』」。

又

周邦彦〔一〕

白角簟，碧紗幮。微雨乍晴初。謝家池館太清虛。香散嫩芙蕖。日流金，風解愠〔二〕。一弄素琴歌韻。慢搖紈扇百花前〔三〕。吟待晚凉天〔四〕。

【校記】

〔一〕竹垞傳鈔本、四庫本、叢刊本無。〔二〕解：四庫本、叢刊本作「觧」。〔三〕紈：叢刊本作「丸」。〔四〕晚：叢刊本飽補。

生查子

春心如杜鵑，日夜思歸切。啼盡一川花，愁落千山月。遥憐白玉人〔一〕，翠被前香歇。可慣獨眠寒，減動豐肌雪。

【校記】

〔一〕憐：四庫本作「伶」。

又

春山和恨長，秋水無言度。脈脈復盈盈〔一〕，幾點梨花雨。深深一段愁，寂寂無行路。推去又還來〔二〕，沒箇遮攔處〔三〕。

【校記】

〔一〕脈：四庫本、叢刊本作「脉」。〔二〕來：叢刊本作「来」。〔三〕箇：叢刊本作「个」。

玉樓春

雲窗霧閣春風透〔一〕。蝶遶蜂圍花氣漏。惱人風味恰如梅〔二〕，倚醉腰支全似柳〔三〕。細傳一曲情偏厚。淡掃兩山緣底皺〔四〕。歸時好月已沉空，只有眞香猶滿袖〔五〕。

【校記】

〔一〕窗：四庫本、叢刊本作「窓」。閤：明鈔本、四庫本作「閣」，曹批「竹垞傳鈔本亦作『閣』」。〔二〕恰：四庫本作「有」，叢刊本空一字。〔三〕醉：叢刊本作「酔」。似：四庫本作「是」。〔四〕緣：四庫本、叢刊本作「縁」。〔五〕眞：四庫本、叢刊本作「真」。

【輯評】

向子諲《酒邊詞》：《玉樓春》詞題「文縝、倪巨濟、王元衷、蘇叔黨宴張子實家。侍人賀全真妙絶一時」。

南歌子

夕露霑芳草，斜陽帶遠村。幾聲殘角起譙門。撩亂棲鴉飛舞、鬧黄昏〔一〕。

天共高城遠〔二〕，香餘繡被溫。客程常是可銷魂〔三〕。乍向心頭横著、箇人人〔四〕。

【校記】

〔一〕亂：叢刊本作「乱」。〔二〕天：竹垞傳鈔本作「人」。高：叢刊本作「高」。〔三〕是：明鈔本、四庫本、叢刊本作「事」，曹批「竹垞傳鈔本亦作『事』，惟『怎』作『乍』，又『天』作『人』」。魂：四庫本作「䰟」。〔四〕乍：明鈔本作「怎」。著：四庫本、叢刊本作「着」。

又

秦觀〔一〕

樓迥迷雲日〔二〕，溪深漲晚沙。年來憔悴費鉛華〔三〕。樓上一天春思、浩無涯。羅带寬腰素，眞珠溜臉霞〔四〕。海棠開過柳飛花〔五〕。薄倖只知游蕩、不思家。

【校記】

〔一〕竹垞傳鈔本、四庫本、叢刊本無。〔二〕樓：叢刊本作「楼」。〔三〕來：叢刊本作「来」。鉛：四庫本作「鈆」。〔四〕眞：四庫本、叢刊本作「真」。溜：四庫本、叢刊本作「溜」。〔五〕過：明鈔本、四庫本作「盡」，曹批「竹垞傳鈔本亦作『盡』」。

又

周邦彦〔一〕

玉殿分時菓〔二〕，金盤弄賜冰〔三〕。晚來堦下按歌聲〔四〕。恰好一方明月、可中庭。露下天如水，風來夜更清。偏他不肯大家行。漾下扇兒拍手、引流螢〔五〕。

【校記】

〔一〕竹垞傳鈔本、四庫本、叢刊本無。〔二〕菓：四庫本、叢刊本作「葉」。〔三〕弄：叢刊本作「美」。〔四〕來：叢刊本作「来」。〔五〕漾：四庫本作「颺」。

《樂府雅詞》拾遺下終〔一〕

【校記】

〔一〕秦刻本無。曹批「明鈔本於卷尾題『《樂府雅詞》拾遺卷下終』共九字，竹垞傳鈔本同，但『卷下』作『下卷』爲異」。又批「秦刻原有竹垞跋語，此本偶脱，《粤雅堂叢書》可證也。今爲補録卷尾」。批後有補録之朱跋。四庫本作「《樂府雅詞》拾遺卷下」，叢刊本作「《樂府雅詞》拾遺下卷終」。秦刻承啓堂本秦恩復跋在拾遺卷下後且脱朱跋，而初印本朱跋、秦跋在下卷後、拾遺前，略有不同。徐乃昌將曹元忠校過録在秦刻承啓堂（修補）本上。

曹元忠題記

一、（緑筆批於前空白頁背）

曾慥編《樂府雅詞》三卷、《拾遺》二卷，見於《書録解題》者，宋槧不可得見矣。今世通行秦敦甫《詞學叢書》本，其書經光緒六年重脩，舛譌極多。以《粤雅堂叢書》本校之，迺知非復舊觀，顧秦刻亦未善也。去年見讀有用書齋所藏竹垞傳鈔本；今歲又從鶴廬借得士禮居舊藏明鈔本，爲焦弱矦、毛子晋故物。先後互校，始恍然於兩本同是每半葉八行，每行十六字，必出宋槧。惜鈔胥未依原本行款格式，令人目亂意迷。然細心檢詳，則轉可從其顛倒錯誤之處，一一尋得其源。如李易安《滿庭芳》「晚晴寒透窗紗」下，「寂寞樽前席上，惟」下，「酴醿落盡，猶賴有」下，「生香薰袖。活火分茶」下，皆空二字。以每半葉八行，行十六字計之，其所空字，齊在第一葉上半葉第八行及下半葉第一、二、三行，第十五六字，當是爛脱。又《菩薩蠻》「角聲催曉漏」下，《浣溪沙》「未成沈醉意先融」下，亦皆空二字。依前半葉八行、行十六字計之，其所空字在第三葉下半葉第四行、七行，第十五六字，又以爛脱闕之。又《訴衷情》「酒醒熏破。惜春夢」句，竹垞傳鈔本無「惜」字。明鈔本則「春夢」以（已）下半闋接於《蝶戀花》「淚濕羅衣」詞過片「惜」字之下，以「惜」字適當。第五葉上半葉第八行第十六字，脱去下半葉八行，迺以第六葉下半葉第三行接寫（接寫當從第一行《訴衷情》或二行「夜來沈醉卸妝遲」起，其在三行，恐亦如明鈔本《雅詞》序，脱去首二行耳），致誤衍「惜」字，猶賀方回《木蘭花》「酒闌歌罷欲」下，竹垞傳鈔本空去數行，至「眉韻半深脣淺注」又起，爲脱去第十四葉下半葉八行，幸適當卷盡，未取他葉羼入，其《蝶戀花》「眉韻半深」，則第十五葉上半葉第一行也。至《拾遺》上卷寇平叔《踏莎行》之上，明鈔本標題「《樂府雅詞》拾遺卷之二」九字，疑《踏莎行》以（已）上自《聲聲慢》至《侍香金童》十六闋，皆御制及宮掖流傳之作，故其下以「卷之二」別之，猶《雅詞》首列《轉踏》《集句調笑》。明鈔本於此目録下注「或云宣和中九重傳出」九字，自爲體例，可以想見，而竹垞傳鈔本無之。又拾遺上卷之二《蘇幕遮》「芳草無情，更在斜陽外」下，竹垞傳鈔本接「楚臺歸路」四字，以（已）下《點絳唇》、《倦尋芳慢》《清平樂》《減字木蘭花》《鷓鴣天》至《滿庭芳》「裂楮裁筠」詞，「湯（滿）餅一齋盂」下，始接「黯芳魂」半闋。以（已）下《瀟湘逢故人慢》至《洞仙歌》「與遮斷江皋」，次行題「又」字，接《滿庭芳》「北苑先春」詞，次序頗爲紊亂。由卷之二第一葉下半葉第八行至「更在斜陽外」止，誤以第三葉上半葉第一行「楚臺歸路」接之。第四葉下半葉第八行至「湯餅一齋盂」止，誤以第二葉上半葉第一行「黯芳魂」接之。其「又」字及「北苑見春」，則第五葉上半葉第一、二行矣。又沈唐《霜葉飛》「霜林凋晚」詞，竹垞傳鈔本無「萬紅千翠」。後（當至「更蕭索東風吹渭水」，此葉已盡，其有「長安飛舞」，以（已）下恐是據他本補足）又空數行，至「來也暢」又起。而於《拾遺》下卷，《宴桃源》調名後接「長安飛舞千門裏」半闋。以（已）下《蝶戀花》至《永遇樂》「做得一箇寬袖布衫著」下，接「落日霞消一縷」一闋，更爲舛誤。迺《拾遺》上卷之二，第五葉下半葉第八行至「更蕭索東風吹渭水」止，誤以第七葉上半葉第一行「來也暢」接之，因文義不貫，故空數行。其第六葉上半葉第一行「長安飛舞」至下半葉第八行「著」字止，則誤裝在下卷第十五葉下半葉《宴桃源》之後，第十六葉上半葉第一行「落日霞消」之前。鈔者不知，遂成巨謬。倘以宋槧，每半葉八行，行十六字求之，尚可得其本原。而每半葉八行，嚮（鄉）未計及。僅每行十六字，明鈔本於拾遺上卷御製《念奴嬌》「玉子聲乾紋楸」下，校云「脱一行，計十六字」，微露端倪。若竹垞傳鈔本，則但於「楸」字旁注「下落十六字」，不云「脱一行」矣，其他《瀟湘逢故人慢》「疏簷廣厦寄瀟」下，脱十六字；下卷《望遠行》「但涓涓珠」下，本闕「仙郎」以（已）上三字，迺誤空一行，成十九字，且并未之知，無恠世見秦刻文從字順，羣奉爲善本也。豈知秦刻即從此兩本出，而兩本除此數處顛倒錯誤之外，尚是宋槧傳寫。秦刻轉多所臆改也哉。甲寅中秋元忠。

二、（朱筆批於「引」之後）

曾端伯《樂府雅詞》自序有云：「此外又有百餘闋，平日膾炙人口，咸不知姓名，則類于卷末，以俟詢訪，標目《拾遺》云。」是《拾遺》中各詞姓名，疑不出端伯者。然《苕溪漁隱叢話》於前集云：「曾端伯慥編《樂府雅詞》，以秋月詞《念奴嬌》爲徐師川作，梅詞《點絳唇》爲洪覺範作，皆誤也。」《秋月詞》乃李漢老，梅詞乃孫和仲。又端伯所編《樂府雅詞》中，有《漢宫春》梅詞，云是李漢老作，非也，乃晁沖之叔用作。於後集云：「曹元寵本善作詞，如《望月婆羅門》詞亦豈不佳。曾端伯編《雅詞》乃以此詞爲楊如晦作，非也。」可見《拾遺》中原有姓名，特未必全耳。馬貴興《文獻通考》載，曾氏自序，作「或不知姓名」是也。至端伯此書，自北宋以逮南渡諸家名作，往往賴存厓略。即其間有專集者，取以相校，亦復採擷英華，無愧麗則。故《賓退録》雖云「端伯觀詩有《百家詩選》，觀詞有《樂府雅詞》……詩選去取殊未精當，前輩多議之。」而于《雅詞》并無閒言。知趙與時亦心折也已。甲寅春暮，元忠校畢，書于凌波榭。

三、（藍筆批於卷上目録之後）

鸝廬假我士禮居舊藏明鈔《樂府雅詞》八册，卷端有「弱侯」及「子晋」「汲古主人」諸印，知焦、毛兩家故物也。取校此本，合處固多，而改易處亦復不少，且移易删併，甚失端伯本意。如《拾遺》上，《勝勝慢》至《侍香金童》，疑皆九重傳出，故不標姓氏，自爲一卷，與《雅詞》首列《轉踏》，體例略同，非見明鈔，何從知耶。甲寅花朝，元忠，凌波榭校記。

四、（朱筆批於大曲後雅詞前）

按《碧雞漫志》載：宣和初，普府守山東人王平，詞學華贍，自言得夷則商《霓裳羽衣曲》譜，取陳鴻、白樂天《長恨歌》《傳》，并樂天《寄元微之霓裳羽衣曲歌》，又雜取唐人小詩、長句及明皇、太真事，終以微之《連昌宮詞》補綴成曲，刻板流傳。曲十一段，起第四遍、第五遍、第六遍、正攧、入破、虛催、衮、實催、衮、歇拍、殺拍，與此《薄媚》節奏次序，正自相同。《樂書》所謂大曲前緩叠不舞，至入破則羯鼓、襄鼓、大鼓與絲竹合作，句拍益急，舞者入場，投節制容，故有摧拍、歇拍，姿制俯仰，百態橫出者，得此猶可想見。而緩叠不舞，又即排遍之謂。故曾布《水調歌頭》，大曲至自第一至第七皆稱排遍，云排遍第七攧，花十八蓋攧時始起舞矣。花十八，舞曲名。歐陽修《木蘭花》云「貪看六么花十八」。味「看」字，可意會也。惜嘯山先生已往，不能以此説舉似耳，書畢悵然。

南匯張嘯山先生《舒藝室雜著》跋《花草粹編》云：「第九卷録董穎《薄媚》西子詞，本出《樂府雅詞》。起《排遍第八》，次《第九》，次《第十攧》，次《入破第一》，次《第二虛催》，次《第三衮遍》，次《第四催拍》，次《第五衮遍》，次《第六歇拍》，次《第七煞衮》。前九段，依吴越事敷衍，末以王軒遇西施事作餘波，如今曲散套。其排遍、攧、入破、虛催、衮遍、催拍、歇拍、煞衮，乃曲中節拍，緩急疏密、高下换調之稱。如今曲亦有引子、過曲、賺犯、煞尾等名，各有次第，不可凌亂。乃謬以入破居首，排遍次煞衮之後，文義倒置，實不知而作。」其論《花草粹編》之失，至爲精當。藉非見《雅詞》原次，亦何從知之？然則享帚精舍此刻，有功于倚聲家豈淺鮮哉。宣統癸丑十月丙午，元忠。

嘯山先生糾《花草粹編》之失，是已。偶憶《玉照新志》載：元祐中，曾文肅帥并門，感《麗情集》馮燕事，自製《水調歌頭》以亞大曲，其第一至第七，皆稱「排遍」，當亦有故，惜不能起先生而質之。是歲十一月乙卯，元忠又識。

五、（朱筆批於拾遺下正文後空頁）

妻韓氏讀有用書齋藏鈔本《樂府雅詞》四册，以其顛倒凌亂，不爲珍也。迨兒子岳覲自京師携余藏書歸，偶取以校秦刻，則据改百數十字，且藉以見廬山真面。披沙揀金，往往見寶，烏得輕視哉。癸丑十月，元忠校記。

附録一

著録提要

一、《直齋書録解題》卷二一《歌詞類》（陳振孫）

《樂府雅詞》三卷、《拾遺》二卷

案：《文獻通考》《樂府雅詞》作十二卷。

曾慥編。

二、《文獻通考》卷二四六《經籍考》七三（馬端臨）

《樂府雅詞》十二卷、《拾遺》二卷

陳氏曰：曾慥編。

曾氏自序略曰：予所藏名公長短句，裒合成編，或後或先，非有銓次，多是一家，難分優劣，涉諧謔則去之，名曰《樂府雅詞調笑集句》。歐公一代儒宗，風流自命，詞章窈眇，世所矜式，當時小人，或作艷曲，繆爲公詞，今删除。凡三十有四家，雖女流亦不廢。此外有百余闋，平日膾炙人口，或不知姓名，則類於卷末，以俟詢訪，標曰《拾遺》云。

三、《四庫全書總目》卷一九九集部《詞曲類》二

《樂府雅詞》三卷、補遺一卷，江蘇巡撫採進本

宋曾慥編。慥有《類説》，已著録。是編皆輯宋人之詞。前有朱彝尊題詞，謂陳氏《書録解題》載曾端伯《樂府雅詞》一十二卷，拾遺二卷。此本鈔自上元焦氏，止存三卷及拾遺，殆非足本。然彝尊《曝書亭集》又載此書跋云，繹其自序，稱三十有四家，合三卷，爲足本無疑。蓋此卷首所載爲彝尊初稾，集所載乃詳定之本也。慥自序謂涉諧謔則去之，當時豔曲謬托歐公者悉删除之。則命曰雅詞，具有風旨，非靡靡之音可比。至於《道宮》《薄媚》《西子詞》《排遍》之後有《入破》《虚催》《衮遍》《催拍》《歇拍》《煞衮》諸名，皆他本所罕載，猶見宋人舊法。不獨《九張機》詞僅見於此。是又足資詞家之考證矣。

四、《平津館鑒藏記書籍》（孫星衍）

《樂府雅詞》三卷、拾遺二卷

前有紹興丙寅曾慥序，後有朱竹垞曝書亭題跋。曾慥原編卅四家，書止五卷。《文獻通考》引陳氏

《書録題解》作十二卷，是傳寫之誤。

孫星衍《孫氏祠堂書目》内編卷四

《樂府雅詞》三卷拾遺一卷 曾慥編

五、《藏園訂補郘亭知見傳本書目》（莫友之撰、傅增湘訂補）

《樂府雅詞》三卷、補遺一卷

宋曾慥編。直齋云十二卷，拾遺二卷。○竹垞所藏分上中下三卷，拾遺二卷，竹垞謂與序合，定爲足本。○嘉靖庚午秦氏詞學從書本。○粵雅堂本。

［補］《樂府雅詞》三卷拾遺二卷

宋曾慥編。○清寫本，八行十六字，有紹興丙寅曾慥引。鈐豫齋珍藏印。○清寫本，十行二十一字。鮑廷博校。鈐汪季青鮑廷博藏印。涵芬樓藏，收入四部叢刊初編。

六、《藏園群書經眼録》卷十九集部八（傅增湘）

《樂府雅詞》三卷、《拾遺》二卷，宋曾慥輯

舊寫本，八行十六字。有紹興丙寅温陵曾慥引。鈐有「豫齋珍藏」「織簾後裔」「棲雲主人」「支煋」

「棲雲」各印。（古書流通處送閱。壬戌）

《樂府雅詞》三卷、《拾遺》二卷，宋曾慥撰

舊寫本，十行二十一字。鮑渌飲廷博手校，鈐有鮑氏藏印。又汪季青收藏各印。（涵芬樓藏，已未見。）

七、《聲執》卷下（陳匪石）

《樂府雅詞》

宋人選宋詞之總集，以曾慥《樂府雅詞》爲最早。觀自敘，題紹興丙寅可證。宋有俳詞、謔詞，不涉俳謔，乃謂之雅。此種風尚，成於南宋。自敘所謂涉俳謔則去之，名曰《樂府雅詞》。雅詞之名，未必肇自曾氏，然已見風會所趨。觀所録曹元寵詞，不取《紅窗迥》可知已。然陳瑩中有《減字木蘭花》，王介甫有《雨霖鈴》，及《拾遺》上《永遇樂》之「功名閒事」一首，雖非諧謔，究不得謂雅，則去之未盡者。以所藏三十四家，分爲三卷，蓋王荆公《唐百家詩選》之例，就所有而選之，非於人有詮擇也。又以「百餘闋不知姓名」者，標爲《拾遺》。故所藏無之，即從蓋闕。而蘇東坡有《虞美人》《翻香令》二首，見《拾遺》上。晏同叔有《訴衷情》，秦淮海有《阮郎歸》《海棠春》《南歌子》三首，見《拾遺》下。秦刻爲之補注，而舊鈔本無注，則當時仍待訪詢者。曾氏未見各家詞集可知也。所録諸家，或北宋人，或北宋人之相從南渡者。上卷有晁無咎，中卷有葉少藴、晁次膺，下卷有陳去非、朱希真，是於疏宕豪

邁一派，亦非無取。使東坡詞集未罹黨禁，或已禁弛而流傳，亦必存而不廢。則可見東坡之詞，不在藏弆之列，乃黨禁初弛時情事。黄蕘圃元刊《東坡樂府》跋語，謂毛鈔坡詞拾遺，有紹興辛未孟冬曾慥跋云：「東坡先生長短句既鏤板，復得張賓老所編并載於蜀本者，悉收之。」辛未爲丙寅後六年，故詞之出在《樂府雅詞》成書後可知也。余所見本爲四庫本、秦敦復刻本、四部叢刊之舊鈔本。秦跋未言及庫本，空格亦未據補，秦殆未見庫本也。

八、《詞集考》总集類卷九（饒宗頤）

樂府雅詞三卷、拾遺二卷，宋曾慥編

慥字端伯，又號至游子，晋江人。紹興間，官至尚書郎，直寶文閣。奉祠家居，著述甚富。《賓退録》云：「端伯：觀詩有《百家詩選》，觀詞有《樂府雅詞》，稗官小説則有《類説》，至神仙之學亦有《道樞》十鉅編。」本書自序爲紹興十六年丙寅（一一四六），時慥爲虔州守。

自序謂「哀合」所藏名公三十四家長短句而成。首爲九重傳出之「轉踏」，次爲諸公「轉踏」及「大曲」；又次爲諸家「雅詞」；末爲「拾遺」，即不知主名之雅詞百餘闋；即轉踏三家，大曲一家，雅詞三十一家，内晁無咎一家兩見。其中鄭僅、董穎兩家傳者較少。案鄭僅字彦能，彭城人，徽宗朝，官至侍郎，與黄山谷、陳後山有酬唱，事迹具見《宋史》三五三；董穎字仲達，饒州德興人，與韓子蒼、徐師川游，著有《霜傑集》，朱子題《霜傑集》稱爲「未肯輕爲折腰客」。集又見《直齋書録解題》。又如李肅遠等詞集已佚，姓名不顯，亦賴此編以傳。

是書所録詞，凡涉諧謔者，托艷曲以誣歐公者，悉皆删除，故名「雅詞」。蓋熙、豐以後，滑稽之詞漸盛，政和間，曹元寵作《紅窗迥》及雜曲數百解，聞者絶倒，尤爲無賴之魁；又万俟詠自分其集爲雅詞與側艷兩體；汴京未造之風如此，皆曾慥欲加裁别者也。觀其所收曹元寵三十一闋，并無側艷諧謔之詞，悉與序旨相合。朱彝尊跋云：「作長短句必曰雅詞，蓋詞以雅爲尚，得是編，《草堂詩餘》可廢矣。」又云：「《九張機》詞僅見此，而《高麗史·樂志》則節度猶具，所謂禮失而求諸野也。」張文虎《舒藝室雜著》以此本《薄媚》之排列次序，證《花草粹編》爲不知而作。知古本可爲後人之準繩如此。《書録解題》載「《樂府雅詞》三卷，《拾遺》二卷」，《文獻通考》作「《樂府雅詞》十二卷，《拾遺》二卷」，陳第《世善堂書目》作十四卷。朱竹垞鈔自上元焦氏者詞三卷拾遺二卷，跋稱三十四家與自序合，因信爲足本（朱跋以《通考》卷數爲《書録解題》卷數）。案各本卷數不同，而人名篇次悉同，但卷首等曲或各自爲卷，或以原三十一家之三卷析爲六卷，或拾遺卷數分析不同，要以朱跋所云三十四家爲可據。拾遺中多有佚名之詞，各本間有補名，亦頗參差。書中有誤認作者，胡仔已舉出，并不能盡信，趙萬里云：「《四庫全書》本於空缺處輒臆爲填補，不足據。」

孫星衍平津館藏影寫本五卷。

趙輯甯星鳳閣校鈔本。（趙萬里云：「與秦刻《詞學叢書》本無甚出入。」）

士禮居藏明鈔本八册，有焦弱侯、毛子晋印。曹元忠謂此本與竹垞傳鈔本同出宋刊，原有爛脱，爲鈔胥所亂，然可知秦刻從此兩本出，且秦刻轉多臆改，又推知《拾遺》中自寇平叔以前各闋，亦從九重傳出。

華亭韓氏讀有用書齋藏朱竹垞傳鈔本四册。（《四庫全書》本同出竹垞傳鈔）

江都秦恩復嘉慶二十一年享帚精舍刊三卷，拾遺二卷。（又有光緒六年重修本）

《粤雅堂叢書》本（武跋題咸豐癸丑）分八卷，卷一轉踏大曲，卷二至卷六各家雅詞，拾遺分上下二卷，所補主名五十餘人，各卷有校語，各家名下有小傳。《叢書集成》初編覆此。

《四部叢刊》影鮑渌飲校鈔圈點本，分上中下三卷及拾遺上下卷，補名祇數人，各人無小傳。

舊寫本八行十六字，有支熤、栖雲印（《藏園經眼録》一九）。

附録二

曾慥三考

陸三强

曾慥字端伯，號至游子，又號至游居士，南北宋之際人。一生歷任多職，交往廣闊，博學多才，著述甚夥。但由於政治原因，不僅《宋史》不爲其立傳，即現存宋人總集別集中也不見其傳狀碑志。致使今人對曾慥的世系、生平、仕履及著述活動都不甚了了。現就有關典籍中的材料，試加勾稽考證。

世系考

有關曾慥世系的最早記載，今天所能看到的就數晁公武的《郡齋讀書志》。袁本卷四下《皇宋詩選》條曰：「慥，魯公裔孫。」檢《宋史》卷三一二《曾公亮傳》，「曾公亮字明仲，泉州晋江人……熙寧二年，進昭文館大學士，累封魯國公。」又《樂府雅詞》自序署「温陵曾慥」。輯本《直齋書録解題》卷一一《類説》條亦謂「温陵曾慥」。案温陵即泉州別稱，晋江即屬泉州府。可知曾慥當爲曾公亮的後代。但曾慥爲曾公亮的幾世子孫，則不清楚。

清乾隆三十年刊本《晋江縣志》卷九載：「曾公亮字明仲……子孝寬、考純，元孫恬、慥、懷。」案「元孫」即玄孫，避康熙帝諱改。又清人厲鶚《宋詩紀事》卷四八曰：「慥字端伯，晋江人，孝寬曾孫，丞相懷之從兄。」均謂曾慥爲曾公亮玄孫。據宋曾敏行《獨醒雜志》卷七：「泉南之曾，丞相魯公，一傳而有樞密孝寬，再傳而爲秘監誠，三傳而爲今丞相懷。」又據宋韓元吉《南澗甲乙稿》卷二一《高郵軍曾使君墓志銘》：「曾宣靖公相仁祖，晚預定策，賜號亞勳。其子孫儒雅才業，自爲世家。宣靖之子諱孝純者，君曾祖也，仕至光禄少卿。光禄之子諱誼者，君祖也，仕至尚書虞部郎中。虞部之子諱恬者，君父也，字天隱。」案宣靖爲曾公亮謚號。再據宋衛涇《後樂集》卷一八《故朝散大夫主管華州雲台觀曾公墓志銘》亦云：「君諱耆年，字壽翁，故朝散郎權知高郵軍諱崇之子，故朝請大夫知大宗正丞諱恬之孫，故朝請大夫尚書虞部郎中諱誼之曾孫。」可知曾孝寬、曾孝純乃兄弟關係，爲曾公亮之子，都以「孝」字取名；曾誠、曾誼乃從兄弟關係，爲孝寬、孝純之子，公亮之孫，都以「言」旁字取名；曾懷、曾恬乃從兄弟關係，爲曾誠、曾誼之子，公亮曾孫，都以「忄」旁字取名。而曾慥之名亦用「忄」旁字，當與曾懷、曾恬爲同輩，是從兄弟關係。又李之儀《姑溪居士集》前集卷四《送曾端伯之官濟北》詩首聯云：「貂蟬七葉想前人，四世三公表一門。」案曾公亮至曾慥正爲四代。故知曾慥爲曾公亮之曾孫無疑。則《晋江縣志》《宋詩紀事》以曾慥爲曾公亮玄孫之説實誤。

清人勞格作《宋人世系考》，對「晋江曾氏」房的世系排列很準確，然却無曾慥。而在「南豐曾氏」房的世系内有曾慥，并謂「早卒」。案曾慥一生著述頗豐，自署「温陵」人，而周麟之《海陵集》卷一三

《曾慥知廬州》制文有「老而撥煩，尚有餘地」云句，則年壽至少在六十以上。然則，勞格不是漏系晉江曾慥，就是誤系南豐曾慥。

今人王利器先生作《曾慥〈百家詩選〉鈎沉》（載《文學遺産》增刊十四輯，中華書局一九八二年版），在其《跋尾》中云：「曾慥，《宋史》無傳，《郡齋讀書志》以爲『魯國裔孫』，則亦南豐人也。」王先生的結論似從勞格《宋人世系考》出。他誤以《郡齋讀書志》魯國公裔孫爲「魯國裔孫」，而又據《宋人世系考》上載「南豐曾氏，其先自魯遷豫章，延鐸始爲建昌軍南豐人」，以爲曾慥爲南豐人。王先生還說：「勞格《宋人世系考》上『南豐曾氏』乃謂『早卒』，不知何所據而云然。」又説曾慥著述頗豐，有《類説》《樂府雅詞》等書。其實即使有南豐慥早卒，亦與此曾慥無涉，況且王先生如果復閱過這兩部書，從其序中定可以知此曾慥爲温陵人，而不致于因勞格而誤。

仕履考

關於曾慥仕履，典籍記載更爲不詳。《直齋書録解題》輯本卷一五《宋百家詩選》條曰「慥字端伯，官至太府卿」。卷一一《類説》條亦曰「太府卿温陵曾慥」。《四庫全書總目》卷一二三《類説》條載：「官至尚書郎。」均不詳備，應進一步勾稽。

曾慥生年無可考知，從現有資料看，最遲在徽宗政和七年即已進入仕途。李之儀《姑溪居士集》前集卷四有《送曾端伯之官濟北》詩，據張仲謀撰《李之儀年表》（見《徐州師院學報》一九八六年第三期）知李之儀卒於政和七年，則曾慥于此前曾官濟北。

欽宗靖康年間，曾慥在汴京任倉部員外郎。吕本中《東萊詩集》卷一七《病中曾端伯見訪》詩曰：「不見倉曹十五年，江城相遇各華顛。何時更踐鄰居約，判斷諸方五味禪。浮生擾擾亂初定，久病昏昏始便。欲問小童尋大隗，勝於猛將畫凌烟。」案《宋史》卷三七六《吕本中傳》，靖康元年，吕本中在汴京任職方員外郎。觀「倉曹」「鄰居」語意，則此時曾慥亦當在汴京任職，與吕本中鄰居交往。又據《建炎以來系年要録》卷三：「建炎元年三月壬辰，金人以兵部尚書吕好問……倉部員外郎曾慥、秘書省著作郎顔博文爲事務官，限三日立（張）邦昌……慥娶吴幵女，故金人用之。」案靖康二年五月高宗即位，改元建炎。是知曾慥于靖康年間任倉部員外郎。再據《宋會要輯稿·食貨》四七：「高宗建炎二年正月十八日，發運使梁揚祖言，准尚書省劄子，據倉部員外郎曾慥狀……」知曾慥在建炎年間仍在此任上。

其後，曾慥轉任江西轉運判官，紹興元年十月被罷。案《建炎以來系年要録》卷四七載：「曾慥指斥國家，語言不順。（范）宗尹以慥系吴幵之壻，面欺陛下，除慥江西轉運判官。（沈）與求所謂何之辰、何昌言也，時以奉議郎調監全州酒税，於是與曾慥皆罷。」李氏注云：「二人罷命在十月乙丑。」

曾慥被罷職後，蓋在銀峰閑居多年（《類説》自序）。直到紹興六年六月，方以「右朝奉大夫爲京西路轉運判官，兼宣撫司隨軍轉運」。然曾慥以父母年高體弱，辭去任命未到任（《要録》卷一一〇）。

宋李彌遜《筠溪集》卷四《曾慥湖北兼京西路運副》云：「襄鄧疆理之初，荆湖剽掠之後，瘡痍未合，師旅薦興。所以餉給而拊循之，非通敏忠厚之吏不以輕付也。爾蚤以材猷見推士類，久司計漕，績用有聞，其進官聯兼荆襄轉輸之任，俾惟新之俗民不告病，既老之師士不陰饑。時爲汝職，尚其勉之。」檢《宋史》卷三八二《李彌遜傳》：「（紹興）七年秋，遷起居郎……冬，試中書舍人……九年春，再上疏乞歸田，以徽猷閣直學士知端州。」由此知李彌遜爲中書舍人是在紹興七年冬至紹興九年春之間，則起草《曾慥湖北兼京西路運副》制書自當在此時，由此進而可知曾慥於紹興八年前後任爲湖北兼京西路轉運副使。

紹興九年十一月，曾慥以右朝散大夫行尚書户部員外郎，總領應辦湖北京西路宣撫使司大軍錢糧。《建炎以來系年要録》卷一三三曰：「右朝散大夫曾慥行尚書户部員外郎，總領應辦湖北京西路宣撫使司大軍錢糧，時户部員外郎邵相在鄂州，以乏軍儲爲宣撫使岳飛所劾，言者亦論相到官以來，追催積爾，侵奪榷酤，故以慥代之。」

紹興十年閏六月，尚書户部員外郎曾慥爲太府少卿，且總領京湖錢糧財賦（《要録》卷一三六）。

紹興十一年五月，曾慥由太府少卿遷太府卿。《建炎以來系年要録》卷一四〇載：「太府少卿總領湖廣江西財賦曾慥爲太府卿，總領湖廣江西財賦京湖軍馬錢糧，置司鄂州，各專一報發御前軍馬文字，諸軍并聽節制。蓋使之與聞軍事，不獨職饋餉云。總領官正名自此始。」又《宋會要輯稿·職官》卷四一曰：「高宗紹興十一年五月四日，曾慥爲太府卿，總領湖廣江西京西路財賦。湖北京西軍馬錢糧各專一報發御前軍馬文字，諸軍并聽節制。」兩條材料均提到總領官之名，《建炎以來系年要録》且言「總領官正名自此始」。今檢《宋史》卷二九《高宗紀》：「（紹興十一年）五月辛丑，置兩淮、江東西、湖廣京西三道總領軍馬錢糧官，仍掌報發御前軍馬文字。」可見曾慥任總領官，爲南宋設此官之始，此條可資治宋代官制者利用。

紹興十一年六月，曾慥不知何故，以身體有病爲由，辭去官職。《建炎以來系年要録》卷一四〇載：「太府卿總領湖廣江西財賦曾慥充秘閣修撰，提舉洪州玉隆觀，以疾自請也。」曾慥以秘閣修撰身份居家大抵有三年。

紹興十四年復出。《建炎以來系年要録》卷一五二曰：「秘閣修撰提舉洪州玉隆觀曾慥知虔州。初，責授昭化軍節度副使吴幵既以赦還，内慚不敢歸，寓家贛上。秦檜憐之，故命爲守。」另據宋王明清《揮麈餘話》卷二載：「靖康之末，二聖北狩，四海震動，士大夫救死不暇。往來賊中，洋洋自得者，吴幵、莫儔二人，路人所知也，事定皆竄逐嶺外。秦檜之爲小官時，幵在禁林，嘗封章薦之，疏見其文集中，稱道再三，秦繇此進用。後爲相，遂放二人逐便。幵，滁人也，内自愧怍，不敢還里，卜居於贛上。秦乃以其婿曾端伯慥知虔州。」由此可知曾慥任知虔州之原由。

紹興十八年十一月，曾慥以文臣任命爲知荆南。《建炎以來系年要録》卷一五八載：「十有一月戊戌，秘閣修撰知虔州曾慥移知荆南。自渡江以來，荆南多命武帥，至是闕人。上命秦檜以諸路副總管姓名來上，檜曰：『江陵重地，所繫非輕，更恐有可選之人』，蓋檜欲慥也。上曰『可編諭三衙主帥，庶得其人，不誤委寄』。後旬日，上諭檜曰：『荆南重地，不可不慎擇，今疆埸安静，宜用文臣。』乃以命焉。」又據《全宋詞》輯向子湮《鷓鴣天》詞自注：「曾端伯使君自虔守移帥荆南，作是詞戲之。」并詞句「贛上人人説故侯……乘畫鷁，衣輕裘，又將春色過荆州」。知十九年春方赴任。直到二十一年八月復被降官（《要録》卷一五九）。清人吴廷燮所撰《南宋制撫年表》卷上荆湖北路紹興十八年云：「曾慥，十二月戊戌由秘閣修撰知虔州［移］知荆南。」吴氏所引當出於《建炎以來系年要録》，惟「十有一月戊戌」，吴氏引作「十二月戊戌」。今檢陳垣先生《二十史朔閏表》，紹興十八年十一月乙酉朔，則戊戌爲十四日。十二月乙卯朔，是月并無戊戌日。由此可以斷定：「十二月戊戌」當爲吴氏所誤記。

宋周麟之《海陵集》卷一三《曾慥知廬州》制文云：「以爾學廣器裕，優於牧民，自荆易夔，卓見才刃。」曹勛《松隱文集》卷一〇《曾端伯自承移帥川口有懷風旨無便附信忽領教喜成小詩附便奉呈三首》，其一有句云：「倚毗離楚日，鼓吹入夔時。」其二曰「衣袖先九潤，此日上瞿塘。風月動官柳，旌旗開蜀疆。詩壇凌李杜，政績過龔黄。追詔知非晚，肯令生智囊。」據此可知曾慥曾由荆南移知夔州。已知曾慥於紹興二十一年八月由知荆南降官，又細味「追詔」之語意，當是先下降官之詔令，旋又下詔追改前命而另委任知夔州。且紹興二十三年九月，曾慥已知廬州，詳後文。由此可推知曾慥知夔州當在紹興二十二年前後。

宋周麟之《海陵集》卷一三《曾慥知廬州》制書曰「今廬江雖號方面，然事簡而官最逸，俗淳而教易孚，典藩之臣，可卧而治。以爾學廣器裕，優於牧民，自荆易夔，卓見才刃，深惟制閫之舊久矣。祠庭之間，老而撥煩，尚有餘地，矧是肥水，豈勞劃裁。爾惠下則流移複而户口增，爾敦本則耕稼興而田野治，勉集斯效，貯觀厥成。可。」《建炎以來系年要録》卷一六五：「紹興二十有三年九月丁未。右文殿修撰新知廬州曾慥乞與建康府都統制王權同議營田，上曰『當今孰議其可否』，如與之中分其利，使軍人樂然從之，乃可行也。」又《宋會要輯稿·食貨》三亦有同樣記載。據此可知曾慥於紹興二十三年九月前由夔州移知廬州。

紹興二十四年六月，曾慥罷知廬州。《建炎以來系年要録》卷一六六曰：「右文殿修撰知廬州曾慥、高郵軍使吴祖棣并罷。祖棣，玕之子也。時上疏自訟不受張邦昌僞命，乞付史館。御史中丞魏師遜言『玕不能以身殉國，盡遺天屬，歸之北朝，雖族誅之，不足以快天下，又烏可録用』。其後慥既失節，比輒肆狂妄之言，反欲盜忠名以干進，此最奸邪之大者，罪不可貸。」因此被罷，只留右文殿修撰。

紹興二十五年二月，曾慥卒。《建炎以來系年要録》卷一六八曰「右文殿修撰曾慥卒。」今人王利器先生《曾慥〈百家詩選〉鈎沉》稱曾慥于「孝宗隆興二年（一一六四）甲申以右文殿修撰卒官，蓋去秦檜之死者十年。」實大謬不然。據《三朝北盟會編》卷二二〇、《建炎以來系年要録》卷一六九、《宋史》卷三一《高宗紀》、卷四七三《秦檜傳》，知秦檜卒於紹興二十五年十月丙申，則秦檜實晚曾慥八個月卒。不知王先生何所據，以爲曾慥卒于孝宗隆興二年，而推出「去秦檜之死者十年」之説。

著述考

曾慥一生博學多才。《全宋詞》收存其詞七闋，清人厲鶚《宋詩紀事》録存其詩二首，《鐵網珊瑚》稱蘇養直詞翰帖跋有温陵曾慥書，可知曾慥又能書。而著述亦豐，故朱熹《朱子語類》卷一四〇稱曾慥

「他要無不會，詩詞文章字畫外，更編《道樞》八十卷。又別有一書甚少，名《八段錦》」。趙與時《賓退録》卷六亦謂曾慥「於書無所不讀，於學無所不能」，「觀詩，有《百家詩選》；觀詞，有《樂府雅詞》；稗官小説，則有《類説》；至於神仙之學，亦有《道樞》十鉅編」。曾慥編著大量書籍，南宋時已付之棗梨，廣爲流布，但亦多有佚失。現分述其存佚如下。

《類説》

是書取自漢魏六朝唐宋的百家雜記小説，采掇事實，編纂成書。輯本《直齋書録解題》卷一一子部雜家類著録云：「太府卿温陵曾端伯撰。所編傳記小説，古今凡二百六十餘種。」殘宋本《類説》自序曰：「小道可觀聖人之訓也。余喬寓銀峰，居多暇日，因集百家之説，采摭事實，編纂成書。名曰《類説》……紹興六年四月望日温陵曾慥引。」《四庫全書總目》卷一二三子部雜家類稱「其書體例，略仿馬總《意林》，每一書各删削原文，而取其奇麗之語，仍存原目於條首。但總所取者甚簡，此所取者甚寬，爲稍不同耳。南宋之初，古籍多存，又精於裁鑒，故所甄録，大都遺文僻典，可以俾助多聞。又每書雖經節録，其存於今者，以原文相校，未嘗改竄一詞。如李繁《鄴侯家傳》下有注云，『繁於泌皆稱先公，今改作泌』云云。即一字之際，猶詳慎不苟如此，可見宋時風俗近古，非明人逞臆妄改者所可同日語矣」。所鈔書據《直齋書録解題》稱「凡二百六十餘種」，《四庫全書總目》統計共二百六十一種，據文學古籍刊行社影印時所統計爲二百五十二種。這些書今多已佚失，即未佚失者，此書所引亦可資校勘。其中許多均有較高史料價值。《四庫全書》所收《類説》卷首提要稱此書「爲陶宗儀《説郛》所自祖……若《紺珠集》之太略，《説郛》之繁，皆不如此書博約兼資，足稱完贍」。

是書成於紹興六年，不久於紹興十年，麻沙書坊即有刊本行世，後其版亡佚。寶慶二年，錢塘人葉時爲建安守，重鋟於郡齋。葉序云：「余藏舊麻沙書市紹興庚申年所刊本，字小而刻畫不精，且多舛誤。意必有續刊大字善本，分符此來，編令搜訪，咸無焉，并板亦不存矣。因取所藏舊本稍加是正，鋟板於郡齋……寶慶丙戌八月初吉，古杭葉時書于建中堂。」此板亦不可復見。鐵琴銅劍樓瞿氏藏今歸北京圖書館的殘宋本，僅存《仇池筆記》《隱齋閑覽》《東軒雜録》三種，從風格上看當爲建本，實寶慶二年所刻。因此，南宋時至少有兩種刻本行世，惜均已佚失，只留此殘本。除明天啓年間岳鐘秀訂正再刻外，刻本很少流傳，而多傳鈔。岳序云：「余治新之暇，每從馬康莊先生問奇字，以先生讀書中秘見人之所未見者多矣。一日，以所參閲宋人《類説》，俾余訂正而刊行焉。命之曰，是編久藏笥中，每與家弟仲良揚榷古今，取以印證，獨憾寫本未刊，難公諸衆。」可知天啓刻本所據乃鈔本，因其保存有寶慶刻本序，似此鈔本從寶慶刻本出。以天啓本和殘宋本相校，發現《仇池筆記》中宋本所有而不見於天啓本者二條，其標目全异者二條。又天啓本所録而宋本不載者，六十七條。《隱齋閑覽》，天啓本作《遁齋閑覽》，全部九十六條，宋本則只二十八條。《東軒雜録》，天啓本全部五十八條，而宋本則只二十七條，標目全异者有十四條。至於字句之歧异、編次之參錯，更不勝枚舉。《涵芬樓燼餘書録》謂：「古人之書，往往爲後人删削，而此獨反是，豈葉時重刻時有所裁節，而馬、岳諸人乃復其初耶？然又何解於舊鈔本之所存留者，而此反有所掛漏耶？是真求其故而不得矣」。天啓本曾爲繆荃孫藝風堂及涵芬樓收藏，有「藝風堂藏書」「荃孫」「海鹽張元濟經收」「涵芬樓」等印記。繆荃孫曾用舊鈔本校過。今藏國家圖書館。

此書歷來有分卷本、不分卷本，卷帙多寡著録亦不合。宋本無總目，以《仇池筆記》爲第一種。前曾慥自序中未提是否分卷，只云「喬寓銀峰，居多暇日，因集百家之説，采摭事實，編纂成書，名曰《類説》」。輯本《直齋書録解題》卷一一著録，云「《類説》五十卷」。衢本《郡齋讀書志》卷一三著録，云「《類説》五十六卷」；袁本《郡齋讀書志》卷三下作「《類記》六十卷」。明天啓刻本分六十卷，岳序謂「於是取編輯原序讀之，蓋此書成于宋紹興六年曾公之手，計六十卷，名之曰《類説》」。然所附曾慥自序中于「編纂成書」之後，「名曰《類説》」之前，多出「分五十卷」四字，不知據何而來。《四庫全書》著録明人刊本亦六十卷，度必天啓刻本，其《提要》云：「其二十五卷以前爲前集，二十六卷以後爲後集。其或摘録稍繁、卷帙太鉅者，則又分析子卷，以便檢閲。」傅增湘《藏園群書經眼録》卷九子部三著録：（一）「《類説》二十四册，宋曾慥輯。明寫本，不分卷，版心有『沈』字。鈐有『嘉靖己未進士沈瀚私印』一印。有朱筆校過。」（二）「《類説》□□卷，宋曾慥撰。明寫本，十行二十字。鈐有『會稽鈕氏世學樓圖籍』朱文大印。」（三）「新雕《類説》前集二十五卷後集二十五卷。傳鈔本，中縫題『清思齋』三字。」以上計有五十卷、五十六卷、六十卷、不分卷幾種本子。其間嬗遞關係及原書是否分卷，今以文獻無徵，難於確考，姑俟他日。

《樂府雅詞》

北宋至南宋初詞選集。自序謂所收「凡三十有四家」，今傳本計詞七百餘首，分編三卷，「又有百餘闋，平日膾炙人口，咸不知姓名，則類於卷末」，今傳本編《拾遺》二卷。自序署「紹興丙寅」，知成于高宗紹興十六年（一一四六）。是書最早見著于尤袤《遂初堂書目》樂曲類，但不言卷數。陳振孫《直齋書録解題》輯本卷二一記爲：「《樂府雅詞》三卷、《拾遺》二卷。」則與今傳本吻合。趙與時《賓退録》卷六云曾慥「矜多衒博」。「觀詩，有《百家詩選》；觀詞，有《樂府雅詞》」。足見《樂府雅詞》於南宋已刊刻流傳。但至明中葉以後，此書漸湮没無聞。清初博雅如高士奇者，竟謂「宋人選宋詞，如曾慥《樂府雅詞》、趙粹夫《陽春白雪》以及《謫仙蘭畹》諸集，皆名存書逸，每爲可惜」（《絶妙好詞》序）。其中惟萬曆時陳第《世善堂藏書目録》著録「《樂府雅詞》十四卷，曾慥編」。卷數與《直齋書録解題》所載、今傳本不合，其本不見流傳，無從深究。今傳本之古舊者則有明鈔本及清初鈔本，卷數均同《解題》。

明鈔本舊藏清中葉大藏書家黄丕烈士禮居，有明萬曆時焦竑藏印、明清間毛晉藏印，清末歸蘇州顧氏鶴廬。清初朱彝尊有傳鈔，後歸松江韓氏讀有用書齋。民國三年甲寅，曹元忠用此兩本校秦恩復《詞學叢書》的修補本，成爲《樂府雅詞》的最善之本。曹跋説這明鈔、朱鈔「兩本同是每半葉八行，每行十六字，必出宋槧」。由此可推知宋刻原本的格局。此曹校原本現藏重慶圖書館。黄永年師曾在龍榆生先生藏書中見過朱祖謀的過録本，今不知所歸。黄永年師則藏有徐乃昌請人用朱緑藍三色過録的本子。

另一清鈔本即《四部叢刊》影印的底本，《涵芬樓燼餘書録》所附《涵芬樓原存善本草目》謂「《樂府雅詞》舊鈔本，鮑以文校，古香樓藏印」者，即是此本。此本已毁於一·二八日寇轟炸中，幸《叢刊》影印得保存其原來面目。所鈐除「古香樓」朱文圓印外，尚有「休寧汪季青家藏書籍」朱文大方印。汪名文柏，是康熙前期藏書家。此本亦其時所鈔，現卷中所録《漁父詞》之「玄真子」已改寫成「元真子」，避清聖祖玄燁名諱可證。我曾以此本和曹校本上明鈔之字對勘，知此本亦從明鈔本鈔出。

清嘉慶二十一年，秦恩復刊刻《詞學叢書》，首列《樂府雅詞》，以是此書又得以再次校刻問世。此本在下卷末尾有朱彝尊跋，則亦據朱鈔或傳鈔之本。秦氏校刻跋語曰：「即藏書家亦罕著録，傳寫即久，舛謬滋甚。原本書字，不書名，略爲注明，以資尋覽。」今審此本增出之雙行小注，除作者簡歷外尚有文字之校勘。秦氏家在南京，刻書甚多，書版存於揚州，雖經太平天國之役却幸而未毁。光緒六年承啓堂將《詞學叢書》修版重印，略有數處改動。

清咸豐三年，伍崇曜刊刻《粤雅堂叢書》，據秦刻《詞學叢書》初印本翻刻《樂府雅詞》六卷、《拾遺》二卷。所謂「六卷」即伍氏將秦刻本每卷一分爲二，由此而出現了六卷本。以後《叢書集成》即據此《粤雅》本排印。

《高齋詩話》

是書不見於各家著録，《韻語陽秋》卷一六有「近見曾端伯《高齋詩話》」之語，知是書爲曾慥所撰無疑。《苕溪漁隱叢話》最早摘引此書。案《苕溪漁隱叢話》前集成於紹興十八年，則是書必成於紹興十八年以前。此外，《野客叢書》《詩林廣記》《詩人玉屑》《竹莊詩話》等書亦有摘引，可見南宋時此書已廣泛流布。

郭紹虞先生《宋詩話考》中卷之上《高齋詩話》條云：「考《漫録》中原多論詩之語，或是書即從《高齋漫録》中輯出別行，未可知也。又或如《玉堂詩話》《朱定國詩話》之例，本無定稱，而稱引者隨意易名，遂似別成一書，亦非不可能者。」案《韻語陽秋》明云「近見曾端伯《高齋詩話》」，且《苕溪漁隱叢話》等書均徑稱《高齋詩話》。又將今郭紹虞先生輯佚本《高齋詩話》二十五條與《四庫全書》本《高齋漫録》詳細比勘，無一條相重，《高齋漫録》間有引用詩篇處，却并非詩話。故《高齋詩話》自爲一書，并非從「《高齋漫録》中輯出別行」，亦非「稱引者隨意易名，遂似別成一書」明甚。孫覿《鴻慶居士集》卷一二有《復曾端伯書》，云「蒙馳賜《百家新選》一集……凡六日讀盡所著五十九卷與《拾遺詩話》一卷」云云。案《百家新選》即《百家詩選》。郭先生謂「則是書殆附於《百家新選》後乎？抑似《高齋詩話》前已刊行，而此卷附《百家新選》後者，爲續前著而言，故以『拾遺』名乎？」據拙文《百家詩選》條考訂，《百家詩選》成於紹興十八年以後、二十一年以前，而成書於紹興十八年以前的《苕溪漁隱叢話》已稱引《高齋詩話》，《百家詩選》不致流傳如此快速。知「附於《百家新選》後」之説不能成立，而「《高齋詩話》前已刊行，而此卷附《百家新選》後者，爲續前著而言，故以『拾遺』名」之説或是。

是書早已佚失，不知卷數，今郭紹虞先生《宋詩話輯佚》卷下輯此書二十五條。廣搜緐徵，惜仍有遺漏，李裕民先生《宋詩話叢考》（《文史》第二十三輯，中華書局一九八六年版）又檢得兩條，可補《宋詩話輯佚》。

《百家詩選》

曾慥選編本朝人詩集。袁本《郡齋讀書志》卷四之下云：「《皇宋詩選》五十七卷，曾慥編。慥，魯公裔孫，守贛州、帥荆渚日，選本朝自寇萊公以次至僧璉二百餘家。《詩序》云『博采旁搜，撥尤取穎，悉表而出焉』。」案贛州即虔州，紹興二十二年（一一五二）改虔州爲贛州。據拙文仕履考，紹興十四年，曾慥知虔州，十八年到二十一年知荆南。以是知此書成於紹興十八年以後，二十一年以前。

輯本《直齋書録解題》卷一五著録爲「一百卷」，云「編此所以續荆公之詩選，而識鑒不高，去取無法，爲小傳略無義類，議論亦凡鄙」。此書南宋人即多有稱引，如《名賢氏族言行類稿》《古今合璧事類》《青箱雜記》《天中記》《能改齋漫録》以及南宋人所撰詩話，可見在當時頗有影響。又《能改齋漫録》卷一〇稱「予近覽贛州所刊《百家詩選》」，陳造《江湖長翁文集》卷三一《題宋百家詩》云「是書二十一册，六十一卷，蜀本也」。如此大書，馬上能在贛、蜀兩地刊刻，似是曾慥知贛州、夔州時所爲。由於刊本廣泛流傳，時人多有議論評價，周輝《清波雜志》卷八云：「近時曾公端伯，亦編《皇宋百家詩選》，去取任一己之見，雖非捃摭詆訶，其間或未壓衆論。且于歐公、荆公、東坡詩皆不載，雖曰用《唐詩選》

韓、杜、李不與編故事，其亦大名之下，不容有所銓擇耶？」陳造《題宋百家詩》云：「《唐百家詩》類以事，此詩類以人，比唐尤詳博。人有能不能，詩有工拙，似不可以人强取之。曾公所編，不必皆以詩名，予尤惜之。至金絲宫羽之雜奏，金翠朱碧之相暉，鏗鎗焕旰，略無間斷，噫，富矣！」孫覿《復曾端伯書》云：「蒙馳賜《百家新選》一集，發函開讀，每得所未聞，則拊髀雀躍，讀之惟恐盡也……覿每觀公敘諸詩，詞句温麗，紀次詳實，尊賢樂善，得詩人本意。」陸游《渭南文集》卷二七《跋中興間氣集》云：「議論凡鄙，與近世《宋百家詩》中小序，可相甲乙。」凡此褒貶甚有出入。元以後此書流傳漸少，僅《文淵閣書目》卷一〇著録「《皇宋百家詩選》一部二十九册，闕。」此後公私書目均不見著録，蓋至明中期即已失傳。

此書除《郡齋讀書志》《直齋書録解題》著録外，其他著録卷帙多有异同，《玉海》卷五九：「《宋百家詩選》，曾慥紹興中采名詩人，起寇准，終葉夢得，并記其行事，凡五十卷。」《宋史・藝文志》：「曾慥《宋百家詩選》五十卷。」《文獻通考》據《郡齋讀書志》稱「五十七卷」。孫覿《復曾端伯書》云「凡六日讀盡所著五十九卷與《拾遺詩話》一卷」。對此，王利器先生在《曾慥〈百家詩選〉鉤沉》中以爲：「惟其書據著録有五十卷、五十七卷、六十一卷之别。竊意五十七卷與六十一卷則爲一本，即蜀本，《郡齋讀書志》所著録者是也；謂之五十七卷者，蓋指自寇准至僧璉二百餘家言之，其包括《詩話拾遺》在内者，斯爲六十一卷耳。至於五十卷者，則指自寇准至葉夢得言之并僧侶亦不包括在内，更無論《詩話拾遺》，蓋即贛本耳。若孫覿《復曾端伯書》所謂『凡六日讀盡所著五十九卷，與《拾遺詩話》一卷』者，乃謂所讀者止此，非謂全書卷數，如爲全書卷數，則徑云讀遍全書一過可矣，不必分別詳言之也。」案王先生此説仍難令人信服。依此説卷數最多一本爲六十一卷，孫覿復書曾慥，何以説「讀盡所著五十九卷」，只剩下二卷偏不讀完。而且明謂「讀盡所著」，何得解作「所讀者止此」？對此不若闕疑爲妥。

《鈎沉》謂《直齋書録解題》著録《皇宋詩選》是五十七卷，亦有問題。檢今輯本《直齋書録解題》著録《百家詩選》實爲一百卷，惟《文獻通考》卷七五載「《皇宋詩選》五十七卷」，後并列晁氏《讀書志》、陳氏《解題》之説。其實此五十七卷乃據晁氏，而王先生未覆陳氏《解題》原書，誤以爲《解題》著録亦是五十七卷矣。

《鈎沉》又謂：「《玉海》卷五九：『《宋百家詩選》……凡五十卷……又《續選》二十卷。』」「《宋史·藝文志》：『曾慥《宋百家詩選》五十卷，又《續選》二十卷。』」郭紹虞先生《宋詩話考》中卷之上亦云「《宋史·藝文志》總集類有曾慥《宋百家詩選》二十卷，又《續選》二十卷」。案曾慥并無《續百家詩選》。檢輯本《直齋書録解題》卷一五，實謂：「《續百家詩選》二十卷。三衢鄭景龍伯允集，以續曾慥前《選》。凡慥所遺及在後者皆取之。然其率略尤甚。」可見《玉海》《宋史·藝文志》所稱「《續選》二十卷」者，若非遺漏選輯人姓氏，即誤以爲亦是曾慥所作，致王利器、郭紹虞二先生以訛傳訛而不察。郭先生更將《百家詩選》誤爲二十卷。

《東坡詞》

《直齋書録解題》集部歌詞類著録《東坡詞》二卷，清江閬源《藝芸書舍宋元本書目》之「元板書目」亦著録「《東坡詞》二卷」。舊鈔本《百家詞》中有《東坡詞》二卷，卷末有曾慥跋文，云「東坡先生長短句既鏤板，復得張賓老所編并載於蜀本者悉收之。江山麗秀之句，樽俎戲劇之詞，搜羅幾盡矣，傳之無窮，想像豪放風流之不可及也。紹興辛未孟冬，至游居士曾慥題」。知爲曾慥所編，刻成於紹興二十一年（一一五一）。曾慥輯蘇軾詞三百一十九首，編成《東坡詞》二卷、《拾遺》一卷。今觀此書，詞與目不符，缺詞八首，《拾遺》尚有四首爲重收，實只三百零七首。此舊鈔本《百家詞》藏天津圖書館，舊有商務印書館排印綫裝本，今復由天津古籍出版社影印出版。

《集仙傳》

是書廣集宋以前歷代成仙者事迹。輯本《直齋書録解題》卷一二子部神仙類著録，云「曾慥撰。自岑道願而下一百六十二人」。明楊士奇《文淵閣書目》卷一六道書類著録，云：「《集仙傳》一部二册。」陳第《世善堂藏書目録》卷下云：「《集仙傳》十二卷，曾慥。」今涵芬樓影印《説郛》明鈔原本卷四三收入，前有曾慥序，謂：「予晚學養生，潛心至道，因采前輩所録神仙事迹，并所聞見，編集成書，皆有證據，不敢增損，名曰《集仙傳》。异代事得於碑碣者，姑以其世冠於卷首，其言不可考者次之。有著見於本朝者，又次之。至於亡其姓名者，皆附於卷末。」卷末又有「至游子曰：『予作《集仙傳》，凡一百四十有四人，不知姓名者，十有六人，幾成而敗者，亦書之，以示前輩之戒』」一段文字。但今《説郛》本實止一百四十三人，不知姓名者則有十九人。又《全芳備祖》後集卷一八木部謂，「呂洞賓題汴都峨眉院云：明月斜，秋風冷，今夜故人來不來，教人立盡梧桐影」。原注出曾慥《集仙傳》。則知原傳文字較繁，《説郛》摘録，僅存姓名籍貫身份，初非宋時舊觀矣。其自序署「紹興辛未」，知是書成於紹興二十一年（一一五一）。《四庫全書總目》卷一四七云「嘗作《集仙傳》」，然未著録存目，當以單行繁本不傳之故。

《道樞》

此書書名源於《莊子》之《齊物論》，意爲道術的精要。趙與時《賓退録》卷六稱曾慥「神仙之學，亦有《道樞》十鉅編」。朱熹《朱子語類》卷一四〇謂曾慥「編《道樞》八十卷」。可見是書在南宋時已流傳。《直齋書録解題》輯本卷十二子部神仙類著録二十卷，曰：「慥自號至游子，采諸家金丹、大藥、修煉、般運之術，爲百二十二篇。初無所發明，獨黜采御之術，以爲殘生害道云。」明陳第《世善堂藏書目録》卷下亦著録「《道樞》，二十卷」。今《正統道藏》本《道樞》作四十二卷，雖與前人稱引及各家著録卷帙不合，然篇數一百二十二，與《直齋書録解題》所云相同，知爲完書。卷數不同當爲刻書時所分并。《道藏》本題「至游子曾慥集」，無序跋，成書時間不詳。然曾慥《集仙傳》序謂「予晚學養生，潛心至道」，其傳成於紹興二十一年。又《修真十書雜著捷徑》有紹興二十一年辛未至游居士曾慥撰《臨江仙》詞，似《道樞》亦當成於此時。

《至游子》

此書二卷二十五篇，收入《藝海珠塵》石集及崇文書局本《百子全書》。《藝海》本題曾慥撰，《百子》本前有明嘉靖丙寅姚汝循序，謂其書「不著名氏」。《四庫全書總目》卷一四七子部道家類入存目，所據本亦是二卷且有姚序，《四庫全書總目》曰：「考宋曾慥號至游子，嘗作《集仙傳》，蓋亦好爲道家言者，則似乎當爲慥作。然《玉芝篇》首引朝元子，注云『陳舉賨，元人』，則明人所撰矣。」余嘉錫先生《四庫提要辨證》則曰：「徐時棟《烟嶼樓讀書志》卷一五引《提要》此條論之云：『今按姚序并無曾慥號至游子諸語，是或他人考證之説，偶然誤記爲姚序中語耳。惟據《玉芝篇》註定爲明人，則頗可怪。《玉芝篇》朝元子下注云陳舉，賨元中人。賨元爲宋仁宗年號，下距高宗紹興六年作《類説》之曾慥，已九十餘年。然則慥作《至游子》，何爲不能引陳舉語耶？而《存目》云云者，蓋忘却注中有一中字，遂誤以陳舉賨三字爲其人姓名，而以元人二字爲記時代。既引元人之説，則作者爲明人無疑，此非錯誤之可怪者乎？』徐氏之言如此。其實《提要》所引姚序，只『不著名氏』四字，其『宋曾慥』以下，乃《提要》所自考，文義甚明，徐氏自誤讀耳。惟《玉芝篇注》案之《藝海珠塵》刻本固作賨元中人，《提要》蓋偶據誤本，徐駁之是也。」

余先生《四庫提要辨證》又説：「考宋時公私書目，皆無此書……范懋柱《天一閣書目》卷三之二題爲宋曾慥撰，不知何據？趙紹祖《讀書偶記》卷七云：『余買得《至游子》二卷，凡二十五篇，不知其誰所作也。後以他事檢陳直齋《書録解題》，於卷十二中見《道樞》二十卷，直齋云曾慥端伯撰。慥自號至游子，采諸家金丹、大藥、修煉、般運之術爲百二十二篇，初無所發明，獨黜采御之法，以爲殘生害道云。始知至游子爲曾慥，而是書即其所作，但不知此即《道樞》中之一種，或另爲一書也。又案此書内有《容成篇》，正辟采御之術，則此書或即《道樞》未可知。』案《道樞》百餘篇，而此書只二十餘篇，多寡已有不合。且宋俞琰《席上腐談》卷下云：『至游子曾慥作《道樞》，舉諸仙丹詩歌訣，如海蟾之《還金》，朝元之《玉芝》，皆在焉。』（原注：謂劉海蟾《還金》、陳朝元《玉芝詩》也。）是《道樞》乃舉神仙家之書，都爲一集，如叢書之體，與此書不同。或此書曾附入《道樞》之末，後乃析出别行，則不可知耳。」但《道樞》今有明正統《道藏》本，實非叢書之體。我將《道樞》與此《至游子》對勘，發現《至游子》是照鈔《道樞》之前二十五篇而成。余先生所推測均誤，足見考證典籍貴在目驗。至於鈔者用《至游子》爲書名，則是明人陋習，如題爲歸有光輯的《諸子匯函》中即有屈平撰《玉虚子》、陸龜蒙撰《天隨子》、皮日休撰《鹿門子》、張志和撰《玄真子》、虞集撰《道園子》等名目，可見此《至游子》亦明人從《道藏》鈔出，惟其時當在嘉靖之前，决非姚汝循所爲，否則姚序不致謂其書「不著名氏」。

《真誥篇》

丁福保《道藏精華録》第三輯收《真誥篇》一卷，題曾慥撰。提要云：「是篇爲至游子曾慥集《道樞》一百八篇之一。乃撮太素丹經、精景按摩經、大智慧經、消魔經、正一經等中之要語而成，所載皆按摩導引、服日餐霞之法。既簡且易。實祛疾之秘訣，爲尋真之階梯。學道者，若不先除其疾，而其道必不能成。故修性煉命，尤當以導引去疾爲先務也。」

《八段錦》

衢本《郡齋讀書志》卷一六神仙類著録曰：「《八段錦》一卷……不題撰人，吐故納新之訣也。」案朱熹《朱子語類》卷一四謂曾慥「有一書甚少，名《八段錦》，看了便真以爲是神仙不死底人」。從而知是書乃曾慥所撰。案八段錦之術宋時頗盛行，洪邁《夷堅乙志》卷九即有「以夜半時起坐，噓吸按摩，行所謂八段錦」之説。此書《文淵閣書目》卷一六著録「《八段錦》一部一册」。《世善堂藏書目録》卷下載「《八段錦》一卷」。然清代公私書目未見著録，當已亡佚。

《詩囿》

是書公私書目未見著録，明楊慎《升庵詩話》卷五李益詩條云：「近世刻李益集不見此詩，案指『開門風動竹，疑是故人來』，惟曾慥《詩囿》載其全篇，今録於此：『微風驚暮生，臨牖思悠哉。開門復動竹，疑是故人來。時滴枝上露，稍沾階下苔。幸當一入幌，爲拂緑琴埃。』題云《竹窗聞風寄苗發司空曙》。」知曾慥有《詩囿》一書。不知作於何時，似爲詩話之屬。今已佚失。

《高齋漫録》

郭紹虞先生《宋詩話考》中卷之上《高齋詩話》條云：「案《高齋漫録》，陳振孫《書録解題》謂有二卷，而今《學海類編》本僅存五頁；《墨海金壺》本係據四庫本從《永樂大典》中輯出，亦非完帙。」又《四庫全書總目》卷一四一子部小説家類云：「陳振孫《書録解題》載此書二卷，世少流傳。近時曹溶嘗采入《學海類編》，而祇存五頁。蓋自他書鈔撮而成，姑以備數，遺漏宏多。」案郭先生之「陳振孫《書録解題》謂有二卷，當從《四庫全書總目》出。今詳檢宋元公私書目，不僅陳振孫《直齋書録解題》無《高齋漫録》之著録，且《郡齋讀書志》《宋史·藝文志》等均未著録。不知《四庫全書總目》據何而説？《四庫全書》本「從《永樂大典》各韵中捃摭裒輯，視溶所收多逾什之三四。其或溶本有之，而《永樂大典》失載者，亦參校補入。略用時代詮次，合爲一卷」，計六十一條，然《説郛》中尚有一條爲《四庫全書》本漏輯。本書雖屬筆記小説性質，但如《四庫全書總目》所云「上自朝廷典章，下及士大夫事迹，以至文評詩話，詼諧嘲笑之屬，隨所見聞，咸登記録。中如給舍之當服赬帶，不歷轉運使之不得爲知制誥，皆可補史志所未備。其所引叢雜，不無瑣屑。要其可取者多，固多勝於游談無根者也」。成書時間則已無從考知。

《高隱小傳》

是書公私書目不見著録，宋劉克莊《江西詩派小序》「二林條」云：「二林詩極少，曾端伯作《高隱小傳》，云有詩文百二十卷，今所存十無一二。兄弟皆隱君子，不但以詩重。」知曾慥有此書。二林即江西詩派詩人林敏功、林敏修兄弟，二人皆隱居不仕。《高隱小傳》似即爲本朝隱居之士撰小傳。今已佚失。

《通鑑補遺》

《宋史》卷二〇三《藝文志》有曾慥《通鑑補遺》一百篇。《文淵閣書目》卷六著録《通鑑補遺》二部，則明初尚存。今原書已佚，故不詳其爲續司馬光《資治通鑑》之作，抑止補其缺失。

原刊《古代文獻研究集林》第二集，陝西師範大學出版社一九九二年二月版